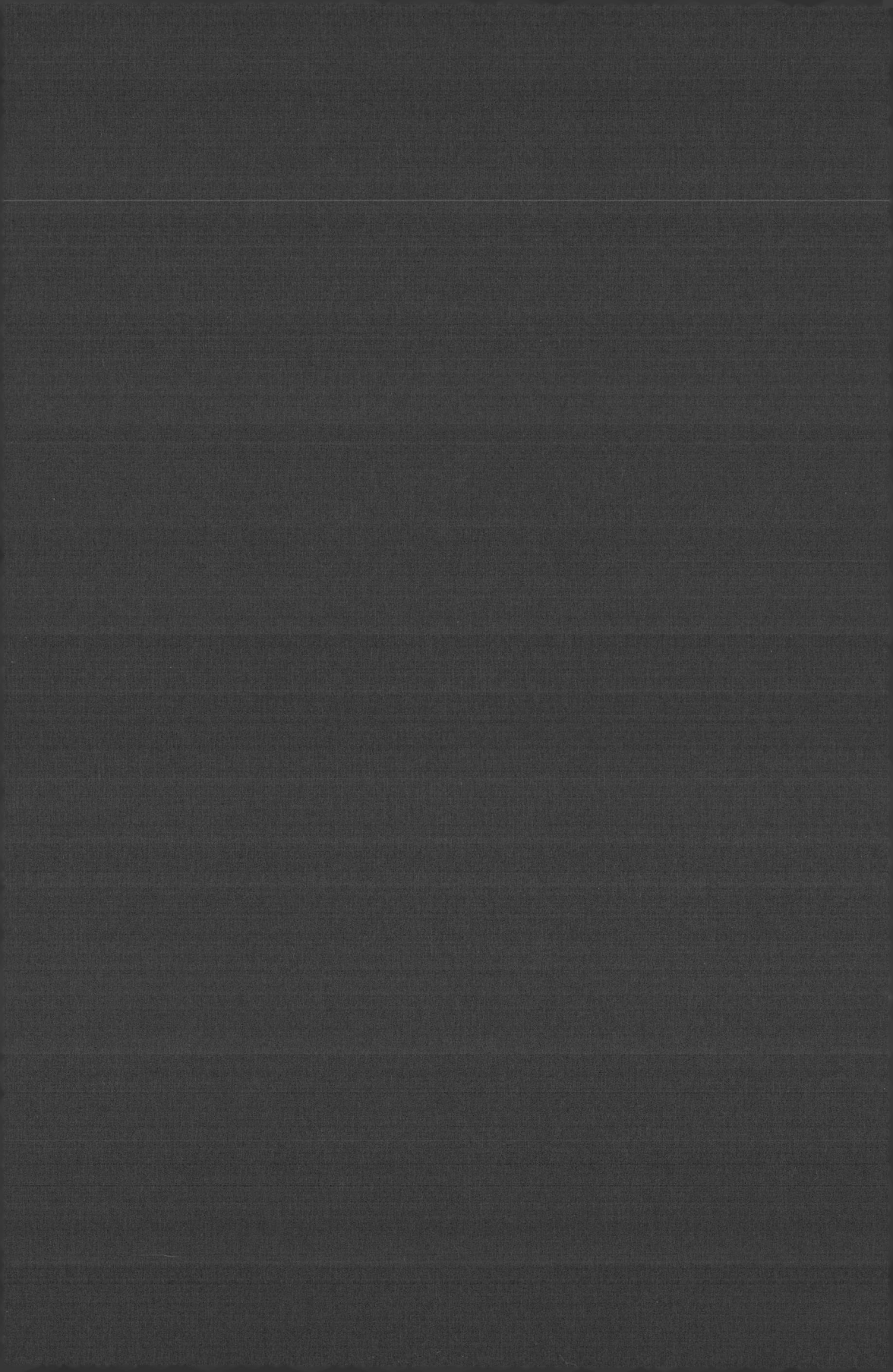

钱穆先生学术年谱

【卷一】

韩复智 编著

图书在版编目(CIP)数据

钱穆先生学术年谱./韩复智编著.
—北京:中央编译出版社,2012.3
ISBN 978-7-5117-0446-7

Ⅰ.①钱…
Ⅱ.①韩…
Ⅲ.①钱穆(1895~1990)-年谱
Ⅳ.①K825.81
中国版本图书馆 CIP 数据核字(2010)第 123143 号

錢穆先生學術年譜© 2005 National Institute for Compilation and Translation
本書為(台灣)五南圖書出版股份有限公司授權中央編譯出版社在大陸地區出版發行簡體字版本。

钱穆先生学术年谱

出 版 人	和 龑
责任编辑	张维军
责任印制	尹 珺
出版发行	中央编译出版社
地 址	北京西城区车公庄大街乙 5 号鸿儒大厦 B 座(100044)
电 话	(010)52612345(总编室) (010)52612343(编辑室)
	(010)66161011(团购部) (010)52612332(网络销售)
	(010)66130345(发行部) (010)66509618(读者服务部)
网 址	www.cctpbook.com
经 销	全国新华书店
印 刷	北京瑞哲印刷厂
开 本	787 毫米×1092 毫米 1/16
字 数	1835 千字
印 张	125
版 次	2012 年 3 月第 1 版第 1 次印刷
定 价	480.00 元(全六卷)

本社常年法律顾问:北京大成律师事务所首席顾问律师 鲁哈达
凡有印装质量问题,本社负责调换。电话:(010)66509618

目　次

卷　一

卷首
 钱先生留影选载
 香港中文大学新亚书院暨新亚研究所、新亚中学校友会等谒墓团于
  钱先生墓侧留影
 钱先生墨迹选刊

本文
 例言 ……………………………………………………………… 1
 钱穆宾四先生行谊述略（代序）…………严耕望 ……… 7
 也谈现代新儒家（代序）…………………钱胡美琦 …… 23
 我所认识的钱宾四先生（代序）…………韩复智 ……… 47
 钱穆先生学术简谱 ……………………………………………… 85

 壹、谱前
 先世 …………………………………………………………… 109
 父母 …………………………………………………………… 110

 贰、学术年谱
 一八九五年（清光绪二十一年）……乙未……一岁 ……… 113
 一八九六年（清光绪二十二年）……丙申……二岁 ……… 114
 一八九七年（清光绪二十三年）……丁酉……三岁 ……… 115
 一八九八年（清光绪二十四年）……戊戌……四岁 ……… 116

年份	干支	年龄	页码
一八九九年（清光绪二十五年）	己亥	五岁	117
一九〇〇年（清光绪二十六年）	庚子	六岁	118
一九〇一年（清光绪二十七年）	辛丑	七岁	119
一九〇二年（清光绪二十八年）	壬寅	八岁	120
一九〇三年（清光绪二十九年）	癸卯	九岁	121
一九〇四年（清光绪三十年）	甲辰	十岁	122
一九〇五年（清光绪三十一年）	乙巳	十一岁	123
一九〇六年（清光绪三十二年）	丙午	十二岁	124
一九〇七年（清光绪三十三年）	丁未	十三岁	127
一九〇八年（清光绪三十四年）	戊申	十四岁	128
一九〇九年（清宣统元年）	己酉	十五岁	130
一九一〇年（清宣统二年）	庚戌	十六岁	131
一九一一年（清宣统三年）	辛亥	十七岁	132
一九一二年	壬子	十八岁	134
一九一三年	癸丑	十九岁	137
一九一四年	甲寅	二十岁	139
一九一五年	乙卯	二十一岁	140
一九一六年	丙辰	二十二岁	142
一九一七年	丁巳	二十三岁	143
一九一八年	戊午	二十四岁	145
一九一九年	己未	二十五岁	150
一九二〇年	庚申	二十六岁	153
一九二一年	辛酉	二十七岁	155
一九二二年	壬戌	二十八岁	156
一九二三年	癸亥	二十九岁	159
一九二四年	甲子	三十岁	161
一九二五年	乙丑	三十一岁	162
一九二六年	丙寅	三十二岁	176
一九二七年	丁卯	三十三岁	203
一九二八年	戊辰	三十四岁	205

| 一九二九年 | 己巳 | 三十五岁 | 208 |
| 一九三〇年 | 庚午 | 三十六岁 | 211 |

卷 二

一九三一年	辛未	三十七岁	361
一九三二年	壬申	三十八岁	468
一九三三年	癸酉	三十九岁	517
一九三四年	甲戌	四十岁	524
一九三五年	乙亥	四十一岁	544
一九三六年	丙子	四十二岁	594
一九三七年	丁丑	四十三岁	614

卷 三

一九三八年	戊寅	四十四岁	685
一九三九年	己卯	四十五岁	686
一九四〇年	庚辰	四十六岁	695
一九四一年	辛巳	四十七岁	800
一九四二年	壬午	四十八岁	835
一九四三年	癸未	四十九岁	870
一九四四年	甲申	五十岁	912
一九四五年	乙酉	五十一岁	944
一九四六年	丙戌	五十二岁	986

卷 四

一九四七年	丁亥	五十三岁	1009
一九四八年	戊子	五十四岁	1031
一九四九年	己丑	五十五岁	1051
一九五〇年	庚寅	五十六岁	1059

一九五一年	辛卯	五十七岁	1089
一九五二年	壬辰	五十八岁	1169
一九五三年	癸巳	五十九岁	1226
一九五四年	甲午	六十岁	1242
一九五五年	乙未	六十一岁	1251
一九五六年	丙申	六十二岁	1268
一九五七年	丁酉	六十三岁	1283

卷 五

一九五八年	戊戌	六十四岁	1295
一九五九年	己亥	六十五岁	1335
一九六〇年	庚子	六十六岁	1341
一九六一年	辛丑	六十七岁	1378
一九六二年	壬寅	六十八岁	1422
一九六三年	癸卯	六十九岁	1440
一九六四年	甲辰	七十岁	1454
一九六五年	乙巳	七十一岁	1477
一九六六年	丙午	七十二岁	1481
一九六七年	丁未	七十三岁	1487
一九六八年	戊申	七十四岁	1498
一九六九年	己酉	七十五岁	1514
一九七〇年	庚戌	七十六岁	1530
一九七一年	辛亥	七十七岁	1543
一九七二年	壬子	七十八岁	1610

卷 六

一九七三年	癸丑	七十九岁	1615
一九七四年	甲寅	八十岁	1665
一九七五年	乙卯	八十一岁	1701

一九七六年	丙辰	八十二岁	1720
一九七七年	丁巳	八十三岁	1743
一九七八年	戊午	八十四岁	1765
一九七九年	己未	八十五岁	1773
一九八〇年	庚申	八十六岁	1797
一九八一年	辛酉	八十七岁	1809
一九八二年	壬戌	八十八岁	1817
一九八三年	癸亥	八十九岁	1826
一九八四年	甲子	九十岁	1848
一九八五年	乙丑	九十一岁	1864
一九八六年	丙寅	九十二岁	1867
一九八七年	丁卯	九十三岁	1875
一九八八年	戊辰	九十四岁	1915
一九八九年	己巳	九十五岁	1919
一九九〇年	庚午	九十六岁	1922
一九九一年	辛未	卒后 年	1927
一九九二年	壬申	卒后二年	1928
一九九三年	癸酉	卒后三年	1929
一九九四年	甲戌	卒后四年	1930
一九九五年	乙亥	卒五四年	1931
一九九八年	戊寅	卒后八年	1932
一九九九年	己卯	卒后九年	1933
二〇〇〇年	庚辰	卒后十年	1934
二〇〇一年	辛巳	卒后十一年	1935
二〇〇二年	壬午	卒后十二年	1936
二〇〇三年	癸未	卒后十三年	1942
二〇〇四年	甲申	卒后十四年	1943

引用书目与参考资料 …… 1944
后　记 …… 1955

钱穆先生留影

钱先生于一九八二年春,在香港中文大学与长侄钱伟长合影。

钱先生夫妇与远从荷兰前来探亲的长女钱易(右坐者)于家中叙往,左后立者为邵世光。

一九八四年,钱先生九秩大寿,夫人(右二)与门生三十余人为先生祝寿时留影。

钱先生在素书楼客厅中与弟子严耕望(左)、余英时(右)谈话。

一九八三年十月,钱先生与在香港讲学之老友朱光潜教授(右)会晤;中为中文大学新亚书院院长金耀基。

钱先生在素书楼为中国文化大学史学研究所博士班学生上最后一堂课时的情形。时在一九八六年六月九日下午。

钱先生于一九八六年六月九日下午,在上完最后一堂课后,偕夫人与诸生等合影。

一九八七年七月二日,时值钱先生九秩晋三寿辰,下午与素书楼弟子们上完课后,与弟子韩复智合影。

钱穆先生墓园晋谒团摄于墓地,采自香港新亚研究所《纪念钱穆先生论文集》。

一代宗师钱穆故居素书楼经整修后昨天开馆。为钱先生搬出素书楼事,台北市长马英九(左)代表台北市政府向钱夫人鞠躬致歉。采自二〇〇二年三月三十日《联合报》第五版。

二〇〇四年四月五日清明节,香港中文大学新亚书院院长黄乃正(右)暨前任院长梁秉中(左一)于钱先生墓前致祭后与钱夫人合影。

二〇〇四年四月五日,香港中文大学新亚书院暨新亚中学校友会等数十人组团至苏州钱先生之墓前致祭后留影,左一为钱夫人。

外寄信号 应在室内多撵心目阅看，皆以此不过年岁日迈耗耗，有时即使撵来而来，亦看之淡淡忘年，相知无几，即那些全在眼况难究，年及此二十五又年，全在眼况难究，埠鸣屋生笔解多慨於中，匀後郎心迫起掉题，十九

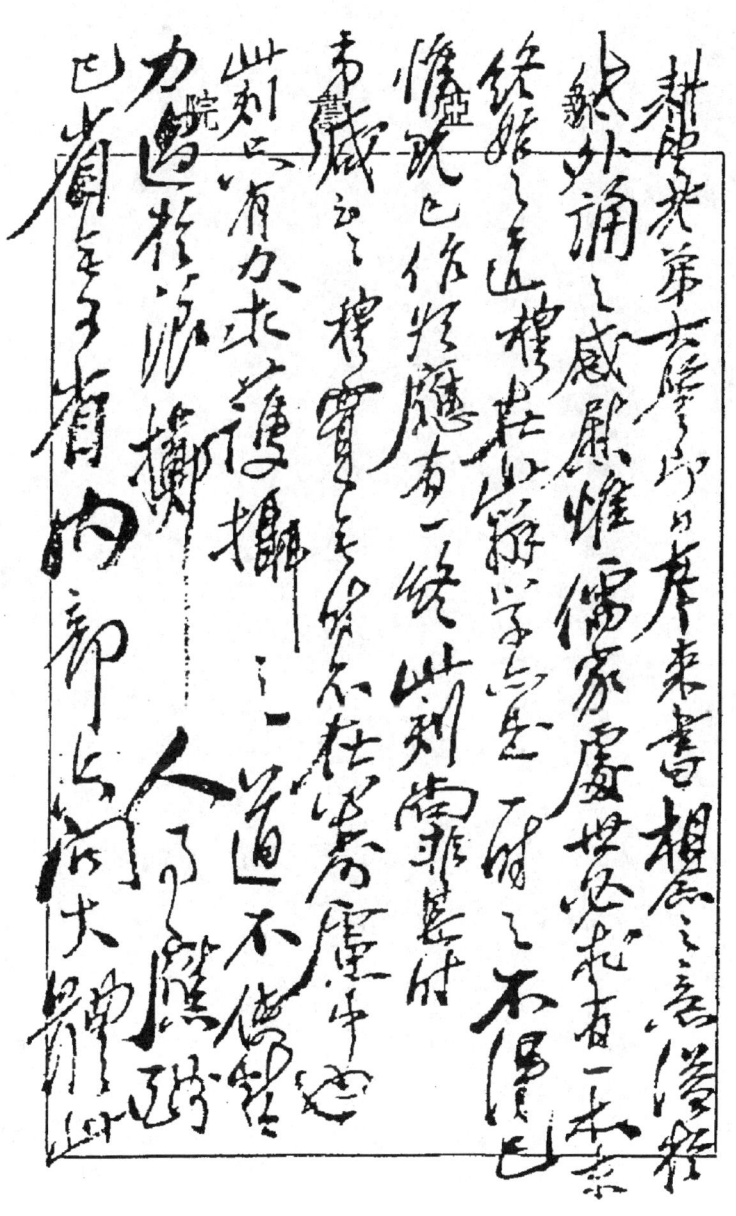

钱先生于一九六二年三月十九日致弟子严耕望书信手迹

劲草不随风偃去

孤桐何意凤飞来

永禅师书骨气深稳，体兼众妙，精能之至，反造疏淡。如观陶彭泽诗，初若散缓不收，反覆不已，乃识其奇趣。然其妙处，反在工处。欧阳率更书妍紧拔群，尤工于小楷，高丽遣使购其书。高祖叹曰：彼观其书，以为魁伟人也。山川真知书也。

苏子瞻题唐氏六家书语

钱穆先生墨迹

例　言

一

关于年谱的效用与可贵，前贤多已言之。例如梁启超任公在其《中国近三百年学术史·谱牒学》中开宗明义地说：

> 方志，一方之史也；族谱家谱，一族一家之史也；年谱，一人之史也（章实斋语意）。三者皆为国史取材之资，而年谱之效用，时极宏大。盖历史之大部分实以少数人之心力创造而成，而社会既产一伟大的天才，其言论行事，恒足以供千百年后辈之感发兴奋，然非有详密之传记以写其心影，则感兴之力亦不大，此名人年谱之所以可贵也。

这是在钱先生去世后不久，我阅读梁、钱二位先生各自所撰的《中国近三百年学术史》，比较两者的异同时，又读到任公的这段文字，顿时引发起我编著《钱穆先生学术年谱》的动机。

一生殚精竭虑于学术，尽心竭力于教育，不仅"为故国招魂"，并且关怀世界东西文化与人类福祉的钱穆宾四先生，自一九九〇年八月三十日上午九时十五分于台北寓所遽归道山，迄今已十四年了。当时，海内外书报杂志竞相刊出不少悼念他的文字，然而时至今日，有关钱先生学术年谱的著作，仍付阙如。

钱先生以九十六岁高龄与世长辞，他在学术上和教育上卓越的成就和重大贡献，世人皆知。他从一九一二年开始教学生涯，直到一九八八年才真正告别杏坛,在这七十余年中,所培育的人才无计其数。钱先生从事研究和著述七十九年,其学术地位,中外声誉,早已大著。但是,在他去世的前一年,仍然有新书《新亚遗铎》出版,于临谢世的前几个月,犹完成了他生前最后的心声——《中国文化对人类未来可有的贡献》(见台北:《联合报》副刊,一九九〇年十月二十六日。另见台北:联经出版事业公司,《钱宾四先生全集》第四十三册,《世界局势与中国文化》。台北:素书楼文教基金会·兰台出版社出版《世界局势与中国文化》)。他这种"且死不休"的精神,是深受了孔子的影响。汉代的奇人王充,在他的奇书《论衡·别通篇》中,就极推崇孔子"且死不休"的好学精神。他说:

> 孔子病,商瞿卜期日中。孔子曰:"取书来,比至日中何事乎?"圣人之好学也,且死不休,念在经书,不以临死之故,弃忘道艺,其为百世之圣,师法祖修(意思是被后人效法与学习),盖不虚矣。

从钱先生在九十三岁答某杂志记者问,就充分证明他一生心向往之的,只在孔子一人。他说:

> 我一生最信守《论语》第一章孔子的三句话:"学而时习之,不亦说乎?有朋自远方来,不亦乐乎?人不知而不愠,不亦君子乎?"这是教我们一个人的做人之道,亦即是教我们做学问的最大纲领。我自七岁起,无一日不读书。我今年九十三岁了,十年前眼睛看不见了,但仍每日求有所闻。我脑子里心向往之的,可说只在孔子一人,我也只是在想从《论语》学孔子为人千万中之一二而已。别人反对我,冷落我,我也不在意,我只不情愿做一孔子《论语》中所谓的小人,"人不知而不愠,不亦君子乎?"(见《八十忆双亲师友杂忆合刊》附录一二,台北:素书楼文教基金会·兰台出版社,二〇〇〇年七月,页四二六~四二七。)

王充在同书《定贤篇》说:"儒者学;学,儒矣。"意思是"儒者靠的是勤奋学习经书，能够勤奋学习经书的人，也就成为儒者了。"又在《超奇篇》说：

> 故夫能说一经者为儒生，博览古今者为通人，采撷传书以上书奏记者为文人，能精思著文连结篇章者为鸿儒。故儒生过俗人，通人胜儒生，文人逾通人，鸿儒超文人。故夫鸿儒，所谓超而又超者也。……故夫丘山以土石为体，其有铜铁，山之奇也。铜铁既奇，或出金玉。然鸿儒，世之金玉也，奇而又奇矣。

钱先生治学，博览古今，兼通经、史、子、集四部，精思著文连结篇章，著作等身，总为五十七种五十四册（见《钱宾四先生全集》编后语），都一千七百万言。近千年来，高寿而著作最宏富、大有成就的著名学人，钱先生当为第一人。揆度二十世纪我国学术思想界的前贤，人称先生为"一代儒宗"，依照王充的评论标准而言，是颇有道理的，并非过誉。国人尊称钱先生为"国学大师"，也是名副其实的。

《荀子·劝学篇》曰：

> 不登高山，不知天之高也；不临深溪，不知地之厚也；不闻先王之遗言，不知学问之大也。

我们也可以说，不悉读钱先生全部著述，不知其学问之博大精深也。钱先生有上述出类拔萃的成就，完全在于他一生的好学深思。他这种持之以恒的好学深思与那将死不休的精神，实为有志青年效法和学习的典范。

王充在《定贤篇》中，将孔子作为定贤的标准。他认为，"夫贤与圣同轨而殊名"，就是说，贤人和圣人的名称虽然不一样，但是所遵循的道路是相同的。王充十分肯定孔子作《春秋》的指导思想，并由此判定孔子是圣贤。准此，单就钱先生"一生为故国招魂"的《国史大纲》等书文而言，他也足堪为当代的贤人了。

关于钱先生做人处世的风范，同样是后学极应效法的。一九五〇年秋季，他创建了新亚书院，在新开创阶段，艰难万状，随时遇到绝机。但是他以曾文正"扎硬寨，打死仗"这两句话来打熬的。直到新亚有了一个长久垂远的基础时，他坚决辞去院长的职务，在辞职的演讲中，讲到一个广东的虚云和尚，筚路蓝缕，在各处创建新寺的故事。这则寓意深长的故事，最形象化地刻画了他与新亚的关系。他筚路蓝缕，创建新亚，新亚既已办好，他就翩然离去了。这正是他"为而不有"的精神。不但如此，十四年后，更抱着研究朱子的书稿回到新亚，实现了当年于辞职演讲时的许诺。新亚书院金耀基院长，在欢迎钱先生返新亚讲学的致辞中曾说："我们能得到钱宾四先生的书稿，则五百年后新亚的后之来者，亦得于摩挲手稿之余，想见创校者一番创校之苦心与理想，而有所奋发，而兴见贤思齐之心，岂不美哉！"（以上见金耀基《成立钱宾四先生学术文化讲座并迎钱先生返新亚讲学》，一九七八年十月二日，收入钱先生《从中国历史来看中国民族性及中国文化》，素书楼文教基金会·兰台出版社，二〇〇一年五月，页一四一～一四四。）总之，钱先生那种极认真办教育，艰苦奋斗，"生而不有，为而不恃，功成而弗居"（《老子·二章》），和讲信义，重然诺的精神，是现实社会中所最缺少的，也是后学们最应该效法的。

我有幸忝为素书楼一弟子，亲承教泽五年，自钱先生去世后，我时常想，先生为二十世纪我国学术思想史上一位极重要的人物，他是当代的贤者，是国学大师，是一代儒宗，是一经师人师，而他所留下的丰富的学术遗产，卷帙浩繁，一般人实难以全读，不易窥其堂奥，应该有一比较详细的学术年谱，俾使后学能透过此年谱，对先生的学术思想等有一概略的认识，而受到启发，能够从中获得丰富的知人论世的宝贵知识。因为后学们是国家未来的栋梁，是民族前途的希望，也是世界人类和平共存愿景的所寄。所以，笔者编著钱穆先生学术年谱的动机，就是："彰显前贤，启发后学。"这在我《编著〈钱穆先生学术年谱〉的动机和过程》一文中有比较详细的说明。（见台中：中兴大学文学院《文史学报》第三十二期，二〇〇二年十月。）

我们编著钱先生学术年谱的基本态度是，力求客观，对于先生一生的事迹，据实直书，谨慎地摘取其著述中之精华献给读者。在编写过程中，既不溢美，也不遮隐他人的批评。我们认为，这样才真能启发后学，而见贤思齐；也才真能"供千百年后辈之感发兴奋"。

二

本谱的取材有二：（一）以台北市素书楼文教基金会·兰台出版社出版的钱穆先生全部著作为主（以下简称兰台版），辅以联经出版事业公司印行的《钱宾四先生全集》（以下简称《全集》）与商务印书馆出版有关钱先生的著作（以下简称商务版）。（二）多种相关书文资料，详见后面"引用书目与参考资料"。

本谱分卷首、本文和后记三个部分。（一）卷首，为钱先生一生的留影选载、钱先生墓园晋谒团于墓地留影、钱先生墨迹选刊。（二）本文，为本谱的主体部分。除例言、三篇代序与钱穆先生简谱外，又分"壹、谱前，包括先世、父母"，"贰、学术年谱"。其体例系按年次先后编写，分国内大事、事略、著述与当代著名学者对谱主著作的评价。此外，为本谱引用书目与参考资料。（三）后记，说明编著本谱的过程。

本谱的纪年，以公元为主，次为甲子，民国以前采用清代皇帝年号。

摘录钱先生全部著作的精华，系本谱的核心部分。其方法是，依据其著成年月或初版年月编年；摘取其精华，力求简要，俾使读者容易明了钱先生学术思想发展的脉络。

在此特别感谢钱胡美琦教授、素书楼文教基金会·兰台出版社的鼎力支持，完全同意本谱取材钱穆宾四先生的全部著作。如于谱中偶有引用坊间其他版本钱先生的著作时，著作权合法继承人钱师母也明白表示完全同意和全力赐助。她这种德意，真使我感激不尽。

此外，要说明的是，严耕望归田先生在生前面允笔者编著本谱时，可以采用他写的《钱穆宾四先生与我》一书中《钱穆宾四先生行谊述略》一文作代序，未料他还没有看到本谱，即因病去世。今日又翻阅严先生赐给我这本书于一九九二年七月九日的签名时，心中有说不出的难过与感念。严先生是一经师人师，笔者十分敬佩他的做人和治学，他与钱先生的先后遽归道山，诚是我国学术思想界和教育界无可弥补的极大损失。

其次，深蒙钱师母胡美琦教授的金诺，将她所撰的《也谈现代新儒家》的一文作为本谱的第二篇代序。严先生之文精粹扼要地说明钱先生一生的行谊。师母的大作主要说明钱先生从来不反对新儒家，只是不承认别人硬说他是新儒家。这两篇代序，实为本谱增添了极大的光辉。谨在此特别表示由衷的感谢。

本谱之编著，因为时间仓促，有些钱先生的文章没能及时摘入，希望将来能作补编。又本谱幸赖师友史子明先生、赵忠华、洪进业同学与家人内子蔡美玉女士、子女韩敏媛、韩振华的合力协助，才能如期交稿，其过程详见《后记》与中兴大学文学院《文史学报》第三十二期拙文。尤其在出版前，更深赖内子日以继夜地将五十余册原书与文稿、打字稿三者先后一字一句地仔细对校了两遍，对我最后之通体诵校，帮助很大。此一编著工作，从开始起她就全力地支援，否则，超过时限，本谱就很难出版了。惟个人才疏学浅，谱中错误，在所难免，敬祈方家不吝教正，俾使将来改正之。

      二〇〇四年十一月，韩复智谨识于台北市台大敦品大厦

钱穆宾四先生行谊述略 （代序）

严耕望

　　钱先生江苏无锡人。讳穆，字宾四；原讳恩鑅，民国元年（一九一二年）更名。以清光绪二十一年（一八九五年）阴历六月初九日（阳历七月三十日）出生，世居县东南四十里延祥乡啸傲泾七房桥之五世同堂大宅，地在荡口镇西五里。

　　先生世代书香。曾祖绣屏公，国学生。祖鞠如公治《五经》、《史记》，极精勤。父季臣公讳承沛，幼有神童之誉，双目炯炯有光辉，习诗赋，入泮第一；但自此绝意功名。为人仗义执言，不以个人私利介怀，故为族人乡里所尊，凡有争端，得公一言为决。教子有方，委婉不责，任其自悟。惜与鞠如公皆以英年早逝。

　　先生天赋聪悟，目如季臣公。能强记，少习古文，朗读三过即能背诵。尤爱小说，年九岁，父执以《三国演义》相试，随章回，不失一字，且揣摩人物个性身份作表演，传为美谈。

　　先生七岁入私塾，十岁入荡口镇私立果育小学，肄业四年。体育教师钱伯圭先生，乡里之望，实乃革命党人，以民族思想相启导，先生民族意识特浓，实萌芽于此。又读蒋方震所译《修学篇》，书中选录西欧不经学校正规教育而自学成名者数十人，述其苦学情事，对于先生后来治学，影响亦巨。高班教师华紫翔先生授各体古文，与魏晋南北朝诸短赋。顾子重先生学通中西，又精历史舆地之学。其他诸师亦多乡里宿儒，旧学基础深厚，兼能接受新知，所授课文，经、史、子、集无所不有。先生晚年仍自谓治学蹊径，实由果育诸师启之。

　　先生十二岁丧父，家徒壁立，寡母及兄弟四人，仰本族怀海义庄抚恤为生。明年，与长兄声一先生投考常州府中学堂。声一先生读师范科，明年毕业任教，乃谢不领义庄抚恤金。

先生肄业府中三年余，深得监督（如今校长）屠孝宽元博先生之爱护，而治学则受吕思勉诚之先生影响最大。诚之先生为校中最年轻教师，任历史与地理两课，时有鸿议创论，同学争相推敬，而对于先生深为奖掖。先生成名后，仍常与诚之先生作学术切磋，互相欣赏，互有补益。余曾为文，推崇两位先生与陈寅恪、陈援庵先生同为前辈史学四大家。核实论定，应无异议。（此处所谓前辈，以余曾及睹其风采，或读其书时，其人尚健在者为限。）

宣统二年冬，先生因故退学，偶见谭嗣同《仁学》一书，读之大喜，即私去长辫。明年春，转入南京私立钟英中学五年级，每晨闻环城军号胡笳声，复心仪陆军学生之壮肃步态，常思出山海关，与日俄对垒。是年秋，升读六年级，适会武昌起义，学校停办，遂致辍学。

读先生《八十忆双亲》与《师友杂忆》两书，虽然中学教育尚未受毕，但幼年在家与中、小学七年余，受父祖、慈母与诸良师之教益殊多，立己处人处事以及治学根基与方法，乃至娱乐兴趣，一切皆植基于此一时期之优良环境。尤可叹异者，清末民初之际，江南苏常地区小学教师多能新旧兼学，造诣深厚，今日大学教授，当多愧不如，无怪明清时代中国人才多出江南！先生少年时代虽然经济环境极为困难，但天资敏慧，意志坚定，而禀性好强，在如此优良精神环境中，耳濡目染，心灵感受，自能早有所立，将来发展，自不可量！

民国元年（一九一二年）春，先生年十八，辍学家居。自念家贫，已无受大学教育之望，乃矢志自学。首先读《孟子》，七日而毕。不久任教于秦家渠三兼小学，一人兼任国、英、算、史、地、体育、音乐诸课，每周授课三十六小时，此为先生从事教育生涯之始。

三兼创办人秦仲立先生乃绩学之士，文理兼长，崖岸自高，藏书丰富，但不轻示人；惊于先生才思不群，终成忘年之交，切磋益友。乃获读秦家藏书，始得严复诸译著，得益匪浅。一九一三年，先生转入鸿模小学任教，即前果育易名。先生虽已辍学任教，但常以未能进读大学为憾。其时北京大学招生广告，考生须先读章学诚《文史通义》，入学后则以夏曾佑《中国历史教科书》（后易名《中国古代史》）为教本，先生即日勤读此两书，尤喜章氏书，对于后来治学趋向，有深远影响。

一九一四年夏，无锡县创立六所高等小学，梅村镇一所为第四高小，设校于泰伯庙（县东南三十里），邀先生任教。先生就读常州中学时，染有抽烟习惯，及到梅村，课文有劝戒烟一篇，因念自己抽烟，何以教诲诸生，遂决心戒除，数十年不犯；直到江南大学任文学院长，会议频繁，甚感无聊，始再抽烟作消遣。先生每悟一事，即身体力行，此为一例。又如读《曾文正公家书》，教人读书，必自首至尾，通读全文，遂即遵行，数十年不懈。复如读一本卫生书，谓人之不寿，多由忽略健康教育。自念父祖及不少亲长多不永年，可为殷鉴，遂痛下决心，力求日常生活规律化，作息散步有定时，至老不衰。

先生为学善师法，善变化，喜新知，勇创见，而能悉心追求，每从细小事故中澈悟大道理。如此种种，均在任教小学时代表现无遗。如授《论语》课，适读《马氏文通》，文通论字法，即仿其例论句法，成《论语文解》一书，为先生第一部著作。又如读《墨子》，开卷即觉有错字，愈读愈疑，遂奋笔逐条列出，加以改正，成《读墨暗解》一稿。但念《墨子》乃名著，传世已久，此类错误当早有学人指出。试翻辞源，知有孙诒让《墨子闲诂》一书，急求读之，凡先生所疑，《闲诂》皆已指出，并有详确证据，读书精博，叹为观止，乃自知孤陋幼稚，有如初生婴儿之对八十老翁，相去太远。自此始游情于清代校勘考据训诂之学，力求精进。

一九一九年秋，先生改任后宅镇泰伯市立第一初级小学校长，时年二十六。先生在高小任高班教师多年，适会美国杜威博士来华，讲教育哲学，先生读其讲辞，深感兴趣，但与中国传统教育思想大异，故欲改入初级小学，得与幼童接触，作一番实验；再者，当时学人提倡白话文，初小教科书已全改为白话文体，先生极欲亲自察看白话文体对于幼童初学之利弊得失。因此在一个偶然机会中，毛遂自荐，担任小学校长，俾能亲自体察究竟如何？先生到任，教师连自己仅三人，每事相商；乃别出心裁，改变教学法，务使课程规章生活化，学生生活课程规章化，以期两方面融为一体。因此废除体操、唱歌课程，但每日上下午必有体操、歌唱，全体师生参加，成为学校全体活动。后加国语，亦采同一方式。

又废除体罚,而随事诱导。作文课,常带学生到校外,随事指导学生观察讨论,自由发挥,只如一种生活。如此种种新实验,获得各方面之满意与赞许。

施之勉先生任厦门集美学校教务长,曾读先生文,深为推许。一九二二年秋,推荐先生任高中部与师范部三年级毕业班国文教师,此为先生任教中学之始。到校,与之勉先生一见如故,至老不衰。次日开课,首讲曹操《述志令》。此文仅见于《三国志》裴注引《魏武故事》,千载读者都未重视。先生指出此文显示汉末建安时代,古今文体一大变。诸生闻之,大为钦服。今读曹文,果然。先生治学,慧眼独具,此为又一事例。

一九二三年秋,无锡江苏省立第三师范资深教席钱基博子泉先生推荐先生到同校任教。学校旧例,国文教师随班递升,从一年至此班四年级毕业,再回任一年级。国文一科外,每年必兼开一课,第一年文字学,第二年《论语》,第三年《孟子》,第四年国学概论,教者各自编撰讲义。先生第一年文字学,讲六书大义,未付印。第二第三年,分别编撰《论语要略》、《孟子要略》;第四年编撰《国学概论》,后亦续成完稿;并前在梅村无锡县四高小所编《论语文解》,共四稿,为先生正式著作之始。

一九二七年秋,转入江苏省苏州中学,任最高班国文教师,兼班主任,亦为全校国文课主任教席。本校为前清紫阳书院旧址,藏书甚丰,校园有山林之趣,三元坊、孔子庙、南园遗址,均在近地,先生课暇,徜徉田野间,较梅林泰伯庙外散步,尤胜百倍。

先生在苏中时代,课外研究工作主要者为撰述《先秦诸子系年》,四川蒙文通先生,前曾读先生《先秦诸家论礼与法》一讲词,以为与其师说相近,来长信讨论。此时到南京,听欧阳竟无讲佛学。一日来苏州相访,同游灵岩山数日,俯仰湖天,畅谈今古。蒙先生便中披览《诸子系年》,以为体大思精,极为欣赏。其时苏州顾颉刚先生,由广州中山大学转赴北平燕京大学任教,路过苏州,留家小息。一日由东吴大学陈天一先生相偕来访,此为两位先生相交之始。顾先生读《系年》,谓先生宜到大学教历史,不当久在中学教国文,遂向中山大学推荐,继彼后任。不久,中山大学来电致聘,但苏中校长汪懋祖典存先生曰,先生到大学任教乃迟早事，我明年亦将离校，先生能否再留一年，因此不果到广州。

一九三〇年秋，顾先生又推荐先生到燕京大学任教，时年三十六。先生既不能到中山大学，颉刚先生促为《燕京学报》撰文。先生前读康有为《新学伪经考》，心有所疑，遂撰《刘向歆父子年谱》，辨康说之非。颉刚先生正主讲康有为，先生此文不啻与顾诤议，但顾先生绝不介意，既刊先生文，又特推荐到同校任教。此种胸怀实极难得，故先生每提起此事，总叹颉刚先生之胸襟，最不可及！

先生到校，任大一、大二国文。课余，就《诸子系年》续加增补，并作通表，付商务刊行。此书考论博洽精悍，使战国旧史诸多改观，为前此所未有，故学林推服。

大学规模大，先生开始意识到职业与私人生活大不相同，当于职业外，自求生活。念在大学任教，惟当一意努力学业，传之诸生，不宜过问他事，遂决意此后不担负任何行政责任，庶能使职业与生活不相冲突。但终感教会学校环境，不易适应，故一年即辞职。

一九三一年夏，先生在苏州，得北京大学聘书，及到北平，清华亦请兼课。先生云此殆皆出颉刚先生预为安排者。后又为情面所迫，在燕大与师范大学兼课。

先生任教北大历史系是为先生讲授历史课程之始。第一年开课三门，中国上古史与秦汉史皆为学校指定必修课；另一选修课由先生自定为近三百年学术史。其后撰成《中国近三百年学术史》，在商务刊行。

中国上古史本多可争议处，当时北平治上古史者特多，北大讲学自由，历史系除先生所开上古史为必修课之外，别开八门选修课，由各教授分别讲授，但意趣各异。故先生谓，"当时在北大上课，几于登辩论场"，足见当时上古史学之盛。不仅上古史如此，其他课程，亦受人注意。教授讲义稿，发到讲义室，校内外人人可向讲义室预定，往往教者尚未讲，但讲义已流传校外，众相讨论。当时北方学术空气如此浓厚，殊非今日所能想象！

次年先生选修课，改为中国政治制度史。但历史系负责人，以为今已民主时代，此前中国君主专制，不必再讲，是以历史系学生无一人选课。但法学院院长周炳霖先生以为政治系同学只知西洋政治，不知中国政治，遂有政治系全班学生选听此课。稍后历史系同学多来旁听，乃知中国君主专制政治，亦有可讨论者。其后刊出《中国历代政治得失》，即为此课程讲义之简编。

其时中国通史为部定课程，但北大由多人分时代讲授。先生谓，多人讲授，彼此不相通贯，失去通史意义。一九三三年秋，学校请先生一人独任此课，并特置一助教。先生认为通史必须于一年内，自古至今，一气讲授完毕，绝不可有首无尾，有失通史课程之精神。因此开课第一年，集中全副精神，为此课作准备，务期章节间彼此相关，上下相顾，俾学生对于中国历史能有一贯而全面之概括性了解。

先生寓所距太庙不远，庙侧古木参天，散布于大草坪中，景色幽静。草坪有茶座，但游客甚稀。通史每周两次，每次两小时，课前一日，先生例行到草坪茶座，择幽静处，斟酌讲稿，一年讲毕，幸能不失初志。通史为文学院新生必修课，但高年级与其他学院、其他学校学生旁听者亦不少，每堂常近三百人，坐立皆满。

当时北平人文荟萃，先生在北平首尾八年，交游益广，除顾颉刚、胡适之、蒙文通，前在苏州已相识外，新交有傅斯年、汤用彤、陈寅恪、周炳霖等三四十人，时相切磋。此诸学术界友人皆学有专长，世局虽艰，而安和埋首，著述有成。当时北方学术界可谓鼎盛。又其时北平如一书海，书肆搜存古籍刊本、明清手稿极富。先生得暇，常至琉璃厂、隆福寺访寻故籍，自谓平生一大快事，学校薪金，除菜米外，尽耗于此，凡得五万余册，内有不少秘笈。"七七事变"，无力迁藏，遂致散落。

当时北平学术界既人才鼎盛，藏书又极丰富，故学术著作真如雨后春笋，专业性刊物如《食货》、《禹贡》等亦愈出愈厚，呈现一副蓬勃气象，稍假时日，中国学术界必有一番新风貌出现。但日本侵逼不已，战端遂开，北平学术声光顿息。八年抗战，虽能疆土重光，但学坛元气大伤，光彩无存，至今未复，可为一叹！

先生禀性爱好大自然，任教北平期间，遍游近郊名胜。又曾四次远游。第一次一九三三年，与北大诸生结伴，畅游济南大明湖、曲阜孔林，与泰山诸胜。第二次，与清华师生结伴游大同，观云冈石刻，西至归绥、包头。第三次，一人独游，至武汉，登黄鹤楼，参观武汉大学。乘江轮至九江，游庐山诸胜，汤用彤先生有宅在牯岭，盘桓甚久；复乘江轮回无锡乡间小住。第四次一九三七年春，复与清华师生，同游开封、洛阳、西安三都诸古迹。归途游华山，由苍龙岭，抵一线天，历登诸峰。华山险峻，为诸岳之最，缅想韩昌黎游此，不能下山故事。

一九三七年，七七事变，抗战军兴，先生与同事结伴南行，由海道至香港，经广州至长沙，复南行至南岳文学院临时院址，遍游诸胜迹。学校旋迁昆明，先生结队经桂林，水路下阳朔，沿途风景最胜。复经广西南部过镇南关，转赴昆明，旋复南至蒙自，以就文学院。

同事陈梦家先生前曾选读先生课，此时常相过从，力促先生撰写通史教科书，以应时代青年迫切需要。先生意动，《国史大纲》之撰述，实由梦家先生促成之。其时文学院复迁昆明，遂借得宜良北山岩泉下寺一别墅，极清静，后移上寺，更清幽。寺中一人独居，集中精神，期一年完成。其间曾由滇人李埏先生伴游路南石林、石乳洞、大瀑布。石林者，遍山石笋嶙峋，尤奇者，山前有广阔青葱草坪，巨石平地拔起，高耸云霄，有如春笋，而排列有序，殆若天工，真为天下一奇观。

学校课程排在星期四、五、六晚间，每星期四午后乘车到昆明上课，星期日清晨返山寺，故每周得四天半之闲暇，或不交一言，静思着笔，幸能于一年内毕功。先生云"回思当年生活，真如在仙境"。

先生在北平讲授中国通史四年，及来昆明复讲两年，每星期四晚间开讲，校外旁听者争坐满室，先生上讲坛，须登学生课桌，踏桌而过。盖时在九一八、七七事变后，国人民族意识高涨，先生学养深厚，史识卓拔，才思敏捷，亦擅讲演天才，加以自幼民族情怀热烈，并又正当壮年，精力充沛，词锋所扇，动人心弦，故诸生折服，争相听受，极一时之盛。六年讲授既毕，《国史大纲》亦已成书，先生遂亦离校，东归侍母。

一九三九年夏，先生经香港、上海归苏州，探望慈母，故夫人亦率子女自北平来会，遂择居耦园幽僻地，除间中至上海晤诚之先生外，杜门不出。生活多暇，每日上午习英文，阅读一部美国学人所著世界史，虽无所成，但得益不浅。下午至晚间，撰述《史记地名考》。此书虽仅为一部工具书，但编排组合，别具心裁，与一般工具书迥别。先生著述总与寻常不同，于此可见。

先生离开昆明之前，顾颉刚先生向哈佛大学哈佛燕京学社商得专款，在迁徙成都之齐鲁大学成立国学研究所，邀先生同往开办。先生东归在即，受其聘，但请假一年，一九四〇年夏，始到成都履任。齐鲁大学在成都南郊华西坝，研究所则在北郊崇义桥赖家花园，距城三十余里，地静书富，深为惬意。会武汉大学历史系诸生，感师资阵容不强，请学校邀约先生与吕思勉诚之先生等来校任教，校长王星拱抚五先生俯纳诸生陈情，通函接洽，先生仅许讲学一个月。一九四一年三月到嘉定践约，讲授中国政治制度史导论与秦汉史两课；并到岷江对岸凌云大佛左侧乌尤寺复性书院，讲中国史上政治问题。书院为马一孚先生所创，专讲理学佛性，不与武大师生往来，而邀先生讲演，且不避政治史论题，殊为意外。

其时《国史大纲》刚出版。此书多具创见，只观其章节标题，点出每个时代之动态及其特征，已见才思横溢，迥非一般刻板僵化死气沉沉者可比。尤极难能可贵者，往往能以数语，笼括一代大局。如论春秋战国大势云："文化先进诸国逐次结合，而为文化后进诸国逐次征服；同时文化后进诸国，虽逐次征服先进诸国，而亦逐次为先进诸国所同化。"此数语切中事机，精悍绝伦。吾人可申而论之，前世如商之灭夏，周之灭商，后世如北魏南牧，辽金侵宋，清之灭明，其结果影响皆可作如此观。在此进展中，华夏文化疆域逐次扩大，终形成疆土一统、文化一统之广土众民大国局面。其他胜义纷陈，不能尽列。而《引论》一篇，陈寅恪先生谓为近世一篇大文章。陈先生为文虽在专业，但具通识，宜有此论！

先生前在北平与昆明讲通史，本已轰动一时。此刻抗战正在艰苦阶段，此书刊出，寓涵民族意识特为强烈，复在重庆等地亲作多次讲演，一以中华文化民族意识为中心论旨，激励民族感情，振奋军民士气，故群情向往，声誉益隆，遍及军政社会各阶层，非复仅为黉宇讲坛一学人。国家多难，书生报国，此为典范，更非一般史家所能并论。

赖家院僻处乡野田畴间，竹树小溪环之，为读书佳境。研究员、助理员十余人，各自钻研，每星期六举行讲论会一次，每月出外旅行一天。讲论会分组轮流，每次由一位研究员、两位助理员讲演或报告，然后共同讨论。其时余亦来所从先生问学,深感最得益处,乃在讲后听先生论评其是非得失,或作补充。往往诸生提出具体丰富之资料,得出正确结论,但不能申论此项结论之意义;经先生加以发挥阐明,乃见此项结论意义重大。如此教示,真如画龙点睛,乃见生动灵活,启发诸生能于深入研究得出结论后,站在坚强材料基础上,作笼罩全局之凌空发挥,以显现论著之光辉性。

在此期间,先生先后到重庆中央训练团或遵义浙江大学等地讲学归来,即埋头读书写作,先后完成《清儒学案》与《中国文化史导论》等书。学案系教育部奉蒋中正先生之命,特请先生编撰者;惜原稿在教部复员途中,坠落江流,仅存序目。

一九四三年秋,齐鲁研究所停办,先生转在华西大学任教,兼四川大学教席。得暇游灌县青城山,居灵岩山寺,西至老人村,乃唐宋以来一处世外桃源,村民数百家,年逾百岁者常十余人。先生在四川数年,竟以讲学繁忙,未及游峨眉,经三峡、剑阁、秦岭栈道诸胜境,每以为平生之憾!

抗战胜利后,先生以时事方扰,暂时不欲遽返京沪平津繁华地。一九四六年,滇人于忠义创办五华书院,邀先生任教。念战后昆明环境宁静,欣然应之,后亦兼云南大学教席。先后居翠湖公园与唐继尧旧宅。授课以中国思想史为主,阅读以禅师与新道教为主,此为先生治学之又一趋向。先生幼习昆曲,善笛箫,教学之暇,藉可怡情。此时偶识滇中老伶工栗成之,精滇剧,一举一动,皆深具功夫,妙得神情。先生自谓,每听一次,即多得一次领悟,为滇行一大奇遇。

先生多年胃病,不能根治。友人有云,人到老年,倍宜乡食,先生以为然。一九四七年,无锡荣家创办江南大学,屡次邀约任教,一九四八年春,遂东返。时唐君毅先生亦在校,为两位先生论交之始。校舍新建,在县西门外太湖之滨山坡上,风景极佳,常雇小舟,荡漾湖中,幽闲无极,成《湖上闲思录》一书。是时又撰成《庄子纂笺》一书,尤为近代《庄子》研究之突出著作。

一九四九年春,先生与君毅先生应广州私立华侨大学之聘,旋随校迁香港。前在广州,与张其昀、谢幼伟、崔书琴诸先生有约,在香港办一学校。先生到港后，该校已定名亚洲文商学院，内定先生为院长，并已向教育司立案。先生自以不能粤语与英语，甚感为难，但其事已定，只得勉强应承，并邀请唐君毅与新知张丕介两位先生共同效力。学校以一九四九年十月开学，夜间上课，学生六十人。明年秋，别创办日校，名新亚书院，申请立案为香港当时唯一私立不牟利学校，请赵冰先生为董事长。承新交上海商人王岳峰先生斥资，在九龙桂林街顶得新楼三楹为校舍。初期同事仅君毅、丕介等少数人，旋有吴俊升、任泰、刘百闵、罗香林、张维翰、梁寒操、卫挺生、陈伯庄、程兆熊、杨汝梅等亦来任教，或纯尽义务，为当时国内学人来港者之一荟萃地，故亦特为香港教育司所重视。学生来源多为大陆流亡青年，约近百人，多得免费。学校课程之外，又设公开学术讲座，每周末晚七时举行，校外来听讲者，常七八十人。

学校初期经费仅恃王岳峰先生支持；但王先生并非富商，不能久支，同人盼先生到台北，希能获得支援，遂有一九五〇年冬台北之行。承各相关机构邀宴，垂询校政，"总统"蒋公邀晤餐叙，由"总统府"每月先拨出三千港元支持学校经费。事定，应邀到台湾中、南部各学校及陆、海两军校讲演；北归，又在师范学院连续四次讲演，题为"文化学大义"；在"国防部""总政治部"连续七次讲演，题为"中国历史精神"；而《人生十论》亦就各校讲词整理而成。

一九五一年秋，为《现代国民基本知识丛书》撰成《中国思想史》。是年冬复到台北，明年春承何应钦将军邀约，在"总统府"战略顾问委员会作连续五次讲演，题为"中国历代政治得失"，即就前在北大讲稿，增补再讲之。后出书，甚为海内外学人所重。是年四月十六日，应朱家骅先生之邀，为联合国中国同志会作一次例行讲演，借淡江文理学院新建惊声堂为讲坛。讲词方毕，屋顶水泥大块坠落，听讲者立法委员柴春霖重伤不治，先生头顶亦破，但未深入脑部，幸能康复，时年五十八。

一九五三年夏，美国耶鲁大学历史系主任卢定先生来香港，受雅礼协会之托，拟在香港或台湾、新加坡觅一学校或医院，提供补助发展。首约先生晤谈。卢氏一一询问，先生就办学宗旨与情形，一一直率相告，遂定议协助。但先生提出一项先决默契，雅礼只可派人驻校联络，绝不能过问校政，卢氏亦同意。遂每年协助二万五千美元为经常费；先生乃具函辞谢"总统府"赠款。

一九五四年夏，先生又到台北，应蒋经国先生邀约，在救国团作连续四次讲演，题为"中国思想通俗讲话"。明年秋，又应"教育部"之邀，率领访问团到日本作报聘访问，所至以东京、京都、奈良三地为主。在京都、东京大学作公开讲演，深感日本上下对于前次侵华战争并无忏悔意，而日本社会则在大变化中，左倾趋向尤堪警惕。其后定居台北，复两度到日本、韩国访问，获读不少韩国理学家书，归来有所述作。

一九五四年秋，新亚在嘉林边道增租新舍，两处上课。旋复由卢定先生洽得福特基金会捐款为新亚建校舍，择址农圃道，由港府拨地兴建，一九五六年落成。新亚之创办以儒家教育理想为宗旨，故校内悬挂孔子画像。其时雅礼协会代表建议，并挂耶稣基督像，先生以为新亚非教会学校，此项意见有违当初协议，断然否决。

先是亚洲协会艾维先生与新亚久有联系，新亚获雅礼之协助颇赖其促成。不久艾维又与先生协议，在太子道租楼，筹办研究所，培养学术专才；但艾维不久即离任。至一九五五年春，哈佛赖谢夫先生来嘉林边道相访，定议协助研究所支付奖学金、图书费，并出版学报。至此研究所始能正式招生开办，两年毕业，成绩优良者留所为助理研究员，有至十年以上者。又一九五四年，哈佛燕京学社来函，请新亚选派年轻教师到哈佛访问，但无年龄适当人选。明年又有来函，遂推荐研究生余英时，以助教名义应征，是为新亚研究所派赴国外留学第一人。其后新亚学生远赴美、欧、日本游学任职者，不胜缕列。

当时香港兴办私立书院七八所，独先生所办新亚得美国雅礼、哈佛多方面作财力支持，深为香港政府所注意，遂于一九五五年港大毕业典礼中颁赠先生名誉博士学位，以示尊重。

一九五六年一月三十日，与胡美琦女士缔结良缘。夫人为江西南昌大家，先就读厦门大学，随家避难来港，曾在新亚求学一年。后至台湾，任职台中师范图书馆。先生在台讲演受伤，赴台中休养，夫人每日抽暇伴侍，遂渐建立感情，旋就读台北师范大学，一九五四年毕业，亦来香港，复得日常相见，终结连理。

新亚创校以文、史、哲为基础，及得美国各方面协款稳定发展。一九五七年二月，首创艺术专修科，发展为艺术系，又组国乐团作课外活动。先生自幼重视艺术，此亦为一项理想之实践。一九六〇年复得雅礼代表罗维德协助，成立理学院。

新亚创办获得美国多方面协助，美国各教会又支持创办崇基书院，亚洲协会出资集合当时其他五所私立书院，成立联合书院。三校皆由美国协助兴办，香港政府乃有集合三校创办一所公立大学之议。新亚同人多持异见，先生以为新亚建校之初，本供早期大批青年难民就学机会，今时局已定，为学生前途着想，应交付港府负责；且本人亦感精力日衰，办学与研读已难兼顾，当量才性，渐可摆脱行政工作。参加大学之议遂定。

一九五九年秋，耶鲁大学函邀在其东方研究系讲学半年。先生乃邀请前教育部次长吴俊升士选先生为副校长，代主校务。港府以吴先生为国民政府前任官员，党政色彩浓厚，诸多顾虑，经先生坚持争议，终获港督特别批准。学校主持有人，先生乃于明年正月，经日本到美国践约。授课两门，美、加学生四人，而华人在耶鲁任职者乃有十余人，由李田意先生翻译，故能畅所欲言。课外多暇，一方面补读英文，一方面续写《论语新解》。学期结束，耶鲁特颁赠名誉博士学位，校长请李田意先生在典礼中，以华语作介绍，据云耶鲁典礼中未曾有此先例。

先生在美国半年，先后到波士顿、纽约、华盛顿、芝加哥，在哈佛东方学研究所、哥伦比亚丁龙讲座、中美文化协会、芝加哥大学讲演，复由芝加哥绕经大峡谷，到旧金山、西雅图，折返芝加哥水牛城，游尼加拉大瀑布，转赴加拿大多伦多，复返美到纽约，中途作千岛游。再由纽约到英国，践半年前之约。富尔敦爵士邀至其家，讨论香港创办新大学事，为校长是否用华人，数度争持，最后定议任华人为之。后乃遍游伦敦诸名胜，深感英国人极为保守，而社会闲逸，与美国迥异。再转巴黎，又感法国民风闲逸之情，又胜于英。会学校有事，函促速归，乃急转罗马回港，择居沙田西林寺后山。其时富尔敦又来港，议校名，先生主张不如径名中文大学，众无异议。大学成立，先生即辞新亚校长职，时为一九六四夏。自办亚洲文商至此，前后十六年，先生自谓为平生最忙碌时期。董事会定议，先休假一年，明年离职。

先生休假之始，即移居青山湾两月。寓所为一小楼房，环境幽静，尤胜沙田。拟定退休后生活计划，首为撰写《朱子新学案》。一九六五年夏，南洋大学商请任校长，马来亚大学邀请讲学，先生不欲再涉行政，遂应马来亚之聘；但不胜南国湿气，胃病复发。明年二月即返香港，仍寓沙田旧址。其时香港难民潮骤起，乃于一九六七年十月迁居台北。承先总统蒋公礼遇，公费建筑庭园小楼，背山临溪，署榜素书楼。先生幼居五世同堂大宅第三进素书堂侧，故以名新居。明年七月，以百分之九十最高票，当选"中央研究院"院士，象征中国文史学界同异学派之结合，尤具重大意义。

乡居多暇，得哈佛支助三年研究费，专心撰写《朱子新学案》，前后七年成书。自谓不卸新亚校政，绝不能成此专著。《学案》既成，遂应张晓峰先生之约，任中国文化学院历史研究所教席，在家授课，台湾大专师生多人旁听，成《中国史学名著》与《双溪独语》两书。复应蒋复璁先生之约，任台北故宫博物院特聘研究员。院在素书楼对面，得每日到院读《四库全书》中宋元明理学诸集，续有撰述。其他著述有《孔子传》与《理学六家诗钞》等书。先生不能写诗，但爱诵诗，以为吟他人诗如出自己肺腑，亦为人生一大乐趣。旋自编《中国学术思想史论丛》，分时代为八册，为先生平生有关中国思想论著作一结集，但《庄老通辨》、《两汉经学今古文评议》、《中国学术通义》等仍各独立为书。

一九七七年，先生年八十三，胃痛剧作，几不治。明年春病渐愈，但两目已不识人，不见字。会新亚创设钱穆讲座，坚邀先生为第一次讲演人，情不能却，讲题为"从中国历史看中国民族性及中国文化"，凡六讲，为时三周。又明年，新亚创校三十年纪念，先生年八十五，复来香港，首先热心协助新亚之耶鲁卢定先生亦来港赴会，两人回念前尘，感慨不已！

一九八〇年、一九八一年，复两度来港，获与留居大陆三子拙、行、逊，两女易、辉，及长侄伟长先后相见。三十余年海天违隔，幸能一晤，自感快慰。一九八四年七月，先生复来港，在港门人为先生庆祝九十寿辰，大陆子女与嫡孙亦得来会。其时先生精神乃甚健旺。一九八九年，新亚创校四十周年，先生以九五高龄，仍能到港参加纪念会，于新亚、于先生个人，皆为一大可欣喜事。但先生健康已大不如前！

一九八六年，先生九十二岁生辰，在素书楼讲最后一课，告别杏坛。故"总统"蒋经国先生念先生学林泰斗，民之硕望，特礼聘为"总统府"资政，以表国家尊学崇德之忱。今年五月迁寓台北市城内杭州南路新居。先生劳碌一生，至此始有自置寓所。

先生年七十时，已患青光眼，自此目力日弱，阅读渐感困难，八十四岁时两眼已盲，但先生一向下笔千言，字甚工整，论文数千字，常只改数字，即可付印。及入老境，目不见字，但展纸落笔，亦只偶有一两字重迭，故仍能撰文，惟不能亲笔改订，必赖夫人诵读，再指示增补。是以先生晚年仍能著述不辍，最后出书乃名《晚学盲言》，虽云自谦，亦是纪实。

先生壮年时代，虽体魄强健，但为传统书生，不能自我料理生活。抗战期间，辗转后方，无家人照料，常致胃病大发，苦受折磨；直到香港成婚，生活始上轨道。夫人笃爱情深，加又心向学术，以为维护先生健康，即为学术尽一分神圣责任。故于先生起居饮食，精心照顾；意趣情怀，体贴入微。伉俪情浓，老而弥笃，旧新友生，同声归美。最近数年，先生体力大衰，时或失去记忆，且不能进食，夫人千虑百计，寻医进药，期能延年于万一。但年事已高，心力衰竭，终于今年（一九九〇年）八月三十日上午九时许，安详中一瞑不视。魁斗星沉，士林震悼！

一九七四年，先生年八十。生辰之前，偕夫人南游，寓梨山、武陵农场等地，撰成《八十忆双亲》，后又撰《师友杂忆》。读此两书，先生幼年环境与一生行谊，历历在目。虽终一生只为一介书生，但治学之暇，喜游历，醉心大自然山水幽宁中，得人生至趣；又于棋管游艺无所不爱；交游颇广，论议敏健，先后办学，一以理想为依归。兼此诸端，可谓多彩多姿，此又非并世学人所能企及者，亦可谓学林一异人！惟先生最成功之一面，仍在史学研究。

综观先生一生治学，少年时代，广泛习读中国古籍，尤爱唐宋韩欧至桐城派古文，后始渐趋向学术研究。壮年以后乃集中向史学方面发展，故史学根基特为广阔，亦极深厚。再就先生治学途径发展程序言，先由子学入门，壮年时代，最显著成绩偏在考证功夫，中年以后，以通识性论著为重。但不论考证或通识论著，涉及范围皆甚广泛，如政治、如地理，亦涉及社会与经济，惟重心观点仍在学术思想，此仍植基于青年时代之子学爱好，是以常强调"学术领导政治，学统超越政统"。

近六十年来，中国史坛甚为兴盛，名家大师辈出。论根柢深厚，著作宏富，不只先生一人；但先生才气磅礴，识力深透，文笔劲悍，几无可伦比，直到晚年，后辈学人从先生问学，仍常感到先生思如泉涌，能随时提出新观点，退而思之，大多实有理据，并非恣意想象之说。惟先生天分太高，所提论点，往往如天马行空，读者未必人人都能理解，都能接受。但先生任何论点，多富启发性，好学深思者，读先生书，不论能否接受，皆能获得一些启示，激发读者别开蹊径，不致执著，拘守成说，不能发挥。此为先生著作除了建立本身论点之外，对于史学教育之另一项贡献，殊为难能！

先生今以九十六高龄谢世，亦标识前一辈史学界之落幕。先生虽已作古，但遗留述作极为丰富，供今后学人含英咀华，必将有更深远之影响！

（本文原载于台湾商务印书馆《钱穆宾四先生与我》。）

① 一九九〇年九月十六日初稿，刊《新亚生活月刊》一九九〇年十月、十一月两期。一九九一年三月三十日校补再稿，呈钱师母审阅，六月八日再次增订。

② 此文再稿曾寄钱树棠兄斧正。顷得来信，提出几点意见。惟此文已排版三校清稿，只能在适当处约略增补。但信中尚有一条云："先生曾说，辛亥革命时期，曾拟在棉衣内缝入银元当甲胄，参加攻宁之役。"此条字数较多，若补入正文，势必挪动版面，故附记于此。一九九一年十二月十二日最后校稿后记。

也谈现代新儒家 （代序）

钱胡美琦

一

新亚书院今天在此举办"钱宾四先生百龄纪念学术研讨会"，我以遗属身份被邀参加，并受邀讲话，感到十分荣幸。首先我要代表全体家属向新亚书院梁院长，筹委会委员许倬云、金耀基、全汉升、刘述先、余英时五位先生，以及文直良主任与其领导参与实务的新亚同仁及同学们，表示诚挚的感谢，我还该感谢新亚董事长唐翔千先生，及台湾联合报文化基金会，他们双方在经费上的慷慨捐助，使今天这一研讨会能顺利召开。我也要感谢各位与会的先生女士们，百忙中能拨冗来参加会议，其中有多位远道而来，更是难得。

外子宾四离开新亚书院已整整三十年，我们迁台定居也已二十八年了。在今天这样一个速变急转的时代，三年五年的变化，已足以令人感到震惊了。三十年来，新亚的人事岂仅是几番新而已！然而三十年后的今天，新亚的主事先生们，竟还会如此情深的怀念到一位三十年前的旧人，这一份温情，令身为遗属的我，十分感动。我到香港已两天，亲见新亚的同仁、同学们，热情亲切、积极主动的协助这一会务的进行。他们之中，有许多位从没见过宾四，但他们表现的热忱，令我内心感到无比温暖。如果宾四在天有灵，我相信他会感到安慰的。

这次新亚为我安排住在"会友楼"，这是一层一房一厅浴厨俱全的小公寓。一九八四年，宾四九十岁，那年我们夫妇曾到香港与大陆亲人团聚，就住在这公寓。六个小辈，一早来此相聚，到晚才回附近宿舍睡觉。我们一家人在这层小楼里，相聚了一个多月。这次我一人在此小楼独居，面对我们夫妇在台湾常常怀念的香港海湾，想到我们的沙田旧居，往事如浮云般飘过我的脑海，在早晚面海的沉思中，我对人生境界，又像有了一番新体悟。我在此特别感谢新亚为我所作的安排。

二

今天我想借此机会先向诸位报告两件与外子宾四有关的事，我相信与会的诸位先生女士们也一定乐闻。

（一）宾四的《国史大纲》与《中国文化史导论》两书，去年已在大陆用"正体"字正式出版了。《中国文化史导论》一书，是宾四在写完他的《国史大纲》后，专就通史中有关中国文化思想史部分，作进一步系统性发挥的书。他认为读者若能将他这两书合读，则可对我国历史有更深一层的认识。《中国文化史导论》也是宾四有系统地谈中西文化比较的第一本书。此书在大局动乱中出版，由于种种因素，数十年来一直未受读者的注意，宾四对此深以为憾。在他去世前两年，命我为他诵读全书，曾小修内文及整理版式，并计划重新发排。未料尚不及进行，宾四即遽然去世。在他去世后，《国史大纲》一书也重新作了校对工作。去年此两书交由台北及北京两地商务印书馆，发行新版，终于完成宾四五十年来未了之心愿。

上两书是宾四晚年渴望能尽早再介绍给中国大陆青年的书。我能在大陆首先再版他这两书，以纪念他的百龄冥诞，感到非常欣慰。台北素书楼文教基金会，为了纪念作者，也为了把作者生前主张两书应合读的理念，向大陆青年推介，特向北京商务购买两书各一千部，把来配套，分别寄赠给大陆的大学图书馆及文、史、哲系所等近三百个不同单位。另又捐出三百套，以半价出售给大学生，用以鼓励大陆青年两书合读。北京商务第一版在短期内已售完，最近即将再版。

（二）《钱宾四先生全集》由台北联经出版事业公司负责出版，此事在宾四去世第二年即着手规划，现已进行了三年。《全集》分甲、乙、丙三编，甲编已于去年出版，乙编现已出版，丙编正在作业中，全书约可在明年全部出齐。

宾四生前自己并没有出版《全集》的计划，他晚年只尽力要把散稿搜集起来编入相关书中，以免流失。他曾说："古代学人为文严谨，著述不多，大都值得保存。今天时代不同，学校讲课已与古有别，讲义已多。社会有公开讲演，又有各种报章杂志，花样繁多。我的一生，所讲所写，比古代学人多多了，其中有不少是针对当前现实问题而言的，时代一变，这些文章的意义价值也不大了，并不值得长期保存。但生逢中国自古未有的动荡时代，每作一讲演，每写一文章，都是我发自肺腑对国人的忠言。今天国家尚未统一，我的这些文章，对国家社会应仍可有贡献。"所以要搜集散稿。宾四去世后，由于外在的压力，使我不得不决定即时筹划出版他的《全集》，以求保存遗稿的完整。

《全集》的工作，远超出我能力之上。为作此决定，我足足考虑了半年之久，那段日子我几乎夜夜难以安眠。幸而获得宾四晚年在素书楼讲学时来旁听的十几位年轻朋友自愿相助，有他们的参与，给了我很大鼓励与勇气。我们按照宾四生前指示，将相关散文，有的汇集成册，有的添进相关书中，又将各书加添私名号、书名号、重点加引号，并做了版式整理、校对引文、统一标点等工作。没有这群义勇军的热心效力，《全集》的出版很难顺利进行。有两位研究生，为了《全集》自愿迟一年取学位。有两位台湾大学的年轻教授，三年多来更是全力奉献，课余假日，都奉献给《全集》了。今天他们虽没有在场，我仍应借今天纪念宾四的大会上，公开表示我对他们衷心的感激。

三

今天在此参加纪念会的与会人士，除香港本地学人外，有来自美国、澳洲、日本及海峡两岸的学人，其中有些与宾四并无师生缘，能远道来此参加纪念会，我很感激。我更想借这难得的机会，对于宾四被划归为

"海外现代新儒家学派"一事说几句话。

不记得在哪一年,有人来素书楼告诉宾四,外界有年轻学人写文章把他归为"现代新儒家学派",并说此一学派标榜以西方康德哲学思想为前提。宾四听了,大不以为然。此下虽陆续有人来谈及,然而此事在当年也仅是几位哲学界年轻学人有心抬高哲学在中国学术上的地位,他们说宾四仅算得是一史学家,不通思想。有意作此说者,当年也并不够力量造成定论。有人建议宾四为文批驳,宾四认为无此必要,不愿为这事改变自己多年的隐居生活,仅在素书楼讲堂上,多次谈到他自己的看法。台湾是个小地方,有心人自会知道他的反应。

宾四于一九九〇年八月底去世,不久闻人言,"海外现代新儒家学派"一说,竟成了海内外中国学人间共同有兴趣的话题,有人似刻意要造成定论。我为处理宾四后事,曾多次往返大陆。一次,在大陆听到有人正计划出版《现代新儒家丛书》,宾四也被规划在内。当时我并不了解大陆学人所谓"现代新儒家"的看法,是否也要如"海外新儒家学派"般冠上西方哲学思想的帽子?当时我有意把宾四生前对自己被划归"现代新儒家"一事的看法提供给大陆相关学人作参考,而苦无管道。下一年我再去大陆,又听说《现代新儒家丛书》已在积极进行中,仍无从得知详情。

大陆计划出版《现代新儒家丛书》一事,我想出版者的本意,应为提倡学术、尊重学人。但过早对前辈学人下定论,总不免令人有名不符实的感受。那年我从大陆返台,内心十分沉重,我自己没有能力在学术界来维护宾四的立场,考虑了多天,才决定向美国余英时先生求助。我请求余先生把宾四生前不同意海外"现代新儒家学派"把他强划归在内的意见,正式传达给学术界。我所以想到请余先生帮忙,是想借重他在美国的学术地位,因为海外"现代新儒家学派"是以西方思想作标榜,所以我不得不请求在西方学术界有地位的学人出面相助。宾四生前从不以私事向人求助,在他去世后,我主动向人求援也仅此一事,我认为学术事属公不属私。

余先生的大作《钱穆与新儒家》一文,未先发表,直接收入他的《犹记风吹水上鳞》一书中,我在该书正式出版后,才拜读到。事先我并不知道余先生竟费了几个月时间写了一篇大文章，更没有料到，他的文章出来后，会惹来许多无谓的是非。今天借此机会，我要公开向余先生致谢，没有他的大文在前，恐怕到今天，我还没有勇气把宾四生前的意见在此向诸位正式叙述。

有关海外"现代新儒家学派"的由来，据说起因于一九五八年张君劢、徐复观、唐君毅、牟宗三四位先生在《民主评论》上发表的一篇宣言，题目是《我们对中国学术研究及中国文化与世界文化前途之共同认识》。当年宾四曾坚拒在此"宣言"上签名，写有一封《复张君劢先生论儒家哲学复兴方案书》，此函刊载在当年香港《更生杂志》上，这本杂志少为人知，所以这封信也少人注意到。宾四去世前两年，在旧稿中见到此函原稿，宾四嘱我收入他的论丛。今编《钱宾四先生全集》，已遵嘱将该函收入《中国学术思想史论丛》第九册。

其实在"宣言"起草前，唐、徐两先生皆曾与宾四有过商谈，宾四已表示了不赞同。起草过程中，宾四又曾多次向徐、唐两位表明了自己反对的立场，所以才会有张君劢先生远从美国来函劝签署的事。一九六〇年，宾四应耶鲁大学聘，赴美讲学，我们曾到旧金山。君劢先生因病在家休养，请人来接我们夫妇去他家餐叙，并无外客。谈到"宣言"事，两人起辩论，宾四曾直率说明拒绝在"宣言"上签名的理由。他当时的话，我现在已无法原句重复。就记忆所及，宾四认为知识分子对外公开发表意见，政治与学术两者应有分别。政治有政治的方式，学术有学术的做法，两者混淆不分，对国家社会只会造成伤害。他同时认为，发表"宣言"的这种做法，极不妥当。这种姿态，像是对世人宣称"'道'只在我辈"，恐易引起海外学人的更分裂。宾四说："国家已到这种地步，此时此刻，大家应该相忍为国，万不宜再在学术上分党分派。"君劢先生曾力辩，说发表"宣言"正是为救国。两人当时都有些激动。宾四举出许多流亡前大陆学界的实例，并十分感伤地说："大陆之失，我辈知识分子应负绝大责任。"君劢先生听后，不再多辩。宾四这句话，我一直牢记在心。那晚从张府返回旅店，他的情绪久久不易平静，继续对我讲及大陆学术界种种情况，并重复说了几遍"大陆之失，知识分子该负最大责任"。

宾四在他的《师友杂忆》一书中，曾记载了当年与君劢先生对政治辩论一事，而未提到"宣言"一事。其实政治之辩正因谈"宣言"一事而引起。有关"宣言"内容的文字方面，当时好像完全没有谈到。在香港，我也听到宾四对唐先生说及宣言事，与他对君劢先生所讲意思大致相同。或许对"宣言"的文字内容他们也曾有过讨论，今也无从求证。有关此一案，幸而钱、张两位留有当年来往信件，可供参考。今天每谈到"海外现代新儒家学派"，这篇"宣言"总被人举出为依据，因此我把当年所亲闻写出，也可提供读者作参考。

四

宾四曾说："儒家传统思想从来不是一成不变的。时代变、环境会变，人生有待解决的问题也会随时代环境之变有不同，学术思想自会随之有不同。此所以汉儒与先秦儒有不同，宋明儒起又不同。如果说，不同时代的儒家，我们都称他们是当代'新儒家'。用这一种观点，今天把我称为'新儒家'，这是中国人自己的传统看法，我可以接受。但是仍然不能同意把我归在今天海外的'现代新儒家学派'。因为今天的中国，'现代'一词已变成'西化'一词的专有名词。"宾四又说："大家知道宋明儒号称'新儒家'，分程朱、陆王两大派，而程朱之间又有不同，陆王之间也有不同。即在二程兄弟之间，仍各有不同思想。今天要用'现代新儒家'一名称笼统概括海外讲儒家思想的学人，不仅无法真正认识各家思想的真面目，也容易误导青年对中国传统文化的认识。"

宾四又曾说："中国传统学术虽分经、史、子、集四部，但各部皆亦文、亦史、亦哲，这与西方的文、史、哲之分有不同。中国学术有所谓'思想'，也与西方所谓的'哲学'有不同。中国儒家思想主要在讲格、致、诚、正、修、齐、治、平之道，汉如偏讲治平，宋明儒偏讲诚正，时代不同，讲法虽有偏重偏轻之别，但都以'修身'为本，皆为儒，则相同。"宋明心性之学，在宾四看来，也只是修身工夫之一部分，并非如西方哲学般为纯思想。西方哲学家根本不讲中国儒家这套"修身"功夫，也即是不讲"做人"的道理，西方讲做人道理属于宗教范围。所以西方哲学家对中国儒家思想的意义与价值所在不认识、不了解。以宾四一生从事学术研究的心得来比较中西文化，他不能承认今天的西方哲学思想一定高过了中国儒家的做人之道。所以站在中国人立场，他不能同意衡量中国儒家思想应以西方哲学思想理论为依据的论点。

宾四曾说："儒家思想最伟大处，就在其带有极大的'包容性'，能接纳异己。"他常教学生，做学问要先把心胸放宽。他说："有人批评我，只偏爱中国文化思想，其实我从不排斥西方文化思想。"这在他的书中，可以找出许多例证。又说："有人批评我，只崇拜儒家思想，其实我也非常喜欢道家庄老思想，又喜欢研究比较名、法、阴阳各家的思想。大家称我是史学家，其实我更爱文学，更爱思想。"他又曾说："正因为中国学术思想能融会贯通，才有'历史'、'传统'可言，这是中国传统文化的伟大处，也是中国传统文化的特点。"

宾四也承认思想文化有互补作用。他曾说："中国传统文化思想在过去曾接纳融会了各种宗教思想，而获得充实；将来也必能接纳融会西方文化思想，而可更充实。但中西思想各有其不同传统，这一点极为重要，不容忽略。"他又说："我们今天不必定要强求同，更该多注意从相异点作比较，才能进一步了解中西双方思想的真价值，认识双方思想的真得失。"

五

上面所写，是我平日闻自宾四之言，就记忆所及，把来在此拉杂记下。下面我将试以自己的浅见，举出三点相异，用以有助说明今天所谓"海外现代新儒家"，并不适宜不加区分把来归为一派。

（一）以西方哲学思想理论作依据，来评论中国儒家思想的观点，宾四与牟宗三先生正是处于全然相反的立场。这一相异点，上述之言已涉及很多；在此不再重复。

（二）在刘述先先生悼念牟宗三先生一文中，称赞牟先生："决不是一谨言慎行的俗儒,一向特立独行,天机毕露。"另有一悼文引唐君毅先生言,称赞牟先生有"狂者气象"。

宾四则常以"谨小慎微"为律己的箴言,并举以告诫来学。他十分称赏诸葛亮《出师表》中"先帝知臣谨慎,故临崩寄臣以大事"两语。又称赏《三国志注》中,刘先主遗诏教子"勿以恶小而为之,勿以善小而不为"两语。在素书楼的讲堂上,我听到他多次特举此四句话,劝勉来学者。他曾说:"宋儒讲'内圣外王',不先修身,怎么能讲治平?治平是要管理天下众人的事,岂能不谨慎。"

以我个人数十年来对宾四日常生活的观察,从饮食起居到坐立行卧,从不见他放纵自己。遇到事情,他的考虑总是先公后私,先人后己。然而他也讲过很欣赏"狂者气象"。宾四多次提到韩愈《伯夷颂》一文,曾说"对此文深有体会,受益匪浅"。又说:"对该文中'特立独行'、'豪杰之士'两言,最有会心。"他朗诵《伯夷颂》中的句子"信道笃而自知明,举世非之力行不惑,穷天地亘万世而不顾,天下一人而已"那种无限神往的样子,我至今仍难以忘怀。他曾告诉我,年轻时他读《伯夷颂》一文不下百遍。在乡村小学教书,前途茫茫,常高声朗诵《伯夷颂》以自励,私下更以"特立独行,豪杰之士"的境界自期许。但他也曾说,韩愈《伯夷颂》一文近于"狂者气象"。

我没有听过牟先生演讲。也没有读过牟先生的书,难以想象他的"特立独行"、"狂者气象"是怎样一种境界,是否与宾四读《伯夷颂》一文所体会的境界有近似之处?这只能留待读者自己去玩味、去评断了。

(三)又见一悼念文中,引用了牟先生自称"古今无两"一语。

我认为宾四也是一位自视很高的人。然而他崇拜孔子,但常举孔子"述而不作"一语以告来学;他欣赏孟子,又喜举孟子言"乃我所愿,则学孔子"一语以告来学。在他感时伤怀百般无奈时,又常举"焉知来者之不如今"一语,以自慰慰人。他写回忆录不肯以"自传"名,而定名为《师友杂忆》。写此书时,他已双目不见字。他的草稿由我抄、我念、他说我改。这本书,我们夫妇曾先后共同工作了五年。五年之中,不下数十次,遇到他动情时,不得不停下工作,他不自禁地要对我述说往事。

最后总是叹口气说:"没有这些师友,也不能成就今日之我。"几乎每次都用这相同的两句话作结尾。这下一句话,其实也是极为自负之言。但他说时,总是把"师、友"摆在"己"前。我又常听他教导学生,做学问"贵在谦"、"戒在骄"。

六

上节所言,只想说明学人风格各有不同。我认为要认识前辈学人最该从各自不同的性行去了解其人,才是真了解。上举三点相异作比,绝非对牟先生有不敬之意,也非有心来评论学者人品之高下。学术思想最是见仁见智,难有定论之事。我不是学术中人,对牟先生所知又极有限,岂敢妄论。只因今天"海外现代新儒家学派",似乎已公认牟先生为该派领袖人物,而又强将宾四归入其中;又因最近见到多篇对牟先生悼念的文字,文中特举这几点作为称颂。而这几点,正便利我写此文用来作比较的资料,故而引用到,别无他意。

钱、牟两位,早在大陆就相识,但极少往来。牟先生于一九六〇年到香港任教,开始是在港大。他接夫人到港团聚时,我们夫妇刚自美返港,选在九龙郊区之沙田半山定居,由于乡郊小路不方便,我们安家借用了房东旧家具,只携去少数自有的,把其余的全部家具送给牟太太安家用了。此后与他们夫妇仅见过几面,极少往来。牟先生转入新亚任教时,宾四已辞去院长职,不久我们迁台定居,更无往来,自无恩怨是非可言。我不希望因此文而引起无谓的误会,故特别在此说明。

我今天仅是以一个家属的立场,帮一位去世的亲人,借今天纪念他的机会,把他生前的意见,再公开表达一下。在他生前,他的话没有获得应有的重视;在他死后,我责无旁贷,应该为他说几句话。这些话,在我心中已压抑有年,今天心中难免仍有不平之感,言辞上纵或有偏,亦应可获得同情。今天我们来讨论当下眼前的人事问题,很难不受各自私人情感、私人关系的影响,要说客观,并不容易。好在所谓现代新儒家们,身后都留下了丰富的著作,可供后人研究。再过五十年、一百年,时过境迁,有人再来研究今天所谓的"现代新儒家学派",当可减少了私人情感与私人关系的因素，到那时，再谈客观比较容易。学术思想非经长时期的考验，后人也不容易真了解、真认识。大陆学界果要提倡学术、看重学人，首先应该鼓励青年多读这些前辈学人自己的著作。至于写"学案"、"辑要"、"评论"以及归类分派等，都属于下一步的工作。今天不必也不该，限时限刻，急着给他们下定论。属于历史的，请留给历史。请允我借用一句宾四常说来自我安慰的话，作本文的结语："焉知来者之不如今！"

（此文于一九九五年七月三十日在台北《联合报》发表后，又曾作过小修。）

后　记

上文本为香港中文大学新亚书院举办"钱宾四先生百龄纪念学术研讨会"出版纪念集而写。未料纪念集尚无确切出版期，今年三月忽然收到北京《中国文化》杂志社寄来一九九五年十二月出版《中国文化》第十二期一册，该期刊载刘述先先生对于当代新儒家的超越内省一文。刘文似纯为针对"钱穆是否为现代新儒家"一问题而发表议论，读后感触更多，令我无法置之度外。

我自知自己仅能算是一学术边缘人，不够条件与当代学人讨论学术问题，尤其是与当今的哲学家们，他们喜用独特的词汇及语言方式，常令我感到困惑难解。但鉴于前次请朋友相助，给朋友惹来无谓的是非，我不敢再开口求人相助。几经考虑，深感自己有无可推卸的责任与义务，决心自己为文作一回应，至于文字的好坏，也就不在考虑之中了。

我将刘先生的大文分作两部分看，有关学术辩论的部分尽量少涉及，事实上这部分也非我力所能及。但有关他对外子宾四误解的部分，则我责无旁贷，理应对外界作一定程度之解说。

宾四晚年在素书楼讲课二十年，我也随堂听讲二十年。他八十四岁双目不能见字，到他九十六岁去世，十二年之间从未停止工作。我替他抄稿、念稿、改稿，十二年中，整理新旧稿不下数百万字。宾四于一九九〇年去世，自一九九一年开始筹划他的《全集》出版事，五年来，我几乎日夜与他的文稿为伴，我虽不能算是学术界中人，有了这二十多年的经历，我敢于说，自己对宾四的一些观念要比一般人认识得清楚些。所以针对刘文的误解，略加解说的工作，我自认应能胜任。

四月中，我曾写《读刘著〈对于当代新儒家的超越内省〉一文有感》一文，寄北京《中国文化》杂志发表。该文与前作也谈现代新儒家一文意思连贯，内容有互补之功，故特将该文附录在《也谈现代新儒家》一文之后，读者两文合读，应可有助于对钱穆先生之认识。

附录：

读刘著《对于当代新儒家的超越内省》一文有感

一

刘述先先生对钱宾四先生最大的误解，在他误认钱先生的学术思想主要源自朱子，源自宋明儒，而非源自孔孟。他说：

> 钱先生所继承的乃是太史公究天人之际，通古今之变的大传统。在中国学术思想史上，与他心灵最切近、对他所作的学术工作最有启发的，甚至还不是孔孟，而是宋代的朱熹。此所以钱先生到晚年还要孜孜兀兀，抄摘分类的工作做起，而后提纲挈领把朱子全幅的学术、思想展示出来，才完成了这一部超过百万字的巨著。①

又说：

> 钱先生以宋儒为明体达用之学,他所继承的正是这一新儒的传统,他的学说的体显然是朱子的理学(该心性之学),在这方面,他与新儒家没有根本的差别,有之,也只能是类似于程朱与陆王之间的差别。②

又说:

> 签署"宣言"的四位先生与钱穆先生都以宋明儒学为出发点……故我们的反思由宋明儒学开始是有一定的理据的。③

其实钱先生的学术思想,可说完全建基于儒家孔孟思想上,这一点,本该是无需争辩的事。这项认识,应为了解钱先生学术思想的基本认识。

刘述先生所以会对钱先生有此大误解,可能由于在钱先生的著作中,他特别看重《朱子新学案》一书;也可能他因要强调钱先生与签署"宣言"的张、唐、徐、牟四位先生同属"现代新儒家学派",而这篇宣言开宗明义说:"心性之学,乃中国文化之神髓所在",所以刘先生认定钱先生的学术思想也以宋明儒为出发点。

《朱子新学案》一书,钱先生写于七十岁后。在此之前,他研究孔孟儒家思想近五十年;在此之后,直到去世,二十余年他从未间断对孔孟学说的探究。在他生前,从未听他表示过,他的《孔子要略》、《孟子要略》(此两书已合入《四书释义》一书中)、《先秦诸子系年》、《论语新解》、《孔子传》诸书,不及他的《朱子新学案》重要。我常听钱先生劝学生多读《论语新解》。他又有《孔子与论语》一书,全书二十九篇,重要主旨在教人如何读《论语》及从《论语》一书来认识孔子之伟大。因此仅举《朱子新学案》一书,是不足以说明钱先生学术思想的本源。钱先生曾说:"古代孔子与后代朱子是中国历史文化演进中,先后两位集大成者。"他既称许朱子是中国学术思想之"集大成"者,以一史学家的立场,未有不追本溯源一探究竟之理。下录钱先生自己在他的《孔子传》序言中的话,以为读者的参考。

孔子为中国历史上第一大圣人。在孔子前，中国历史文化已有两千五百年以上之积累，而孔子集其大成，在孔子以后，中国历史文化又有两千五百年以上之演进，而孔子开其新统。在此五千多年，中国历史进程之指示，中国文化理想之建立，具有最深影响、最大贡献者，殆无人堪与孔子相比伦。

孔子在中国历史文化上之主要贡献，厥在其自为学与其教育事业之两项。后代尊孔子为至圣先师，其意义即在此。凡属孔子之学术思想，悉从其所以自为学与其教育事业之所至为主要中心。孔子之政治事业，事隔两千五百年，已不足全为现代人所承袭，然在其政治事业之背后，实有其以学以教之当境实践之一番精神，为孔子学术思想以学以教、有体有用之一种具体表现。欲求孔子学术思想之笃实深厚处，此一部分亦为不可忽。

宋代儒学复兴，乃始于孔子生平志业之重要性获得正确之衡定。学与教为先，而政治次之，著述乃其余事。故于五经之上，更重四书，以孟子继孔子而并称，代替了汉、唐时代以孔子继周公而齐称之旧规。此不得不谓乃宋儒阐扬孔子精神之一大贡献。宋儒理学传统迄于明代之亡而亦衰。……今者痛定思痛，果欲复兴中国文化，不得不重振孔子儒家传统，而阐扬孔子生平所最重视之自学与教人精神，实尤为目前当务之急。

史学家研究学问的方法与哲学家有不同。从史学观点来看，宋明理学在中国学术思想史上虽说是极为光辉重要的一环，但从整体儒学思想来看，也只是后期儒学发展中之一段，并不足以掩盖前期孔孟思想之重要性。这一观点，是我从听课中领悟到的认识。④

二

刘先生在其文中有"道统问题的再省思"一节，提到钱先生《中国学术通义》一书，他批评钱先生的说法为"显然对于朱子之建立道统缺乏相应的理解"。

有关"道统"问题，是学术思想史上一重要而复杂的问题，也是一纯学术性的话题，我不能谈论。但在此我想指出，刘先生所说的是指《中国学术通义》一书之第二篇《中国儒家与文化传统》一文，原文长三十页，这是钱先生自己很看重的一篇大文章。我希望对此问题有兴趣的读者，能将两文比对研究，庶可了解钱先生真正的作意所在。

刘先生在同节中，另有一段话，这段话中对钱先生的误解，我可以作一说明。刘先生说：

> 传统儒者是高度的思想主义者，这在孔子即是如此，他慨叹道之不行者久矣！朱子的看法明显地与他相符，反而钱先生提出来的看法与孔孟有很大的差距。传统儒家相信以先知觉后觉，一般老百姓日用而不知，焉能在自觉的层面上担负道统，当然更不能无分疏地泛说整个文化大传统即是道统。

从刘先生这段话，可以看出，他与钱先生对儒家的认识显然有很大的差距。钱先生在其《中国儒家与文化传统》一文中曾说：

> 宋明两代所争执之道统是一种主观的道统，或说一线单传的道统，是截断众流，甚为孤立，纰缪甚多。真道统则须从历史文化大传统言，当知此一整个文化大传统即是道统。

"道统"两字的涵义，并不专指学者在学术思想史上的传承言，也可作广义性的解释。上引文中前后"道统"两字，涵义有别。

钱先生虽也提到儒家有高度的理想，但他认为儒家思想的意义与价值，更重要的在能"实践"。他常说："孔子之道贵在平易近人，忠、恕、孝、悌，人人能知能行。"钱先生在南洋、在美旧金山，对侨胞讲演，常说每一位流亡海外的华侨，他们身上都带有中国传统文化出去的，所以海外侨胞虽经两代、三代，文化道统传承未断，还能保持为一道地的中国人。钱先生认为就此可见中国文化精神的伟大处。或许刘先生对此不能认同。

我正在整理钱先生《新亚遗铎》一书，其中有《孔子思想和世界现实问题》一文，是钱先生因一位美国友人问"孔子思想如何引用到世界现实问题上来"而写。现在节录该文中几段话，或可有助读者了解钱先生对儒家的认识。他说：

> 孔子思想之重点与价值，正在替人类提出一个解决种种问题之共同原则来。此原则系何？用现在话说来，只"道德"二字便是。
>
> 何谓道德？这也不需像一般哲学家的特有概念般，先要把来作一明确的界说。孔子所讲的道德，只是人们同有之一种心情，同能之一种行为，所谓直指人心，当下即是，只求如此这般，在人生实践中一经指点便够了的。如"忠、恕"，便是一种道德；如"爱、敬"，也是一种道德。只要以忠恕待人，以爱敬对人，受者决不会拒绝或不欢迎；在施者的心情上，也决不会感到不愉快或不满足。
>
> 一个人人忠恕与相互爱敬的社会，种种问题，总可有办法解决。不忠、不恕、无爱、无敬，那样的社会，无法解决的问题，自会不断地产生。
>
> 孔子言道德，扼要言之，可说有三本原：一、本之于人类之心性。二、本之于社会。三、本之于历史经验。因此，孔子思想是最为近人而务实的。
>
> 孔子之学，向后展延有两条路。一条是简易的、直捷的，三言两语，可以当下指点，可以终身奉行。这一条路，发于象山与阳明。另一条路，是细密的、繁复的，千门万户，阶级层次井然，要学者循序渐进。这一条路，可以特殊学术化。但其从三大本原而归于道德中心，则是并无二致的。

象山、阳明简易直捷普遍大众化的一条路，从人人同有之心，一经指点，当下即明，当即能行，这种立即可实践的行为，岂不即可说是一种道统的传延吗？

三

刘先生在文中，一再提到一九五八年钱先生拒绝签署张、唐、徐、牟四位先生所发表的"宣言"一事，特写一专段来检讨此事，又将钱先生当年答复张君劢先生一函全函抄录。有关此事，我曾在《也谈现代新儒家》一文中做了说明，本不需再多言。因刘先生此文对"宣言"一事特加看重，我不得不在此再作补充说明。刘先生说：

> 由这份第一手的原始资料（指钱函），可以清楚地看到不仅钱先生自承与新儒家臭味相近，论旨十符其九，而且这是可以公开征验的陈述，那么到了今天，钱先生之被视为新儒家，岂不是十分自然之事么。

刘先生特别强调钱先生函中所言"相符其九"这一点。我认为此事应该换一方向去理解。钱先生当年因"十分之一"的相异，竟无视于"相符其九"之所同，坚决拒绝在"宣言"上签署，可见他认为相异的"十之一"其重要性远超于所同的"十之九"之上。这一点，应是不容置疑的。因此，定要重视"宣言"一事，首先应该了解为甚么钱先生把相异的十分之一看得那么重要，其中意义岂不大值玩味？

当年中国遭遇到有史以来未有之大变局，国内难安身，能流亡到香港的学人只是极少数，大家都是生计困难前途茫茫，人人心情不堪言喻。异地相逢，不免惺惺相惜。这是一段极特殊的时期，当年种种情况，远非现在人所能想象理解，今天实无必要把来过分膨胀。"宣言"一事之后，几十年来，从不再见他们彼此间有讨论学术思想的文字相呼应，也足以说明彼此间之相异远胜于相同。那真可说只是一种机缘造成，也仅为一极短时期之现象而已。

四

刘文又说：

有的学问我们确可以不知其人，但孔孟、程朱、陆王，乃到现代新儒家，却不能不知其人。要讲道德伦理，终极真理，讨论儒学圣学一类的东西，焉能把人的因素全撇除在外呢？

这一说法，与钱先生意见完全相同。钱先生多次提醒学生，读书要懂得注意书背后的作者。他说："不了解写书的人，对其所写的书终有隔阂。"遗憾的事，是刘先生没有了解钱先生其人，因此对他的书多产生误解，对他的为人处世也推论多误。刘先生在其文中讲述了许多熊十力、梁漱溟、牟宗三先生之生平行事，又引了梁先生之子梁培恕的一段文章，结论是："现代新儒家都不做德性修养工夫，情感冷漠，把心专用在做学问上，不看重尊德性只讲道问学。"于是刘述先先生认定钱先生的行事，与上述二先生相同，并举钱先生三子钱逊之言为证。他说：

我觉得这一段话（指梁培恕言）有意思是因为钱先生逝世后，在中大举行悼念仪式，哲嗣钱逊兄对亡父的回忆，几乎和梁培恕完全一样。而梁先生在新儒家之中最突出中国文化的"情"的一面，其余不足论矣！

梁氏父子同居大陆，而钱先生父子被国家情势分隔，数十年不能相见，双方境遇大不同，怎能相提并论？刘先生的武断，太伤感情。新亚书院去年为钱先生举办纪念会，早先邀请我在仪式上讲话，后又去函邀请钱逊讲话。钱逊在电话中问：他讲什么好。经过我们家属商量，认为大会如邀两岸家属代表分别发言，理应请哥哥钱行代表大陆家属，今指定钱逊，或因其在清华大学文化思想研究所工作，要他讲讲有关父亲学术思想方面的话题。钱逊经过考虑，他认为在新亚开会，他只该说自己对父亲所知太少。我们两岸家属分别抵港赴会，相见后，钱逊将讲辞给我看过，也给哥哥钱行、妹妹钱易看过，我们都认为他的措辞谦虚合"礼"，没想到竟引起外人如此严重的误会。

钱先生生前认为儒家思想极重人之"情性"，因为儒家看重人伦，父子、兄弟、夫妇、君臣、朋友五伦之中，又以父子、兄弟两伦属天伦，最为重要。钱先生常说："人与人之间没有了情，还有甚么可言？"他对亲情、友情、人情、物情、天地自然之情、国家民族之情，无一不看重。他与子女分离数十年，一九七九年一旦联系上，第一件事命我把他的著作先寄去大陆。一时不能见面，叫子女从书本上先了解他。一九八〇年钱先生与子女分别三十二年后第一次重相见，在香港聚首仅一星期，从早到晚他的话最多，关心儿女的工作，关心儿女的家庭，问不完的问题，也叮嘱不尽让他挂心的事。他担心"文化大革命"留下的后遗症；一星期中，叮嘱最多的事，是叫儿女们每人回去好好读他的《论语新解》，各自教子女读《论语新解》，又提醒子女各自注意家庭亲情。在他九十岁一九八四年那年，第二次在香港与子女团聚月余。虽然钱逊青年时在思想上与父亲有分歧，又分别几十年，两次相聚的日子加起来不满两个月，但我确信，父亲对子女们关切之深，足以令钱逊怀念一辈子。

钱先生特别看重个人修养工夫，我时常听他告诉学生，做学问要与做人合而为一，才是真学问。一本《新亚遗铎》中叮咛学生为学与做人应合一的话，不下数十处。前面引钱先生讲儒家思想重实践，意思已很清楚，在此不再多言。总之，个人德性修养及情感培养，两者都是钱先生一生所极为重视的。在这两项上，如对他有误解，则全然无法对他有真认识。我特别在此慎重说明。

五

刘先生在其文《儒统现代化所必须面对的问题》一节中，提到钱先生和君劢先生辩论民主政治一事，他说：

> 钱先生完全浸润在传统之中，我们只能感到幸运，通过自学能

够造就钱先生这样的学者。但完全缺乏现代西方式的学校教育，也可以造成一种限制。譬如像他与张君劢先生有关民主政治的辩论，很明显他对西方民主政治的理解，是存在着某种隔阂的。

刘先生没有在他的文中说明他所知有关钱先生与君劢先生民主政治辩论的实际内容，也没有说明他认为钱先生对民主政治的理解所存在的某种"隔阂"是甚么。就我所知钱先生从没有反对过民主政治，但钱先生认为提倡民主政治不是光喊口号就行，该实际去参与。当年我曾亲闻钱先生和君劢先生的谈话。他对君劢先生说："你信仰西方民主，就该学西方民主做法，回台湾亲身去参与政治，组织政党或走上街去演讲、去游行都可以，不应身在外国写文章批评自己的政府。这于民主无补，也使国内人心不安。政府流亡在外，人心惶惶，此时求国家稳定社会人心能安是首务。"又说："美国号称民主先进国家，美国人民恐怕也很难接受美国政治家为争民主到外国去骂自己的政府。"钱先生并劝君劢先生给青年一个好的民主典范。这些话，我在《也谈现代新儒家》一文中，没有细说。君劢先生是老前辈，有些话题涉及私人的形象，不宜公开多说，尤其是对已去世多年的前辈，更应有所保留。现在被刘述先先生此文所逼，使我不能不作某种程度的补充说明，心感歉疚。

钱先生不仅没有反对民主，更主张中国应该民主。在抗日战争末期，商务印书馆出版了他的《政学私言》一书，内容包括政治、社会、经济、法律、教育各方面，这是五十年来中国学人唯一一本为建立未来新中国作全面考量而设计的蓝图。其中谈到中国未来民主政治之路。固然学者的理想对实际政治并不一定完全适用，但有此一整体设计，将来在此基础上再作讨论，总比一切空白容易起步。这本书最近台北商务重排新版，今年四月底已出书。台北素书楼文教基金会购买了一百本，准备分送海峡两岸对建立未来新中国有深切关怀的人士作参考。下引该书片段，稍可了解钱先生对民主政治在中国的看法。

> 政治乃社会人生事业之一支，断不能脱离全部社会人生而孤立，故任何一国之政治，必与其国家自己传统文化民族哲学相欣合，始

可达于深根宁极长治久安之境地。

民主政治为今日中国唯一所需，此毋需烦论。盖惟有民主政治，既为世界潮流所归趋，抑亦中国传统政治最高理想与终极目标之所依向，故亦惟有民主政治，始可适应现势，符合国情。

然民主政治仅一题目，而非一死格式。英、美同属民主，苏维埃亦同称民主，而英、美之间复有不同，可见民主政治尽可有种种异相。中国所要者，乃为一种自适国情之民主政治，重在精神，不重在格式。苟非中国人能摆能模仿抄袭，有勇气，有聪明，能自创自造，自适国情，则或主步趋英、美，或主追随苏联，国内之政争，将以国外之政情为分野，并将随国外之势力为消长，国家政治基础将永远在外不在内，在人不在我，以此立国，何有宁日。

所谓民主政治之精神，莫要于能确切表达国民之公意。在英、美，多数民众无不隶属于政党，故多数党执政，即为代表国民多数之意见；诸党联合，即为代表民众全体之合作。中国则不然。党人之比数仅占国民全数一小部分，一党专政，固不得谓是多数之民意，即使全国各党各派联合团结，论其数量，依然占国民全数甚小之比率。政党代表不了民意，此乃中国目前政情一特有之症结。必由此着眼，仍始为对中国政治对症下药之途径。

中国人对政党兴味异常淡漠，此乃一不可掩饰之事实，此非中国人对政治无兴趣，惟其对政党政治则兴趣实嫌不足。此不得以中国人民教育程度不足，政治智识不够为理由。当知政党实于国情未为适合。若求适合国情，则莫如创设一"公忠不党"的民主政治。此种政治，虽可有政党，而政党退居不占重要之地位。……不知民主政治可以为政党政治，而不必定为政党政治。今纵使国内诸政党皆各降心相从，团结一致，然若只就政党立场，则其去真实民意岂不犹甚远乎？况并此诸党之团结而不能。

然今日中国不能有好的政党政治，此不足为中国病，抹杀国情，一味效颦他邦之先例，即根本不足为好政制。中国人岂特不能步趋英、美，实亦不能步趋德、法或苏联。中国人实际利害观念不坚强，则不能效英、美；崇拜伟人之心理不狂烈，则不能效德国；严切组织克制异己之手段不深刻，则不能效苏联。一党专政既为群情所不安，而诸党互竞又为民德所不习，政党政治之在中国，其前途甚黯淡。然此并不足悲观，所足悲观者，乃在中国人不能自创一自适国情之政制，而必步趋他人之后尘，则其政治将永无独立自定之望。

所谓自适国情之政制者，大体言之，即所谓公忠不党之民主政治。"公忠不党"者，乃超派超党，无派无党，或虽有党派而党派活动在整个政制中不占重要地位之一种民主政治，亦即所谓"全民政治"。

以上节录《政学私言》一书中第一篇《中国传统政治与五权宪法》之片断，可以有助读者了解钱先生对中国未来民主政治发展的期许。全书大体以"全民政治"一理念为主，而分别叙述作者对中国未来在政治、经济、社会、法治、教育等有关社会人生各方面发展取向的设计。此或与今日国人倾向西化一面倒之潮流众势不符合，惟暂可聊备一格，以待我国实施西方民主政治遇到挫败后可供参考。若今日社会之有心人士能早见及此，则为我国家民族之幸事。

六

钱先生不幸十二岁丧父，家贫失学，没有受过"现代西方式的学校教育"完全靠自学有成。这一艰苦历程，也有幸运的一面，他可以自由学习，不受任何框框的束缚。文、史、哲，中、西学，凡有兴趣者只要立志，皆可学习，没有限制。他在《师友杂忆》一书中记他十岁在小学读书时，曾受一位体操教师的启发，他说：

中西文化，孰得孰失，孰优孰劣？此一问题围困住近一百年来之全中国人，余之一生亦被困在此一问题内。从此七十四年来（作者写此书时，年八十四岁）脑中所疑，心中所计，全属此一问题。余之用心，亦全在此一问题上。

钱先生自十七岁初为人师，在乡村小学教书，即接触到严复翻译的书，此后他做学问，一面要了解本国历史文化的传统，自修国学，这是他的爱好；一面要了解西方文化思想，研读西书，这是为要解决心中所疑。两项同为一个宗旨，即是要"找出今日中国自救之道"。凡报章杂志上见到介绍西方思想的文章或书籍，他未有不注意的。抗日期间，学人会集大后方，钱先生与不少研究西方思想的学者来往，此更有助他对西方文化的了解。一九四二年，他写《中国文化史导论》一书，这是他第一本讨论文化史的书，也是他有系统的讨论中西文化异同问题的第一本书。自此以后，五十年来，除了几本专著外，上百篇的文章，无一不是从中西文化比较着眼。他对西方学者的著作下过很大的工夫，都作有读书笔记。去年五月我赴港参加新亚纪念会，十二月到北京清华大学参加"钱穆文库"成立，都曾带去部分笔记供作文物展。钱先生是先对西方文化有了认识，才谈中西文化比较的。

钱先生并不反对中国应向西方"取经"，吸收西方文化的成就。只是他认为，西方同样也有向中国文化取经的必要。他同意中国今天必须吸收西方科学与民主的成就，但不主张一味抄袭。在人文思想方面，他认为中国儒家孔子的思想正可补西方思想之缺失。钱先生说：

在一切科学各门专家乃及宗教信仰以至哲学思辨中，若要在人类社会发生好影响，生起好作用，全少不了"道德"一味。而道德又是人人可知，人人能行的。不像一切科学与各门专家，便叫人有知有不知，有能有不能。又不像宗教信仰与哲学思辨，彼此有异同，相互有派别，而人类道德则应该推之四海，树之百世，无彼此异同可争的。

科学与专家知识，是超道德的。在道德基础上，一切科学与各门专家知识全有用。在无道德与不道德的基础上，一切科学各门专家知识，不仅会变成没有用，而且还会有害了。如科学发明了原子能，岂不可在和平的场合使用，也可在大量杀人的战争场合使用吗？[5]

岂仅科技知识需要道德为基础，民主政治更需要道德为基础。台湾的民主选举，今年受到举世各国瞩目，尤其西方民主国家齐声称赞，海外侨胞更欢欣鼓舞。只有我们台湾居民心里最明白，社会为此付出了多大代价，利弊得失尚是未知数。一个没有道德基础，不看重个人德性修养的民主制度，能维持长久吗？值得深思。

钱先生一生虽努力卫护中国传统文化，但更努力在沟通传统与现代。他坚信，中国未来的前途只有从中国自己的传统文化中才能找到出路。他认为中国自救之道，首在恢复国人之自尊自信。要恢复国人之自尊自信，则必先要认识自己本国的传统文化。然而不幸中国传统文化久已中断。他怕有一天中国青年觉醒了，想要回头去认识本国历史文化传统，找不到合适的路走。钱先生晚年屡说："此生所愿，只想做好桥梁的工作，让觉醒后的中国青年，能通过我的书认识自己本国的历史文化传统，我的一生也算没有虚度。"

现在回到本题。"钱穆是现代新儒家吗？"刘述先先生说：

"大陆如今公认钱先生为现代新儒家，恐非个人意志所可加以转移的。"

我至今不明白大陆学界对"现代新儒家"如何界定？"现代化"一词在海外早成了"西化"一词的代名词。今天我以一人之"私"当然不足以抗刘先生所谓的"公"。孔子看重"正名"，曾说："名不正，则言不顺。"如果标榜西方哲学思想的现代新儒家学派，不愿正名为"西化派"或"康德派"的"现代新儒家"，我只好为钱先生一人正名，称钱先生为"中国传统固有文化中之新儒家"。

刘先生又说：

"学术不是个人得而私的公器，当然得接受公开的检验，不能躲到自己的信仰后面去。"

我服膺他的话而写此文，如言辞上有不妥处，则请刘先生见谅。

　　　　　　（上文于一九九六年四月中完成，八月重读，曾作修订。）
　　（本文原载于二〇〇三年香港中文大学新亚书院《钱宾四先生百龄纪念会学术论文集》。）

① 刘述先撰《对于当代儒家的超越内省》一文第三节：由方法学观点论钱穆与新儒家——通儒的向往与担负。
② 同前文第三节：对于钱先生拒签中国文化与世界宣言问题之检讨。
③ 同前文第四节：当代新儒家的自我反省与定位——关于宋明儒学的反省并谈陆学之所以粗之根由。
④ 四月中旬余此文写成后，即寄北京《中国文化》杂志。七月中整理钱穆先生年谱，重读先生《师友杂忆》一书，其中第十章十六节，先生记一九三六年夏远游庐山事，曾自言："其时朱子书则尚未精读，故纵游白鹿洞、五老峰亦惟游其处，乃虚慕其名，于吾心未留深切之影响，至今为恨。"又第十三章第一节，记一九四四年胃病大发，春尽夏来，尚不能下楼，日间卧楼廊沙发上阅读《朱子语类》，先生自言："《朱子语类》全书一百三十卷，获在楼廊上全部读完，是为余通览《朱子语类》全部之第一次。"先生之《论语文解》（一九一八年）、《论语要略》（一九二五年）、《孟子要略》（一九二六年）、《国学概论》（一九三一年）、《先秦诸子系年》（一九三五年）诸书之出版，皆在其正式用功读朱子书前完成。有此具体事实为凭，更足证明先生学术思想之本源在孔孟，绝非如刘文所言以宋明儒学为出发点。
⑤《新亚遗铎》一书中《孔子思想和世界现实问题》一文。

我所认识的钱宾四先生 （代序）

韩复智

一　从钱先生的《全集》和《小丛书》说起

近九十余年来，我国史学界名家大师辈出，若"论方面广阔，述作宏富，且能深入为文者，我常推重吕思勉诚之先生、陈垣援庵先生、陈寅恪先生与钱穆宾四先生为前辈史学四大家，风格各异，而造诣均深"。尤其是钱先生"才气磅礴，识力深透，文笔劲悍，几无可比伦"[①]。钱先生在史学研究上取得的卓越成就，和对学术上巨大贡献，早已为学术界所共知。虽然他"最成功的一面，仍在史学研究"[②]。但从先生一生宏富的著作看来，即知钱先生学识渊博，淹贯经、史、子、集四部，著作等身，这全靠他从少年时代起的矢志自学，一本一本从头到尾广泛地研读古籍，并持之以恒，数十年间，无一日不读书，长期努力的结果。钱先生自遽归道山到现在十三余年了（一九九○年八月三十日至二○○四年一月二十八日），自一九九一年九月开始，先生的夫人钱胡美琦教授在弟子台大中文系教授张蓓蓓与何泽恒等热心协助下，日以继夜，废寝忘食，重新整理的《钱宾四先生全集》（以下简称《全集》），已陆续由台北联经出版事业公司出版了。《全集》分为甲、乙、丙编，连总目共有五十四巨册，都一千七百万言。近千年来，高寿又兼通四部，著作最宏富、而大有成就的著名学者，钱先生当为第一人。这当然与其夫人无微不至的照顾必有极大关系。诚如一位在素书楼听了近二十年课的弟子说："没有师母，便没有宾四师的晚年。"

（一）《全集》甲编以有关学术思想者为主（含《朱子学提纲》），凡二十三种二十五册，其书目是：

1. 《国学概论》
2. 《四书释义》、《论语文解》
3. 《论语新解》
4. 《孔子与论语》、《孔子传》
5. 《先秦诸子系年》
6. 《墨子》、《惠施》、《公孙龙》、《庄子纂笺》
7. 《庄老通辨》
8. 《两汉经学今古文平议》
9. 《宋明理学概述》
10. 《宋代理学三书随札》、《阳明学述要》
11. 《朱子新学案》（一）
12. 《朱子新学案》（二）
13. 《朱子新学案》（三）
14. 《朱子新学案》（四）
15. 《朱子新学案》（五）
    《朱子学提纲》（存目、不占册）
16. 《中国近三百年学术史》（一）
17. 《中国近三百年学术史》（二）
18. 《中国学术思想史论丛》（一）（二）
19. 《中国学术思想史论丛》（三）（四）
20. 《中国学术思想史论丛》（五）（六）
21. 《中国学术思想史论丛》（七）
22. 《中国学术思想史论丛》（八）
23. 《中国学术思想史论丛》（九）（十）
24. 《中国思想史》、《中国思想通俗讲话》、《学籥》
25. 《中国学术通义》、《现代中国学术论衡》

(二)《全集》乙编偏重史学,凡十三种十一册,其书目是:

26. 《周公》、《秦汉史》
27. 《国史大纲》(上)
28. 《国史大纲》(下)
29. 《中国文化史导论》、《中国历史精神》
30. 《国史新论》
31. 《中国历代政治得失》、《中国历史研究法》
32. 《中国史学发微》、《读史随劄》
33. 《中国史学名著》
34. 《史记地名考》(上)
35. 《史记地名考》(下)
36. 《古史地理论丛》

(三)《全集》丙编则多关文化人生及其他杂著,最末为总目,凡二十一种十八册,其书目是:

37. 《文化学大义》、《民族与文化》
38. 《中华文化十二讲》、《中国文化精神》
39. 《湖上闲思录》、《人生十论》
40. 《政学私言》、《从中国历史来看中国民族性及中国文化》
41. 《文化与教育》
42. 《历史与文化论丛》
43. 《世界局势与中国文化》
44. 《中国文化丛谈》
45. 《中国文学论丛》
46. 《理学六家诗钞》、《灵魂与心》
47. 《双溪独语》
48. 《晚学盲言》(上)
49. 《晚学盲言》(下)

50. 《新亚遗铎》
51. 《八十忆双亲》、《师友杂忆》
52. 《讲堂遗录》
53. 《素书楼余沈》
54. 《总目》（总序目、总目次、索引）

《全集》总为五十七种五十四册。甲、乙编的整理工作，是由《全集》编辑委员会重新整理、修订、增编和重新排版钱先生的散于坊间各处和版本繁多不齐的五十余种著作，使其成为定本。其次是由专人校对各书中误植的字，或统一和新加标点符号，或核正书中的引文。逐字逐句、逐行从头到尾都细心核校，以期将错误减到最少，使其成为定稿。并搜集散见台、港、大陆报刊杂志之文稿详加考订说明，依其内容性质或编为新书、或编入各书，或作为附录。此一工作，费时数载，始先后于一九九四年和一九九五年出版。丙编的整理工作更是繁重费时，例如《全集》第五十二册《讲堂遗录》中的《经学大要》整理工作之艰辛，即是明显的事实。本编预计在一九九八年五月出版。《讲堂遗录》一书，由三部分组成。主要为《经学大要》。先生一向认为中国之前途系于学术之复兴，欲复兴学术，大学生不论念何系，皆应对本国学术思想史有一通体之认识。有志者读此书，自可找出一条路来。第五十三册《素书楼余沈》为《全集》正文之最后一册，全书共分序跋、杂文、书札、诗联辑存、晚学拾零五个部分。至于第五十四册《总目》，包括《全集》总序目、总目次、篇目及章节索引。是《全集》编辑委员会为方便读者研读先生的著述而特别编辑的。

（四）二〇〇〇年，素书楼文教基金会乃遵先生遗意（先生生前为促进今日国人对我中华传统文化之认识，曾计划将其著作分类编为《小丛书》，以便利青年学子之阅读），将先生著作分类选辑，以联经出版公司之《全集》为底本，重排出版，有下列七种四十八册，其书目是：

1. 《中国学术小丛书》一套，包括《国学概论》、《中国学术通义》、《现代中国学术论衡》、《学籥》、《学术思想遗稿》、《经学大要》

六书。

2. 《中国史学小丛书》一套，包括《中国文化史导论》、《中国历史精神》、《国史新论》、《中国历代政治得失》、《中国历史研究法》、《中国史学发微》、《中国史学名著》、《政学私言》八书。

3. 《中国文化小丛书》一套，包括《文化学大义》、《民族与文化》、《中华文化十二讲》、《中国文化精神》、《从中国历史来看中国民族性及中国文化》、《文化与教育》、《中国文化丛谈》、《历史与文化论丛》、《世界局势与中国文化》、《中国文学论丛》十书。

4. 《孔学小丛书》一套，包括《四书释义》、《论语新解》、《孔子与论语》、《孔子传》四书。

5. 《中国思想史小丛书》甲编一套，包括《中国思想史》、《宋明理学概述》、《朱子学提纲》、《阳明学述要》、《中国思想通俗讲话》五书。

6. 《中国思想史小丛书》乙编一套，包括《人生十论》、《湖上闲思录》、《灵魂与心》、《双溪独语》、《晚学盲言》五书。

7. 《中国学术思想史小丛书》一套，包括《中国学术思想史论丛》一至十册。

8. 此外重排新版的有《八十忆双亲师友杂忆合刊》一册。以上均由素书楼文教基金会与兰台出版社出版。

若从上面五十余巨册的《全集》与四十余册的《小丛书》加以分类，思想、文化和历史三方面就占了钱先生一生著作的绝大部分。诚如先生的门生陈启云教授在《钱穆师与"思想文化史学"》一文中说：

> 思想、文化、历史三方面，包括了钱先生生平著作的大部分。可以说"史学"是先生学问的基础，"文化"是其宏观视野，"思想"是其核心关注。把"思想文化史学"贯通为一，则是先生四本书（《国史大纲引论》、《中国文化史导论》、《文化学大义》、《从中国历史来看中国民族性及中国文化》）的性质和特色。这是就钱先生的著作本身（Texts）而论。如果综合先生的治学、处世，和为人而论，或者可以说：他个人的关怀在思想；他对外在世界的关怀在文

化；而他对学问的关怀在史学。③

近十几年来，许多人称钱先生为史学家，也有人称他为思想家或文学家、教育家。但我们从先生的著作和陈教授的一番话看来，这种称法虽然都是善意，但与事实不符。记得钱先生于九十三高龄还在素书楼授课时，我也在旁听课，有一次先生对学生们说："有人说我是史学大师、又是国学大师，我哪里只是研究史学，其实我最喜爱的是文学，我哪里是要当什么大师，其实我只是一个读书人；心里真正想做的，只是一个现代中国的士。"停了一会，先生又说："我没有什么长处，如果说有的话，就是我有恒。我读书有恒，日常生活有恒。我每天必读书，一家一家、一本一本的从头到尾读。"这是我当时在课堂上亲耳听到的。几十年来，学术界人士之所以尊称钱先生为"国学大师"、"一代儒宗"④。这应是归因于他的国学根基广阔深厚，以及国人感念他对学术思想文化和教育的卓越成就和重大贡献的敬称。

二　从钱先生的部分著作来认识先生

在钱先生近千种著述中，大致可分为"专门著作"、"通俗著作"和介于"专门"与"通俗"之间的"非常时期"中的"非常之作"三大类。在"专门著作"中有《先秦诸子系年》、《中国近三百年学术史》、《庄子纂笺》、《朱子新学案》、《两汉经学今古文平议》和《中国学术思想史论丛》等等。《系年》一书不但为先秦学术史之一伟著，亦为政治史之一杰作，无疑为先生前期论著中功力最深、组织最密之代表作。所以一经问世，甚受学林推重，如陈寅恪先生云，此书"极精湛，心得极多，至可佩服"⑤。

清末康有为承袭刘逢禄之论旨，作《新学伪经考》，谓《左传》等书为刘歆伪作。康书自《颜曰考》，其实全属臆说，毫无考证气息，本不足道。而当时学人震于康之盛名，群相附从，几若定论，今文学派亦盛极一时。钱先生乃撰《刘向歆父子年谱》，列出二十八事，以明康说之妄，证确理壮，学林推服。所以胡适先生说"钱《谱》为一大著作"。从此康说顿息。又《庄子纂笺》，系荟萃前人旧说，以考据辅义理，成一家之言，实为近代庄学之一突出的著作。又《朱子新学案》，费时七年成书，为先生晚年一大著作，以考证的功夫成其通识的意境，书成复挈要汇通为《提纲》一篇，更见精卓。杨联升先生读之，赞叹不止，谓先生治中国学术思想史，"博大精深，并世无能出其右者"。杨先生为国际汉学批评名家，态度向极严肃，定非虚美。凡能于中国学术思想史略有认识者亦当不河汉斯言！⑥总之，上述《系年》等等"专门著作"，不但坚实的建立起钱先生崇高的学术地位，而他的"通俗著作"也对学术和教育界发生极大的影响。

至于介于"专门"和"通俗"之间的"非常时期"中的"非常之作"有下列四种：

（一）一九三八年，抗日战争激烈时期所撰的《国史大纲》。
（二）一九四一年至一九四八年间，对日战争末年和抗战胜利初期所著的《中国文化史导论》。
（三）一九五〇年至一九五二年，天翻地覆大变动时所讲的《文化学大义》。
（四）一九七八年，钱先生由台湾返香港新亚书院主持"钱宾四先生学术文化讲座"所讲的从《中国历史来看中国民族性及中国文化》。

这四种著作，是在二十世纪中国历史上四个"非常时期"中间问世的，也是综合了钱先生有关文、史、哲、政治、经济、社会和各方面见解的著作，它们展现了钱先生对中国文化救亡运动的心愿。⑦

在下面，本应从先生自传式的著作《八十忆双亲师友杂忆合刊》一书认识起，不过我想先从钱先生几种史学方面的著作来认识钱先生。

（一）钱先生对中国历史文化的关怀，是在小孩子时候。这件事他在《中国历史精神·前言》中有这样一段的追述：

> 记得在四十四五年前，我尚为一小孩子，那时便常听人说中国快要灭亡了，快要瓜分了，当时听到这种话，就感觉到这是我们当

前最大的问题，我常想这个问题若得不到解决，其他问题不值得我们再考虑了。恰巧在那时，我读到了一篇文章，就是梁任公先生的《中国不亡论》，他认为中国是决不会亡国的。无异如在黑暗中见到了一线光明。因为要能证明梁先生这句"中国不亡"的话，才使我注意到中国的历史。我常想，我们要知道明天将来的事，总该先知道一些昨天过去的事。这样经过了四十多年，这一问题，始终盘旋在我心中。但对梁先生"中国不亡"这四个字，开始在我只是一希望，随后却变成了信仰。我认为中国不仅不会亡，甚至我坚信我们的民族，还有其更伟大光明的前途。证据何在呢？这证据便是中国以往的历史。我此四十多年来对中国历史的研究，是要解决我个人当身所深切感到的一个最严重不过的问题。今天我对中国历史的看法，在我自己，已像是宗教般的一种信仰，只要有人肯听我讲，我一定情愿讲出我知道的一切。⑧

静观今日的世界局势，以及数十年来，海峡两岸中国人的努力不懈，在政治、经济、科学等各方面，取得了惊人的进步和巨大的成就，已使得世界各国各民族刮目相待。事实证明了钱先生在几十年前的论断是非常正确的。中国不仅不会亡，一个盛世的伟局已经肇始了。

（二）在对日抗战前期，钱先生奋力写了一部《国史大纲》，"其用意即在从历史求国人对自我之认识"。教全国同胞吸取古人经验、历史教训，用智慧和力量来同心协力，保国卫民，维护我国历史文化的延续。

一九三八年，我国遭受日本的侵略正趋严重之时，千千万万的同胞横遭日军杀害；无计其数的战士为保国卫民战死沙场。日军惨无人道的暴行，不但激起了全国人民的同仇敌忾，更激发了知识分子的民族主义精神。钱先生的《国史大纲》就是在这种情形下撰稿的，于一九三九年出版，先生在书之内扉页写道："谨以此书献给前方的战士。"他在是书之《引论》中说：

凡今之断脰决胸而不顾，以效死于前敌者，彼则尚于其国家民族以往历史，有其一段真诚之深爱，彼固以为我神州华裔之生存食息于天壤之间，实自有其不可侮者在也。

　　故欲其国民对国家有深厚之爱情，必先使其国民对国家以往历史有深厚的认识。欲其国民对国家当前有真实之改进，必先使其国民对国家以往历史有真实之了解。我人今日所需之历史智识，其要在此。⑨

当时钱先生指出，今日所需要的国史新本，应简单而扼要，而又必须具备两个条件。

　　一者必能将我国家民族，以往文化演进之真相，明白示人，为一般有志认识中国以往政治、社会、文化、思想种种演变者所必要之智识。二者应能于旧史统贯中映照出现中国种种复杂难解之问题，为一般有志革新现实者所必备之参考。前者在积极的求出国家民族永久生命之泉源，为全部历史所由推动之精神所寄，后者在消极的指出国家民族最近病痛之症候，为改进当前之方案所本。此种新通史，其最主要之任务，尤在将国史真态，传播于国人之前，使晓然了解于我先民对于国家民族所已尽之责任，而油然兴其慨想，奋发爱惜保护之挚意也。⑩

不可讳言的，先生的《国史大纲》就达到了这种理想和要求。故严耕望归田先生评曰："此刻抗战正艰，此书刊出，寓强烈之民族意识，又亲莅重庆等地作多次讲演，一以中华文化民族意识为中心论旨，激励民族感情，振奋军民士气，故群情向往，声誉益隆，遍及军事、政治、社会各阶层，非复仅黉宇讲坛一学人。国家多难，书生报国，此为典范，更非一般史家所能并论。"⑪钱、严二先生虽是师生关系，但严氏所论公允客观，并非虚美之词。

一九九四年五月十三日，台北《联合报》第二版《黑白集》有《钱穆教读史》一文云：

国学大师钱穆先生于一九九〇年谢世，联经出版公司最近宣布出版《钱宾四先生全集》。集中当然少不了钱先生代表作之一的《国史大纲》。这部书所表现的史才、史识如何，早有定评；惟最令人难忘的是书之扉页并非如惯常的序言或凡例等等，而是作者所订："凡读本书请先具下列诸信念。"信念有四：

1. 当信任何一国之国民，尤其自称知识在水平线以上之国民，对其本国以往历史，应该略有所知。

2. 所谓对其本国以往历史略有所知者，尤必附随一种对其本国以往历史之温情与敬意。

3. 所谓对其本国以往历史有一种温情与敬意者，至少不会对其本国以往历史抱一种偏激的虚无主义，亦至少不会感到现在我们是站在以往历史最高之顶点，而将我们当身种种罪恶与弱点，一切诿卸于古人。

4. 当信每一国家必待其国民备具上列诸条件者比数渐多，其国家乃再有向前发展之希望。⑫

举上述四条目，对照当前若干光怪陆离之现实，深觉钱先生不仅洞识了历史，也洞识了人性，且竟然还有未卜先知的预言能力。

其实，人以什么样的态度对历史，历史的反映也就会以什么样的态度对人。"偏激虚无"者流，应为之戒。

笔者的一位流亡中学老师史子明先生，他在抗日战争期间购得一套"土纸"本的《国史大纲》，后来辗转带至台湾，历时五十余年，书纸破碎，字迹多模糊不清；一九九一年四月，他又购得台湾商务印书馆修订本的《国史大纲》，他在书之扉页"凡读本书请先具下列诸信念"的上方写道：

生而为中国人，本身无选择之余地，自当奋发淬砺，凭智慧、毅力自脱于困境。只一味指陈父母先人诸多失德，未能贻丰厚资财以供挥霍，既不知检讨以往，又不肯策励将来，甚且藉外人之成说，反戈以攻或弃祖业以入外籍，实丧心而病狂也。读钱氏之言，能无愧乎？

此外，《国史大纲》被北京国林风图书公司选为"影响中国二十世纪历史进程的重要文献"之一，并评为是论述中国历史与文化的重要著作。

由上所述，可见《国史大纲》在国人心目中的地位和影响了。

（三）一九五一年春，钱先生在台北一连七次的特约讲演中，以渊博的史学涵养、敏锐的析理才能，将中国历史上的政治、经济、国防、教育、地理人物、道德精神等七个问题，深入浅出、清清楚楚的讲出来。后经整理而成为《中国历史精神》一书，使读者在短时期内就可获得比较完整的历史概念，以及中国历史精神的所在，并能认清这一代的中国人所肩负的历史使命，和今后应当努力的方向。

先生在《中国历史上的道德精神》一讲中指出：中国历史是由道德精神所形成的，中国文化也如此。这一种道德精神就是中国人所内心追求的一种做人的理想标准。乃是中国人所向前积极争取蕲向到达的一种理想人格。立德、立功、立言的三不朽，是中国人一个最高的道德理论和人生信条。孟子认为每个人的天性都是向善的，"善"便是道德精神。今特举两个中国近代的圣人来说明。一位是一百年前山东的武训，他本是一乞丐，自己觉得没有受过教育，总希望别人家小孩子们都能受教育，不惜把行乞所得，节约复节约，积累复积累，倾其毕生行乞所得来捐办学校，并跪请当地有名的先生来学校教书。这种行为，便是一种道德精神的表现，便是中国的历史精神在武训身上的表现。第二位是在两百年前台湾的吴凤，他原籍福建，跟随父亲到台湾，二十余岁时，做了高山族（即今之所谓的原住民）的通事，代表政府管理高山族。高山族人受了他人格感染，都很敬爱他。高山族向例每年要杀一个人，环绕着人头来跳舞祭神。吴凤劝他们不要再杀人，并劝他们以过去杀死的数十人逐年用来祭神。大概过了三四十年，保存的死人头用完了，又开始杀人了。吴凤再三劝说无效，不得已就以身殉。从此高山族人深受感动，也永不杀人了。自此以后，高山族和平地人相处融洽，双方皆崇奉吴凤为当地神圣，立庙敬事。吴凤这样做，这全是他的道德精神发自内心，并不想死后有何报酬。他内心的希望，只盼感化到高山族从此不杀人，他内心就有一种高度的满足了。这正像耶稣的十字架精神，生命永远是不朽的。再者三国时代的关云长，两千年来受到中国人的崇拜，正因为他有道德精神。在中国历史上，合于道德精神的人物，合于道德精神的故事，实不胜枚举，讲不胜讲。所以先生说，中国的历史文化精神，是一种道德的精神。[13]

我们知道，道德是我们中国人立身处世的根本。所以钱先生说："道德就是我们的生命，就是我们的人格。我们只有讲道德，才能使每个人发挥其最大的力量，尽其最大的责任，而享受到生命之最高快乐与满足。救世界、救国家，不是几个人干的事，要大家干。如何能使大家来干呢？就要发扬道德精神。中国民族经过千辛万苦，绵历四五千年的历史生命，直到现在，始终存在着，就是依靠这一种道德精神。中国以往文化精神正在此，以后的光明前途也在此。"[14]

世界伟大的科学史家李约瑟（Joseph Needham，1900～1995）曾说过："中国有一个很伟大的过去，而且是必然有一个伟大的未来。任何事情西方人能够做到的，中国人也一定能够做到，即使不是超越的话。而最主要的是，中国人民有伟大的道德传统，这将是防止现代科学有毁灭我们世界的危险的可能因素。"[15]

李约瑟博士这番话，当是通过他长期潜研中国古籍，并撰有不朽的科技史巨著《中国科学技术史》，亦名为《中国之科学与文明》（Science and Civilization in China）所获得的结论，这不但说明了中国文化的伟大，更证明钱先生的观点是十分客观和正确的。

（四）一九七〇年一月，钱先生在台南市成功大学一连四次公开演讲，讲题是《史学导言》，要为有志史学的人引导一条路。后经报社分期刊载，继又出版单行本。当时他以极丰富的治史经验、极珍重的研究心得和卓见，细心的讲授给大学生等，使听众尤其是文学院的学生深刻的明了做学问的方法，即是义理、考据、辞章三者不可偏废。研究中国历史所必须具备的心情，以及研究中国史最重要的是要研究中国人等。

在第二次讲辞中，先生指出，治史只有八个字最重要，一曰"世运兴衰"，一曰"人物贤奸"。治史必该从此八字着眼，从此八字入门，亦在此八字归宿。[16]

所谓世运兴衰,就是人世间事常在运转之中,兴了会衰,衰了又会兴。一兴一衰,其间却有个大道理。我们研究历史,先要知道有兴衰,再在兴衰中探求它的道理。否则便终会靠不住。⑰

说到人物贤奸,就是人总是有好有坏,但是人的好和坏,究竟分别在哪里?不能说富而强的便是好,贫而弱的便是坏。又不能说只要目前有办法有出路便是好,目前无办法无出路便是坏。坏人总是干不好事来,所以好事不能交与坏人去干。有好人来做事,事情自会渐渐转好。羼进了坏人,事情便会渐渐转坏。历史上没有骤兴,也没有骤衰,其兴衰必以"渐",而主要关键在"人"。不识得人有好坏,便也不识得事有得失,如此又何从来讲历史。⑱

诸位今天有志要学历史,又当知治史必以国家民族当前事变为出发点。莫谓此等和我不相干,我只为自己求知识谋出路。如此心情,断不能求得真学问,更何况是史学!史学是大群人长时期事,不是各私人之眼前事。诸位如无关心民族国家的一番心情而来治史学,则正如无雄之卵,孵不出小鸡来。

但话再说回来,如诸位治史,能懂得注意世运兴衰、人物贤奸,积久感染,也自能培养出一番对民族国家之爱心,自能于民族国家当前处境知关切。诸位当知治史学,要有一种史学家之心情与史学家之抱负。若不关心国家民族,不关心大群人长时期演变,如此来学历史,如一人不爱鸟兽草木而学生物,不爱数字图形而学几何与算学。如此来学历史,最多只能谈掌故,说故事,更无"史学精神"可言。⑲

先生指出,从国史研究中可以获得自信。他举例说:

埃及、巴比伦亡了,不再有当年的埃及、巴比伦。希腊、罗马亡了,不再有当年的希腊与罗马。只有中国,屡蹶屡起,屹立了四千年。此刻的中国人,还有人肯信中国会复兴。此是一部中国史有大意义大价值之真凭实据所在。虽然经此一百余年来中国人自己尽情自谴自责,但到底没有完全失掉此一分信心。有信心自会有希望。

> 当前的史学家，正该在此契机上把稳舵，向前驶进。一时风狂浪恶，也自不足患。西方人有一套较发达的自然科学，还能自骄自傲，中国人有此一套极精美的人文学，为何不自奋自发？
>
> 诸位当知，自然科学是世界性的，我们落后了，可以向外求；历史则是各别自我的，中国历史，只有中国人来发掘阐寻，不能也把此事来让别人做。因此诸位学史学，必要养成一番广大的心胸，和一番远大的眼光，来看此历史的变化。更贵能识得历史大趋。一切世运兴衰，背后决定全在人。决定人的，不在眼前物质条件，乃在长久的精神条件。须知我们大家负有此时代责任，须能把我们自己国家民族以往在长期中的一切兴衰得失，作为我求知的对象。如此般的知识，可谓之是"史识"。历史上有过不少为民族为国家为大群体长时期前程立志操心的大人物，他们此种心情，可谓之是"史心"。培养史心，来求取史识，这一种学问，乃谓之"史学"。
>
> "史学"必以国家民族大群体长时期上下古今直及将来，为其学问之对象。由此培养出一番见识与心智，其自身始得成为一历史正面人物，便是能参加此民族国家历史大趋之人物。[20]

在这次讲辞中，他最后指出，学历史不能不知时代。

> 我们今天的时代，不似汉唐，也不似明清之全盛时。我们只在积衰积病中。如何起衰补病，应该另有一套。今天美国富强，已达颠峰状态，哪里是我们今天所该学？我们今天发挥史学，正该发挥出一套当前辅衰起病之方。"识时务者为俊杰"，史学可以教人识时务。史学复兴，则中国必然有一个由衰转兴之机运。[21]

钱先生这番讲辞，深信不但对学生有很大的启迪作用，对国人、尤其是对执政者当更有参考的价值。在第四次讲辞中，先生谈到研究中国史，最重要的是研究中国人的问题时，他指出：

> 人是历史的创造者，又是历史的表现者，同时亦是历史的主宰

者。因于人不同，而所创造、所表现、所主宰的历史也不同。因此我们今天来研究中国史，最重要的便是要研究中国人。㉒

进一步说，历史是记载人事之学。所谓人事，是人做事，并不是事做人，所以人为主，事为副。中国历史有一个最伟大的地方，就是它能把人作中心。先生告诉学生们说：

> 读历史，定要懂得"人物贤奸"。这是中国人一向极端重视的一番极重要的大道理，也可说是中国人在人文学上一番大发明。决不是只要不犯法，便是贤，不是奸。也不是信受了一项宗教，便是贤，不是奸。又不是有本领能做事，便是贤，不是奸。本领愈大，事业愈大，如曹操、司马懿更是一大奸。他们各具一个私心，为己不为人，为家不为国。他们都是中国历史上的大奸雄，换句话说，他们是历史上的反面人物，因为他们不能领导历史向前，却使历史倒转向后，违背了历史的大趋。批评历史人物，自有一标准。所以我们要学中国的史学，便不得不懂中国人的义理之学，那是比史学更大的学问。㉓

先生在《历史上之人物》一讲中指出，历史上除了有正面人物与反面人物外，还有浮面上层的人，和底层的人。如项羽率领江东八千子弟渡江而西，历史上只写一个项王，八千子弟姓甚名谁，历史上不曾写下。但如果没有这八千人，项王一人渡江有什么用。所以我们讲历史，不是要专讲历史的上层，还要讲历史的下层。历史进退，不能全由上面少数人负责，该要社会全体负责。历史决不是一部分少数人的，也不是短期的，乃是多数人经过长时期而形成的。

先生要学生读史，能够注意人物贤奸。先问其人之品，再论其人之事。事业上要才，但生活上则更要品。"德性"与"道义"，乃是分别人品的主要标准。天下兴亡，匹夫有责，我们对于国家民族当前的大问题，都有我们一份责任，也都可有我们一份贡献。至少我们全是历史上一无名人物，但我们全要做一历史上的正面人物，不要做历史上一反面人物。

此一辨别最为重要。[24]回忆起当年，笔者在素书楼的课堂上，时常听到先生说："一个人受教育，最重要的在做人。孔门四科，以德行为首。"今天的教育最缺少的就是这一点。

何谓"德行"？在先生的《晚学盲言》中多有精湛的阐释。十八世纪德国的哲学家沃尔夫（Christian Wolff, 1679～1754）为哲学家莱布尼茨（Leibniz, 1646～1716）的入室弟子，极其崇拜孔子的哲学。他说：有德的知识必能引导有德的行动，善恶既不能并存，则国家的主要责任就是在学校中实施道德的教育；而中国人的教育就是这种理想的典型。他说：中国教育分为大、小两级极为合理。幼童无理解力，特施以感觉的训练，而诉诸天良。大学则教以克己功夫，而以理性为德行的指导，藉以造成正己正人的人物。他又以为凡理性的活动必有一定的目的，所谓目的就是快乐。中国教育的目的就是如此。后来欧洲一般重农主义的生活经济学家亦极同意于沃尔夫见解，以为惟有这种教育才能纳入人民于正轨之中。当时德国教育制度和农业有很大的进步，就是受了这一派孔门哲学的影响。[25]沃尔夫的这番言论，很值得我们中国人深自反省，同时这也说明钱先生的睿智和远虑。

（五）在本节最后，说明从《八十忆双亲师友杂忆合刊》一书认识钱先生。通过《合刊》很清楚的明了先生成长和读书的过程、家庭状况，他从初为人师，教小学、中学而大学和研究所的经过，以及治学、交友和著述的情形。这些都将在年谱之事略中有简略介述，不准备在这里先加说明。《合刊》后面的附录，共有十二篇短文，最末一篇是先生《九十三岁答某杂志问》，从这篇简短的答问中，我们可明确的认识到先生一生对读书和治学的看法。现在将它钞录于下：

> 我平生自幼至老，只是就性之所近为学。自问我一生内心只是尊崇孔子，但亦只从《论语》所言学做人之道，而不是从孔子《春秋》立志要成为一史学家。古代中国学术界亦尚未有专门"史学"一名称。西汉太史公司马迁写《史记》时，亦只见其尊孔之意。我之爱读史记，主要亦在此。非专为有志如近人所谓成为一史学专家，

亦非专为有志如近人所谓之治文学。只是生性所好，求为一"学而时习之"之平常人而已。

我生平做学问，可说最不敢爱时髦或出风头，不敢仰慕追随时代潮流，只是已性所近，从其所好而已。我到今也常劝我的学生，千万不要做一时髦人物。世局有变，时代在变，三年五年，十年八年，天地变，时髦的亦就不时髦了。所以不学时髦的人，可不求一时群众所谓的成功，但在他一己亦无所谓失败。

我一生最信守《论语》第一章孔子的三句话："学而时习之，不亦说乎？有朋自远方来，不亦乐乎？人不知而不愠，不亦君子乎？"这是教我们一个人的做人之道，亦即是教我们做学问的最大纲领。我自七岁起，无一日不读书。我今年九十三岁了，十年前眼睛看不见了，但仍每日求有所闻。我脑子里心向往之的，可说只在孔子一人，我也只是在想从《论语》学孔子为人千万中之一二而已。别人反对我，冷落我，我也不在意。我只不情愿做一孔子《论语》中所谓的小人，"人不知而不愠，不亦君子乎！"

中国传统上做学问要讲"通"，我不是专研究想要学近代人所谓的一文学专家或史学专家。亦可说，我只求学在大群中做一"人"，如中国传统之儒学、子学，至于其他如文学、史学亦都得相通。如我的《先秦诸子系年》讲的是子学，非专为史学，但与史学相通。我写此书是因我在中学教书，学校规定每位国文教师除教国文课外，另需开《论语》、《孟子》、国学概论三门课。那年我教《孟子》，《孟子》第一篇讲到孟子见梁惠王，这事发生在梁惠王的哪一年？自古以来成一大问题。我为考订此事，于是启发了我写《先秦诸子系年》这部书的最先动机。后来如我写《国史大纲》，乃是一本堂上讲过七年的教科书。那时我做学问的主要兴趣，只注意在中国史方面。以后我的注意又逐渐转移到世界各民族的文化问题上去，我的主要兴趣转到文化比较上，但亦都为解答我自己一人心中的问题。

就我一生读书为学的心得，我认为根据中国历史传统实际发展的过程看，自古以来学术思想是居于人生一切主导地位的。上之政治领导，下之社会教养，全赖学术思想为主导。我更认为不仅中国过去如此,将来的中国,亦必然应该要依照传统重振学术才有正当的进程。一个国家,一个民族,各有他自己的一套传统文化。看重学术思想之领导,是我们传统文化精神之精华所在,这是不能扬弃的。

看重我们自己的传统文化精神,必须看重儒家思想为之作主要的中心。换句话说,看重中国历史绵延,即无有不看重儒家思想。儒家思想内在一面有其永不可变的外貌。如修、齐、治、平皆然。另一面亦有其随外面时代需要而变的内在思想,如孔、孟、程、朱皆是。举个简单的例子,孔孟同属儒家,但孟子思想与孔子亦有所不同。这因时代变,思想亦必然随而变。但在追随时代的不断变化中,有一不可变的传统精神,是我们最该注意的。今天的世界,交通方便,全世界如一国。我认为儒家对今天以后的中国,仍当有其不可磨灭的贡献。其对世界文化亦自有其应有之影响。至少可以说,对时下世界亦同时有其间接的贡献。

简单的说,我一生读书只是随性所好,以及渐渐演进到为解答在当时外面一般时代的疑问,从没有刻意要研究某一类近代人所谓的专门学问如史学、文学等。这是我一生学习的大纲,亦是我私人一己的意见。

三 从近几年一些学人的言论中来认识钱先生

自钱先生在一九九〇年八月三十日以九十六高龄仙逝于台北市杭州南路寓所后,各地先后出版了许多纪念他的书和文章,除报章杂志外,据所看到的,计有下列诸文:

(一)马先醒主编,《民间史学——钱宾四先生逝世百日纪念》。(一九九〇年十二月七日。)

(二)余英时著,《犹记风吹水上鳞——钱穆与现代中国学术》。(台北,三民书局,一九九一年十月初版。)

（三）新亚研究所编，《纪念钱穆先生论文集》。（一九九一年十月十五日初版。）

（四）中国人民政治协商会议江苏省无锡县委员会编，《钱穆纪念文集》。（上海人民出版社，一九九二年四月第一版。）

（五）严耕望著，《钱穆宾四先生与我》。（台湾商务印书馆，一九九二年三月出版。）

（六）陈文瑛主编，《钱穆先生纪念馆馆刊》。（台北市立图书馆，一九九三年六月创刊。）

（七）严耕望撰，《钱穆传》。（《国史馆馆刊》复刊第十七期，一九九四年十二月出版。页一九三~二〇八。另见《国史拟传》第五辑，一九九五年六月出版，总页二八七~三一六。）

（八）钱胡美琦撰，《也谈现代新儒家》。（香港中文大学新亚书院新亚学术期刊编辑委员会编，《钱宾四先生百龄纪念会学术论文集》，二〇〇三年，页ix~xxxii。另见《联合报·联合副刊》三十七版，一九九五年七月三十日、八月一日。）

（九）陈启运撰，《钱穆师与思想文化史学》。（台北市立图书馆，一九九五年八月。）

（十）金中枢撰，《读先师〈钱穆先生最后的心声——中国文化对人类未来可有的贡献〉》。（香港中文大学新亚书院编《钱宾四先生百龄纪念会学术论文集》，页四九~八五，二〇〇三年。）

（十一）台湾大学中国文学系编，《纪念钱穆先生逝世十周年国际学术研讨会论文集》。（二〇〇一年一月。）

（十二）香港中文大学新亚书院新亚学术期刊编辑委员会编，《钱宾四先生百龄纪念会学术论文集》。（二〇〇三年。）

（十三）金耀基撰，《怀忆宾四先生》。（李振声编，《钱穆印象》。学林出版社，一九九七年十二月。）

（十四）何兹全撰，《钱穆先生的史学思想——读〈国史大纲〉、〈中国文化史导论〉札记》。（同上。）

（十五）程光裕撰，《一代儒宗钱穆——新亚书院创办内幕》。（程光裕著《常溪集》5，台北，中国文化大学出版部，一九九六年九月。）

（十六）逯耀东撰，《夫子百年——钱穆与香港的中国文化传承》。[同上（十三）。]

（十七）逯耀东撰，《素书楼主人的写作环境》。(逯耀东著《胡适与当代史学家》，台北，东大图书公司，一九九八年。)

（十八）杜维明撰，《儒学传统的重建——钱穆〈朱子新学案〉评介》。[同上（十三）。]

（十九）戴景贤撰，《从学宾四师二十年之回忆》。(台北，联合报，一九九〇年九月。)

如前面所说，要正确地认识钱先生，必须先从他那自传式的《八十忆双亲师友杂忆合刊》着手；然后再从研读他那丰富的著作中去体会。但这不是短期内就能完成的工作。所以若从近几年一些学人所纪念钱先生的文字去着眼，这对认识钱先生也一定有非常大的帮助，更使我们从不同的角度去认识钱先生。如严耕望先生在《钱穆传》中说：

> 综观穆一生治学，少年时代，广泛习读中国古籍，尤爱唐宋韩欧至桐城古文，后渐趋向学术研究。壮年以后，偏向史学发展，史学根基特为广阔，亦极深厚。再就其治学途径程序言，先由子学入门，壮年时代，最显著成绩偏在考证功夫；中年以后，以通识性论著为重。但不论考证或通识论著，涉及范围皆甚广泛，如政治，如地理，亦涉社会与经济，惟重心观点仍在学术思想，此仍植基于青年时代之子学爱好，是以常强调学术领导政治，学统超越政统。㉖

钱先生于七十四岁迁入台北市外双溪素书楼后，即深居简出，生活极有规律，平日清晨起床后，在楼廊小坐片刻，便开始写作。用完早餐，几乎整个上午都在写稿。午休片刻，再继续工作。于几年前开始悉心撰写的《朱子新学案》，于七十五岁时成书，前后费时七年，"自谓不卸新亚校政，绝不能成此专书"。严耕望先生于《钱穆传》中云：

> 此书为其晚年大著作，以考证之功夫成其通识之意境，书成复

挈要汇通为《提纲》一篇，更见精卓。杨联升读之，赞叹不止，谓穆治中国学术思想史，"博大精深，并世无能出其右者"。联升为国际汉学批评名家，态度向极严肃，定非虚美。凡能于中国学术思想史略有认识者亦当不河汉斯言！近有所谓新儒家学派者，或列穆名。实则穆为传统正宗儒家，故特重历史传统文化，而于前代学人最重朱子，故专题研究，成此巨著。其传统儒家之本质于此两事，尤可显见。若新儒家者，倡言道学，以道统自居，迹近宗教，已远离传统儒家之务实精神；穆立身治学，绝非其类也。㉗

关于新儒家学派的人将钱先生归入"新儒家"这件事，余英时教授曾写了洋洋近四万言的《钱穆与新儒家》长文作一初步的澄清。他开宗明义地说：

  钱先生逝世以后，报章上刊出了不少纪念文字，其中颇有人把他划入"新儒家"的旗帜之下……但是钱先生生前却雅不愿接受此"新儒家"的荣衔。这不仅因为他极力要避免建立任何"门户"，而且更因为"新儒家"具有特殊涵义，不是他所认同的。㉘

余教授在写《钱穆与新儒家》之前，曾撰有《一生为故国招魂——敬悼钱宾四师》之文，是想扼要说明钱先生的学术精神。他在文章中指出，"任何人企图对钱先生的学术和思想作比较完整的评估，都必须先彻底整理他所留下的丰富的学术遗产，然后再把这些遗产放在现代中国文化史的系统中加以论衡。这是须要长期研究才能完成的工作。"㉙我认为，新儒家学派的人将钱先生归入"新儒家"，也应该从研究钱先生全部的著作着手，否则容易导致以偏概全的错误。

余教授在文中又说："我现在所以敢匆促间尝试写这篇文字，是由于我具有两个基本条件：第一、钱先生的学术著作我确实读得很仔细，有些更反复体味过许多次。第二、我曾有幸列于他的门墙，四十年来，不但听过他的正式讲授，也和他先后有过无数次的讨论。但是必须声明，所有钱先生的弟子大概都具有上述两个条件。而且在他的弟子之中，追随他比我更久、更密切地也大有人在。"㉚他最后面的一句话，我想除自谦之外，应该指的是严耕望先生等，这从严先生写的《钱穆宾四先生与我》一书中将会找到答案的。同时，也说明严先生之在《国史拟传》中写《钱穆传》，是他具有其基本条件的。所以，前面引述严先生的两段文字是很值得相信的。

很遗憾的是，限于时间和篇幅的关系，在这里不能对余教授的《钱穆与新儒家》一文多加引用。但我深信，凡是读过这篇长文的，就自然会了解钱先生为什么在一九五八年元旦与张君劢、唐君毅、牟宗三、徐复观四位先生在香港《民主评论》上所发表的一篇宣言——《中国文化与世界——我们对中国学术研究及中国文化与世界文化前途之共同认识》上拒绝签名，和为什么不肯认同于所谓的"新儒家"了。

其次，关于在"宣言"起草之前，唐、徐二位先生都曾与钱先生有过商谈，钱先生已表示不赞同。在起草过程中，他又曾多次向徐、唐二位先生表明了自己反对的立场，所以才会有张君劢先生远从美国来函劝签署的事。㉛这件事，在钱胡美琦教授的《也谈现代新儒家》一文中有很清楚的追述。

> 一九六〇年，宾四应耶鲁大学聘，赴美讲学。我们曾到旧金山。君劢先生因病在家休养，请人来接我们夫妇去他家餐叙，并无外客。谈到"宣言"事，两人起辩论，宾四曾直率说明拒绝在"宣言"上签名的理由。他当时的话，我现在已无法原句重复。就记忆所及，宾四认为知识分子对外公开发表意见，政治与学术两者应有分别。政治有政治的方式，学术有学术的做法。两者混淆不分，对国家社会只会造成伤害。他同时认为，发表"宣言"的这种做法，极不妥当。这种姿态，像是对世人宣称"'道'只在我辈"，恐易引起海外学人的更分裂。宾四说："国家已到这种地步，此时此刻，大家应该相忍为国，万不宜再在学术上分党分派。"君劢先生曾力辩，说发表"宣言"正是为救国。两人当时都有些激动。宾四举出流亡前大陆学界的实例，并十分感伤地说，"大陆之失，我辈知识分子应负绝大责任。"君劢先生听后，不再多辩。宾四这句话，我一直牢记在心。那

晚从张府返回旅店，他的情绪久久不易平静，继续对我讲及大陆学术界种种情况，并重复说了几遍"大陆之失，知识分子该负最大责任"。

宾四在他的《师友杂忆》一书中，曾记载了当年和君劢先生对政治辩论一事，而未提到"宣言"一事。其实对政治之辩正因谈"宣言"一事而引起。有关"宣言"内容文字方面，当时好像完全没有谈到。在香港，我也听到宾四对唐先生说及"宣言"事，与他对君劢先生所讲意思大致相同。或许对"宣言"的文字内容他们也曾有过讨论，今也无从求证。有关此一案，幸而钱、张两位留有当年来往信件，可供参考。今天每谈到"海外现代新儒家派"，这篇"宣言"总被人举为依据，因此我把当年所亲闻写出，也可提供读者作参考。②

以上是钱胡美琦教授亲耳所闻的实事，是十分可信的。这足以证明余教授所说是很客观、很正确的。钱胡美琦教授又追忆道：

宾四曾说："儒家传统思想从来不是一成不变的。时代变、环境会变，人生有待解决的问题也会随时代环境之变有不同，学术思想自会随之有不同。此所以汉儒与先秦儒有不同，宋明儒起来又不同。如果说，不同时代的儒家，我们都称他们是当代的"新儒家"，用这一观点，今天把我称为"新儒家"，这是中国人自己的传统看法，我可以接受。但是仍然不能同意把我归在今天海外的'现代新儒家学派'。因为今天的中国，'现代'一词已变成'西化'一词的专有名词。"宾四又说："大家知道宋明儒号称'新儒家'，分程朱、陆王两大派，而程朱之间各有不同、陆王之间也有不同。即在二程兄弟之间，仍各有不同思想。今天要用'现代新儒家'一名称笼统概括海外讲儒家思想的学人，不仅无法真正认识各家思想的真面目，也容易误导青年对中国传统文化的认识。"③

宾四又曾说："中国传统学术虽分经、史、子、集四部，但各部皆亦文、亦史、亦哲，这与西方的文、史、哲之分有不同。中国学术有所谓'思想',也与西方所谓的'哲学'有不同。中国儒家思想主要在讲格、致、诚、正、修、齐、治、平之道,汉儒偏讲治平,宋明儒偏讲诚正,时代不同,讲法虽有偏重偏轻之别,但都以'修身'为本,皆为儒,则相同。"明心性之学,在宾四看来也只是修身功夫之一部分,并非如西方哲学般为纯思想。西方哲学家根本不讲中国儒家这套"修身"功夫,也即是不讲"做人"的道理,西方讲做人道理属于宗教范围。所以西方哲学家对中国儒家思想的意义与价值所在不认识、也不了解。以宾四一生从事学术研究的心得比较中西文化。他不能承认今天的西方哲学思想一定高过了中国儒家的"做人"之道。所以站在中国人立场,他不能同意衡量中国儒家思想应以西方哲学思想理论为依据的论点。㉞

一九九五年十二月,北京《中国文化》杂志社《中国文化》第十二期刊载了刘述先生《对于当代新儒家的超越内省》一文。刘文似乎纯为针对钱穆是否为现代新儒家一问题而发表的议论。钱胡美琦教授认为,刘述先生对钱先生最大的误解,在他误认钱先生的学术思想主要源自朱子,源自宋明儒,而非是源自孔孟。她指出,刘述先生所以会对钱先生有此大误解,可能由于在钱先生的著作中,他特别看重《朱子新学案》一书;也可能他因要强调钱先生与签署"宣言"的张、唐、徐、牟四位先生同属"现代新儒家学派",而这篇宣言开宗明义说"心性之学,乃中国文化之神髓所在",所以刘先生认定钱先生的学术思想也以宋明儒为出发点。㉟她说:

> 《朱子新学案》一书,钱先生写于七十岁后,在此之前,他研究孔孟儒家思想近五十年;在此之后,直到去世,二十余年他从未间断对孔孟学说的探究。在他生前,从未听他表示过,他的《孔子要略》、《孟子要略》(此两书已合入《四书释义》一书中)、《先秦诸子系年》、《论语新解》、《孔子传》诸书,不及他的《朱子新学案》重要。我常听钱先生劝学生多读《论语新》解。他又有《孔子与论语》一书,全书二十九篇,重要主旨在教人如何读《论语》及从

《论语》一书来认识孔子之伟大。因此仅举《朱子新学案》一书，是不足以说明钱先生学术思想的本源。钱先生曾说："古代孔子与后代朱子是中国历史文化演进中，先后两位集大成者。"他既称许朱子是中国学术思想之"集大成"者，以一史学家的立场，未有不追溯本源一探究竟之理。……

史学家研究学问的方法与哲学家有不同。从史学观点来看，宋明理学在中国学术思想史上虽说是极为光辉重要的一环，但从整体儒家思想来看，也只是后期儒学发展中之一段，并不足以掩盖前期孔孟思想之重要性。这一观点，是我从听课中领悟到的认识。㊱

此外，她对刘文中关于"道统问题的再省思"等问题，也逐一提出己见。总之，钱先生晚年在素书楼讲课二十年，夫人胡美琦教授也随堂听讲二十年。钱先生八十四岁双目看不见字，到先生九十六岁去世，夫人替他抄稿、念稿、改稿，二十年中，整理新、旧稿不下数百万字。先生于一九九〇年去世，从一九九一年起，夫人又开始筹划他的《全集》出版事宜，近几年来，她几乎日夜与先生的文稿为伴，她有了这二十多年的经历，我们不能不承认，夫人对钱先生的一些观念要比一般人认识得更清楚些。㊲所以，她针对刘文的误解之解说，深信也必能澄清的。笔者认为，无论新儒家学派的人怎么说，或怎么认定，从上面钱先生拒绝在"宣言"上签名，和不肯认同于"新儒家"，以及严、余二位先生的分析，和钱胡美琦教授的追述看来，事实告诉我们，钱宾四先生不是现代新儒家。

四 钱先生晚年对文化的关怀

对文化思考、研述和参与，是钱先生文化生命中交相紧扣的环节。从他于一九一八年发表的三种最早的论著：《说惠施历物》、《辩者二十一事》和《论语文解》，到他在世时最后提出的、中国文化对人类未来可有的贡献在于"天人合一"的思想一番话。钱先生的学术是由哲理思考开始，也是在哲理思考里终结。而他对历史文化研究的特性，则是在于其与哲理思考的扣紧。关于他参与的文化工作,最主要的有在对日抗战时期所作的通俗演讲,一九五〇年代在香港创办新亚书院和新亚研究所、以及晚年在台北市士林区外双溪素书楼的讲学。⑱他在这方面的著述有:《中国文化史导论》、《文化学大义》、《民族与文化》、《中国文化丛谈》、《中华文化十二讲》、《从中国历史来看中国民族性及中国文化》等书。

钱先生一生在文化方面写了以上的六本书,另外还有上百篇关于这方面的文章,其目的当是要了解东西文化孰得孰失,孰优孰劣,"找出今日中国自救之道"。他在《八十忆双亲师友杂忆合刊》里说:

> 中西文化孰得孰失,孰优孰劣,此一问题围困住近一百年来之全中国人,余之一生亦被困在此一问题内,而年方十龄,(钱)伯圭师即耳提面命,揭示此一问题,如巨雷轰顶,使余全心震撼。从此七十四年来,脑中所疑,心中所计,全属此一问题。余之用心,亦全在此一问题上。⑲

钱先生于十七岁初为人师,在乡村教小学时,就接触到严复翻译的西文书籍,从此以后,他做学问一面要了解本国历史文化的传统,自修国学,这是他所爱好的;一面要了解西方文化思想,研读翻译的西文书籍,这是为了要解决心中的疑虑。两方面同有一个宗旨,就是要"找出今日中国自救之道"。因此,凡是见到报章杂志上有介绍西方的文字,他都注意到的。抗日战争期间,一些学人流徙到大后方,钱先生和不少研究西方思想的学者往来,这就对他了解西方文化更有帮助。在一九四一年,他撰述了第一本讨论文化史的书,也是他有系统的讨论中西文化异同问题的第一本书《中国文化史导论》。从此以后,五十年来,除了上述的几本专书外,还有上百篇的文章,都是从中西文化比较着眼。他曾对学生说,他对西方学者的著作下过很大的工夫,都有笔记。所以,钱先生是先对西方文化有了认识,才谈中西文化比较的。⑳有的人不大了解他这一点,因而说,钱先生不精通西文,所谈的西方文化有错误,但又不能具体地指出错在哪里,其实这是完全不了解钱先生治学的情况所致。

钱先生并不反对中国应向西方"取经",吸取西方文化的长处。只是他认为，西方也有向中国文化取经的必要。他同意中国今天必须吸收西方科学与民主的成就，但不主张一味抄袭。在人文思想方面，他认为中国儒家孔子的思想正可补西方思想的缺失。历史证明，钱先生这种见解是十分正确的。因为在十八世纪，孔子成了欧洲启明运动的大师。十八世纪初年，耶稣会中人介绍中国文化的努力到此乃发生了影响。所以一七〇〇年这一年实是中国文化西渐的一个纪念日，因为从此以后欧洲的学术界无不倾倒中国文化了。这种倾倒情形到一七六〇年法国名哲伏尔泰（Voliatier, 1694~1778）的《世界各国人民风俗论》出版后，乃达到了最高点。德国哲学家莱布尼茨（Leibniz, 1646~1716）实为承认中国文化极有贡献西方文化发展的第一人。他在一六九七年出版的一部《新中国》（Novissima Sinica）的序文中说："中欧两大文化能在此时互相补益，实为天命。他说西方哲理如算学、天文、论理学、形而上学等固然超出东方；而中国的实际哲学和政治道德实远胜吾辈。他说孔子的学说对于公私生活秩然有序，实可谓已无遗憾。彼认为此种伟大完美的政治哲学体系，得以出现于世界上，殆出天意；否则无从说明。所以他主张凡欧洲人均宜从中国人学习人生的道理。"又当时欧洲人都以为中国民族是一个纯粹德性的民族，伏尔泰就是抱有这种见解的代表。伏尔泰认为，我们对于中国，应该赞美，应该自惭，但是尤其要紧的，应该模仿。总而言之，当时的法国学者多以为要救法国，只有吸收中国精神文化的一法。不过在这种极端的中国崇拜空气之下，当然也有别一种怀疑或相反的意见。㊵

钱先生又指出：

> 在一切科学各门专家乃及宗教信仰以至哲学思辨中，若要在人类社会发生好影响，生起好作用，全少不了"道德"一味……在道德基础上，一切科学与各门专家知识全有用。在无道德与不道德的基础上，一切科学各门专家知识，不仅会变成没有用，而且还会有害了。如科学家发明了原子能，岂不可在和平的场合使用，也可在大量杀人的战争场合使用吗？㊶

钱先生这种看法，和过去世界最著名的科学史家乔治·萨顿（George Sarton, 1884~1956）的见解可说不谋而合。萨顿曾指出：当科学给人类带来重大的物质利益的同时，往往也给人类带来了可怕的灾难。其原因是人类还没有学会更好的利用科学。当然，单靠科学，即使我们的科学比现在再发达一百倍，我们也不能生活得更美好。如果将科学看成是物质上的东西，它随时都可能成为危害人类的可怕的工具。唯一的办法就是使科学人性化，将科学同人文主义结合起来……[43]

我们虽然知道钱先生一生都在努力维护中国传统文化，即如余英时教授所说的"一生为故国招魂"。[44]但很多人不明了钱先生更努力在沟通传统与现代。他十分坚信，中国未来的前途只有从中国自己的传统文化中才能找到出路。他说："今日我中国人及中国自救之道，实应新旧知识兼采并用，相辅相成，始得有济。一面在顺应世界新潮流，广收新世界知识以资对付。一面亦当于自己历史文化传统使中国人之成其为中国人，与夫中国之成为其为中国之根本基础，及其特有个性，反身求之。有一番自我之认识。然后因病求药，对症下方。"[45]更认为中国自强之道，首在恢复国人的自尊自信。要恢复国人的自尊自信，必须先要认识自己本国的传统文化。但是不幸中国传统文化久已中断了。他怕有一天中国青年觉醒了，想要回头去认识本国历史文化传统，找不到合适的路走。他的夫人钱胡美琦教授说："钱先生在晚年屡说：他此生所愿，只想做好桥梁的工作，让觉醒后的中国青年，能通过他认识自己本国的历史文化传统，他的一生也算没有虚度。"[46]

钱先生不只关怀本国，也关怀全世界。一九五〇年，当中国和世界局势正值紧张时期，他之所以讲文化学，是有苦心的。他说：

> 今天的中国问题，乃至世界问题，并不仅是一个军事的、经济的、政治的、或是外交的问题，而已是一个整个世界人类的文化问题。一切问题都从文化问题产生，也都该从文化问题来求解决。[47]

陈启云教授指出：

一九九三年夏,美国哈佛大学政治学教授亨廷顿(Samuel P. Huntington)在《外交事务学刊》发表了一篇文章,认为"……即将来临的,是'文明(文化)冲突的时代',尤其是'西方文化和东方文化(以儒学文化与回教文化为主)冲突的时代'。"亨廷顿这一想法,比钱先生晚了半个世纪。

世界的危机在于不同文化的冲突,在中国清末民初时期,这说法便很流行。钱先生对文化的关怀,和以梁漱溟、张君劢为代表的"东方文化本位论"不同的地方,是钱先生的"文化学"是以历史现实为内涵的。先生在《中国文化史导论·弁言》中,继续写道:"中国文化问题,实非仅属一哲学问题,而应为一历史问题。中国文化,表现在中国以往全部历史过程中。除却历史,无从谈文化,我们应从全部历史之客观方面来指陈中国文化之真相。"[48]

由此可看出先生的高瞻远瞩。

亨廷顿(Samuel P. Huntington)在《文明的冲突与世界秩序的重建》(The Clash of Civilizations and the Remaking of World Order)全书的最后一句说:

> 在即将登场的纪元中,文明的冲突是世界和平最大的威胁,而根据文明建构的国际秩序,则是对抗世界战争最有力的保障。[49]

正如钱先生所说,这是一个整个世界人类的文化问题,该从文化问题来求解决。其解决之道,应是钱先生最后的心声,"天人合一"论,它是中国文化对人类未来可有的贡献。[50]

一九八九年九月,钱先生夫妇在赴香港参加新亚书院创校四十周年庆期间,先生发现了中国古人"天人合一观"的伟大。返台后时逾半年,要把他的发现见之于文字的前一日,对夫人说:"我从前虽讲到'天人合一观'的重要性,我现在才澈悟到这是中国文化思想的总根源,我认为一切中国文化思想都可归宿到这一个观念上。两者怎能相提并论。这是我对学术的大贡献啊!"一九九〇年五月端午节,先生在迁出台北市外双溪之素书楼的前三天完成了他最后的心声——中国文化对人类未来可有的贡献,时年九十有六。[51]

先生在文章中说:

> 中国文化过去最伟大的贡献,在于对"天""人"关系的研究。中国人喜欢把"天"与"人"配合着讲。……西方人喜欢把"天"与"人"离开分别来讲。换句话说,他们是离开了人来讲天。这一观念的发展,在今天,科学愈发达,愈易显出它对人类生存的不良影响。中国人是把"天"与"人"和合起来看。中国人认为"天命"就表露在"人生"上。离开"人生",也就无从来讲"天命"。离开"天命",也就无从来讲"人生"。所以中国古人认为"人生"与"天命"最高贵、最伟大处,便在能把他们两者和合为一。离开了人,又从何处来证明有天。所以中国古人,认为一切人文演进都顺从天道来。违背了天命,即无人文可言。"天命""人生"和合为一,这一观念,中国古人早有认识。我以为"天人合一"观,是中国古代文化最古老最有贡献的一种主张。
>
> 西方人常把"天命"与"人生"划分为二,他们认为人生之外分别有天命,显然把"天命"与"人生"分作两个层次、两次场面来讲。如此乃是天命,如此乃是人生。"天命"与"人生"分别各有所归。此一观念影响所及,则天命不知其所命,人生亦不知其所生,两截分开,便各失却其本义。决不如古代中国人之"天人合一"论,能得宇宙人生会通合一之真相。所以西方文化显然需要另有天命的宗教信仰,来作他们讨论人生的前提。而中国文化,既认为"天命"、"人生"同归一贯,并不再有分别,所以中国古代文化起源,亦不再需有像西方古代人的宗教信仰。在中国思想中,"天""人"两者间,并无"隐""现"分别。除却"人生",你又何处来讲"天命"。这种观念,除中国古人外,亦为全世界其他人类所少有。[52]

钱先生以孔子为例,说明孔子的人生就是天命,天命也就是人生,双方的意义价值无穷。他说:

即如孔子的一生，便全由天命，细读《论语》便知。子曰："五十而知天命。""天生德于予。"又曰："知我者，其天乎！""获罪于天，无所祷也。"倘孔子一生全可由孔子自己一人作主宰，不关天命，则孔子的天命和他的人生便分为二。离开天命，专论孔子个人的私生活，则孔子一生的意义与价值就减少了。就此而言，孔子的人生即是天命，天命亦即是人生，双方意义价值无穷。换言之，亦可说，人生离去了天命，便全无意义价值可言。但孔子的私生活可以这样讲，别人不能。这一观念，在中国乃由孔子以后战国时代的诸子百家所阐扬。㊾

先生在文章末尾指出，中国文化之所以绵延数千年不断的原因，以及将来世界文化的归趋，将以中国传统文化为宗主。

……所以可说，最近乃是人类文化之衰落期。此下世界文化又将何所归往？这是今天我们人类最值得重视的现实问题。

以过去世界文化之兴衰大略言之，西方文化一衰则不易再兴，而中国文化则屡仆屡起，故能绵延数千年不断。这可说，因于中国传统文化精神，自古以来即能注意到不违背天，不违背自然，且又能与天命自然融合一体。我以为此下世界文化之归趋，恐必将以中国传统文化为宗主。此事涵义广大，非本篇短文所能及，暂不深论。

今仅举"天下"二字来说，中国人最喜言"天下"。"天下"二字，包容广大，其涵义即有使全世界人类文化融合为一，各民族和平并存，人文自然相互调适之义。其他亦可据此推想。㊿

钱先生以九十六岁高龄，能有此发明，实属不易。然此文为一短篇，所论含义深广，先生自己未能多加阐释，因而言曰："再要作深究，已非我力所能及，只有待后来者之继续努力。我自信将来必有知我者，待他来再为我阐发吧！"㊿一九九九年五月十一日，于钱宾四先生百龄纪念会——学术研讨会上，金中枢教授乃提出《读先师钱穆先生最后的心声——中国文化对人类未来可有的贡献》一篇论文。金氏引经据典,旁征博引,对先生所论反复详加考证与阐明,他在文章上篇"天人合一"中指出:"把天与人和合起来看"的意义深远,其演进且都从天道来。其次,关于"离开了人,又从何处证明有天"的说法,据他的考证,说明"天从人上见",可以说是铁定的了。金氏在文章下篇对"天命即人生",惟孔子一人而已的考证和阐释是:所谓"天命",就是"公权力",或说"公理"。所谓"人生",就是钱师所称于孔子的"私生活"。那即是说,孔子伸张"公权力"或"公理",就是他一生的"私生活"或"人生";他一生的"私生活"或"人生",就是伸张"公权力"或"公理"。等到"公权力"或"公理"不能伸张,他就从事教学工作。(有人认为,金氏将"天命"释作"公权力"、"公理",是否合乎钱先生的本意,尚待讨论。)此孔子之所以被尊为"至圣先师"也。并证明"中国人之'天人合一'论,能得到宇宙人生会通合一之真相;"而远过于西方人把"天命"与"人生"分而为二,所以需要另有"天命"的"宗教信仰",来解决他们的人生。此外,他并证明"天人合一"的"天下观",它的含义就是"仁",亦可说是"人心之所同然"的"天",亦即同情心。只有在此"同情心"之下,才能"使全世界人类文化融合为一,各民族和平并存,人文自然相互调适。"这更是钱师之说最有力的证明了。

金教授在文中对钱先生所述详加阐发,深信这对读者体悟先生撰此文的用心所在必定有很大的帮助。不过把"仁"字释作同情心,这只是"仁"字的一种含义,若把"仁"字广泛的内容再加举证,则更能彰显结论的明确。我们知道,《论语》中论"仁"之处很多,例如"仁者爱人"、"克己复礼为仁"(《颜渊》),"夫仁者,己欲立,而立大。己欲达,而达人。"(《雍也》),"己所不欲,勿施于人。"(《卫灵公》)等等,由此可知,"仁"是孔子的道德总概念,"爱人"就是"仁"的总原则。"但人世间的爱,有些是来自生理的惯性,如男女之爱等,它是随时可以断灭的。而论语中的'仁者爱人',是经过道德的反省过程而有的,这种爱能够推广为民胞物与的爱,也就是所谓人类的爱"㊾,也唯有这种爱,才能"使全世界人类文化融合为一,各民族和平并存,人文自然相互调适";才能有希望实现自先秦以来天下太平、世界大同的理想。不过这要与客观环境相配合。近几十年来，海峡两岸都积极的走向科学化，国力大增。因此，深信中国文化对人类未来一定会做出贡献的。例如数月之前，大陆上对东南亚金融风暴所采取的措施和态度，这种人饥己饥，人溺己溺，和扶弱济倾而不惜影响到己身利益的情怀，正是中国传统文化中“仁”的精神表现。所以，“天人合一”论，必将是中国文化对人类未来可有的贡献。

笔者在本谱凡例中曾说，学界中人尊称钱先生为“一代儒宗”，我认为这并非过誉。东汉王充说：“儒者学，学儒矣。”(57)意思是儒者靠的勤奋学习经书，能够勤奋学习经书的人，也就成为儒者了。以王充将儒者分类标准看，钱先生不但是博览群书，通晓古今的通人或文儒，而更是精思着文连结篇章的鸿儒。鸿儒是“超而又超”、“奇而又奇”的“世之金玉”。(58)钱先生的著述不仅多独到见解，发前人所未发，而著述之丰富，博大精深，并世无能出其右者。又《论衡·别通篇》云：“孔子病，商瞿卜期日中。孔子曰：‘取书来，比至日中何事乎？’圣人之好学也，且死不休，念在经书，不以临死之故，弃忘道艺，其为百世之圣，师法祖修（意谓被人们效法和学习），盖不虚矣。”钱先生在辞世的近四个月前，仍完成了他最后的心声——中国文化对人类未来可有的贡献。他在即将死去时，仍能关心中国、关心世界人类的伟大精神，是受了孔子的影响。从前面所引的他在九十三岁答某杂志问的一番话，就是明证。或套用王充的话：“文王之文在孔子，孔子之文在仲舒。”(59)当今之世，孔子之文在宾四先生与？

其次，笔者对钱先生最敬佩的是，他的治学能身体力行。现在回想起我在素书楼听课的几年中，从未听说先生为己营谋过，他与同学谈话时，总是关心世界局势、关心国家的前途、社会风气和同学们的近况。他几次的说：“如果有人问我要读什么书，我说读《论语》，并且要一遍一遍地读。几十年来，我已不记得读过多少遍了。读的遍数愈多，便愈有心得。”先生在《孔子与论语》一书的开头就说：

《论语》应该是一部中国人人人必读的书。不仅在中国；将来此书，应成为一部世界人类的人人必读之书。……若使中国人，只要有读中学的程度，每人到六十岁，都读过《论语》四十遍到一百遍，那都成圣人之徒，那时的社会也会澈底变样子。因此，我认为：今天的中国读书人，应负两大责任，一是自己读《论语》；一是劝人读《论语》。

在全世界人口的品质日趋下降之际，许多新问题因之发生；若要提升人口品质，改善世界秩序，净化社会，恢复固有道德。《论语》则是一部"无上的圣典"。

总结以上所述，我所认识的钱宾四先生，可归纳为下列四点：

（一）钱先生是一位智者、勇者、仁者。他深爱中华民族，深爱国家，深爱同胞，深爱世界人类。他很关心世局，渴望全球和平。

（二）先生治学，兼通经、史、子、集四部，精思著文连结篇章，著作等身，是当代对中华传统文化学术思想的研究集大成者。国人尊称他为"国学大师"、"一代儒宗"，都是名副其实的。

（三）先生一生心向往之的，"可说只在孔子一人"，强调《论语》是人人必读之书。他一生致力弘扬中华文化与儒家思想，从来不反对新儒家，只是坚决不承认别人硬说他是新儒家。

（四）先生不属于以往崇洋蔑己的时代，别人反对他，冷落他，他都不在意。他不反对中国应向西方取经，吸取西方文化的长处；但他不主张一味的抄袭，主张中国应该走自己的路，才能得救。我们深信，属于先生的时代，就在不久的将来。他在学术思想和教育上的巨大成就和贡献，必将永留青史。

一九九八年七月修改二稿于台湾大学
二〇〇一年三月、十二月修改三稿于台北台大敦品大厦
二〇〇四年正月修改四稿于台大敦品大厦

附记

本文是笔者于一九九八年五月六日在庆祝北京大学百年校庆而由北京大学中国传统文化研究中心主办的汉学研究国际会议上所发表的论文。二〇〇〇年八月,由北京大学出版社出版,见《文化的馈赠——汉学研究国际会议论文集》,页八三~一〇〇,今略加修订,权充本谱序文。

① 以上见严耕望,《钱穆宾四先生与我》(台湾商务印书馆,一九九二年三月,页二、三六);及严耕望教授撰《钱穆传》(《国史拟传》第五辑抽印本,一九九五年六月),总页三一一。
② 《钱穆传》,总页三一〇。
③ 参见《钱穆先生纪念馆馆刊》第三期,台北市立图书馆,一九九五年八月,页一一七。另见单行本,台北市立图书馆,一九九五年八月,页三。
④ 台北文化大学创办人张其昀先生曾于钱先生九十寿庆时赠送给他一个横幅,即题曰"一代儒宗"。几十年来,社会人士和媒体往往称他为"国学大师"。
⑤ 《钱穆传》,总页二九五。
⑥ 参见同上注,总页二九二、三〇二、三〇八。
⑦ 以上见陈启云,《钱穆师的思想、文化、历史学》,台北市立图书馆,一九九五八月,页二~三。
⑧ 《中国历史精神·前言》(《钱宾四先生全集》第二十九本,页一~三;另见台北·兰台版,二〇〇一年二月,页一~二)。
⑨ 《钱宾四先生全集》第二十七本,页二三;另见台湾商务印书馆修订本,上册页三。
⑩ 同上《全集》第二十七本,页二九~三〇;商务版,上册,页七~八。
⑪ 《钱穆传》,页二九九~三〇〇。
⑫ 此见《全集》第二十七本,《国史大纲》目次,页一九。商务版,上

册，页一。

⑬参见《全集》第二十九本，《中国历史精神》页一四二～一五九；兰台版，页一二八～一四四。

⑭同上《全集》第二十九本，页一五三、一五九～一六〇；兰台版，页一三九、一四五。

⑮张孟闻，《李约瑟博士及其〈中国科学技术史〉》，上海，华东师范大学出版社，一九八九年出版，页二二。

⑯《全集》第三十二本，《中国史发微》，页六八。另见台北，中央日报社出版《史学导言》版，页三三～三四。又见兰台版《中国史学发微》，页六一。

⑰参见同上，页六九；另见同上报社本，页三四～三五。又另兰台版，页六二。

⑱同上；另见同上报社本，页三五。又见兰台版，页六二。

⑲同上，页七〇；另见同上报社本，页三五～三六。另见《全集》第三〇本，页三二〇～三五七。又见兰台版，页六三。

⑳同注一六，页七三～七四；另见同上报社本，页三九～四〇。又另见兰台版，页六五～六六。

㉑同注二〇，页七四～七五；另见同上报社本，页四一。又见兰台版，页六七。

㉒同注二〇，页九八；另见同上报社本，页六九。又见兰台版，页八八。

㉓同注一六，《全集》第三十二本，页一〇四～一〇六；另见报社本，页七七。又见兰台版，页九四～九五。

㉔同注一六，页一〇七～一一七，页三〇〇～三一〇；另见报社本，页七八～八九。又见兰台版，页九六～一〇五。

㉕何炳松，《中国文化西传考》(《中国新论》第三期，一九三五年六月出版。另见吴相湘等编《中国近代史论丛》第一辑第二册，一九五六年十二月，正中书局印行。又见韩复智编《中国通史论文选辑》下册，台北，南天书局印行，一九八七年九月二版，页三五七～三五八)。

㉖《钱穆传》，页三一〇～三一一。

㉗同上，页三〇八。

㉘见余英时著,《犹记风吹水上鳞——钱穆与现代中国学术》,台北,三民书局,一九九一年十月,页三一。此书后改名为《钱穆与中国文化》在上海远东出版社出版。

㉙同上,页一七~一八。

㉚同上,页一八。

㉛参见钱胡美琦,《也谈现代新儒家》,香港中文大学新亚书院新亚学术期刊编辑委员会编《钱宾四先生百龄纪念会学术论文集》,二〇〇三年,页 ix~xxxii,另见台北,《联合报·联合副刊》三十七版,一九九五年七月三十一日,星期一。

㉜引文同上注,页 xiii~xiv。

㉝同上注,页 xiv。

㉞同上注,页 xiv~xv。

㉟同上注,页 xix~xx。附录:《读刘著〈对于当代新儒家的超越内省〉一文有感》。

㊱同上注,页 xx~xxii。

㊲参见《也谈现代新儒家》后记,《联合报》版。

㊳同注七。

㊴复智案:先生写此书时,已八十八岁高龄。他和师母钱胡美琦教授费时五年才完成。见联经《全集》第五十一本,页三六。另见台北,兰台版,二〇〇〇年七月出版,页三四。

㊵同注三五。

㊶同注二五。见《中国通史论文选辑》下册,页三五五~三六二。

㊷《全集》第五〇本。另参见注三五。

㊸参见韩复智,《论中国科学技术史的教育功能与研究价值》,《中国历史学会集刊》第二十七期,一九九五年九月出版,页二八〇~二八一。

㊹同注二八,页一七~二九。

㊹《从中国历史来看中国民族性与中国文化》序二,台北,联经出版公司,一九七九年八月初版,页三。另见联经《全集》第四〇本。兰台版,《中国文化小丛书》修订本。

㊻同注三十五。另参见同注四十五,页五。

㊼见《全集》第三十七本《文学大义》，页一。兰台版，《文化学大义》。

㊽同注三，单行本，页四。

㊾黄裕美译，台北，联经出版公司，一九九七年九月初版，页四四七。

㊿《钱穆先生纪念馆馆刊年刊》创刊号，台北市立图书馆印行，一九九三年六月，页一～五。又见《全集》第四十三本，页四一九～四二三。

(51)参见同上注《馆刊》，页三～五。又《全集》第四十三本，页四二四～四二八。

(52)同注五〇，页一～二。又见《全集》第四十三本，页四二〇～四二一。

(53)同注五〇，页二。

(54)同注五〇，页二～三；又见《全集》第四十三本，页四二三。

(55)同注五〇，页五；又见《全集》第四十三本，页四二九。

(56)参见徐复观《释论语的“仁”》（《学术与政治之间》，台湾学生书局，一九八〇年四月台一版，页三〇七～三一二）。

(57)《论衡·定贤篇》（《论衡注释》第四册，北京，中华书局，一九七九年，页一五六三）。

(58)《论衡·超奇篇》（《论衡注释》第二册，页七七九）。

(59)同上书，页七九一。

钱穆先生学术简谱

　　钱先生原名恩鑅,字宾四,一九一二年之春,由其兄改名穆。江苏省无锡县人,祖居县南延祥乡啸傲泾七房桥之五世同堂大宅。为五代吴越国王钱镠后裔。曾祖父绣屏公,为国学生。祖父鞠如公,邑庠生。父讳承沛,字季臣,县试秀才。母蔡氏。先生之家累代书香不断,诗书传家。

　　一八九五年(清光绪二十一年)　乙未　农历六月初九(巳时),先生生于五世同堂大宅。时父母皆三十岁。兄恩第六岁。
　　是年,康有为三十八岁,梁启超二十三岁,王国维十九岁,陈寅恪六岁,胡适五岁,顾颉刚三岁,与董作宾同年,比傅斯年早一年生。

　　一八九六年(清光绪二十二年)　丙申　二岁

　　一八九七年(清光绪二十三年)　丁酉　三岁

　　一八九八年(清光绪二十四年)　戊戌　四岁

　　一八九九年(清光绪二十五年)　己亥　五岁

　　一九○○年(清光绪二十六年)　庚子　六岁
　　六弟艺,字漱六生。

　　一九○一年(清光绪二十七年)　辛丑　七岁

秋，入私塾，拜至圣先师孔子像，从华姓塾师受业。

一九〇二年（清光绪二十八年）　壬寅　八岁
举家迁居荡口镇。访得华姓名师，为先生讲《史概节要》及《地球韵言》两书。讲两书毕，因师忽病，不能坐塾，在家竟日阅读小说，自此两目始近视。

一九〇三年（清光绪二十九年）　癸卯　九岁
夜晚常在枕上窃听父亲承沛公为长兄恩第讲述《国朝先正事略》诸书，讲湘军平洪杨事，喜而不寐。

一九〇四年（清光绪三十年）　甲辰　十岁
八弟文，字起八生。
入荡口镇私人创办之新式果育小学初等一年级就读，先生毕生从事学问与自幼即抱民族观念，皆受钱伯圭师启发之。

一九〇五年（清光绪三十一年）　乙巳　十一岁
读果育小学二年级，因作文优异，屡获奖励，两度躐等升入四年级上课。

一九〇六年（清光绪三十二年）　丙午　十二岁
升入果育高级班。国文老师顾子重学通新旧，又精历史、舆地之学。先生中年以后，治学喜史地，盖由顾师导其源。顾师对其作文，倍加称赏，谓他日有进，当能学韩愈。先生正式知有学问，自顾师此一语始。

先生入果育高三时，暑期中参加华紫翔师讲习班。授中国各体古文，起自尚书，下迄晚清曾国藩，经、史、子、集，无所不包。皆取各时代名作，全一暑期，约得三十篇上下。先生所作读后一文，深获紫翔师赞赏。最后读选授之曾氏原才篇，先生至晚年始深知人才原于风俗，而风俗可起于一己之心向。此亦受紫翔师在先生童年时的启发。

先生晚年追忆说："此后余每治一项学问，每喜从其历史演变上着眼，而寻究其渊源宗旨所在，则亦从紫翔师此一暑期讲习班上所获入也。"

四月二十四日，父承沛公病卒，享年四十一。遗有诗赋与集文如岳武穆班师赋等。先生时而诵之，故自幼即知民族观念，特重忠义，实渊源于此。

是年，举家迁至后仓滨，即果育小学之隔邻。

一九〇七年（清光绪三十三年）　丁未　十三岁
或因升级而肄业果育高等三年级。冬，与长兄一同考入常州府中学堂。

一九〇八年（清光绪三十四年）　戊申　十四岁
常州府中学堂二年级肄业。

一九〇九年（清宣统元年）　己酉　十五岁
常州府中学堂三年级肄业。举家迁返七房桥。

一九一〇年（清宣统二年）　庚戌　十六岁
常州府中学堂四年级肄业。年终，被公推为代表之一，要求校方改革课程，未蒙允许，愤而自动退学。于居处偶见谭嗣同《仁学》一书，读后大喜。因书中言及世界人类发型，乃一人赴理发室剪去长辫。

一九一一年（清宣统三年）　辛亥　十七岁
春，转入私立南京钟英中学五年级肄业。暑假中，患伤寒，为药所误，大病几死，延期赴校，适逢武昌起义后一日。

一九一二年　壬子　十八岁
春，先生原名恩鑅，字宾四。兄原名恩第，字声一，于自易名赞时，并改先生名穆。

是年元旦，辍学家居，因念家贫，自此升学绝望，乃矢志自学。遂一人至又新小学校闭门补读《孟子》。后奉兄命初往秦家渠三兼小学任教，为先生此后七十五年从事教育生涯之始。

应上海《东方》杂志征文，撰《论民国今后之外交政策》，获三等奖，未刊。为先生投寄报章杂志之第一文。

一九一三年　癸丑　十九岁

转入荡口镇私立鸿模学校任教，教高等三年班国文与史地课。暑期后受聘梅村镇无锡县立第四高等小学，仍兼鸿模课一年。

一九一四年　甲寅　二十岁

暑期后辞鸿模兼职，专任梅村镇县四高小教职。

一九一五年　乙卯　二十一岁

专任梅村镇县四高小教职。先生朝夕读书已过三年，同事皆称之博学。

一九一六年　丙辰　二十二岁

专任梅村镇县四高小教职。

一九一七年　丁巳　二十三岁

专任梅村镇县四高小教职。

秋，完婚。

一九一八年　戊午　二十四岁

夏，七房桥五世同堂于四年遭火灾后，又遭回禄之灾，无屋可居，乃又迁家至荡口镇。为朝夕侍养母亲，乃辞梅村镇县四高小教职，回荡口镇鸿模学校任教。《论语文解》积年所写已成一书，邮寄上海商务印书馆出版，此为先生正式著书之第一部。

一九一九年　己未　二十五岁

续任教鸿模小学。秋季，转任后宅镇泰伯市立第一初级小学校长之职。

自印与朱怀天合撰诗集《二人集》。

一九二〇年　庚申　二十六岁

任后宅镇泰伯市立第一初级小学校长。

交梅村镇县四高小出版《朱怀天先生纪念集》一书。

一九二一年　辛酉　二十七岁

仍任后宅镇泰伯市立初级小学校长，并兼任泰伯市立图书馆馆长。

一九二二年　壬戌　二十八岁

秋季，辞去后宅泰伯市立初级小学校长及泰伯市立图书馆长职，转至县立第一高等小学任教。于中秋节后转赴福建省厦门集美学校任国文教师。此为先生任教中学之始。

一九二三年　癸亥　二十九岁

秋季，转任无锡江苏省立第三师范学校国文教师。
是年，撰《屈原考证》等论文三篇。

一九二四年　甲子　三十岁

仍任无锡三师教师。秋，随班迁升教二年级国文。开《论语》课，编成《论语要略》一书。自学日文。

一九二五年　乙丑　三十一岁

仍任无锡三师教师。秋，随班递升教三年级国文。讲《孟子》，编《孟子要略》。
《论语要略》，商务印书馆十二月初版。

一九二六年　丙寅　三十二岁

仍任无锡三师教师。秋，随班递升教四年级国文，讲国学概论，始编《国学概论》一书。

《孟子要略》，上海大华书局出版。

是年，撰《编纂中等学校国文科公用教本之意见》等论文二篇。

一九二七年　丁卯　三十三岁

仍任无锡三师教师。春，国民军北伐，学校停课，避居乡间两月，乃整理《先秦诸子系年》积稿，已成卷帙。秋，转入省立苏州中学，任最高班之国文课教席，并为全校国文课之主任教师及最高班之班主任。

一九二八年　戊辰　三十四岁

仍任苏州省立中学教职。春，国学概论一书完成。秋后，先生家祸大作，儿殇妻殁，兄亦继亡，百日之内，哭骨肉之痛者三。椎心碎骨，几无人趣。

是年，撰《王氏古本竹书纪年辑校补正》等论文五篇。

一九二九年　己巳　三十五岁

仍任苏州中学教职。春，在苏州续娶，夫人为张一贯。

是年，完成《墨子》一书。并撰《易经研究》论文一篇。

一九三〇年　庚午　三十六岁

仍任苏州中学教职。三月，完成《王守仁》（后易名《阳明学述要》）一书。六月，所撰《刘向歆父子年谱》刊载于《燕京学报》第七期。秋，因顾颉刚推荐至北平任燕京大学国文讲师，为任教大学之始。十月，《王守仁》由上海商务印书馆初版印行。

是年，又撰《关于老子成书年代之一种考察》等论文四篇。

一九三一年　辛未　三十七岁

仍任燕京大学教职。夏，受聘至北京大学历史系任教，为在大学讲授历史课程之始。讲授中国上古史、秦汉史及中国近三百年学术史。并兼清华大学课。

《墨子》、《周公》（译）、《国学概论》、《惠施公孙龙》四书，均由上海商务印书馆初版印行。

是年，撰《周初地理考》等论文四篇。

一九三二年　壬申　三十八岁

仍任教北京大学，改开中国政治制度史。亦仍兼清华大学课。

《老子辨》，由上海大华书局出版。

是年，撰《周官著作时代考》等论文四篇。

一九三三年　癸酉　三十九岁

仍任教北大，兼任清华。秋，在北大始一人独任中国通史课，另仍继续讲中国上古史、秦汉史。

是年，撰《儒家之性善说与其尽性主义》论文一篇。

一九三四年　甲戌　四十岁

仍任教北大，兼清华课，又兼任燕京大学、北平师范大学教授。

是年，撰《评日人泷川龟太郎〈史记会注考证〉》与《楚辞地名考》等论文八篇。

一九三五年　乙亥　四十一岁

仍任教北大，兼清华、燕京、北平师大课。

《先秦诸子系年》，由上海商务印书馆出版。

是年，撰《唐虞禅让说释疑》等论文十四篇。

一九三六年　丙子　四十二岁

仍任教北大、兼清华、燕京、北平师大课。

是年，撰《论两宋学术精神》等论文十四篇。

一九三七年　丁丑　四十三岁

七七事变，抗日战争军兴，十月，与同事离平结伴南迁，辗转至衡州南岳北大文学院院址。

五月，《中国近三百年学术史》，由上海商务印书馆出版。

是年，撰《再论楚辞地名答方君》等论文十一篇。

一九三八年　戊寅　四十四岁

春，随校由陆道步行赴昆明。到达后不久，又结队往蒙自，到西南联大文学院任教。

同事陈梦家力劝先生为中国通史写一教科书，以应全国大学青年与时代急迫需要。始决意撰写《国史大纲》一书。

一九三九年　己卯　四十五岁

仍任教西南联大。六月，于宜良西山岩泉下寺撰成《国史大纲》。东归苏州探母，离昆明前，允顾颉刚之约，任流亡成都之齐鲁大学国学研究所教授，并负责编辑《齐鲁学报》。于苏州择居耦园，侍母之暇，以半日读英文，余半日至夜半专意撰《史记地名考》一书。

是年，另撰《建国三路线》等论文四篇。

一九四〇年　庚辰　四十六岁

夏，返成都至齐鲁大学国学研究所履教职，又兼齐鲁大学课。

六月，《国史大纲》，由上海商务书馆印行，出版后，又在重庆以国难版发行。

是年，撰《社会自由讲学之再兴起》论文一篇。

一九四一年　辛巳　四十七岁

仍任教齐鲁大学国学研究所，兼齐鲁大学课。居不半岁，忽得家讯，老母于阴历新年初五病亡，心中日夜伤悼，遂决应嘉定武汉大学函电频促邀去讲学。后至乐山复性书院讲演。六月，任齐鲁大学国学研究所主任。

《刘向歆父子年谱》，由重庆中国文化服务社单独印行。

是年，撰《齐鲁学报》创刊号发刊词、《汉初侯邑分布》等论文二十九篇。

一九四二年　壬午　四十八岁

仍任齐鲁大学国学研究所主任，兼齐鲁大学课。春，赴遵义浙江大学，作一月之讲学。

六月，《文化与教育》，由重庆国民出版社出版。

是年，撰《论古代对于鬼魂及葬祭之观念》等论文十九篇。

一九四三年　癸未　四十九岁

仍任齐鲁大学国学研究所主任，兼齐鲁大学课。秋，齐鲁大学国学研究所停办，应邀转任华西大学教授，兼四川大学教席。

《清儒学案》全稿成后，被国立编译馆遗失，幸留有序目。

是年，撰《两汉博士家法考》等论文十四篇。

一九四四年　甲申　五十岁

仍执教于华西大学。在病中读《朱子语类》、《指月录》。撰《智识青年从军的历史先例》，鼓励知识青年投笔从戎，以救国家。

五月，与姚汉源合著之《黄帝》，由重庆胜利出版社出版。

是年，另撰《文艺美术与个性伸展》等论文十三篇。

一九四五年　乙酉　五十一岁

仍任教华西大学，兼四川大学教席。

十一月，《政学私言》，由重庆商务印书馆出版。

是年，撰《神会与坛经》等论文七篇。

一九四六年　丙戌　五十二岁

仍任教华西大学，兼四川大学课。夏，回苏州。秋，只身扶病赴云南昆明，任教五华学院，所授以中国思想史为主。并兼任云南大学教授。

是年，撰《魏晋玄学与南渡清谈第十讲》等论文十五篇。

一九四七年　丁亥　五十三岁

仍任教五华学院，兼任云南大学。暑假，无锡巨商荣家有创办江南大学之议，屡来相邀，为调养胃病，决意离昆明返无锡。

是年，撰《阳明良知学述评》等论文九篇。

一九四八年　戊子　五十四岁

春，转赴私立江南大学任文学院长职。课余公毕，撰成《湖上闲思录》一书与《庄子纂笺》一书。

是年，撰《周程诸子学派论》等论文三篇。

一九四九年　己丑　五十五岁

春假，应广州私立华侨大学之聘，由上海南下广州。秋季，随侨大迁香港，不久，由张（其昀）晓峰、谢幼伟、崔书琴创办之亚洲文商学院（夜校）成立，派任先生为院长。

五月，《中国人之宗教社会及人生观》，由台北自由中国社出版。

是年，撰《人生三路向》等论文五篇。

一九五〇年　庚寅　五十六岁

秋，创办新亚书院，任常务董事、院长。冬，赴台北筹措学校经费，并应邀讲演。讲文化学大义、中国历史精神、又以讲辞择题撰成《人生十论》。十月，中国社会演变，由台北中国问题研究所出版。

是年，撰《中国传统政治》等论文十七篇。

一九五一年　辛卯　五十七岁

续任新亚书院院长。五月，《国史新论》，于香港自印出版。

冬，为筹办新亚书院台湾分校再赴台北，滞留台湾数月，未果。

秋，为《现代国民基本知识丛书》撰成《中国思想史》。

十二月，《庄子纂笺》，由香港东南出版社初版。

是年，撰《中国民族之克难精神》等论文二十二篇。

一九五二年　壬辰　五十八岁

仍任新亚书院院长。春，承邀来台湾作连续五次讲演，择题为《中国历代政治得失》。四月十六日，应邀为联合国同志会假淡江文理学院新建惊声堂作一讲演时，忽然屋顶水泥大块坠落，击中头部，昏厥送医，出院后赴台中养病四月。

一月，《文化学大义》，由台北正中书局出版。

十一月，《中国历代政治得失》，于香港自印出版。

十一月，《中国思想史》，由台北中华文化出版事业委员会出版。

是年，撰《唐宋时代文化》等论文十一篇。

一九五三年　癸巳　五十九岁

仍任新亚书院院长。夏，获得美国雅礼协会协款。秋，复得美国亚洲协会、福特基金会资助，筹办新亚研究所，兼所长职。

六月，《宋明理学概述》由台北中华文化出版事业委员会出版。

六月，《四书释义》由台北中华文化出版事业委员会出版。

是年，撰《朱熹学述》等论文二十二篇。

一九五四年　甲午　六十岁

仍任新亚书院院长，兼新亚研究所所长。暑期，应邀赴台北作连续讲演，讲题为《中国思想通俗讲话》。

是年，撰《孔子与春秋》等论文十二篇。十月，并将《王守仁》一书略加改定，易名为《阳明学述要》，交台北市正中书局重排出版。

一九五五年　乙未　六十一岁

仍任新亚书院院长，兼新亚研究所所长。

春，新亚研究所正式成立。秋，又应教育部之邀，率领访问团赴日本作报聘访问，于京都、东京大学作公开讲演。

教育部颁赠学术奖章。

是年，香港大学颁授名誉博士学位。

三月，《阳明学述要》台北正中书局再版。四月，《中国思想通俗讲话》，香港自印行。五月，《人生十论》，香港人生出版社初版。

是年，撰《中国思想史中之鬼神观》等论文二十二篇。

一九五六年　丙申　六十二岁

仍任新亚书院院长，兼新亚研究所所长。

一月三十日，与胡美琦女史于九龙结婚。

暑后，新亚书院农圃道新校舍落成迁入，为自有校舍之始。

十二月，《王阳明先生〈传习录〉及〈大学问〉节本》，香港人生出版社出版。

是年，撰《中国古代北方农作物考》等论文十八篇。

一九五七年　丁酉　六十三岁

仍任新亚书院院长，兼新亚研究所所长。

二月，新亚书院首创艺术专修科。

四月，《秦汉史》，于香港自印初版。

十月，《庄老通辨》，由香港新亚研究所出版，计收文十五篇。

是年，撰《春秋时代人之道德精神》等论文十八篇。

一九五八年　戊戌　六十四岁

六月，《学籥》于香港自印初版。

八月，《两汉经学古今平议》，由香港新亚研究所出版。

是年，撰《读文选》等文二十四篇。

一九五九年　己亥　六十五岁

仍任新亚书院院长，兼新亚研究所所长。

九月，赴台北为国防研究院讲"民族与文化"。

秋，决定参加中文大学，并参与筹设中文大学事。

是年，撰《从董仲舒的思想说起》等文二十一篇。

一九六〇年　庚子　六十六岁

仍任新亚书院院长，兼新亚研究所所长。

一月，赴美国耶鲁大学讲学，课余撰《论语新解》。学期结束，耶鲁大学特颁赠名誉博士学位。

于哈佛大学东方研究所、哥伦比亚大学丁龙讲座、中美文化协会、芝加哥大学讲演。由美转赴英、法、意三国访问，十月，返港。旋提议取名中文大学。

五月，《湖上闲思录》，由香港人生出版社出版。

六月，《民族与文化》，由台北联合出版中心出版。

是年，撰《新亚书院十年之回顾与前瞻》等文二十一篇。

一九六一年　辛丑　六十七岁

仍任新亚书院院长，兼新亚研究所所长。

新亚书院理学院成立。

十二月，《中国历史研究法》，由香港孟氏教育基金会出版。

是年撰《关于学问方面之智慧与功力》等文二十一篇

一九六二年　壬寅　六十八岁

仍任新亚书院院长，兼新亚研究所所长。

十月，《史记地名考》，由香港太平书局初版。

是年，撰《学问与德性》等文十八篇。

一九六三年　癸卯　六十九岁

仍任新亚书院院长，兼新亚研究所所长。

三月，《中国文学讲演集》由香港人生出版社出版。

十月十七日，新亚、崇基、联合三书院合并成立为香港中文大学。

十一月二十七日，提出辞去新亚职务。

十二月，《论语新解》，由香港新亚研究所初版。

是年，撰《略论魏晋南北朝学术文化与当时门第之关系》等文十五篇。

一九六四年　甲辰　七十岁

七月，向新亚董事会辞去新亚书院院长之职，惟董事会允于次年正式辞职。择居青山湾，计划撰写《朱子新学案》一书。割治青光眼疾。

是年，撰《中国文化体系中之艺术》等文二十篇。

一九六五年　乙巳　七十一岁

六月，正式卸任。推却南洋大学商请任校长，应允马来西亚大学之聘请。七月，离港赴吉隆坡马大讲学。

是年，撰《论中华民族之前途》等文四篇。

一九六六年　丙午　七十二岁

二月，因胃病提前返港。住沙田旧居，日夜写《朱子新学案》。香港难民潮起，乃决计迁居台北。

是年，撰《老子论宇宙原始》等文十篇。

一九六七年　丁未　七十三岁

十月，迁居台北，先住市区金山街。

是年，撰《四部概论》等文十篇。

一九六八年　戊申　七十四岁

七月，迁入士林外双溪临溪路七十二号素书楼。同月，以百分之九十最高票，当选"中央研究院"院士。

七月，《中华文化十二讲》，台北三民书局出版。

是年，撰《中国文化与国运》等文二十三篇。

一九六九年　己酉　七十五岁

一月，赴台南成功大学讲史学导言。

为中国文化学院（今中国文化大学）史学研究所授课，撰成《中国史学名著》、《双溪独语》二书。任台北故宫博物院特聘研究员。九月，赴香港参加新亚书院二十周年院庆。

十一月，《中国文化丛谈》由台北三民书局出版。《朱子新学案》亦撰成书。

是年，撰《六祖坛经大义》等文十六篇。

一九七〇年　庚戌　七十六岁
续任中国文化学院史学研究所教职及台北故宫博物院研究之职。
二月，任香港大学校外考试委员赴港，并至新亚讲演。
五月，《史学导言》，由台北中央日报社出版。
是年，撰《朱子通鉴纲目》等文十一篇。

一九七一年　辛亥　七十七岁
仍任文化学院教职及台北故宫博物院研究之职。
七月，《中国文化精神》在台出版，由三民书局经销。
九月，《朱子新学案》在台北自印。
十一月，《朱子学提纲》在台北自印。
是年，撰《中国知识分子之责任》等文十五篇。

一九七二年　壬子　七十八岁
仍任文化学院教职及台北故宫博物院研究之职。
秋，为中国文化学院史学研究所硕、博士班研究生讲《双溪独语》一年。
是年，撰《孔子与中国文化及世界前途》等文八篇。

一九七三年　癸丑　七十九岁
仍任文化学院教职及台北故宫博物院研究之职。
五月，《中国史学名著》，由台北三民书局出版。
是年，撰《理学与艺术》等文十一篇。

一九七四年　甲寅　八十岁

仍任文化学院教职及台北故宫博物院研究之职。

三月，入医院，割除右眼白内障。

生辰前，偕夫人钱胡美琦女史南游，寓梨山、武陵农场、天祥、花莲四处，历八日。写成《八十忆双亲》一文。

一月，《理学六家诗钞》，由台北中华书局出版。

二月，撰成《孔子传》。

九月，《孔子与论语》，由台北联经出版事业公司出版。

是年，撰《中国文化传统中之史学与文学》等文十五篇。

一九七五年　乙卯　八十一岁

仍任文化学院教职及台北故宫博物院研究之职。

八月，《孔子传》，台北综合月刊社印行。

九月，《中国学术通义》，由台北学生书局出版。

《八十忆双亲》，由香港新亚书院校友会印行。

是年，撰《读赵汸东山存稿》等文十一篇。

一九七六年　丙辰　八十二岁

仍任文化学院教职及台北故宫博物院研究之职。

继续在素书楼客厅为文化学院史学研究所硕、博士班研究生授课。

二月，《灵魂与心》，由台北联经出版事业公司出版。

六月，《中国学术思想史论丛》（一），由台北东大图书公司初版。

是年，撰《评张穆著〈阎潜丘年谱〉》等文十一篇。

一九七七年　丁巳　八十三岁

仍任文化学院教职及台北故宫博物院研究之职。

冬，胃病剧作，几不治。于病前，新亚书院院长金耀基来告，拟为新亚创设"钱宾四先生学术文化讲座"，坚邀先生为第一次讲演人，情不能却，允之。而胃病、眼疾迭作。

二月，《中国学术思想史论丛》（二），由台北东大图书公司初版。

五月,《世界局势与中国文化》,台北东大图书公司重版。(一九七五年,为台北"邮政总局"邮光丛书,仅供内部员工阅读,不对外发行。一九七七年,作者重新整理,交东大重版。)

七月,《中国学术思想史论丛》(三),由台北东大图书公司初版。

是年,撰《朱子学流衍韩国考》等文七篇。

一九七八年　戊午　八十四岁

仍任前职。

春,病渐愈,而两目已不识人,不能见字。

十月初,抱病赴香港任中文大学新亚书院"钱宾四先生学术文化讲座"之第一次主讲人。讲题为《从中国历史来看中国民族性及中国文化》,又于香港大学讲《人生三步骤》。

一月、七月、十一月,《中国学术思想史论丛》(四)、(五)、(六),由台北东大图书公司初版。

是年,撰《读陈建学蔀通辨》等文五篇。

一九七九年　己未　八十五岁

仍任前职。

十月,又赴港出席新亚书院创校三十周年纪念会。

七月,中国学术思想史论丛(七),由台北东大图书公司初版。

八月,《从中国历史来看中国民族性及中国文化》,由台北联经出版事业公司出版。

《历史与文化论丛》,由台北东大图书公司出版。

是年,撰《三兼小学·师友杂忆之三》等文八篇。

一九八○年　庚申　八十六岁

仍任中国文化大学(中国文化学院改名)教授职及台北故宫博物院研究之职。

夏,偕夫人赴港,与留居大陆三子钱拙、行、逊,幼女辉相见,时隔三十二年,惟相聚仅七日。

八月，于台北南港"中央研究院"出席国际汉学会议。

三月，中国学术思想史论丛（八），由台北东大图书公司出版。

十一月，《中国通史参考资料》，由台北东升出版公司出版。

是年，撰《宗教与道德》等文九篇。

一九八一年　辛酉　八十七岁

仍任前职。

是年，偕夫人再去香港，与同来港的长女钱易及长侄钱伟长晤聚半月，五子女两年内分别见面。

五月，受邀参加香港宋史研讨会首次大会致词。

元月，《双溪独语》，由台北学生书局初版。

是年，撰《朱子四书集义精要随劄》等文五篇。

一九八二年　壬戌　八十八岁

仍在素书楼为文化大学史学研究所硕、博士研究生授课，与续任台北故宫博物院特聘研究员。

七月，《古史地理论丛》，由台北东大图书公司初版。

是年，撰《六祖慧能真修真悟的故事》等文六篇。

一九八三年　癸亥　八十九岁

仍任文化大学史学研究所教授暨台北故宫博物院特聘研究员。

元月，《八十忆双亲师友杂忆合刊》，由台北东大图书公司初版。

七月，《中国文学论丛》，由台北东大图书公司出版（原《中国文学讲演集》重编改名）。

九月，《中国历史精神》，由台北阳明山庄印行。

九月，《中国文化特质》，由台北阳明山庄印行。

十月，《宋代理学三书随札》，由台北东大图书公司出版。

是年撰《略论朱学之主要精神》等文十一篇。

一九八四年　甲子　九十岁

仍任前二职。

三月，获颁行政院文化奖章。

七月，复赴香港，在港门人为先生庆祝九十寿辰；并与从大陆亦来香港之四子孙于新亚书院欢聚月余。

十二月，《现代中国学术论衡》，由台北东大图书公司出版。

是年，撰《略论中国文学》等文六篇。

一九八五年　乙丑　九十一岁

仍任前二职。

是岁，先生生辰屡犯病，大惧《晚学盲言》文稿不得终迄。夫人告知，未修改之稿已无多，心乃大定。

是年，撰《中国人的己与道》等文三篇。

一九八六年　丙寅　九十二岁

六月九日下午，在素书楼为文化大学史学研究所博、硕士班研究生上最后一堂课，临别赠言："你是中国人，不要忘记了中国。"至此告别杏坛。惟应允素书楼弟子恳请继续为他们授课。

受礼聘为总统府资政，并辞去台北故宫博物院特聘研究员之职。

生辰后又百日，《晚学盲言》全书稿乃定。

是年，撰《丙寅新春看时局》等文十篇。

一九八七年　丁卯　九十三岁

二月，被选为中国文化大学名誉教授。

八月，《晚学盲言》（上、下册），由台北东大图书公司初版。

是年，撰《国史馆撰稿漫谈》等文四篇。

一九八八年　戊辰　九十四岁

为素书楼弟子继续在家中授课两载，是年方休。距民国元年（一九一二年）任教师七十七年。

是年，撰《论当前学风之弊》等文四篇。

一九八九年　己巳　九十五岁
秋，赴香港参加新亚书院创校四十周年纪念会。
三月，创立财团法人素书楼文教基金会。
三月，《中国史学发微》，由台北东大图书公司出版。
九月，《新亚遗铎》，由台北东大图书公司初版。

一九九〇年　庚午　九十六岁
六月一日，台北市议会，一民进党议员诬指先生"非法占用市产"，要限期收回（复智按：另有一民进党立法委员亦参与此事）。先生无法忍受名节受辱，毅然搬出素书楼。
八月三十日上午九时许，于台北市杭州南路新寓所逝世。
九月二十六日，《联合报》刊出遗作《中国文化对人类未来可有的贡献》。

一九九一年　辛未
钱穆先生卒后一年。
四月十三日，《联合报》二十五版《联合副刊》刊出钱胡美琦撰《迁出素书楼的始末》一文。

一九九二年　壬申
钱先生卒后二年。
元月，归葬于苏州太湖西山之俞家渡石皮山。
元月六日，台北市政府将素书楼正式开辟为钱穆先生纪念馆。
七月八日，香港新亚研究所校友会及中文大学新亚书院校友会组团至苏州钱穆先生之墓前致祭。

一九九三年　癸酉
钱先生卒后三年。

六月，台北市立图书馆《钱穆先生纪念馆馆刊》创刊（年刊）。
是年，财团法人素书楼文教基金会董事会开始积极推展会务。

一九九六年　丙子
钱先生卒后六年。
香港中文大学新亚书院举办"钱宾四先生百龄纪念学术研讨会"。

一九九八年　戊寅
钱先生卒后八年。
三月一日，财团法人素书楼文教基金会《报导》第一期出版。刊载自一九九三年以来，基金会所举办的七项学术活动的概况。
五月，由《钱宾四先生全集》编辑委员会整理编辑，台北，联经出版有限公司出版《钱宾四先生全集》，共精装五十四册。

一九九九年　己卯
钱先生卒后九年。
二月一日，财团法人素书楼文教基金会《报导》第二期出版。刊载一九九八年两项学术活动的概况。

二〇〇〇年　庚辰
钱先生卒后十年。
十二月二日，台北市市长马英九，为纪念一代儒宗钱穆先生逝世十周年，赓续大师致力于文化教育的志业，假钱穆先生纪念馆，举办《钱穆先生选辑》丛书出版发表暨追思会。
十二月二十四日、二十五日，台湾大学中国文学系，假台湾大学思亮馆国际会议厅举行"纪念钱穆先生逝世十周年国际学术研讨会"。

二〇〇一年　辛巳
钱先生卒后十一年。
一月，台湾大学中国文学系《纪念钱穆先生逝世十周年国际学术研讨会论文集》出版。

五月一日，素书楼文教基金会《报导》第三、四期合刊出版。刊载基金会于一九九九年假山西省临汾市及二〇〇〇年假香港中文大学新亚书院所举办的两项学术活动的概况。

二〇〇二年　壬午
钱先生卒后十二年。

三月二十九日下午台北市市长马英九，为一代国学大师钱穆先生故居素书楼整修完毕，并易名为"钱穆故居"，举办一同为钱穆故居庆生。市长并向与会之政府官员、清流学者、媒体记者及钱先生的门生故旧郑重地说明了钱先生从未"占用市产"，并且为钱先生晚年所受的污辱正式代表政府向钱夫人道歉。台北市政府文化局长龙应台亦于当日报端为文论述之。（以上参见是日《联合报》十五版）又当天《联合晚报》以头号新闻报导之，标题为《还钱穆公道　素书楼重开门》，副标题为《马英九代表政府道歉　当年钱穆被民代指占用市产而迁出　抑郁以终　如今还原历史恢复大师清誉》。

三月三十日，《中国时报》载：《钱穆故居素书楼重启　一代大儒获平反》，副标题为《马英九与钱夫人胡美琦合种希望之松》。龙应台感叹当年"民主粗暴"。《自由时报》云：《素书楼重开馆还钱穆清誉》，副标题是《当年遭不实指控占据公舍而搬离》，三个月后悒郁而终，市长代表市府向钱夫人道歉，开馆仪式弥漫追悼历史忧伤。

《民生报》云："马英九为历史的错误向钱穆夫人道歉。"

《联合报》亦有报导。又以上各报均有彩色图像。

五月五日，台北联合报系《历史月刊》第一七二期，刊载了刘振志《素书楼必将记入历史——钱穆先生的遭遇及历史尚贤事例举隅》一文。开头说，三月三十日报载：已故国学大师钱穆先生位于台北外双溪的故居素书楼，二十九日在霏霏细雨中，以素雅肃穆的形式重启双扉。这条新闻令人不胜欷歔。

下面每段小标题是：钱穆的遭遇、魏文侯择相、汉光武帝访严光、元世祖礼贤杜瑛、历史上的尚贤精神、谁在乎历史。

八月一日，台北市《传记文学》第八十一卷第二期，刊载了郑义《我们民族的真正脊梁——纪念国学大师钱宾四先生逝世十二周年》一文。

八月三十日，钱穆故居为纪念钱先生逝世十二周年，假故居举办"温情与敬意——钱穆先生纪念追思会"。

八月三十一日，素书楼文教基金会为纪念钱先生逝世十二周年，假台北市市立图书馆举行书展。

二○○三年　癸未

钱先生卒后十三年。

香港中文大学新亚书院《钱宾四先生百龄纪念会学术论文集》出版。

二月一日，素书楼文教基金会《报导》第五、六期出版。刊载基金会于二○○一年假陕西省西安市及九十一年假四川省成都市所举办的两项学术活动的概况。

二○○四年　甲申

钱先生卒后十四年。

四月五日（清明节）香港中文大学新亚书院院长黄乃正、前任院长梁秉中暨新亚中学校友会等数十人组团至苏州钱穆先生之墓前致祭。（复智按：据先生家属告知，中文大学副校长金耀基夫妇已于数年前曾赴先生之墓前致祭。）

七月二十五日，台北市外双溪钱穆故居管理处举办钱先生冥诞当日（农历六月初九）纪念音乐会。

七月二十三日至二十九日，素书楼文教基金会，假新疆乌鲁木齐市举办西域文化国学夏令营。

壹、谱前

先世

钱穆（一八九五年～一九九〇年）先生的先世，溯其原始，当自十八世祖某公，是一巨富之家，在江苏无锡南延祥乡啸傲泾的两岸拥有良田十万亩。但上无父母，下无子女，只有夫妇两人同住。十八世祖在三十岁左右，为衰虚疾病所困，延请远近名医诊治，百药罔效，病情日见沉重。十八世祖母认为，此病不是药石可治好的，若长久服药，反而滋生其他病，"计唯有长年静养一途"。十八世祖慨允一人独居宅西别院，"越三年，接出，病态全消，健复如常"。十八世祖母说："自君居西院，我即在佛前自誓，当终生茹素，并许愿居家为优婆夷（复智按：梵语，即清净女），独身毕世。惟为君子嗣计，已为物色品淑宜男者两人，并谆谆诲导，已历两年。君与此两女同房，断可无虑。""十八世祖勉从之，此下遂生七子，在啸傲泾分建七宅"，名为七房桥。

七房之中人丁的衰旺不一，最初每房各得良田一万亩以上。后来丁旺者愈分愈少，丁衰者就能长保其富，并且日增日多。所以数传之后，七房的贫富日以悬殊。大房的人丁最旺，先生的六世祖以下，到伯父辈乃得五世同堂。先生的曾祖父兄弟两人，长房有七子，次房五子，又分十二房。所以先生的祖父辈共十二人。一宅前后共有七进，宅的两侧，各有一长弄，皆称为弄堂。祖父鞠如公为东弄堂七房之长，生有四女两男，所以先生有四个姑母、一个伯父，他父亲最小为一家之幼。故五世同堂的各家，分得住屋很少，田亩也少。而先生的伯父和父亲，都已不名一尺之地，沦为赤贫。老七房中有三房，各拥有农田数千亩至万亩。

其他三房，亦贫如五世同堂。

至于子弟教育，更是不堪言状。富者溺情安乐，子弟多游荡，不事耕读。科举功名，便与七房桥全族无缘。贫苦者出门经商，或当伙计，或开设小店铺，只谋求温饱。一个大家庭的堕落，到先生幼年，已到达于顶巅。

七房桥全族书香不断，仅在五世同堂之大房。先生之曾祖父绣屏公，为国学生。清嘉庆庚午年生。祖父鞠如公，为邑痒生，道光壬辰年生。绣屏公之事，已不得知。鞠如公，有手钞五经一函，全书首尾都是正楷，字体精整，一笔不苟。墨色浓淡，也前后匀一，宛如同一日所写。所钞的只有正文，并无注解。但有音切，皆在眉端。又写时因患眼疾，临书时眼泪滴下，故后半部纸上皆沾有泪渍。此外，又有大字木刻《史记》一部，五色圈点，并附有批注，眉端行间皆写满。惟鞠如公于中年即体弱多病，此书钞毕不久即与世长辞，年仅三十有七。先生自言："自知读书，即爱《史记》，皆由此书启之。"

父母

先生的父亲承沛公，字季臣，清同治丙寅年生。先生言："先祖父卒，先祖母年四十一，先父年仅三岁。自幼有神童之称，双目炯炯发光，如能透视一切之背后，亦称净眼，云能见鬼神，过十二岁始不能见。幼时发愤苦学纳双足在两酒瓮中，苦读如故。每至深夜，或过四更，仍不回家。承沛公以十六岁参加县试，为第一名秀才。惟因体弱多病，为生员后，曾三次赴南京乡试，皆病倒在考场中，不能考完而退出，从此以后遂绝意功名。然因其为文，一时人竞传诵，名声大噪，远近前来求从学的，前后多达四十人。但经他指授得意者，亦多赴试不中，故此后亦不再从事于授徒教读的生活。承沛公为人秉正仗义，排难解纷，名闻遐迩。年未及三十，颇受族人和乡里尊重，凡遇事端，皆由其取决和调处。后来因送女儿赴上海出嫁，自归后即患肺病，情况日益加剧。一日夜半，忽告家人："我明日午前当行，今当有所嘱咐。"对先生只说一句："汝当好好读书。"族人亲戚皆纷来探亲，次日朝旭方升，镇上士绅等人亦络续来视。及十时，承沛公曰："余行矣。"遂瞑目。时在清光绪三十二年四月二十四日，享年四十一岁。时先生之兄年十八，先生年十二，一弟年七岁，最幼一弟年三岁。承沛公遗留之书有窗课两本，皆律赋及诗，不见有八股文及其他存稿。当时先生常喜诵之，数十年后，到撰《八十忆双亲》时，犹忆及两题，一曰《春山如笑赋》，特爱其景色描写。又一题曰《岳武穆班师赋》，以"十年之功废于一旦"为韵，押韵之巧，出神入化，尤所爱诵，先生自言："余长而喜诵魏晋以下及于清人之小品骈文，又爱自然山水，殆最先影响于此。""余自幼即知民族观念，又能重忠义，盖渊源于此。"

先生之母亲蔡氏，与承沛公同年，生于儒农之家，或为承沛公作媒，有人对先生外祖父说："七房桥五世同堂一宅，俗所谓酱缸已破，独存架子。大族同居，生事艰窘，而繁文缛节，依然不废。闻新婿乃一书生，恐不解事。君女嫁之，必多受苦。"先生外祖父言："诗礼之家，不计贫富。我极愿吾女往，犹得稍知礼。"遂定婚，于十六岁来归。先生追忆道：

> 先母之来，先祖母犹在高堂，先母侍奉得欢心。先曾祖父母亦尚在，由七子轮养……先曾祖父母盛夸二新嫂知礼。族中礼衰……族中称先父"珍二相"，先母"二新嫂"，举族尊长皆然。……盖凡族中事烦及先父，先父事忙，多由先母转达。来者辈分年岁，皆较先母为长。先母情意礼节，必不使来不满，而又曲折婉转，亦决不失先父处理此事之本意。故使族中人于先父先母皆一体同视也。
>
> 先父设馆授徒，弟子自远方来，群住素书堂后进西边空屋，即先父幼年读书处。……家无婢侍，由先母掌膳食，邀族中贫苦者一两人相助。其他杂务，亦全由先母指挥料理。诸生竞称师母贤能。数十年后有来者，犹称道不绝。
>
> 先母共育四女五男。四女惟先长姊存，五男留得四人。先父先母，温温相守二十六年。闺门之内，相敬如宾，绝不闻有小争吵。然先父忙于外，先母忙于内，虽各爱其子女，乃绝少举家欢欣同乐之日。余所记忆者仅有两次，时已迁居荡口镇。（见兰台版《八十忆

双亲师友杂忆合刊》，页一八。）

先生在《八十忆双亲》中又说：

> 先父以文、行、忠、信，受社会普遍尊崇。然先父与亲族交游间，语不及私。往来酬酢，皆守礼节，绝不奢纵，亦不示人以贫窘迫相。他人亦绝少知余家之经济实况。……先母日常，戚族来往，亦绝不谈及家庭经济。
>
> 及先父之丧，亲族吊者群集，始悉我家之艰困，力主孤寡生活，当依例领取怀海义庄之抚恤。先母泣不允，曰："先夫在日，常言生平唯一憾事，乃与诸伯叔父为义庄涉讼。稍可赎欷疚于万一者，自问存心无一毫私图耳。今棺木未入土，其妻其子，即吃义庄抚恤米，何颜面见先夫于地下？"诸亲族争言："二相生平绝不怀私图，不惟亲族群知之，即路人不相识者，亦皆知。义庄抚养孤寡，乃符合列祖列宗遗意。且五世同堂一门，孤寡受抚恤者何限。二嫂独不受，此诸家怀念往昔，何以自安。"先母不获已，召先兄与余立面前，泣曰："汝兄弟闻所言否？幸能立志早谋自立。"先兄及余皆俯首泣不止。
>
> 先母不识字，十六岁来归。余幼小初有知识，即侧闻先母与先姐、先兄之日常相语。及后知识渐开，乃知先母凡与子女言，绝非教诲，更无斥责，只是闲话家常。其话家常，则必及先祖母、先父，必以先祖母、先父为主，乃牵连及于宗族乡党间事。故其语语皆若琐事，若闲谈，而实语语皆教诲，皆有一中心。及先父卒，凡先母之告先兄及余者，更惟以先父之遗言遗行为主。一家生活，虽极贫苦枯寂，然余兄弟在当时，实并不知有所谓贫苦，亦不知有所谓枯寂。惟若先父之灵，如在我前，如在我左右。且惟以获多闻先父之遗言遗行为乐事。（见上书，页一九、二〇。）

贰、学术年谱

一八九五年（清光绪二十一年） 乙未 一岁

一 国内大事

是岁，因上一年甲午中日战争爆发，清廷败绩，与日本订立《中日马关条约》，割让辽东半岛、台湾、澎湖列岛予日本，赔款银二万万两。旋俄、德、法等国迫日归还辽东，由中国出银三千万两为交换条件。

康有为等在北京成立强学会。

二 事略

农历六月初九日（阳历七月三十日）巳时，先生出生于江苏无锡县南延祥乡鸿声里啸傲泾七房桥之五世同堂大宅。

是年，康有为三十八岁，梁启超二十三岁，王国维十九岁。胡适生于一八九一年，已五岁；顾颉刚生于一八九三年，已三岁；陈寅恪生于一八九〇年，已六岁。比傅斯年早一年出生。与董作宾同年。姚从吾已二岁。郭沫若生于一八九二年，已四岁。

先生之生，哭三日夜不止，父承沛公抱之绕室，犹噢咻连声，语夫人曰："此儿当是命贵，误生我家耳。"承沛公爱子女甚挚，尝语人："我得一子，如人增田二百亩。"

先生原名恩鑅，字宾四。一九一二年春，更钱穆，取上钱下穆行世。

一八九六年（清光绪二十二年）　丙申　二岁

一　国内大事

是岁，孙中山先生宣传革命，在英国伦敦蒙难，为清廷驻英使馆诱捕，旋获释放。遂留英考察研究，对革命事业的进展以及对中山先生学术思想等均产生巨大影响。

《中俄密约》订立。

一八九七年（清光绪二十三年） 丁酉 三岁

一 国内大事

德国占领胶州湾，俄国占领旅顺、大连。

兴中会台湾分会成立。

一八九八年（清光绪二十四年） 戊戌 四岁

一 国内大事

是岁，法国租借广州湾。英国租借威海卫。英国强租九龙，租期九十九年。

百日维新。清廷遴选学生赴日本留学。

光绪帝戊戌变法失败，被安置在三面环水的瀛台中"养病"，刘光第等六君子被处死刑。慈禧太后临朝训政后，将百日维新的一切新政，全部推翻，唯一留到后世的只有京师大学堂，北京大学的前身。

二 事略

先生自有知，承沛公每自鸿声里夜归，必携食物一品，如蛋糕、酥糖之类，置床前案上，用帽或碗覆盖。先生晨起，习常揭开取食。

一八九九年（清光绪二十五年）　己亥　五岁

一　国内大事

先是民间对西洋势力的入侵颇有反感。是年，山东义和团起义，以"扶清灭洋"为宗旨，焚教堂，杀教士，全境骚然，引起各国抗议。朝廷以袁世凯为山东巡抚，痛加围剿。义和团不能立足，逃至河北。

美国向英、俄、德、法、日、意提出关于中国"门户开放"的照会。法国租借广州湾。

一九〇〇年（清光绪二十六年） 庚子 六岁

一 国内大事

是岁，义和团在廊坊等地大败联军。八月，八国联军侵入北京，慈禧太后与光绪帝仓促奔西安。

二 事略

是年弟艺出生。

一九〇一年（清光绪二十七年）　辛丑　七岁

一　国内大事

清廷与联军各国签订《辛丑条约》，赔款银四亿五千万两，含利息共计银九亿八千二百余万两。条约所受损之大，为历次和约之冠。从此京城门户洞开，一国首都之主权亦不完整。

是年，慈禧太后与光绪帝返回北京。

二　事略

是岁秋，承沛公挈先生入私塾，先瞻拜至圣先师像，遂与兄、堂兄及塾师子等四人同塾，日读生字数十，皆能强勉记之。

一日，先生正读《大学章句序》，承沛公来塾，指文中"及孟子没"句中之"没"字问何义？先生答："如人落水，没头颠倒。"又问："汝何知此'没'字乃落水？"又答："因字旁为三点水猜测之。"承沛公闻之，喜抚先生头，对塾师说："此儿或前生曾读书来。"塾师遂赞先生聪慧。

年终，承沛公因谢师歇塾。

一九〇二年（清光绪二十八年） 壬寅 八岁

一 国内大事

与俄国订交收东北三省条约。

诏颁学堂章程，废八股文。

蔡元培与章炳麟等发起组织中国教育会。创办爱国学社和爱国女学。

二 事略

春，承沛公为先生兄弟二人学业计，举家迁居荡口镇。访得华姓名师，为先生讲《史概节要》及《地球韵言》两书。先生对《地球韵言》一书所讲瑞典、挪威日夜长短等异象更感兴趣。

两书讲完，不幸华师忽然生病，不能坐塾，诸生课业即停。其间举家又迁居荡口镇北街一大楼，遂不再入塾，先生竟日在家中阅读小说，常藏身院中一大石堆后，背墙而坐，天色暗，又每爬上屋顶读之。两目近视，自此开始。（以上见兰台版《八十忆双亲师友杂忆合刊》，页一二、一三、二五。以下同。）

一九〇三年（清光绪二十九年） 癸卯 九岁

一 国内大事

俄军占领奉天，日俄之战即将在中国境内爆发。
邹容《革命军》出版。
章太炎发表《驳康有为论革命书》。

二 事略

先生聪慧强记，读书数遇即能背诵。所读小说对《三国演义》兴趣最浓。随章回情节，不失一字。某次晚间于馆中，父执辈曾以之相试，令背诵《诸葛亮舌战群儒》。先生一面背诵，一面表演，揣摩诸葛亮、张昭等人物身份个性，易地而腔调各异，极具妙趣，深获赞誉。次日傍晚，承沛公问先生"骄"字何义？又问："汝昨夜有近此骄字否？"先生闻言如闻雷震，低头不语。后至馆中，诸客又出新题，见先生忸怩不安，与前晚大不相同，遂不相强。先生言："先父母对子女，从无疾言厉色。子女偶有过失，转益温婉，冀自悔悟。"（以上见同上书，页二～一四。）

先生在《八十忆双亲》中又述及，是时："先父令先兄读《国朝先正事略》诸书，讲湘军平洪杨事。某夜，值曾国荃军队攻破金陵，李成典、萧孚泗等先入城有功。先父因言，此处语中有隐讳。既为先兄讲述，因曰：'读书当知言外意。写一字，或有三字未写。写一句，或有三句未写。遇此等处，当运用自己聪明，始解读书。'余于枕上窃听，喜而不寐。此后乃以枕上窃听为常。"先生当时尚在髫龄，竟有如此领悟，可谓慧根天生。

一九〇四年（清光绪三十年）　甲辰　十岁

一　国内大事

黄兴等在长沙成立华兴会。

日俄在我国东三省开战，清廷宣布中立，兵燹战乱，饱受池鱼之殃。

英军攻陷拉萨。

是岁冬，蔡元培、章太炎在上海成立光复会。

二　事略

时荡口镇由乡绅华子才私人创办新式果育学校，分高、初级两等，先生奉父命与兄声一同往报考，兄入高等一年级，先生入初等一年级。学校中体操老师钱伯圭先生，游学于上海，实乃革命党人，以民族思想启迪先生。知其曾读过《三国演义》，因说，"此等书可勿再读。此书一开首即云'天下合久必分，分久必合，一治一乱'，此乃中国历史走上了错路，故有此态。若如今欧洲、英、法诸国，合了便不再分，治了便不再乱，我们此后正该学他们。"又说，今天我们的皇帝不是中国人吗？这几句话对先生启发很大，听了之后，如"巨雷轰顶，全心震撼"。

所以先生在《师友杂忆》里说："余此后读书，伯圭师此数言常在心中。东西文化孰得孰失，孰优孰劣，此一问题围困住近一百年来之全中国人，余之一生亦被困在此一问题内。……从此七十四年来，脑中所疑，心中所计，全属此一问题。余之用心，亦全在此问题上。余之毕生从事学问，实皆伯圭师此一番话有以启之。……余自幼即抱民族观念，同情革命民主，亦由伯圭师启之。"

一九〇五年（清光绪三十一年） 乙巳 十一岁

一 国内大事

清廷废除科举，兴学校。

上海发起抵制美货运动。

中国同盟会成立，孙中山先生被举为总理。

《民报》创刊。

二 事略

先生肄业果育小学二年级。

唱歌老师华倩朔，擅书法，能绘画，并能吟诗填词，为学校师生共仰。兼任初小一、二年级国文课。出一作文题"鹬蚌相争"。先生为文结语云："若鹬不啄蚌，蚌亦不钳鹬。故罪在鹬，而不在蚌。"老师评语云："此故事本在战国时，苏代以此讽喻东方诸国。惟教科书中未言明出处。今该生即能以战国事作比，可谓妙得题旨。结语尤如老吏断狱。"先生因此文遂得跃升一级进入三年级，并获奖《太平天国野史》一部两册，至为喜爱。自谓："余生平爱读史书，竟体自首至尾读者，此书其首也。"

先生升级后，国文老师为华山先生，又因作文成绩特优，得再跃升一级，进读四年级。并获奖蒋百里译日人所著《修学篇》一书。是书选录西欧不经学校正规教育而自修苦学成名者数十人，述其苦学状况，对于先生后来治学，影响亦深，先生自言："余自中学毕业后，未入大学，而亦有志苦学不倦，则受此书之影响为大。余知慕蒋百里其人，亦始于此。"（以上见同上书，页三三～三六。）

一九〇六（清光绪三十二年） 丙午 十二岁

一 国内大事

清廷下诏预备立宪。实行开放"东三省"之北部。
廓尔喀入贡。
同盟会联络会党发动萍乡、醴陵、浏阳起义。

二 事略

先生升入果育高级班。国文教师顾子重，学通新旧，又精历史、舆地之学，在课堂讲授三国两晋史，讲桓温、王猛故事，娓娓动听；对舆地学兼通中外，时发精辟之论。先生自谓："余中年后级，治学喜史地，盖由顾师导其源。"

顾师书桌上有木刻大字本《水浒传》一书，同学们见之，都认为此乃一闲书，老师曷亦寓目？师正告之曰：《水浒传》乃中国一文学巨构，诸生何得以闲书视之。时先生课余最爱看小说，于《水浒传》尤数读不厌。同学们以告顾师。顾师即抽问书中情节数事，辄对答如流。师言："汝读《水浒传》，只看大字，不看小字，故所知仅此。"先生闻言大惊，盖年幼懵懂，不知小字乃金圣叹批语，实书中精华。遂返而重读，自首至尾一字不敢遗。细读不忍释手。一遍又一遍，反复读六七遍。体会甚深，大有开悟。此后再读其他小说皆无味。霍然弃去幼年读小说之积习。转看西洋翻译小说，首得《天方夜谭》，次及林琴南所译诸书。

先生曾作一文，开首即用"呜呼"二字。顾师甚称赏，诸同学不解。师告以欧阳修作《新五代史》诸绪论，不都是以"呜呼"二字开始吗？诸同学皆揶揄先生，笑其作文学欧阳修。顾师庄重说："汝等莫轻作戏谑，此生他日有进，当能学韩愈。"先生骤闻师语，五内震撼，自此遂心存韩愈其人。入中学后，一意诵读《韩愈文集》。先生自言："余之正式知有学问，自顾师一语始。"

是年四月，承沛公病逝，年四十一岁。临终前对家人的嘱咐以及当时先生兄弟四人的年龄，已在前面记述。

又当时家徒壁立，境况凄苦。其寡母及兄弟四人，全仰赖本族怀海义庄抚恤为生。

承沛公卒后数月，先生举家迁居荡口镇后仓滨，与果育小学隔邻。年除夕，其兄声一午后赴七房桥领取义庄钱米，长弟患疟疾、寒热交作、拥被而卧，太夫人在房护视，幼弟依母旁。先生独自坐大门槛上守候，久不见归。近邻各家均香烟缭绕、爆竹声喧。同居某夫妇见先生家室中无灯、灶无火，欲招同吃年夜饭。太夫人再三婉拒，谓："非不知领情，亦欲待长儿归，具香烛先拜祭祖宗，乃能进食。"暮深兄归，待祭过祖先，草草进食，几深夜矣。

先生肄业果育高等三年级时，暑假自苏州某中学返荡口镇的华紫翔师，在自宅开一暑期讲习班，专教果育高级班，讲授各体古文，起自《尚书》，下至晚清曾国藩，经、史、子、集，无所不包。一时代不过数人，每人只限一篇，皆取各时代名作，暑期，约三十篇上下。于讲授《史记·孟子荀卿列传》后，令诸生各作一篇读后文。先生所作深获紫翔师赞赏，下星期一至华宅上课，此文已悬贴壁上，华家太师母与三位师母皆围绕着先生倍加慰问。先生最爱听紫翔师讲魏晋南北朝诸短篇，如王粲《登楼赋》、鲍照《芜城赋》、江淹《别赋》，及丘迟《与陈伯之书》等篇。自言："此后余诵古文，不分骈散，尤爱清代洪亮吉、汪容甫等诸小篇，皆植根于此。"紫翔师于韩愈文，独选《伯夷颂》一短篇，亦启发先生后精读韩文，有更深体会，受益匪浅。

紫翔师又选朱子之《大学章句序》，明代王阳明之《拔本塞源》之论，与曾国藩《原才论》。而曾文开首即云："风俗之厚薄奚自乎？自乎一二人之心之所向而已。"先生尝言："余此后由治文学转入理学，极少存文学与理学之门户分别。治王学乃特从《拔本塞源》之论得有领悟。又其后乃知阳明《拔本塞源》之论，亦从朱子《大学章句序》中转来，则已在余之晚境矣。……余至晚年始深知人才原于风俗、而风俗可起于一己之心向。则此皆是紫翔师在余童年之启迪，有以发之也。"又谓：

"此后余每治一项学问,每喜从其历史演变上着眼,而寻其渊源宗旨所在,则亦皆从紫翔师此一暑期讲习班上所获入也。"得此良师启迪,先生终身感念,未尝或忘。(以上见同上书,页三六~三九。)

一九〇七年（清光绪三十三年） 丁未 十三岁

一 国内大事

清政府决定设资政院于北京，作为中央的民意机关，设咨议局于各省，作为地方的民意机关。

蔡元培赴德国留学。

孙中山、黄兴领导镇南（今友谊关），起义，后失败。

二 事略

是年，常州府中学堂创始。果育四年班八名同学报考，包括先生兄声一在内。先生虽在三年级，其钱伯圭与华倩朔两师以先生成绩特优，鼓励附随报名，同往应试。及发榜，县署寄录取名单来，八名同学皆中，独先生无名。是夜先生拥被大哭，次日课毕即返家，欲加倍努力以雪此耻。取架上兄所购之书，逐册苦读，皆现代名家作品，始读及梁启超之文。旬日后，夜晚伯圭先生来告亦已录取，持县署补寄通知，并命返整理衣物，明晨随队乘船同行。至于床上枕被铺盖，伯圭先生已代备妥，明晨遂送至船上。

声一先生因家庭清苦，考入师范班，可免缴学费，且一年即毕业，得提早谋职，以负担家计。先生则考入中学部，继续深造。

先生以三年级班得与四年级班同学同时考取，十月，结队同行，赴常州府中学堂就读。先生当日晨异常兴奋。故在船行途中，畅述新读一西方名学书心得，详论演绎归纳法，指诸同学说：凡人皆有死，君等皆是人，故皆当有死。此乃逻辑不易之理。时领队华叔勤先生在旁聆听，大为激赏。对先生说，你如此年幼，已能谈西洋思想，他年必可大有前途，慎自勉之。孰料六七年后中学毕业，先生返果育学校教书，叔勤先生闻之，特从城中送其两子来荡口镇从学。

一九〇八年（清光绪三十四年） 戊申 十四岁

一 国内大事

清政府颁布《宪法大纲》，并规定九年为预备立宪时期。

西藏达赖入觐。

光绪帝及太后隔日崩，醇亲王载沣摄政。溥仪即帝位。

二 事略

先生肄业常州府中学堂二年级，与其兄声一均深得监督（如今校长）屠孝宽元博先生之加意爱护。并派声一先生为学校理化室助理员，谓："可不化许多精力，稍济汝之穷窘。"毕业前，元博师又为其在府城中介绍一高级小学任教，卒因声一先生须奉养寡母，扶掖两幼弟，欲返乡任教而罢。

其时先生孝宽师之父屠敬山太老师尚健在，乃当代史学界泰斗，著有《蒙兀儿史记》一书，名满中外，已退休家居。一日，偶与数同学有缘进入敬山先生书斋。但见桌上有一书，已开帙，"似太老师正阅读批注，就视之，乃唐代《李义山诗集》，眉端行间，朱笔小楷批注几满，字字工整，一笔不苟。书旁置有五色砚台，五色笔，似临时尚在添写。"先生一时呆立凝视，不知所措。"因念敬山太老师乃一史学巨宿，不知其尚精研文学"，且已值晚年，竟如此用功，精勤不息。老成宿儒之具体典型，活现眼前，鼓励其此后向学之心，无法计量。先生自思："较之余在小学时，获亲睹顾子重、华紫翔诸师之日常生活者，又另是一境界。"

而时任学堂中历史、地理两课之老师吕思勉诚之先生，对先生之影响尤深。诚之先生在学堂中诸师中最为年轻，学识丰富，上课时滔滔讲述，娓娓不断，时有鸿议创论。同学争相推敬。尤精于地理绘图。听者如身历其境，永不忘怀。

诚之先生，对先生虚心向学，更是殷切期勉，奖掖有加。后来，诚之先生已成名，先生常获与通信，作学术讨论，曾为经学上今古文之问题，书问往返长函几达十数次，各累数万字。后三十年，先生《国史大纲》初稿完成，交商务印书馆付印，亲赴沪上谒诚之先生于其法租界寓邸，求为斧正校定。先生在《师友杂忆》中写道："诚之师盛赞余书中论南北经济一节。又谓书中叙魏晋屯田以下，迄唐之租庸调，其间演变，古今治史者，无一人详道其所以然。此书所论，诚千载只眼也。此语距今亦逾三十年，乃更无他人语余及此。我师特加赏识之恩，曷可忘。"又说："余是年居苏州奉母，每隔一两月必去沪。去沪必谒诚之师。……一年中，如是相晤，可得六七次。一九四一年夏，余由苏州重返后方。抗战胜利后，再返苏州，在无锡江南大学任职，曾赴常州，谒诚之师。师领余去访常州府中学堂旧址，民国后改为常州第五中学。……诚之师命余作一番演讲。余告诸生：'此学校四十年前一老师长，带领其四十年前一老学生，命其在此讲演。房屋建筑物质方面已大变，而人事方面，四十年前一对老师生，则情绪如昨，照样在诸君之目前。……今日余之讲辞，深望在场四十年后之新学生记取，亦渴望在旁四十年前之老师长教正。学校百年树人，其精神即在此。'……抗战时开明书店曾邀余作《国史长编》，余介绍之于诚之师，得其允诺。已有分编成书，……乃知一书桌两边八个抽屉尽藏卡片。遇师动笔，其材料皆取之卡片，其精勤如此。……最后一次与师晤面，在一九四九年之春假期间。余离无锡往广州，谒师于其沪上之新寓址。……诚之师数十年在大学任课，从未预闻行政。……"（以上见同上书，页四○~五一。）

一九○八年（清光绪三十四年） 戊申 十四岁

一九〇九年（清宣统元年）　己酉　十五岁

一　国内大事

宣统帝宣示决行预备立宪。

二　事略

先生肄业常州中学三年级。是年，声一先生以师范班第一名毕业，返乡任教职，遂举家迁返七房桥。月薪得十余元，太夫人即辞掉怀海义庄的抚恤，一家生计益窘，勉强维持。幸果育学校旧师长，为先生申请得无锡县某恤孤会之奖学金，才得不辍学。

某次上唱歌课时，身旁有位同学携《曾文正家训》一册，先生借阅展读，大喜不忍释手，借机溜出教室外，一气读完，开悟良多。是夕就寝，竟夜不能成眠。书中谆谆之言，不啻金科玉律，萦回脑海，思念不已。翌日清晨，未食早餐，即出校门至书肆，急欲求购。店主见其为少年学生，能知读《曾文正家训》，甚感惊讶，遂留此同进早餐，频加赞誉。谓此《家训》与《家书》本属连套，不能分售，须一起购读。如一时书款不足，可记帐陆续归还，并特许其常来店中，所有陈列书籍，任意翻阅，亦可携返学校阅后归回。这种优惠，诚属少见。先生获此良机，不但搜购多种史籍资料，而且饱读许多无力购买之书，获益匪浅。

一九一〇年（清宣统二年） 庚戌 十六岁

一 国内大事

胡适赴美国留学。
广州新军起义。

二 事略

先生肄业常州中学四年级。

时学校有修身一科，每周仅一小时，由陈士辛教师讲授，甚不得要领，同学们兴趣怏怏。故于年终大考前，学生集议要求学校于明年变更课程，减去修身科，改增希腊文科。公推五代表，先生为其一，未蒙学校允许，愤而一人申请自动退学，坚不参加年终考试。

先生暂回寝室，偶见同学许君枕下有谭嗣同《仁学》一书，取以阅读，大为惊奇。嗣同为"戊戌政变"被杀六君子之一，距此已逾十二年，其学说自早有所闻，今读其书，固想见其为人，为维新而牺牲。而他自己所蓄发辫，则更是异族满人型式，遂决意独自剪去，无视他人讥诮有革命党嫌疑。不期翌年辛亥革命即爆发，人人均不留发辫了，于同学中，先生则早一年为之。

有数学代课老师徐先生，乃当时颇负盛名之老数学家，吕思勉先生曾从之学。为人拓落不羁，有才名，上课不多言，而时出狂笑，同学们呼为徐疯子。然震其名，无不恭敬有加。一次，月考出四题，诸同学皆瞠目不知所答。其中一题为：一减二分之一，减二分之一，减不完。先生意此即庄子"一尺之棰，日取其半，万世不竭也"。遂以零至一为答。徐先生首肯，笑谓："聊试诸生之聪明耳，答不中，尽无妨。"徐先生之风格，使先生终身不忘。

一九一一年（清宣统三年）　辛亥　十七岁

一　国内大事

是年三月，二十九日，广州黄花岗之役，革命军牺牲最为惨烈。

清廷颁布内阁制，铁路国有和四川"保路同志军"围攻成都。

秋，革命军推翻满清，武昌起义成功，史称"辛亥革命"，创建中华民国，成立临时政府于南京。孙中山当选临时大总统，时已四十六岁。

俄国嗾使外蒙"独立"。英人嗾使西藏"独立"。

二　事略

先生以常州中学屠孝宽校长之推介，虽未经四年级年终考试，仍得转入南京私立钟英中学五年级。

到校后赫然发现常州中学同班同学张寿昆亦在校。即上年五代表之一，于应年终大考后，亦请退学。民国以后，考入北京大学，易名煊，创办《国故》杂志，专与当时北大学生罗家伦、傅斯年所办《新潮》作抗衡。据前台北故宫博物院蒋复璁院长忆及，当时北大诸人办此等杂志，经费拮据，校长蔡元培一体拨学校公款补助，不分新旧，无所偏袒。

五代表中又一人为江阴刘寿彭。常州府中学堂首次招生，分县发榜，寿彭为江阴第一名。二年级升级试，亦第一。年终考试又第一。连中三元，同学们争以一识刘寿彭面为荣。亦于年终大考后，退学去上海。寿彭后易名为半侬，有文才。后获陈独秀召，任教北京大学，又名半农。与胡适、赵元任、徐志摩等游，提倡白话文最力，文名满天下，并至法国留学。一九三四年去世。先生曾挽以一联："人皆认之为半农，余独识之是寿彭。"盖纪实也。

先生在钟英的前半年，清晨薄暮每闻环城四起的军号胡笳声，及目睹雄赳赳昂昂、腰佩刺刀之陆军学生，迈着庄肃整齐的步伐，行进于大街之上，油然生从军报国之心，出山海关，到东三省，与日俄两寇对垒，亦平生的快事。虽然未尝所愿，但因此学会了骑马。

是时，先生读曾文正《求阙斋记》，常念当自求己阙。如袁绍多疑少断，以正己失。因此每晨起，必预立一意，竟日不违。日必如此，以资锻炼。此后终身凡有决定，即不轻易更动。

是年暑假先生患伤寒，为药所误，大病几死。幸赖太夫人细心护视，晨晚不离床旁，夜里则和衣睡在先生身旁。溽暑不扇，目不交睫，近两月，先生病渐愈，不啻再生。时居七房桥素书堂东偏房。后来先生在台北外双溪定居，即名屋曰素书楼，以志太夫人再生之恩，终身不忘。

因暑假大病，延期赴校，适逢武昌起义，革命爆发，及到校，学生四散，学校停课，遂辍学返家。时局势混乱，乡里不靖，七房桥办联队自卫，声一先生为自卫队长，命先生为教官，教诸伯叔父军事与操练。（以上见同上书，页五一～六二。）

一九一二年　壬子　十八岁

一　国内大事

孙中山在南京就任中华民国临时大总统。宣告中华民国成立。中华民国纪元改用阳历，不建年号，是为中华民国元年。

清帝溥仪下诏退位。

孙中山先生辞临时大总统，袁世凯在北京就任临时大总统。黎元洪当选为临时副总统。定都北京。

孙中山公布中华民国《临时约法》。参议院成立。同盟会改组成为国民党。

教育部通过采用注音字母案。

二　事略

初往秦家渠三兼小学任教。

先生之字宾四，其兄字声一，皆系承沛公所定。声一原名恩第，先生原名恩鑅。是年春，声一易名挚，易先生名穆，长弟名艺、字漱六，幼弟名文、字起八，皆由声一所定。其兄声一长子名伟长，则由先生所定。钱伟长为当今大陆上著名的老科学家，对中国科学的发展有重大贡献。

先生奉兄命，决意应三兼小学之聘，任教后，自念家贫，已无受大学教育希望，乃矢志自学。他回忆从前在私塾时，《四书》仅读至《孟子·滕文公章句上》，自此以下尚未读。故首定当读完《孟子》，再读《五经》。于元旦，他一人在声一先生创办的又新小学闭门读《孟子》，自限半日读《梁惠王章句上》，直到能全体背诵，始回家吃午餐。午后又去读《梁惠王章句下》，如是七日，读毕《孟子》七篇。

又在家藏先人遗书中，获得大字木刻本《史记》一部，圈点批注极佳，读而悦之。后知此圈点批注皆移录归方评点本，并旁采《史记菁华录》，均出自鞠如公手笔。又获得小字石印本毛大可《四书改错》一书，尽日攻读，至下午日光渐淡，常携赴庭院读之。书中谓朱子注有如此多的错误，使他至感惊疑。先生自言此后知读清代乾嘉诸儒书始此。由此可见，先生读书之细密。

旧历年初，赴三兼小学任教，声一先生命其携长弟漱六同往，谓："汝或教导胜我，亦令其渐习离家生活。"明年，送漱六入常州中学。时先生实足年龄仅十六岁半，从此开始其一生的教学生涯。

三兼小学分高、初两个班级，先生一人任高级班国文、史地、英文、数学、体操、音乐等课，并兼初级班体操、唱歌，每周任课三十六小时，至为繁重，时月薪国币十四元。

三兼小学为秦仲立先生私人斥资创办。仲立为一绩学之士，中、西学皆喜研究，文理兼长。惟性情古怪，崖岸自高，藏书极丰，不轻易示人。常欲觅一共学之友，相互研究。与先生初见面，即屡试虚实，考英文令代作文，命读翻译西书，讲述纲要大义等等，始知先生才思不群、善读书、领悟高，遂成为忘年之交。因指环壁陈列群书而告之曰："我虽毕生穷日夜之力何能尽读，每欲求一共学之人，以两人之力合成此业。君肯为我分读架上书，将书中大意告我，我可省再读之力，续加讨论，使我进步加速，君其允之否？"先生回答"佳"。因此而获读秦家藏书，得遍阅览严复所翻译各著。以英人斯宾塞《群学肄言》及穆勒《名学》两书感受最深，受益无穷。

秦仲立时已四十余岁，学已有成。先生为一十八岁少年，初涉世事，两人获交，可说是在师友之间。就学术研究而言，先生有此机遇，实属幸运。

我国过去读书人，常讲究"尊德性而道问学"。关于二人问学情形，先生在《师友杂忆》中说："自此，仲立与余交益密，余常至其斋，畅言必逾时。一日，仲立取架上浦二田《古文眉诠》一册，大字木刻，装潢精美。浦氏西仓人，介七房桥、秦家水渠之间。浦族与钱、秦两族代有戚谊。仲立言：'同是选几篇古文，何以姚氏《古文辞类纂》甚得后代推尊，而浦氏书视之远逊，两书高下果何在？'余曰：'此诚一大问题，幸先生教余。'仲立作愠色,曰:'我不知,故以问君,奈何反以难我。'余谢失语,因曰:'先生所问,余素未想及,然此实一好问题,他日研思有得,当再请益。'事逾数年,余思欲窥姚选用意,当遍读姚选以外之文。遂立意先读唐宋八家。至《王荆公集》,而余意大变,凡余于《荆公集》中所尤喜者,姚选多不录。于是又念紫翔师荡口暑期讲习班所授,乃从治古文转治理学家言、为余学问辟一新境界。而其时,仲立已卒。余此后亦渐不谈古文。而仲立当时此一问题,实启余良多也。"先生一生治学,成就卓伟,吾人正于此处着眼观察。

时《东方杂志》征文,可自择题目。先生撰《论民国今后之外交政策》一文应征。文中大意言英法侵我东南海疆;日俄霸占我西北边陲。一可谋和,一必交战。获三等奖,得银元二十五元。获奖作品本应逐期刊载,然杂志社认为此文所论,涉及外交秘密,未予刊出。此为先生生平投寄报章杂志的第一篇文章。(以上见同上书,页六六~七一。)

一九一三年　癸丑　十九岁

一　国内大事

三月，发生宋教仁案。革命党人举行讨袁二次革命失败。
中华民国第一届国会在北京召开。
袁世凯、黎元洪就任正式大总统及副总统职。

二　事略

是年春，转入私立鸿模小学任教。鸿模即前果育小学的易名，规模设施比较完备，高、初八年各分班。先生仅担任高等三年班国文与史地课，每周二十四小时。较三兼小学减少三分之一，月薪增至二十元。

先生虽在小学任教，而心中常有未能进入大学读书之憾。一日，见报载北京大学招生广告，考生须先读章学诚《文史通义》，先生亦寻求此书读之，至为倾慕，并求章氏他书不得，耿耿于怀，使其"至形于梦寐之间"。二十余年后，先生在北大任教时，果得见章氏书之未为世所见者，取之阅览，才尝了宿愿。又当时北大采用夏曾佑《中国历史教科书》（后易名《中国古代史》）为教材，先生久闻夏氏治史令名，亦购来此书勤读。先生在《师友杂忆》里自言："余对此书得益亦甚大。如三皇五帝，夏氏备列经学上今古文传说各别。余之知经学之有今古文之别，始此。一时学校同事闻余言三皇五帝有相传异名之说，闻所未闻，皆惊叹余之渊博。实不知余之本夏氏书也。又余读夏书第一册，书末详钞《史记》十二诸侯年表、六国年表等，不加减一字，而篇幅几占全书三分之一以上。当时虽不明夏氏用意，然余此后读史籍，知诸表之重要，则始此。及十年后，余为《先秦诸子系年》，更改《史记》六国年表，亦不可谓最先影响不受自夏氏。"

暑期中，无锡县创办六所高等小学，梅村镇得一所，为县立第四高等小学,校舍借用市区的泰伯庙。华澄波被聘为校长,邀先生兄弟同往。先生在县四高小每周任课十八小时,较鸿模减少四分之一。但鸿模坚不放行,乃仍兼鸿模课,每周往返一次。一年后,始专在县四高小任课。又过了四年,再回鸿模专任一年。

  是年,学校改为秋季开学,如同今日学制。先生是每周乘船往返梅村、荡口两镇,于星期四下午下课后,四时自梅村上船,历两小时近晚到荡口,次日下午四时返回。沿途湖泊连绵,秋水长天,一望无际。他回忆第一次上船时,坐在船头上,读《史记·李斯列传》。上下千古,恍如目前。先生自言:"余之读书,又获深入新境,当自读此篇始。"(以上见同上书,页七七~七九。)

一九一四年　甲寅　二十岁

一　国内大事

袁世凯取消《临时约法》，公布《中华民国约法》，设参政院。

孙中山在日本改组国民党为中华革命党。

为全国人民注目的第一次世界大战爆发。日本侵略山东，占领胶济铁路与青岛。

二　事略

是年，辞鸿模兼职，专任梅村县四高小教职。

县立第四高小第一年只办一年级一班，学生皆住校，先生与学生住同寝室。他的卧床在寝室门口，侧身临窗。一天深夜，月光照到床上而醒来，他一足触到墙壁，忽然想到"臂"与"壁"皆形声字。"辟"属声，但"臂"在身旁，"壁"在室旁，凡"辟"声似皆有"旁"义。如"避"，乃走避一旁；"璧"，乃玉悬身旁；"嬖"，乃女:在旁；"譬"，乃以旁言喻正义；"癖"，乃旁疾非正病；"躄"，乃两足不正常，分开两旁，盘散而行；"劈"，乃刀劈物分两旁。如是凡"辟"声皆有义，此即宋人所谓"右文"也。是夜在床兴奋不寐，连思得形声字十数例。"第二天上国文课时，先生不讲课文，而讲枕上所得。适县署督学来校视察，进入讲堂后，竟听完一堂课始去。归去后竟详细作一报导，登在县府的月刊上，亦为南通县小学界教师所传诵。此后数年，先生偕数友赴南通考察，当时有人询问得知先生系往年讲"臂壁"右文的钱某。同行者皆说先生已扬名外县了。

在就读常州府中学堂时，就好围棋，同时染有抽烟习惯，及到梅村，一日上课，课文有《劝戒烟》一篇，因念自己抽烟，何以教诲诸生，遂决心戒烟，此后数十年不抽。真到江南大学任文学院长，会议频繁，始再抽烟作消遣。先生每悟一事，即身体力行，以为一例。

一九一五年　乙卯　二十一岁

一　国内大事

日本向我国提出二十一条之要求,以最后通牒强迫我国承诺。袁世凯接受日本的要求,五月九日经袁世凯批准,是谓五九国耻。

袁世凯图谋帝制改国号为中华帝国,令明年为洪宪元年,蔡锷在云南与唐继尧等组护国军,反对帝制。

蔡元培在法国与李石曾等倡办勤工俭学会。

二　事略

自三兼、鸿模至梅村镇县立第四高等小学,广泛涉猎,朝夕读书已过了三年,未尝或废,寝室中书架上陈列图书甚多,同事咸称先生博学。

一日下午,先生读范晔《后汉书》某卷,忽然想到《曾文正家书家训》教人读书,必自首自尾通读全书。而我今多随意翻阅,应当痛戒。遂立意自此日起,凡读一书必自头到尾,即从《后汉书》起,逐篇读完,再补读以上者,全书读毕,再读他书。先生的立意凡遇一书必须从头到尾读,自此日始。

又效古人"刚日读经,柔日读史"之例,定在每日清晨读经、子较艰难读之书,夜晚读史、籍,上下午则读闲杂的书。

因为体弱,自辛亥年起,几于每秋必病。一日,读日本人著的一小书,论人生不寿,乃一大罪恶,当努力讲求日常卫生。当时先生适读陆放翁诗,及其晚年作品,心中大感奋发,因念不能高寿,便是自己此生一大耻辱,莫大罪过。即决心自日常生活上力求规律化。如静坐、如到郊野散步等,皆一一规定。此外又开始写日记,逐日所读书皆记上,不许一日间断。此习惯,直到进入大学任教后,始有断续。(以上见同上书,页七九~八二。)

先生后来以九十六岁高龄辞世，寿登耄耋，生活有规律，殆为一主要原因。

七房桥五世同堂宅遭火灾，在第一进，所幸无人居住。

一九一五年　乙卯　二十一岁

一九一六年　丙辰　二十二岁

一　国内大事

袁世凯取消帝制，废止洪宪年号，称帝未三月而卒。

副总统黎元洪继任大总统。恢复旧国会。冯国璋当选为副总统。

蔡元培十一月归国，十二月被任命为国立北京大学校长。

二　事略

专任梅村县四高小教职。

暑假后，因病延迟到校。学校新聘一教师朱怀天，已先到校，与先生两人同一寝室，后成为朋友，相处益亲。昼则各有课程，黄昏前必相偕校外散步，入夜两人各自规定的读书时间完毕，又同在院中小憩。星期日相偕远游，或竟日，或半日，择丛林群石间，无人处，亦坐亦卧，畅谈无所不至，迄夜方归。朱怀天在上海求学时，因丧母心伤以佛书自解，年假后，他回校携来学校多种，置于其桌上，先生亦取来一一阅读，尤爱《六祖坛经》。先生之治佛学自此开始。　（见同上书，页八五、八六。）

一九一七年　丁巳　二十三岁

一　国内大事

张勋拥溥仪在北京复辟,在全国人民声讨下,十二天后失败。冯国璋代理大总统。

对德、奥宣战。

国会议员在广州开非常会议,成立护法军政府,推举孙中山为大元帅,南北对立。

一月,蔡元培开始执行北京大学校长之职,实行多方面改革,提倡学术自由,兼容并包。

六月,胡适自美学成返国,应蔡元培、陈独秀之邀,于九月到国立北京大学就任文科教授。

二　事略

专任梅村镇县立第四高等小学教职。

暑假期间,于七房桥家宅东边陪弄中,朱笔标点《宋元学案》。当时已先读欧阳文忠公及王荆公诸集,对其收编颇不惬意,曾有意重编《宋元学案》。惟有此志,惜未成书。

是年秋,先生完婚,婚事由其兄声一先生主持。

这一年,教《论语》课,适读《马氏文通》,甚感新颖,遂一字一句,按条读之,不稍疏略。而《文通》论字法极详实,可仿其例论句法,以《论语》为例裁。遂写《论语文解》。

当时学静坐已两三年。一年冬天,先生在七房桥深夜静坐,一时受惊,好像全身失其所在,天地外界也尽归消失,惟觉得有一股气直上直下,不待呼吸。是应始知有静坐佳境。于是静坐更勤,并且杂治理学家和道家、佛家之言。尤喜天台宗《小止观》。先用止法,一念起即加禁止,但因性躁,愈禁愈起,终不可止。乃改用"观法",一念起,即返观自问,我何来此念头。直到所谓前念已去,后念未来,即此片刻,全身得到大解放,快乐无比。从此以后遂益坚静坐之功。(以上见同上书,页八二、八五、八七~八九。)

一九一八年　戊午　二十四岁

一　国内大事

北京新国会选举徐世昌为总统。

教育部公布注音字母表。

中山先生离粤赴沪，岑春煊任军政府主席总裁。第一次世界大战结束。

《新青年》改组为同人刊物，由胡适与陈独秀等六人轮流编辑。

傅斯年在北京大学约集同学罗家伦等二十人，创立新潮社。筹备发行《新潮》杂志。

二　事略

"年假后，同事朱怀天携来其师沪上吴公之新撰《宥言》一册，共八篇，皆申马克思共产主义。盖吴氏曾游学日本，其时日本有信仰共产主义大师河上肇，国人周佛海等皆出其门。吴氏衍畅其说，用《庄子·在宥篇》，取名《宥言》。朱怀天从学，对其师甚为崇拜，故特携来，欲与先生共读。傍晚散步，逐篇讨论。先生虽爱吴氏文辞优美，然竭力反对其说，特写《辟宥言八篇》。朱怀天袒护师说，则写《广宥言八篇》为之辩解。先生又写《续辟宥言八篇》，朱怀天亦为《续宥言八篇》，两人相争不已。时中国共产主义尚未大兴，而其两人则已辩论了。"

是年夏，七房桥家遭回禄之灾，房舍全焚，乃又举家迁至荡口镇。此次火灾甚严重，先生祖父鞠如公手钞《五经》与《史记评点》及父承沛公《窗课时》，均付之一炬。时其母又患胃疾，积月不能进食。先生与丁仲佑通信请其开方治疗，病卒愈。先生因辞梅村县四小学教职，回鸿模小学专任，以便朝夕侍奉。

某天夜晚，先生与怀天在田塍间散步，对怀天说："我两人平日以淡泊宁静自期，近来为宥言一书，争论不休，往日读书散步一番萧散闲适意味，今皆失去。从今晚起，将此问题暂搁置，不再争，改吟诗相唱和，如何？"怀天说好。于是二人当晚作四言诗，自此又为五言、六言、七言，古今绝律，或出题两人同咏，或一人成诗，一人追和。积月写成的诗篇日多，怀天提议，两人所作可合成一集，当先为此集命名。先生说可径名《二人集》，"不仅纪实，亦期我二人能不分彼我，同跻于仁"。怀天非常惬意，书名遂定。

这一年，《论语文解》一书已写成，这是先生正式著书的第一部。将稿邮寄上海商务印书馆，后得回讯，允为出版。获得书券百圆，先生遂于经、史、子、集四部中，选择自己所缺少的，陆续添购。自言，自此学问又有进步，此百圆书券实有莫大裨益。（以上见同上书，页八二。）

复智按：我国开始有文法之学，起于丹徒马建忠氏。马氏于清光绪年间，以郎中派赴法国留学，毕业于巴黎大学、通法文及拉丁文，尤精于国学，归国后，直隶总督李鸿章延致幕府，多所建树。以我国数千年来，汉字之优美，典籍之浩繁，经、史、子、集，诗、词、歌、赋，大块文章，盖世冠绝，独无人言及铸词造句之法则，遂著《马氏文通》一书，采经、史、子、集之文，参考法文拉丁语法，研究古代汉语的结构规律，比而同之，说明其体用，为我国文法学之嚆矢。此书问世后，在民国初年社会上引起极大反响，尤其是学术界与教育界。

先生于小学任教多年，所授课程又以国文为主。时风气渐开，学校既陆续改制，而教学之法，亦不得不随时代而变。及见《马氏文通》，遂取以为参考。自言：适读《马氏文通》，一字一句，按条读之，不稍疏略。

但《马氏文通》仅止于引进西方文法，取我国古籍之文，寻章摘句，稽而察之，无不暗合文法规律，却疏于如何运用文法，遣字造句，教人为文，是其一失。孙中山先生为一代大政治家，中华民国的创造者，一生革命，为国奔走，日理万机，亦曾留意是书。在其所著《孙文学说》中指出："自《马氏文通》出后，中国学者，乃始知有是（文法）学。马氏自称积十余年勤求探讨之功而后成此书，然审其为用，不过证明中国古人之文章，无不暗合于文法。而文法之学，为中国学者求速成图进步不可少者而已。虽是为通文者之参考印证，而不能为初学者之津梁也。""且全引古人文章为证，而不及今时通用语言，仍非通晓作文者不能领略也。"

先生于马氏之书亦有此议。《论语文解·序例》中曾谓："吾国之论文法者，首推丹徒马氏之书。然继而究之者甚少，故其言犹多失正。又专主句读，于篇章之理，有所未及。"他认为《文通》之失在"理"字。"理"即"理则"、"法则"。"理则"之学，于西方为"逻辑"，而在我国亦不甚发达，故其学疏略。先生积年讲授《论语》，鉴于马氏之失，因就授课体裁，仿马氏论句法之例，作《论语文解》。他从《庄子·养生主》载庖丁为惠文君解牛："依乎天理，批大却，导大窾，恢恢乎其于游刃必有余地矣。"思庖丁解牛，之所以游刃有余，是掌握了一个"理"字。理即"理则"。顺此理则，自能事半功倍。所以他在该书序例中说："以为宇宙事物之会成，莫非有理，斯莫不有间。得其理，入其间，凡事物之会成，皆有以解其所以然，而后乃不为事物迹象所困，而有以深识其中，而离合运用之。""而其教授童蒙之法，尤为循自然之理，使学者可以不竭神智而深入其间，因以得其运用之方，为益有似于庄生之旨也。我国文字之学，自来号为难究。自学校师袭西法，而文字之教授，独仍旧贯，无所变进。而岁割月折之病益见，学者徒靡心力而收寡效。夫不得其所以组织会成之理，而摩抚于外之迹似，而求以能其事，其徒劳而无功，固其宜也。"所以他要匡正马氏之失而补其阙，意告学者，学者喜之，退而编此书，以发其趣。

先生认为："文章义、法兼重，诗曰：'有物有则'，义有物也，法有则也。然历来多训诂义物之言，而典章法则者少。或遂讥轻西人文典之书，以为无用。此犹俗人妄论名家，谓：我亦能思，我亦能言，何必讲逻辑，乃能言思也。答今西人之所为，则名学固不可少也。所谓'文从字顺各识职'，以至于'周中规，折中矩'者，莫不有当然之道，诚学文者不可不讲而知也。昔之求文法，神而明之，故难；今之求文法者，器而习之，故易。此亦后来者胜，未可以不贯见弃之也。"

先生此书之宗旨，开宗明义即谓："小学生读书国民学校，缀字造句，为师者可以运用句读字词之义法以为教，未可直以句读字词之义法教之也。逮入高等小学，无不能造句者矣。进而学为短篇之文字，则惟句与句之相续，所谓起、承、转、结之四法者最为重要。若复授以句读字词之义法，太浅则为已能，较深又非急用。不若俟其粗能属文，然后为具体而稍精密之讲解，则可于中学校以上行之。此编本此意以成书，重则句与句之相续，而字词句读之义法，亦可于此窥其大要。既以免枯寂无味之病，亦以求应时实用之效。此吾国小学校教授文法，区区之意，谓当视西人略为变通之处也。"

至于为何要选《论语》为体裁，以当时的环境："一则他担任国文老师，《论语》是教材之一，取其便利，边讲授边解析。二则《论语》文简淡切实，于古籍中较易指讲，又为学者不可不读之书，不必舍近求远。再次，今学校既无读经一科，故本编专引《论语》，俾学者非惟明斯文理致之大要，亦以稍窥经籍，以资修养之准。"这可说是面面顾到了。

三 著述

《论语文解》，初由上海商务印书馆出版，收入一九九八年台北联经出版事业公司出版《钱宾四先生全集》第二册（以下简称《全集》）。全书大要如下：

本书内容分明体与达用两大部分。第一部分包括四章，讲起、承与起承变用以及排对之文。第二部分包括二章，讲转、变转以及附表。

所谓明体："字与字相续而成句，句与句相续而成篇。文章之道，千端万绪，言其所由成，不外是字句相续而已。故古称'缀文'，或称'属文'。'缀''属'之为言，皆连续也。缀属必有所自，其所自曰'起'，有起而缀属之者曰'承'。起承之于为文，犹加减之于布算也。起之变为'展'为'转'，承之变为'总'为'结'。文之有起承转结，亦犹数之有加减乘除也。乘除出于加减，犹转结之出于起承。故起承为体，转结为用。四者神明而用之，则缀文之道尽矣。"

所谓达用："缀文之大体尽乎'承'，其能事极乎'转'。凡'承'莫勿有'起'，故论'承'而'起'自明。凡'转'莫勿有'结'，故言'转'而'结'自见。结犹承也，转犹起也。前详'承'而略'起'，所以明体。兹重'转'而后'结'，所以达用。二者相资而不相乖也。"

明体首章讲"起"：凡居一篇之首者曰"起"。凡为后之所自承者曰"起"。故能造句，即能为起，起不须论也。"起"对"承"而言之，言"承"则"起"自明。舍"承"论"起"，"起"亦无可论也。次章讲"承"，承有"时"有"位"："时"次先后，多见于叙述之辞；"位"着彼此，多出于论断之语。第三章讲"起承变用"：不尽于两辞之一起一承，则必一起数承，或数起一承，否则数起数承可知也。第四章讲"排对之文"。排即并排而承。对为排中有对，对排而承。

达用首章讲"转"：行文无转，犹行道者无左右往复而直前，则其道易穷，其行难久。故"转"者，所以尽"承"之用也。凡缀文之道，莫非承。转犹"别起"也。自后言之则为起，自前言之则为转。故转有"转而承"者，有"转而起"者。次章讲"变转"：前以正、变论承。正、变、犹体用也。

最后是三表。即明体表一，说明文之会成，亦即文之分析。达用表二，说明文之连续，亦即文之解断。体用合分表三，说明文之全体，亦即文之各部。

本书所标出的起、承、转、结四法。就文句的构造，依今日通行的文法术语而言，起即主词，承即受词（宾语）。转、结同此。如扩而充之，缀字造句，连句为文，就是所谓的文章之要，起承转合（结）。

一九一九年　己未　二十五岁

一　国内大事

巴黎和会揭幕。我国出席和会代表拒绝对德国和约签字。

五四学生爱国运动爆发。

孙中山先生在沪发表《孙文学说》及《建国方略》。并改中华革命党为中国国民党。

柯劭忞《新元史》列入正史。陈寅恪至美国，入哈佛大学。傅斯年赴英国留学。

二　事略

一九一八年至一九一九年之际，为先生读书静坐最专心、最勤快的一年。他在静坐中体悟甚深。曾言："余因此悟及人生最大学问在求能虚此心，心虚始能静。若心中自恃有一长处即不虚，则此一长处正是一短处。余方苦学读书，日求长进。若早时觉有长处，岂不将日增有短处。乃深自惊惕，悬为己戒。求读书日多，此心日虚，勿以自傲。"

先生又购得浙江官书局本《二十二子》，依次读之，读到《墨子》，开卷即觉得有错误。心中大疑，意谓官书局本不应该有错误。又见此书校注者是毕沅，此人为清代大儒，不应不知其中错误，置而不问。姑且再继续读下去，几乎每页都有错误。更大疑，他遂奋笔从开始起逐条举出其错误处，加以改正，取名《读墨暗解》。累积数日，所条举已很多，心更加增加怀疑：《墨子》乃先秦古籍，迄今两千多年，何竟无人发现其书中错误，必当有人讨论及此。而学校同事中无人可问。先生试翻《辞源》，于墨子条下，有孙诒让著《墨子闲诂》一书，孙氏亦清代大儒，便急购其书读之。凡所疑问，孙书均已列举，更多有所不知疑者。至其改定错误处，则必有明证确据，取材渊博。他自思所作暗解，实浅薄孤陋，望尘莫及。于是对孙书逐字逐句细读，不敢丝毫忽过。先生自此始游情于清代乾嘉以来未校勘、考据、训诂之学的藩篱，系受了孙书的启示。

惟清儒治学多自经书辟入，先生则从子部入手，略有差异。又曾前在水渠三兼时读严译穆勒《名学》，对此方面有所领悟，故读孙书至墨经部分，又觉得其所解释有未惬意者，乃不禁又奋笔从《读墨暗解》改写《墨经暗解》。有未惬意处，逐条写出《墨经》原文放入衣袋中，一人到郊外散步，随手取出一条，随步随思，思未得，又易一条思之。积久了乃得数十条，此为先生《论语文解》后的第二部有意的撰述。

后数年，先生得读章太炎、梁任公、胡适之诸人书，乃知墨学竟成为当代一时之显学，孙书特其嚆矢。先生因此亦陆续写出许多有关古名家《墨经》及惠施、公孙等诸人的论文。其肇端皆始于梅村教读时期。

是时先生求知心切，读书最勤，并严定规律，每日必读新书，必求能日知其所无，藉以自勉，而终身行之不懈。对于读解《墨子》这一段经过，他自言：余之读书，最先从韩柳古文唐宋八家入门，随即有意于孔孟儒学，又涉及古今史籍。墨学实非所喜，而耗精瘁神于此者亦复不少。不知者，亦或疑余为学追随时髦，哗众取宠，以博当前之称誉。而余之孤搜冥索，所由步入此一条艰险之路者，事有偶然。甘苦之情，又谁知之。故知学问向前，在遥远之进程中，自不免许多意料不及之支节曲折，错歧复杂，有违初心者。

时陈独秀主编之《新青年》杂志风行全国，新思想、新潮流纷至涌来，先生亦逐期阅读。他想自己既有意于孔孟儒学，涉猎古今史籍，大可不必追求时尚，于是决心重温旧书，乃不为时代潮流挟卷而去。先生此一抉择，深深影响了他一生的治学。后来他回忆说："及今思之，亦余当年一大幸运也。"（以上见同上书，页八三~九〇。）

是年秋，转入后宅镇泰伯市立第一初级小学校任校长之职。

先生原在鸿模小学任教时，华绎之先生以校主身份兼任校长，家富藏书。又于校内辟建一楼，遂移藏书于此楼。楼门不轻启，独交先生一把钥匙，允许他一人自由登楼读书，先生遂得有此良机，多读了些未见之书。藏书中有江阴南菁书院所刻南宋叶适水心之《习学记言》，外面流传绝少，就在藏书楼上读之。又遍阅颜、李书。自言："余对程、朱所定

《四书》，顺序《论语》、《大学》、《中庸》、《孟子》，孔、曾、思、孟之排列，早年即抱怀疑，即受水心《习学记言》之影响。"

暑假中，应须霖、沛若请求，为他等人讲《庄子·内篇》。须君原为鸿模小学管事，系先生果育小学与常州中学的两度同学，钦慕先生的学养，旧历元旦，在其祖宗遗像前作誓，拜先生为师，终身不渝。故在先生应沛若之请，为他和旧生六七人讲《庄子·内篇》七篇，约三四日讲完一篇，近一个月讲完七篇。自觉经此讲解，始知对《庄子》一书自所未解者实尚多。

这一年秋天，决意出任后宅镇泰伯市立第一初级小学校长，有两个原因。第一、因为报载美国杜威博士来华，作教育哲学的演讲，先生读其讲词，极感兴趣，但觉得与中国传统教育思想不同，并有大相违异之处。故欲改入初级小学，得与幼童接触，作一番实验，俾可明白古今中外对教育思想异同得失所在。第二、因当时提倡白话文，初级小学教科书已全改为白话文体，而年前曾由商务出版之《论语文解》，正为指示初级小学学生作文造句谋篇成章的基本教材，极思转入初小，亲自观察白话文体对于幼童初学之利弊得失。因此在一个偶然的机会中，毛遂自荐，愿出任校长，设身处地，一探究竟。（以上见同上书，页九二～九七。）

一九二〇年　庚申　二十六岁

一　国内大事

教育部通告国民学校改用语体文。
我国正式加入国际联合会。
直皖战争起，皖败。
顾颉刚毕业于北京大学文科中国哲学门。

二　事略

出任后宅泰伯市第一初级小学校长，教师连自己仅三人，乃决定凡事三人共商。并提出自己的理想，务使课程规章生活化，而学生生活亦课程规章化，使两者融归一体，勿令学生作分别观。因此废除体操、唱歌课程，但每日上下午必有体操、唱歌，全体师生同时参加，成为学校全体活动。又想废除体罚，而随事诱导，勿使学生视学校规章如同法律，误认为一切规矩皆是外面加上之束缚，使规矩亦能生活化，自动自爱，视为当然。半年后，终使校风大变，一镇人皆称誉。

又定国语课，亦采同一方式，师生共同必修。国文课则退居在后，不占重要地位，而以作文课代之。每作一文，必经讨论观摩，各出心裁，必令语语从心中吐出，而又如在目前。诸生皆踊跃，认为作文乃日常人生中一乐事。如是半年，初级小学四年级生毕业，最短者能作白话文两百字以上，最多者能达七八百字，皆能文从字顺，条理明畅。然不从国文课本来，乃从国语课及作文课来。如此作文课生活化，诸生所作不啻出自己口。此种语文教学经验，半年时间即效益显著。

时李石岑自欧留学返国，以哲学名，在上海《时事新报》副刊《学灯》任主编。每作一文，必以大一号字登首幅，其余皆小一号字排。先生见李文语简意远，较胜他文，思齐前贤，颇为心动。语同事二人，拟投一稿，小试牛刀，看能否用大一号字刊出。二人亦甚怂恿。遂撰一文，名《爱与欲》，长可三百许字，投寄，越日，果以大一号字刊出。是为先生在报纸上投稿之第一篇。二人大加揄扬，促续为文。如是再投两稿，均同前一一刊出。可谓《学灯》副刊除李外破天荒之大一号字者。惟《学灯》随刊登附启，请作者钱穆示通讯地址。先生以后宅镇第一小学告，自此去稿则以小一号字刊出，并转入青年论坛版。于是遂不再投寄。此一插曲，足资助谈。岂所谓天下事往往因人因地而异者欤。可见名报如《时事新报》，贤如李氏主编，亦不能免俗。

时常州中学同学施之勉，任厦门集美学校教务长，曾读《学灯》钱文，深为推许。（以上见同上书，页九八～一一〇。）

一九二一年　辛酉　二十七岁

一　国内大事

国会非常会议议决中华民国政府组织大纲，废除军政府，举孙中山为大总统。

中国共产党成立。

《胡适文存》出版。

二　事略

以后宅泰伯市初级小学校长兼任泰伯市立图书馆馆长。这一年，先生忽然患肺病，便一人迁居到图书馆楼上休养，十分孤寂，每日就临摹《许氏说文》，学写篆体大字。

病稍愈后，便赴杭州、上海、苏州为图书馆采购书籍。在杭州购得康有为《新学伪经考》石印本一册。但图书馆限购木刻大字本，此为石印本不合规定，遂转购私藏。间以阅读，为八九年后写《刘向歆父子年谱》之张本。

购书归来后，便日夜研读以前未见之书。有一天，读《钱竹汀年谱》，始知钱竹汀的许多著作，都在其因病自作年谱之后完成的。先生大为兴奋，因念自己尚年轻，病已渐愈，此下正大可努力，黾勉自励。（见同上书，页一〇七～一〇八。）

一九二二年　壬戌　二十八岁

一　国内大事

孙中山下北伐动员令，出兵入赣。奉、直两军开战，奉军败。
徐世昌去职，黎元洪复任大总统。
陈炯明叛变，孙中山赴上海。
教育部颁布新学制。

二　事略

先生以乡间初级小学毕业生极少升学。思在此教读，心力交瘁，积年读书工夫亦多放弃，所得仅如此。果为作一番试验则可，若久淹于此，恐违素志，遂决意离去。暑，辞去后宅泰伯市初级小学校长及市图书馆馆长职。

秋，转至县立第一高等小学任教。到校未一月，忽得厦门集美学校来电，又来聘书，遂辞县一高小职，于中秋节后赴任，盖常州中学同学施之勉，时任该校教务长辗转荐之也。时先生月二十四元，集美则为八十元。

自民国元年（一九一二年）起，在秦家水渠、荡口、梅村、后宅等四小学任教，辗转十年有半。是年秋，转入厦门集美，为先生任教中学之始。

先生赴任，初次渡海远游，"长风万里，水天一色，时登船尾，晚观日落，晓观日出，尽日观赏"，别有意趣。第三天傍晚船抵达厦门，群操闽南语，不知所云，如入异国。抵校后，校长叶采真接待，大欣慰。导致预定寝室，与施之勉两人同居一室。之勉为常州中学堂同学，不同班，彼此知晓，惟不相识，今一见如故友相逢，至老不衰。

在集美所任，负责高中部与师范部两部三年级毕业班之国文课。时先生方治文学史有新得，认为汉末建安时，乃古今文体之一大转折递嬗。不仅五言诗在此时兴起，散文为体亦与前大异，而曹氏父子三人，对此方面有大贡献。次日上课，两班同授曹操《述志令》一文。此文不见于《文选》，陈寿《三国志》亦未收录，仅见于《三国志》裴松之注引魏武故事中，千载读者未予重视。时学术界新旧文学之争议，甚嚣尘上。两班原任教师，一趋新，一趋旧，皆各得其班上学生推崇佩服。惟均因事辞职，一旦新人兼此两班课程，能否新旧并容，学生诚悦，校长亦甚担心。是故授此课时，校长在课堂外往来徘徊，倾耳细听。而先生既成竹在胸，指讲曹之《述志令》一文，及其两子丕、植文体，在汉末时，承先启后，古今文体至此一变。而曹操为人，同学间亦初不知其在中国文学史上有如此一特殊地位，骤然闻之，学生皆深表欣服。讲授此文既毕，校长深庆得人，即夕盛宴，列席者皆本学期新聘同仁、居先生于首座。后施之勉相告，前推荐时，校长询之甚详，恐难胜任，犹豫再三。之勉保证，非能胜任，且或有出色过人处。今果不负所期，深以为贺，而校长连日之不安，亦因而释怀。

集美学校，乃南洋华侨陈嘉庚兄弟斥资兴办。校园广大，高楼丛立，校舍恢宏。陈氏兄弟原籍集美村人，南洋经商致富，回馈乡里，造福桑梓，于故乡集美村，先创办一小学，聘无锡名教育家侯保三任校长。此后学校日扩，有中学、师范、女子中学、商船、水产、农业等六部。又于厦门兴建厦门大学。然嘉庚每返乡里，穿着朴素，无异村民。一日赴集美学校，门房误认为乡巴佬，禁不许入。嘉庚言，我乃校主，欲见校长，请赐通报。门房大惊，奔告校长出迎，一校传为嘉话。

有无锡同乡与施之勉南京高师同学蒋锡昌，亦来集美任教，假时常相偕出游，至星期日必同赴之勉家晚餐，三人长谈。锡昌好道家言，著有《庄子哲学》，先生后写《庄子纂笺》一书，曾采其说辑入。

施之勉在常州中学时，班次稍低于先生，毕业后，入国立南京高等师范学校，受其师史学名家柳诒徵翼谋之称赏。诒徵后于抗战胜利前后，著有《中国文化史》一书，都数十百万言，不朽之作，士林推崇。之勉任教集美兼教务长，惟体弱多病，又因家贫负债，生活极为清淡。日进薄米稀粥，佐以盐拌水豆腐，恒常不变。后离集美，返乡养病，先生亦

一九二二年 壬戌 二十八岁

回无锡，任教江苏省立第三师范，亲访于其家施家宕，并同游附近之唐平等。其时顾颉刚《古史辨》方问世，先生手携一册，在湖上与之勉相与讨论。抗战军兴，之勉在重庆界石之蒙藏学校任教。先生自成都至重庆亲访之，一家生活益清苦，而读书用功益勤，其间撰成《秦会要》一书。后避共来台，随其长子在台南一农场，先生每自香港来，必亲往访。及施之勉任教台南成功大学，更得屡与相聚。惟仍多病，即饮水亦有定时定量。其夫人贤淑端庄，患难相守，数十年如一日。而之勉终能在贫病著述不辍，实赖有贤内助也。后夫人辞世，先生题其墓碑曰：艰难缔姻，刻苦持家。贞德弥励，幽光永嘉。之勉虽一生多病，竟寿登耄耋，而体健转胜往昔，揆其原因，殆由养生有道，积年谨慎清淡所致。先生自言：忆余生平所交，惟之勉为最亲亦最久。而生活之清苦，亦惟之勉为甚。曾问之勉读《论语》何章最感受亲切，举"饭蔬食饮水"一章以对。其毕生安贫乐道，殊堪后生仰佩。

集美环境幽雅，寝室宽敞，清静宁谧，教课又减轻，先生乃一意努力读书。图书馆距寝室不远，借阅方便。在此所读以《王船山遗书》卷帙最巨。昔在梅村时，已养成习惯，读书必自首至尾通体读之。不抽读，不翻阅，读《王船山遗书》亦然。遇惬意处，加以笔录。后来在北京大学写《中国近三百年学术史》，船山一章所用资料即本此。又读船山注《楚辞·九歌》，言"屈原居湘乃汉水，非沅湘之湘"，尤有启发。后在所著《先秦诸子系年》一书中曾有详论。此后又写《楚辞地名考》、《周初地理考》、《三苗疆域考》，最后写《史记地名考》等，自言其注意古史地名之迁革，其起源均在此。又后撰《庄子纂笺》一书，亦从船山注庄发其义。

集美滨海，先生好作海滩游。预计每日海潮上下之时刻，先涨潮而去，坐大石上迎潮，潮迫身而退。一唱歌图画教师，亦好来迎潮。彼常述其师李叔同后出家为弘一法师，言行风范，纤毫备叙。闻之令人有身在世外，不胜向往之感。（以上见同上书，页一一一～一一八。）

一九二三年　癸亥　二十九岁

一　国内大事

孙中山返粤执行大元帅职权，通告日本废除二十一条件。

曹锟以重贿当选为总统。

北京大学研究所国学门于去年成立，校长蔡元培兼所长职，罗振玉、王国维为校外函授导师。董作宾于今年进入该所为研究生。

二　事略

年初，寒假后返集美上课，未几，学校闹风潮，学生罢课，所有课程停顿。延至端午节前，不能平息，学校散学，校长虽坚留续聘，先生婉拒，于是提前返家。

秋，无锡江苏省立第三师范资深教席钱基博子泉先生，大力推介先生到该校专任国文课程。时钱基博已在上海圣约翰及光华两大学执教，因任三师四年班国文课尚未结束，欲待该班毕业，故仍留校兼课。学校旧规，任国文课之教师，必随班递升，后一年级至此班四年毕业，再回任一年级。又规定每一国文课教师于国文正课外，每年必兼开一课。第一年为文字学。第二年为《论语》。第三年为《孟子》。第四年为国学概论。讲义则各自编撰。

子泉先生提倡古文辞，负盛名。曾私人创办一定期刊物，创刊号甫出，先生即首购先睹为快。遂就《易·坤卦》"直方大"为题，作一文投寄，获载第二期。故知先生自集美返家，遂有此推介。

钱子泉每周自沪返三师，课毕，先生常至其室长谈。时其子锺书方在小学肄业，聪慧异常。其后入清华外文系就读，兼通中西文学，博及群书。宋以后集部殆无不过目。清华毕业后，留学英伦。归国，抗日期间与先生一度同在西南联大任教。旋随其父同任教于湖北省立师范学院。

然与其父为学意趣已渐相异。抗战胜利后，一年暑假，先生赴常州出席一讲学会，适与子泉、鍾书父子同住一旅馆中，朝夕得相聚。曾告子泉，谓国难尚未已，国共思想斗争，学校风波仍将迭起。此下决意不在北平、天津、南京、上海四处任教，暂避至较僻处，俾可一意教学，避免此外之许多麻烦。子泉既转面告鍾书，汝听宾四叔言如何。因言及江浙钱氏以五代吴越武肃王为始祖，皆通谱。无锡钱氏在惠山有同宗祠。然先生与子泉不同支。年长则称叔，遇年高则称老长辈。故先生称子泉为叔，鍾书则称先生为叔。时子泉仍返湖北，而鍾书则改在上海任教。两人对时局意态不同，同治文学，意趣亦相异。先生自言：余在中学任教，集美、无锡、苏州三处，积八年之久，同事逾百人，最敬事者，首推钱子泉。生平相交，治学之勤，待人之厚，亦首推子泉。

秋，开文字学课程，讲六书大义。此稿以篇幅不够充分，未付印，今已失之。（见同上书，页一一八～一二三。）

一九二四年　甲子　三十岁

一　国内大事

孙中山在广东高等师范开始讲三民主义，宣布《建国大纲》。

黄埔陆军军官学校成立。

第二次直奉战争，直败。

曹锟辞总统职，段祺瑞任临时执政。

孙中山先生北上入京发表宣言，主张速开国民会议，废除不平等条约。

二　事略

先生在江苏省立第三师范任教。

秋，随班递升教二年国文。

开《论语》课，编写《论语要略》一书，述孔子事迹。

同事中有常州府中学堂同班同学江阴郭瑞秋，曾留学日本，寝室相接比邻，购有多种日文书籍。先生此时亦自修日文，识其字母，略通文法，渐能读其文字。瑞秋书架上适有林泰辅著《周公传》及蟹江义凡之《孔子研究》两书，甚喜爱，取而读之。试译林书《周公传》一部分，成《周公》一小书，后交商务印书馆出版。日本自明治维新后，汉学一时又兴，研究日众。而我国自新文化运动起，古籍遂成国渣，疑古非孔，新义迭出，不知所云，比之日本，则江河日下矣。（见同上书，页一二三、一二四。）

一九二五年　乙丑　三十一岁

一　国内大事

三月十二日，孙中山先生在北京病逝。

五卅惨案发生。

七月一日，国民政府在广东成立。

二　事略

续在三师任教。

一月，奉军南下与孙传芳军冲突，乡里大受战火兵灾，学校停课，先生家亦遭劫掠，窘困无以为活，售《论语要略》稿予商务印书馆，以救燃眉之急。

秋，先生随班递升教三年级国文，开《孟子》一课，编《孟子要略》一书。

十月浙奉战争又起，人心大震，欲移情新业，藉忘外氛，乃为《公孙龙子》作新注。《易书》三卷亦增订完。（见同上书，页一二六～一二八。）

三　著述

《论语要略》成书于一九二四年，一九二五年由上海商务印书馆初版发行。收入一九九八年联经《全集》第二册《四书释义》，又收入二〇〇〇年兰台版《四书释义》。

先生编著《论语要略》，原是依学校的规定，二年级的国文正课外，须讲授《论语》。当时的学校，并不像今天有教育部统一的课本。所以讲授大纲、讲义等教材，都必须自己准备，自己编写。而讲授的对象，自然是本班级的学生。但先生学养素高，涉猎既多，会通穷达，因此纵使普通师范生的讲义，亦不同凡响。严耕望先生在所著《钱宾四先生与我》一书中，曾谓："先生为学善师法，善变化，勇创见，而能悉心追求，每从细小故事中彻悟大道理。"《论语要略》正是如此，确有独特之处。

复智按：《论语》一书，自公元前二世纪汉初起，两千多年来，它的发行量、普及率，以及在教育界、社会上所受到的重视与欢迎，直到今天仍风行不衰。有人把它与《新约全书》即一般所谓的《圣经》相提并论，认为都是全世界单一书籍发行量最多的读物。实则《新约》只在宗教界如此。教外而言，恐仍不能望《论语》项背。

历来有关研究《论语》的书籍，怕不少于上千百种。而注疏、解释、讲谈的专家学者，则更不知凡几。可见该书的价值及其重要性，与任何一个时代永恒并存。

先生编次该书，态度非常客观，不守旧，不泥古，不遵一家之言，不受时代限制。不尊《论语》如圣谕，亦不因孔子为大圣而视之为神明。

《论语要略》大要如下：

对于《论语》的编辑者，凡有数说。先生认为班固《汉书·艺文志》所说："《论语》者，孔子应答弟子、时人，及弟子相与言而接闻于夫子之语也。当时弟子各有记。夫子既卒，门人相与辑而论纂，故谓之《论语》。"此说最为无病……

《论语》既是"孔子应答弟子、时人，及弟子相与言而接闻于夫子之语"，当然是以孔子为中心。所以先生说："《论语》者，表见孔子人格思想之良书也。舍《论语》则孔子为人之精神，及其思之大要，亦将无所参见。夫孔子人格之伟大，与其思想行事影响于后世之隆久，宜为含识之伦所共认，则《论语》之价值，亦从可想见。盖孔子为人有若干之价值者，则《论语》一书亦附带而有若干之价值也。"（以上见兰台版《四书释义》，页七~一八。）复智按：上"见"同"现"。

先生以为："《论语》一书，既有若是重大之价值，则吾侪将用何法以善读之乎？"他指出，读《论语》者，当从四个步骤下手：

（一）《论语》价值，既在表见孔子之为人；则读《论语》者，其主旨自在研究孔子，可无待言。而凡研究一伟大之人物者，最先首当注意其一生之行实，次及其人之性情，以至于日常生活之琐事；凡以考察其为人真精神之所在，而使其全人格之真相，活现于我之脑际，自明晰而感亲昵，自亲昵而生了解，然后乃研究其思想学说之大体，乃为得之。《孟子》曰："颂其言，读其书，不知其人可乎？是以论其世也，是尚友也。"（《万章下》）故读书者，不贵其闻书中之言，而尤贵于识书中之人。求识孔子之为人，即读《论语》者第一步主要之工夫也。

（二）求识孔子之为人，不可不知孔子之时代背景。凡孔子当时之政治情势、社会状况，以及学术界之风尚、士大夫之生活、人民之心理，及孔子当身所交接之人物、所经过之邦域，均当一一顾及；而后孔子在当时之思想、学说、行事等等，乃可以考见其来源，审察其成效，而辨别其是非得失之所在。故读《论语》者，其眼光当旁及于孔子以外之人物，如孔门之诸弟子，孔子所遇列国之君卿大夫及并世贤者，大半载于《论语》。又当参考《左传》、《国语》诸书，以见其详，以推而至于孔子时代之全景。是为读《论语》所当注意之第二步。

（三）一伟大之人格，高尚之学风，其影响所及，常不止于当其身而已也。若孔子则流风所被，迄今未沫，则历来学者对于孔子之态度与意见，亦不可不知。顾兹事体大，无已，则即取历来学者对于《论语》一书之注释发明，择要浏览；不徒可以为读《论语》原文之一助，亦藉此以见各时代学者对于《论语》一书之意见与态度为何如，而孔子对于后世之影响亦从可知也。（别详下节）

（四）孔子为二千五百年以前之人物，孔子学说思想为二千五百年以前之学说思想，吾侪生二千五百年以后，读其书，不可以不知时世之差。孰者为历久不磨之真理，可以俟诸百世而不惑，犹可以为吾侪所取信；孰者仅为时代之产品，时过境迁，已不复适用于今日，而不足以资崇奉。夫治学本所以致用，此则为读《论语》一最后之工夫也。

是故:"本《要略》先详事实,次陈义理,并尚简要,不贵博辩。所引专及原文,或兼附注释,取易明晓,则以朱(熹)《集注》、刘(宝楠)《正义》为主。其他取材,均注出处。或有仅具定论,未能详陈考订辨释之所以然,则以篇幅所限,然亦足为学者研究《论语》之一臂助也。"

《要略》全书共分六章。首章序说,前文已择要举出,可概见先生之宏识,慧眼独具,示读者关于《论语》之定义及其真伪、《论语》之价值及读法等等,了然于怀,进而认识《论语》。先生又要而言之:"则读书者,一、当注意于书中之人物、时代、行事,使书本有活气。二、当注意于书中之分类、组织、系统,使书本有条理。三、当注意于本书与同时及前后各时有关系之书籍,使书本有联络。四、当注意于本书于我侪切身切世有关系之事项,使书本有应用。读他书如是,读《论语》亦莫勿然。"尤特为致意。(以上见同上书《四书释义》,页十八~二一。)

第二章孔子之事迹,略述孔子一生之操持行为及际遇忧患。惟先秦古籍中,各家记载孔子事迹良多,众说纷纭,不一而定。先生在本章中仅扼要提出孔子往齐、返鲁、适卫、过宋、南游陈蔡、自卫返鲁等较重要的生活历程。而自齐返鲁,定公任为司寇,为孔子一生政治事业的高峰。其间夹谷之会获得胜利,成就非凡,但堕三都却失败了。这段政治生涯为时短暂,如昙花一现。此后适卫、周游列国长达十四年,仆仆风尘,席不暇暖。虽孔子以礼治国之主张始终未变,而用世之志亦终不能获申。先生有一段精辟的申论:"孔子,千古之大圣也。然而孔子二千五百年前之人物也。尚论二千五百年前之人物,不可以不知二千五百年前之社会。当二千五百年前社会之情形,与今日绝相悬殊者,厥有一端,曰'贵族阶级之存在'是已。于斯时也,社会有显相分别之两阶级,一曰'贵族',一曰'平民'。天子诸侯公卿大夫,凡社会中之握政权者,莫不由贵族世袭;而平民则仅为贵族之仆役,平居则授田耕牧以奉养其上,有事则赋甲从戎以捍御其敌。在二千五百年前之人类,盖有层层固定之阶级,其权利义务,即视其阶级之等差而不同。而当时亦咸以此为当然之现象,莫有悟其非者。及至孔子之时,贵族阶级已将次崩坏,诸侯上僭于天子,卿大夫上僭于诸侯,陪臣亦上僭于卿大夫。盖贵族阶级之自身，已不能自守其阶级之制限，甚至于臣弑其君，子弑其父，乱臣贼子不绝迹，而贵族阶级之自身，从此大乱。因贵族阶级之扰乱，而平民受其殃祸。孔子生丁其时，其先世盖亦贵族阶级之苗裔，早年即好学不倦，于后来贵族阶级一切制度礼乐，均所晓习。慨其时贵族之骄奢淫乱，而忧其不可久；感平民之困苦憔悴，而思有以拯之。于是始倡为'君君臣臣父父子子''正名''复礼'之主张。以为使贵族阶级能一一恢复其从前相传之制度而恪守之，使诸侯尊其天子，卿大夫尊其诸侯，陪臣尊其卿大夫，则贵族之扰乱可以平息。为贵族者既可以常享其福利，而为平民者，亦得脱出于当时之祸殃，而安度其耕牧事上之生活。此孔子之理想，所毕生竭力以趋赴者也。然孔子自身，其在当时，则一贵族阶级中堕落之平民也。夫既为平民，则仅当依奉贵族之意志，而尽力以供役使；此当时人类所认为天经地义之大道也。而孔子顾不然。孔子以一平民，而出头批评贵族之生活，而欲加之以矫正。孔子曰：'天下有道，则庶人不议。'明其亦不得已也。然而从此乃招贵族之忌，奔走天下，栖栖皇皇，迄无宁止。削迹于宋，绝食于陈蔡，历人世之艰辛困厄，而其志不少变。鲁之晨门讥之曰：'是知其不可而为之者。'孔子亦自知之，故曰：'道之不行，已知之矣。'然而终不肯休者，在孔子亦有故。曰：'鸟兽不可与同群，吾非斯人之徒与而谁与？天下有道，丘不与易也。'孔子以为我既生斯世而为斯人矣，固当尽人群相处之道，岂可以目击世乱而不之救？而孔又自负以救世之大任，曰：'天生德于予。'盖孔子之视世也甚亲，而自视也甚高。及其终不得志而归老于鲁，乃与其门弟子讲明人群相处之道，以为不可行之于当时者，犹望其行之于后世。盖其意志之博大，其感情之深厚，有如此者。孔子既不得行其志而死，其弟子终亦不能推行孔子之志，而贵族之骄奢淫乱日甚一日，平民之困苦憔悴亦日甚一日，而世乱遂日亟。此当为孔子所甚悲。然而自孔子以后，为平民者，乃始知贵族之有是非，而亦为吾平民所得而与闻之，而讥正之也。而为贵族者，自孔子以后，亦知平民之有可尊师，可敬信，可引与相共事，而不敢尽以仆役视平民。自此以往，相推相荡，至于战国之末，去孔子之死，二百五十年之间，而贵族阶级终至破灭，而社会人类渐享平等之福利。此实非孔子当时提倡'正名'、'复礼'之初心，而实符于孔子爱人救世之本意。且其风气亦自孔子'正名'、'复礼'之主张开其端。孔子之影响于当时之人心世局者如此。故在二千五百年前，而最先以一平民挺身反对贵族之生活，而提出矫正之主张者，孔子也。而孔子在当时，其于贵族、平民两阶级，实一视同仁。在孔子之意，盖将跻一世人于和平康乐之境。而其自为谋也，则曰：'饭蔬食，饮水，曲肱而枕之，乐亦在其中矣。'故孔子之学说主张，犹不免二千五百年前人之色彩；而孔子之精神意气，实足以更历二千五百年而不朽。其精神意气之不朽，斯其所以为千古之大圣也。其学说主张，终不免带有时代之彩色，斯其所以为二千五百年前之人物也。然而孔子虽为二千五百年之人物，而无害其为千古之大圣，斯则论孔子者所不可不明辨也。"（以上见同上书，页二三～五六。）

第三章孔子之日常生活。先生根据《论语》所载孔子的日常生活分为：一、平居之气象。二、哀乐之情感。三、日常之谈论。四、应事之态度。总之，孔子日常之生活，"盖为一极富情感而又极守规范之生活也。凡人富于情感者，每每一往直前，有逾越规范之虑；而其谨守规范者，则又摹拟依仿，转失真情；惟孔子为得内外之调和焉。"尤要者，在第五章孔子之学说。先生以为："惟孔子既为二千五百年前之人物，则其学说思想，不免为二千五百年前人设想；其不能一一通用于今日，自无待论。又其与门弟子讲诵，因材施教，变化无方，今亦不能一体信奉以为科律也明矣。若孔子之论政治，其大意已见第二章，今不详述，而特详其关于个人人格修养及社会伦理之两点。盖惟此尤为孔子学说精神之所在，其间有传诸百世而无疑，放诸四海而皆准者，固非时代地域之所能限。此吾人所当考究者也。今分端提要论述之如次。"共分为论仁、论直、论忠恕、论忠信、论礼、论道、论君子、论学等八个项目。

先生论仁：孔子与弟子论行己处世之道，最重"仁"字。仁者，从二人，犹言人与人相处，多人相处也。人生不能不多人相处。自其内部言之，则人与人相处所共有之同情曰："仁心"。自其外部言之，则人与人相处所公行之大道曰："仁道"。凡能具仁心而行仁道者曰："仁人"。就《论语》言仁，例如：

《学而》：子曰："巧言令色，鲜矣仁。"先生阐释：人之相处，首贵直心由中，以真情相感通。致饰于外以求悦人，非人道也。

总之，先生以为："人群当以真心真情相处，是仁也。人群相处，当求各得其心之所安，亦仁也。仁字之义，不出此二者。"

论直："先生说，孔子论仁，首贵直心由中，故孔子又屡言直道。"

《雍也》：子曰："人之生也直，罔之生也幸而免。"

"直"者诚也。内不以自欺，外不以欺人，心有所好恶而如实以出之者也。人类之生存于世，端赖其能以直心直道相处。至于欺诈虚伪之风既盛，则其群必衰乱，必败亡；其得免焉者，幸也。罔即专务自欺以欺人者也。故曰"罔之生也幸而免"。

《宪问》：或曰："以德报怨，何如？"子曰："何以报德？以直报怨，以德报德。"

朱子曰："或人之言，可谓厚矣。然以圣人之言观之，则见其出于有意之私。"又曰："于其所怨者，爱憎取舍，一以至而无私，所谓直也。于其所德者，则必以德报之，不可忘也。"今按：以直道报怨者，其实则犹以仁道报怨也，以人与人相处之公道报怨也。此人虽于我有私怨，我未尝以我之私怨而报之，直以人与人相处之公道处之而已。公道即直道也。若人有怨于我，而我故报之以德，是以未免流于邪枉虚伪，于仁为远，故孔子不取。或曰："直道非一，视吾心何如耳。吾心有怨，报之，直也。苟能忘而不报，亦直也。惟含忍匿怨，虽终至不报，然其于世，必以浮道相与，一无所用其情者。亦何取哉？"

先生指出，孔子重"仁"，人皆知之，顾其重"直"，则知者鲜矣！惟不直故终不仁。求仁者莫善于先直中。故余以直次仁焉，其庶有免于孔子所恶之乡愿！（以上见同上书，页八七～九三。）

论忠恕：先生说，孔子固重"直"矣。然孔子所谓直者，谓其有真心真意，而不以欺诈邪曲待人也。若夫肆情恣志，一意孤行，而不顾人我相与之关系者，此非孔子之所谓直也。故欲求孔子之所谓直道，必自讲忠恕始。

《里仁》：子曰："参乎！吾道一以贯之。"曾子曰："唯。"子出，门人问曰："何谓也？"曾子曰："夫子之道，忠恕而已矣。"

一贯之义，释之者多矣。有焦循、惠栋等各家的解释。兹不引。先生认为："焦氏之言，可谓明通之论。……惠说亦为显白切至矣。故忠恕非有二事，只是一道。此道也。孔子时言之，即所谓仁是也。后人多为分别，转失之矣。"

先生指出，阐发忠恕之道最透辟者莫如孟子。如孟子曰：

君子所以异于人者，以其存心也。君子以仁存心，以礼存心。仁者爱人，有礼者敬人。爱人者人恒爱之，敬人者人恒敬之。有人于此，其待我以横逆，则君子必自反也；我必不仁也，必无礼也。此物奚宜至哉？其自反而仁矣，自反而有礼矣，其横逆犹是也。君子必自反也；我必不忠。其自反而忠矣，其横逆犹是也，君子曰："此亦妄人也已矣！如此则与禽兽奚择①哉？于禽兽，又何难②焉？（以下编者略去）非仁，无为也；非礼，无行也。如有一朝之患，则君子不患矣。"（《离娄下》）（①异也。②校也。）

"自反者，即忠恕之道，即弘毅之道，即仁道也。"（以上见同上书，页九二~九七。）

论忠信：先生谓，孔子言一贯之道，曾子以忠恕申说之。然自曾子此言之外，《论语》实罕以忠恕并举者。而以忠信并举之文，则屡见于《论语》。今更备引其辞，而推论其与忠恕之异同焉。

《公冶长》：子曰："十室之邑，必有忠信如丘者焉，不如丘之好学也。"

则忠信，人之美质也。

一九二五年　乙丑　三十一岁

《述而》：子以四教：文、行、忠、信。

先生说，文者文学，博学于文也；行者躬行，约之以礼也；而要归于忠信。刘氏《正义》曰："中以尽心曰忠，恒有诸己曰信。"则忠信者，人之美质，亦孔门之学的也。故曰："忠信之人，可以学礼。"朱子曰："礼必以忠信为质。"是忠信为学之始事也。而四教以忠信居后，是忠信又学之终事也。故非忠信不足以为学，惟学以成其忠信。忠信者，成始成终，本末一贯之道也。

《卫灵公》：子张问行。子曰："言忠信，行笃敬，虽蛮貊之邦行矣。言不忠信，行不笃敬，虽州里行乎哉？"（以上见同上书，页九七～九八。）

论礼：先生说，观于以上之所称论，曰仁，曰直，曰忠，曰恕，曰信，皆指人类之内心而言，又皆指人类内心情感而言，盖孔子一面既重视内心之情感，而一面又重视外部之规范。孔子每每即事以论心，即心以推事，本末内外，一以贯之，并无畸轻畸重之见。至于孔子专论外部之规范者，则曰"礼"。故曰：深明孔子论人群相处之道者，不可不究孔子之论礼。《论语》中载孔子论礼之语尚多，兹择其发明礼意者，摘钞一二，以见梗概。

《阳货》：子曰："礼云礼云，玉帛云乎哉？乐云乐云，钟鼓云乎哉？"

先生说，《汉书·礼乐志》云："乐以治内而为同，礼以修外而为异。同则和亲，异则畏敬。畏敬之意难见，则著之于享献辞受登降跪拜。和亲之说难形，则发之于诗歌咏言钟石管弦。盖嘉其敬意，不及其财贿。美其欢心，而不流其声音。故孔子曰：'礼云礼云，玉帛云乎哉？乐云乐云，钟鼓去乎哉？'此礼乐之本也。"此论发明孔子之意，极为明尽。盖人之精神，虽若存于内部，而必发露为形式，舒散于外表。故外部物质之形式，即为内部精神之表象。礼乐之起源在此。礼乐之可贵亦在此。礼乐者，本为人类和与敬之感情之表现。玉帛钟鼓，即以导达人心之和与敬者。舍人心之和与敬，则礼乐仅为虚伪骄夸，非徒不足重，抑且至可鄙矣。（以上见同上书，页一〇一～一〇三。）

论道：先生谓，孔子论学，皆切近笃实，不尚高妙之论，而尤注重于现实之人事。

《先进》：季路问事鬼神。子曰："未能事人，焉能事鬼？"曰："敢问死。"曰："未知生，焉知死。"

"故孔子仅言人生，季路问事鬼神及人死以后事，孔子以'未能'、'未知'答之。此孔子警醒其弟子着紧人生之意也。"

《公冶长》：子贡曰："夫子之文章，可得而闻也。夫子之言性与天道，不可得而闻也！"

先生指出，"文章"者，诗书礼乐，切近人生者也。"性与天道"，则为宗教与哲学上之问题。今不晓孔子自身对于宗教哲学上之意见何若；惟其教弟子，则惟着紧人生一面，而宗教与哲学皆所不谈。今《论语》中记孔子论及"道"字者甚多。然仅说"道"字，本与"天道"有辨。朱子释之曰："道者，事物当然之理。"又曰："道则人伦日用之间所当行者是也。"则孔子之所谓道，其涵义亦在于人生可知。今略引其说如此。

《里仁》：子曰："富与贵，是人之所欲也；不以其道，得之不处也。贫与贱，是人之所恶也；不以其道，得之不去也。君子去仁，恶乎成名？君子无终食之间违仁，造次必于是，颠沛必于是。"

据此，则孔子之所谓道，即仁也。

《季氏》：孔子曰："天下有道，则礼乐征伐自天子出；天下无道，则礼乐征伐自诸侯出。"又曰："天下有道，则政不在大夫；天下有道，则庶人不议。"

据此，则孔子所谓道，即礼也。自其表于外者而言曰礼，自其蕴于内者而言曰仁。此二者，皆孔子之所谓道，特所从言之异辞耳。

先生据《里仁》、《子罕》、《卫灵公》等章说，道既为人生运用之一事，则道固随人生之不同而变。夫人有性情之不同，有地位之不同，有时代之不同，则道亦宜有不同，固莫能相为谋也。孔子生二千五百年前，彼自为二千五百年前人谋。我侪生二千五百年后，我侪之人生，我侪当自谋之，孔子不能强为我侪预谋也。或者乃欲以孔子在二千五百年前之所谓道、所谓礼者，求其一一强行于二千五百年后之今日；是不徒不当于孔子之所谓"权"，抑其人既愚且懒，亦不足以当孔子之所谓"立"。彼惟依赖于孔子之预为之谋，亦未尝能"适道"。彼特求道之弘人者耳。彼求道之弘人，遂尊其道曰天道，而曰："天不变，道亦不变。"则固孔子所难言也。然则吾侪今日。惟当各本吾侪当身之真情，各本吾侪内心之仁，以自谋吾侪今日当行之道，以自务吾侪今日当兴之礼；固不必屑屑以求合于孔子当日之所谓道与礼者，始有合于孔子"不相为谋"之说也。故孔子又曰："为仁由己，而由人乎哉！"由己不由人，即不相为谋也。后人都以君子小人善恶邪正说道之不同，是犹浅之乎言之也。（以上见同上书，页一〇六～一一〇。）

论君子：先生谓，君子者，盖孔子理想中一圆满人格之表现也。

《卫灵公》：子曰："君子谋道不谋食。耕也，馁在其中矣；学也，禄在其中矣。君子忧道不忧贫。"

先生按："孔子以耕、学分言，自是针对当时社会之生活状况而言。然要之求衣求食，为人类比较低级之冲动；求道与学，为人类比较高级之冲动。吾人惟能以高级冲动支配其低级冲动者，乃得为君子。此孔子之意，仍得适用于今日，时虽变而理不易也。读古书，论古人者，当知此意。"

在《论语》的《里仁》、《宪问》、《为政》、《卫灵公》、《颜渊》等章中的"君子",都是论君子之德性。先生说:"今约而言之,则君子当有高尚优美之情操与德性,一也。君子贵实行不尚空言,二也。君子重礼义尚群德,三也。君子有自得之乐,四也。孔子之言君子,大略如是。古人本以'君子'为贵族有位者之称,'小人'为平民在野者之称。《论语》中亦有言及君子、小人之辨者,则有指其德性品格而言,有指其地位阶级而言。此读者所明辨也。"先生因略引十条,加以阐明。编者在此仅举出其中一条为例,以明之。

《里仁》:子曰:"君子喻①于义,小人喻于利。"(①晓也。)

先生引董仲舒云:"公仪子相鲁,见其家织帛,怒而出其妻;食于舍而茹葵,愠而拔其葵;曰:'吾已食禄,又夺园夫女红利乎?'古之贤人君子在列位者皆如是。及周之衰,其卿大夫缓于谊而急于利,故诗人刺之,曰:'节彼南山,维石岩岩。赫赫师尹,民具尔瞻。'尔好义,则民向仁而俗善;尔好利,则民向邪而俗败。由是观之,天子大夫,下民之所视效,岂可居贤人之位而为庶人之行哉?夫皇皇求财利,惟恐匮乏者,庶人之意也。皇皇求仁义,常恐不能化民者,卿大夫之意也。"先生说:"董子之论,即《论语》本章之义。古人谓守职业求财利为小人在野者之事,至君子有位则不应更求财利,即孟子所谓"治人者食于人,治于人者食人"之意也。此章君子、小人,古人皆以有位与在野为解。迨至后世,社会上显然之阶级已不存在,于是遂专以为有德、无德之辨。凡其专注意于一身一家之私利者,则鄙之为无德之小人;凡其专注意于众是众非之公义者,则尊之为有德之君子。此虽与董子之解不同,要亦不能遽认为遂违《论语》之真义也。"(以上见同上书,页一一○~一一六。)

论学:先生谓,孔子一伟大之学者也。又其自述,为一毕生好学不倦之志士。则其论学之语,宜多可采者。惟以时代之相去既远,在孔子当时之所学,已有与今绝不类者。则孔子之言,容有不尽合于今日。今择其精要语,不为时效所限者,录之如次。

一九二五年 乙丑 三十一岁

《雍也》：子曰："知之者不如好之者，好之者不如乐之者。"

先生说，此最论学之精语也。孔子于门人中，独称颜子好学。又谓"一箪食，一瓢饮，在陋巷，不改其乐"，正谓不改其好学之乐。孔子"疏食饮水，乐在其中"，亦此乐也。故曰："发愤忘食，乐以忘忧。"则孔子论学，亦以性情为主也。

《为政》：子曰："学而不思则罔，思而不学则殆。"

先生说，此亦孔子论学精语也。朱子曰："不求诸心，故昏而无得。不习其事，故危而不安。"孔子之论，实能内外交修，以经验与思想并重，绝无偏倚之弊焉。

《卫灵公》：子曰："吾尝终日不食，终夜不寝，以思，无益。不如学也。"
朱子曰："此为思而不学者言之。"
《卫灵公》：子曰："赐也！女以予为多学而识之者与？"对曰："然。非与？"曰："非也。予一以贯之。"

先生按：多学而识，即学而不思者也。惟思而后可以得其一贯。此后孟子论学，深得孔子之意。故曰："思则得之，不思则不得也。"又曰："是不为也，非不能也。""亦在为之而已。"孟子之"思""为"并重，即孔子之"学""思"并重也。

《为政》：子曰："温故而知新，可以为师矣。"

温故即"博学于文"，多见多闻，时习有说，学之事也。知新则"约之以礼"，通今改用，践履有悟，思之事也。若是则可以为师。此孔子论学之宗旨也。（以上见同上书，页一一七～一一九。）

第六章为孔子之弟子。分为两节：一、姓名籍贯年龄。二、品题事略。先生依据《洙泗考信录》指出，《史记·孔子世家》载："孔子以诗书礼乐教，弟子盖三千焉。身通六艺者，七十有二人。"考诸古书，殆不然。孟子云："以德服人者，中心悦而诚服也，如七十子之服孔子也。"是孔子门人实仅七十，安能有三千之多？是必后人之奢言也。先生又指出，诸弟子的年岁，"颇多舛误，更难深考。要之孔门弟子，有先、后辈之别。先辈从游在孔子去鲁至卫以前，如颜渊、闵子骞、子路、子贡……后辈从游在孔子自卫返鲁之后，如子游、子夏、曾子、有子……此则略可断者。"

孔子于诸弟子时有称论，故品题事略均见《论语》中所记。（以上参见同上书，页一二一～一五七。）

综览《要略》全书，诚如曾遍读钱先生著作有六十余年之久的史子明先生评曰："爬梳既有之资料，分别为事迹、生活、人格，学说抱客观态度，加以研讨，确定孔子为一伟大思想家，与人云亦云，盲目崇拜者之论议，有所不同。"

一九二六年　丙寅　三十二岁

一　国内大事

发生中山舰事件。

段祺瑞被逐，临时政府倒台。

国民革命军誓师北伐。

二　事略

续任教于江苏省立无锡第三师范。

春季中一日，前后宅小学同事国语教师赵君自上海来访，约先生至其下榻旅馆相叙，并告知先生他已加入国民党，特邀先生入党。即赠先生孙中山所著《三民主义》一册，嘱试读之，可于下周回音。下周，赵君又来，问先生已读此书否。先生说："余读此书，震动佩服，回出读其他现代人一切著作之上。"赵君曰如此当可即日入党。先生告以："此事余已细思，他日余学有进，当对此书致力阐扬。苟入党，则成为一党人，尊党魁，述党义，国人认余为一党服务，效力有限。余不入党，则为中国人尊一中国当代大贤，宏扬中国民族精神，一公一私，感动自别。余意已决，幸勿再劝。"赵君怅然别去。先生说："余之悉心读《三民主义》，则自赵君始。"后来先生著《国学概论》一书，即以《三民主义》为殿，并及于孙中山的《知难行易》学说。开重视中山先生学术思想的先河。

秋季，随班递升教四年级，依校规兼开国学概论课程，遂编撰《国学概论》一书。（上见《八十忆双亲师友杂忆合刊》，页一二四、一二五。）

三 著述

是年,《孟子要略》由上海大华书局出版。后收入联经《全集》第二册,二〇〇〇年收入兰台版《四书释义》。

《孟子要略》一书,计分七章。一、孟子传略。(附《孟子年谱》)二、孟子对于当时政治之主张。(附《孟子之政治思想》)三、孟子对同时学者之评论。(附《孟子对于当时从事政治活动者之批评》)四、孟子与门弟子对于士生活之讨论。五、孟子之性善论。六、孟子之修养论。七、孟子尚论古先圣哲及自道为学要领。一九四七年岁尽,先生在弁言中说:

孟子之学,辜较言之,所为有大贡献于后世人群者,厥要有三。一曰发明性善之义。此乃中国传统政教纲领,亦即中国传统文化精神之所依寄,而其义首由孟子畅发之。苟非人性之善,则人类社会,不过一功利权力欺诈杀伐之场,能以法律暂维于不溃,斯为郅治升平矣。而法律之效终有际限,乃弥缝以宗教,博爱慈仁,皆出帝意,人生与罪恶俱来,非皈依上帝,即无以自赎,亦无以得救。则宗教与法律,相辅相成。若果不信斯世之外尚有一上帝,则如印度有释迦,中国有庄老,惟有破弃人类,归之虚无寂灭。独中国传统政教大纲,既不仰赖宗教,又不偏仗法律,而汲汲为斯世大群谋福利;亦不蹈老释之悲观与消极;则惟以主人性本善故。孟子曰:"养其大体为大人,养其小体为小人。"孟子之言性善,亦标准于大人而言也。故其道性善,言必称尧舜,尧舜大人也。大人者,得人类此心之所同然,所谓"不失其赤子之心",赤子之心即心之同然也。夫使千古人心之同然者而必归于恶,则法律终为在外之箝制,纵使上帝慈仁,亦将于事无济。故耶教信仰,必有世界末日,则与老释之虚无寂灭,岂不同其归宿?今使转易其辞,指凡千古人心之所同然者而曰此即性也,此即善也,则不烦有上帝;而法律亦人性之善所自创。善无终极,斯世界无末日,人生不虚无,而政教有所企向,文化有所期望。此孟子性善之学所为有大贡献于后世人群者一也。

二曰孟子言养气。人类之于宇宙,个人之于社会,其小貌焉,其暂忽焉；而孟子曰："我善养吾浩然之气。其为气也，至大至刚以直，养而无害，则塞于天地之间。"夫而后小者有以见其大，暂者有以见其久。于何能尔？亦曰我一人暂尔独然之气，有以合乎众人千古同然之性，斯即所谓"配义与道"也。道者，人群千古之所同；义者，我一人暂尔之所独。何以我一人暂尔之独而谓之曰义？曰：惟此一人暂尔之独，有以会乎人群千古之同，故以谓之义也。浩然之气，则集义所生。夫使其人暂尔之所独，无不合乎大群千古之所同，则其气浩然矣。斯言也，斯行也，皆其人一时暂尔之气之动，果其无当于千古人群之性之同，则是貌焉忽焉者，又何道而得浩然塞天地乎？故非善养气，即无以尽其性之善。人之不能尽其性而极乎善者，皆其养气之功有不至也。孟子道性善，指大群千古同然之本体；孟子言养气，指小我暂忽所独之工夫；必兼二者，而后表里备，本末俱。此孟子养气之学所为有大贡献于后世人群者又一也。

三曰孟子言知言。当孟子之时，群言尨杂，是非淆乱，家家自以为大道，人人自以为正义，而不知其皆貌焉忽焉，特一气之动而已。使我而无以知道义之正，定是非之宗，则终亦自陷于貌焉忽焉之一气之动而止，又何以得浩然者而养之乎？故知言者，又养气之工夫也。若何而知？曰：知之以大群千古之所同。凡其无当于大群千古之所同者，皆其人暂尔之独，是皆一气之动，非所谓道与义也。孟子道性善，言必称尧舜，拒杨墨，而曰："乃我所愿，则学孔子。"尧舜孔子，乃人群千古之同，杨墨则暂尔一人之独。此何以知？知之于千百年之后，孔子之道大行，杨墨之言已熄，则易。知之于千百年之前，杨墨之言盈天下，天下不之杨则之墨，当时天下皆不知而孟子独知之，则难。故曰："能言拒杨墨者，圣人之徒也。"是孟子亦知其难矣。而孟子独何以知？曰：孟子亦知之以人性，知之以人性之皆善而已。墨氏兼爱，是无父也；杨氏为我，是无君也；无父无君，是禽兽也。不知人性自有仁，故外假天志而侈言兼爱；不知人性自有义，故退就一己而昌言为我。兼爱、为我非不是，其病在于昧人性。人性自有仁义，此人性之所以善；仁义原本人性，此仁义之所以为善。杨墨违人性背仁义而言兼爱、为我，孟子拒之，亦所以发明人性之善也。故曰："诐辞知其所蔽，淫辞知其所陷，邪辞知其所离，遁辞知其所穷。生于其心，害于其政，发于其政，害于其事。"诐淫邪遁，其先皆病于心。己心既病，则无以见人性之同。孟子之知言，亦在乎知人心而已。诗曰："他人有心，予忖度之。""执柯伐柯，其则不远。"故孟子曰："思则得之，不思则不得也。"人莫不有心，心莫不能思，先立乎其大者，则小者不能夺也。故曰："归而求之有余师。"又曰："人皆可以为尧舜。"上求之千古群心之同，近反之一己当心之独，而有以见其会通焉，斯可以证人性之善，而知言之学亦尽于此矣。故孟子之论知言，其实即心学也。孟子曰："尽心可以知性，尽性可以知天。"夫曰可以知天，又何论乎知言哉！人必能知言而后可以卓然自出于群言之表，不夺不惑，有以养其浩然之气，而尽吾性以极乎善也。此孟子知言之学所为有大贡献于后世人群者三也。此三者，其实则一，皆所以尽人心而发明性善之旨也。

孟子生于乱世，外则发明人性之善，内则自尽吾心，以知言养气为务。必孟子之学昌，而后拨乱世而反之治者可期。亦必遵孟子之涂辙，而后可以得孔学之真趋。二十年前，曾为《论语》、《孟子要略》两编，提要钩玄，期于普及。读者倘会合而观，其果于当世之人心稍有裨补，则尤私衷之所恳切而祈祷者也。（以上见兰台版《四书释义》，页一六三～一六六。）

《孟子要略》各章内容之大要如下：

第一章　孟子传略

先生在此著《先秦诸子系年》自序中曾说："余草《诸子系年》，始自民国十二年（一九二三年）秋，积四五载，得考辨百六十篇，垂三十万言。一篇之成，或历旬月，或经寒暑。少者三四易，多者十余易，而后稿定。自以创辟之言，非有十分之见，则不敢轻于示人也。"故本章传略，大抵为《系年》有关孟子考辨的节要。又言："知人论世，贵能求其并世之事业，不务详其生平之年寿。"一般最为引起争议的孟子的著述，先生认为，《史记》云："当孟子之时，天下方务于合从连横，以攻伐为贤，而孟轲乃述唐、虞、三代之德；是以所如者不合，退而与万章之徒序诗书，述仲尼之意，作《孟子》七篇。"（《史记·孟子荀卿列传》）是谓孟子退老著书，而万章之徒预其事。赵岐云："孟子退而论集所与高第弟子公孙丑、万章之徒难疑答问，又自撰其法度之言，著书七篇。"（《孟子题词》）是亦谓七篇乃孟子自撰，而又有公孙丑、万章之徒之所记录也。清儒崔述云："《孟子》一书，为公孙丑、万章所纂述者近是。谓孟子与之同撰，或孟子所自撰，则非也。《孟子》七篇之文，往往有可议者，如决汝汉，排淮泗而注之江，伊尹五就汤，五就桀之属，皆于事理未合。果孟子所自著，不应疏略如是，一也。七篇中称时君皆举其谥，如梁惠王、襄王、齐宣王、鲁平公、邹穆公皆然。其人未必皆先孟子而卒，何以皆称其谥？二也。七篇中于孟子门人多以子称之，如乐正子、公都子、屋庐子、徐子、陈子皆然。不称子者无几。果孟子所自著，恐未必自称其门人皆曰子，三也。细玩此书，盖孟子之门人万章、公孙丑等所追述。故二子问答之言在七篇中为最多，而二子在书中亦皆不以子称。"（《孟子事实录》）今会合三说，殆孟子自有所撰，而终成于万章、公孙丑之徒之所撰集，最为近是。赵岐云："又有外书四篇——性善辩、文说、孝经、为政——其文不能宏深，不与内篇相似，似非《孟子》本真，后世依仿而托之。"（《孟子题词》）今考诸书称引《孟子》逸文者，皆肤浅无足取。赵氏之辨，盖可信也。（以上见联经《全集》之二《四书释义》，页一六七～一八〇。）

第二章　孟子对于当时政治之主张

先生在此章中指出，"孟子对于当时政治之主张，可于其与列国国君之言论征之。"而这些言论大多载于《梁惠王》、《公孙丑》、《尽心》以及《离娄上》篇诸章中，因为先生所引之原文甚多，在此皆不录出，仅录出先生的意见。先生说："其在邹，邹君问民不死敌，孟子劝以行仁政；其在滕，滕文公问为国，孟子教以民事不可缓；其重民之意可见。其至梁，梁惠王问何以利吾国，孟子告之以仁义。其他与惠王论政之语尚多，要以经济民生为重。其见梁襄王，论不嗜杀人者可以一天下。其见齐宣王，教以为政重在经济民生，而归其本于推广其一己仁民爱物之心也。而要其极于上下之同乐也。人君能与民同乐，则其君好乐、好货、好色、好勇皆不为病。人君不能与民同乐，则其民背国、叛君、犯法、陷罪亦不为过。此孟子之意也。孟子论人君亦当负政治上之责任。论人民有革命之权利。论人臣有变易君位之责任。在孟子时，贵族阶级之制度尚未泯绝，故孟子专以易君之责归之'贵戚之卿'。自秦以后，贵族制度既破，更不必有贵戚。异姓之别。则为人臣者，皆有变易君之责任。惜乎后人未能阐明孟子此意也。"

先生综述孟子论政大意：盖本其性善之旨，谓人人皆可以为善；其陷于为不善者，皆非其人本身之罪，或由于教育之不明，或由于生计之不裕，而生计之关系为尤大。故为政者，当先注意发展国民之生计，次之以教育，则上下同乐，各得遂其所欲矣。否则国民以暴君苛政之故，不免于死亡，则陷于刑辟非其罪，背国叛君非其过。其君为匹夫，为其臣者可以去，可以易其位，可以诛其人。其论实较孔子"正名复礼"之主张为进步矣。惟孟子始终未明倡"平民革命"之说，则以限于时代，见不及此，不足为孟子病也。

附：孟子之政治思想

《孟子》一书中，论政治者甚多，不胜备述。先生又于《公孙丑》、《离娄》、《尽心》等诸章中，择要录出，作为研读《孟子》者以相参证之用。

先生归纳孟子政治思想，要不出两大纲；一曰"唯民主义"。舍民事则无政事，而尤以民生为重，一也。二曰"唯心主义"。为政者当推扩吾心之仁，以得民心之同然，而归极于天下皆仁，二也。一言以蔽之，则"推仁心，行仁政"是也。其他凡言政治，胥可以是义通之，读者可自为寻究。（以上见同上《四书释义》，页一八七～二〇六。）

第三章　孟子对同时学者之评论

先生认为，孟子对于政治之主张既明，今当进而研寻孟子对于同时一辈学者之评论。明此，则可知孟子时代之学风，与孟子学说之地位也。

先生据《滕文公下》，孟子回答公都子曰："外人皆称夫子好辩，敢问何也？"的一番话，则知孟子对于当时学风最盛行之杨、墨二派，实抱严峻之批评主义；而孟子又颇以此事自负，以与禹治洪水、周公膺夷狄、孔子作《春秋》相提并论，自居为平生最大最要之事业。故凡治孟子学说者，于其批评同时各学派之议论，不可不最先注意也。先生依据《孟子》书为之条举如次：

（一）论许行并耕之说不可行

先生说：按许行之学，他处无可考见，可知者惟此。盖亦当时一重要之学派。墨子之学，重农节用，大俭约而僈差等，非礼乐而务形劳；许行盖其后起也。墨学盛于南方，许行楚人，亦南方之墨者矣。孟子驳许行并耕之说，谓圣人治天下，则无暇兼事生业；此在墨子当时亦言之。《墨子·鲁问篇》云："鲁之南鄙人有吴虑者，冬陶夏耕，自比于舜。子墨子闻而见之。吴虑谓子墨子曰：义耳义耳！焉用言之哉？子墨子曰：'子所谓义者，亦有力以劳人，有财以分人乎？'吴虑曰：'有。'子墨子曰：'翟尝计之矣。翟虑耕而食天下之人矣，盛然后当一农之耕。分诸天下，不能人得一升粟，藉而以为得一升粟，其不能饱天下之饥者，既可睹矣。翟虑织而衣天下之人矣，盛然后当一妇人之织。分诸天下，不能人得尺布。藉而以为得尺布，其不能暖天下之寒者，既可睹矣。翟虑披坚执锐救诸侯之患，盛然后当一夫之战，其不御三军，既可睹矣。翟以为不若诵先王之道而求其说，通圣人之言而察其辞，上从王公大人，次匹夫徒步之士。王公大人用吾言，国必治；匹夫徒步之士用吾言，行必修。故翟以为虽不耕而食饥，不织而衣寒，功贤于耕而食之、织而衣之者也。故翟以为虽不耕织乎，而功贤于耕织也。'"据此，则墨子亦认学者之生活，不必亲操劳作也。今谓许行学说为墨子之流派者，每一学派之传授，率有其递演递进，而末流异于起源之势。若如墨子言，不事耕织而功贤于耕织，推而广之，即生孟子"后车数十乘，不足为泰"之结论，而墨子尚俭约、非礼乐之主张破矣。故推极墨子兼爱尚俭之理论，势必至于如许子所持，而后圆满。故此正为墨子学说之演进也。

先生又按道：许行理论，盖分三点：（1）人人自食其力，无分贵贱，都须劳动。(2) 人类劳动,以分工互助为目的。故主以工品直接交易,而打破资产牟利之制。(3) 人类既尽能以劳动相互助,则可以无政府之设施。孟子则谓既从事于政治,即无暇业生产。其言根据历史事实,无可非难。故苟主并耕之说者,非打破人类之政治组织不可,尤非证明人类可以无政治不可。今许行谓"并耕而治",非无治也,则宜为孟子所驳矣。《汉书·艺文志》称:"农家者流,以为无所事圣主。"则孟子劳心者治人,劳力者治于人之说,农家当根本否认。不知许行当时已有此论,而《孟子》书中略不之载欤?抑自许行以后,乃始更进一步而为无治之主张欤?今亦不可考定矣。同时有庄周,力倡人类可以无治之说,实可为许行张目。然无治之论,至今犹为高调,未可见之实施。则孟子之说,为切近于人事矣。

(二) 论白圭二十税一为貉道

《告子下》载:"白圭曰:吾欲二十而取一,何如?孟子曰:子之道,貉道也。……"先生评论道:

白圭名丹,曾见信于梁惠王,以善治水称。其主二十税一,较之许行并耕之说,和缓多矣。然亦以在上者之仓廪府库为厉民自养,故主轻税利民;是亦墨家兼爱尚俭之旨也。孟子平日亦言轻税薄敛,然白圭言二十税一,则斥为"貉道"者,孟子论政重民事,国家赋之于民,还以用之于民。其政治组织之完备与否,即足以代表其民族文化之高下。赋敛过重,固为虐政;过轻,则亦不足以行使政治,而自同于野蛮无文化之民族也。孟子以政治比陶匠,盖认政治事业为人类社会分工合作之一端,而尤为重要者;其持论与答许行略同。

(三) 论陈仲子苦行为不能充其类

先生论道:墨家既认政府之有仓廪府库为厉民自养,如上述许行之论;则凡贵族生活,不亲操劳作而安享其下之供奉者,在墨家视之,均为不义,自不限于国君一人可知。陈仲子,盖亦信奉此主义之一人矣。仲子本世家,其兄戴,食禄万钟,而仲子以为不义。非不义其兄也。不义夫当时贵族阶级之制度,不义夫凡为不劳而食者也。其实行自食其力之生活,盖与许行相似,而其处境弥苦,其制行弥高,其信道弥笃矣。故孟子虽非之,而亦不得不推为齐士之巨擘也。孟子所以非仲子者,在不能充其类。盖仲子既与妻同居，即证其不能脱离人类社会共同之生活。既不能脱离人类社会共同之生活，而独辟兄离母以为廉，此孟子所以讥其不能充类也。盖仲子自以不恃人而食为义，而孟子则认为人断不能脱离人群而自存，是即不能不恃人而食，故以仲子之辟兄离母为不义。仲子求全于彼而先失于此，故孟子谓其不能充也。

《尽心上》："孟子曰：仲子，不义与之齐国而弗受，人皆信之，是舍箪食豆羹之义也。人莫大焉亡亲戚、君臣、上下；以其小者，信其大者，奚可哉？"

孟子之意，谓仲子仅能辞爵禄，苦身自给，惟合小义。而不知人群相处，伦理之组织，如亲戚、君臣、上下，凡所以维系家国社会之道，仲子均不之顾，是乃大不义也。时人慕其小义，遂忘其大不义，而亦连类信之以谓义，则不可也。盖仲子否认当时贵族阶级生活之特权，而实行其普遍之劳动自给主义，因亦不认有政治之组织，故孟子斥之谓"亡亲戚、君臣、上下"也。《韩非子·外储说》左上亦载陈仲子事云：齐有居士田仲者，宋人屈谷见之，曰：谷闻先生之义，不恃人而食，今谷有巨瓠，坚如石，厚而无窍，将以献之先生。仲曰：夫瓠，所贵者，谓其可以盛也。今厚而无窍，则不可剖以盛物；坚如石，则不可剖以斟；吾无以瓠为也。曰：然！谷将弃之。今先生虽不恃人而食，亦无益人之国，亦坚瓠之类也。其批评仲子，殆与孟子取同一之态度者。盖许行、陈仲者流，有感于当时贵族阶级之奢侈淫佚、残民以逞，故激而倡为并耕之论，不恃人而食之义；而孟子、屈谷之徒，则谓君子而在上位，惟求能平治利济，则虽受人之奉养而不为过也。《齐策》："赵威后问齐使者曰：'于陵仲子尚存乎？是其为人也，上不臣于王，下不治其家，中不索交诸侯；此率民而出于无用者，何为至今不杀乎？'"此云家者，乃贵族之大家，非士庶人五口之家也。仲子本贵族，逃而为庶民之生活，与其妻织履辟纑以为生，故曰"不治其家"也。当时如四公子之属，方以其富贵声势倾天下之士；而范雎、蔡泽、张仪、犀首之徒，亦可挟其材辩，取卿相之位，以金玉锦绣自奉。举世仰慕，莫知其非义者。而仲子独以为不义,退然逃避,自苦以农夫奴隶之役。其意量节操,为何如耶?无怪其以一隐士,而名动诸侯,至见忌邻国之母后,乃欲杀之以为快矣。则其特立矫世之风,转移视听之力,亦不可谓真无用于世。孟子尚论古人,亟称伯夷,以为圣人之清者;而自比于孔子,谓孔子乃圣之时。若许行、陈仲,不几于圣之清者耶?而孟子力斥之,讥之为蚓操,斥之为大不义,而比之于洪水猛兽。孟子亦自道其苦心,曰:"予岂好辩哉?予不得已也。"盖在孟子当时,许行、陈仲之徒,其学说歆动人心之力甚强,而学术之偏,失之毫厘,差以千里。惟孟子知言工夫之深切,故能剖析以归于至当。凡此皆读者所当平心静气以观察焉者也。

(四)论夷之爱无差等之说为二本

先生据《滕文公上》所载而论曰:夷之亦墨者,其事不详于他书。墨主薄葬,而夷之葬其亲厚,已为信道不笃,亦见墨主兼爱之无当于人心也。孟子谓"一本"者,即所谓恻隐之心,人皆有之,扩而充之,则仁不可胜用也。谓夷之"二本"者,爱一本诸于心,即一本诸于我。夷之墨徒,谓他人之父若己父,故欲同其爱,则我之与人为二本矣。墨家常言"视人之父若其父",斯为兼爱。然设遇凶岁,二老饥欲死,一为吾父,一为他人父,得饭一盂,不能兼救二老之死,将以奉吾父耶?抑亦奉他人之父耶?若兼而分之,则既不足以救人之父,亦且不足以救己之父;而彼二老者,仍将兼饿而死。则墨子之兼爱,其势将转成兼不爱。墨子之所谓视人之父若己之父,其实则视己之父若人之父耳。孟子曰:"墨氏兼爱,是无父也。"盖即此意。夷之虽厚葬其亲已背墨道,而犹谓爱无差等,则不知反求诸心者也。故孟子告之以"一本"之意。

(五)论宋牼以利害说时君之不当

先生据《告子下》而论道:宋牼,亦墨家也。《庄子·天下篇》云:"墨子,真天下之好也。宋钘、尹文,闻其风而悦之,作为华山之冠以自表。见侮不辱,救民之战;禁攻寝兵,救世之战。以此周行天下,上说下教,虽天下不取,强聒而不舍。"此宋牼即宋钘也。孟子亦云:"争地以战,杀人盈野;争城以战,杀人盈城。此所谓率土地而食人肉,罪不容于死。"则孟子固亦反对战争。其所以不满于宋牼者,乃在牼之以利害计较为前提耳。墨家学派,凡事以利害计较为前提,孟子则以吾心之真仁至感为前提；此其最不同之处也。

以上所举，皆孟子辟墨之说也。至于"杨朱为我"，其书不传于后世。当时为杨朱徒者，亦无确然成名之家，故九流无杨。或疑杨朱之后传为庄老，然今《孟子》书亦无辟庄老者。吾意当孟子时，虽曾有杨朱其人，倡为我之说，而未曾著书立说，成一家之言；亦未尝有门徒后学，创立宗派；与儒墨之有大师、有门徒、有宗派、有著述者本不同。孟子本不宗墨、乃以墨翟与杨朱为伍，非真当时别有一大师为杨朱，其学风足以鼓动一世如孔子、墨子而鼎足为三也。孟子所谓"今天下不归杨则归墨"者，特就其时人言论行事之性质而推言之。其务外为人者，则孟子斥之曰此"墨翟兼爱"之类；其自私自利者，则孟子斥之曰此"杨朱为我"之类也。孟子又言之曰："鸡鸣而起，孳孳为善者，舜之徒也。鸡鸣而起，孳孳为利者，跖之徒也。欲知舜与跖之分，无他，利与善之间也。"（《尽心上》）夫谓舜之徒、跖之徒云者，亦非真为舜徒、真为跖徒，犹其云不归杨则归墨，同为设譬之辞也。且舜为一帝，跖为一盗，未可并列；犹墨翟为一代大师，而杨朱或仅为一士；在孟子惟取其相反以见义，本非为跖与舜有同一之势位，杨与墨有同一之风化也。孟子又曰："杨朱取为我，拔一毛而利天下，不为也。墨子兼爱，摩顶放踵，利天下为之。子莫执中，执中为近之。执中无权，犹执一也。所恶执一者，为其贼道也。举一而废百也。"（《尽心上》）

孟子于杨朱外又别举一子莫。赵岐云："子莫，鲁之贤人也。"于子莫行事学说亦不详。知子莫亦非当时大师。以子莫推杨朱，可知其不必为大师矣。余考先秦书称述杨朱者甚少，《吕氏春秋》云："阳生贵己。"当即杨朱。《淮南子》谓其"全性葆真，不以物累形"。殆均本诸孟氏"为我"之说以为言。此外《庄子》书言杨朱，率寓言。或并言杨墨，疑亦本孟子。《列子》伪书不可信。要之杨朱非当时大师，否则不应无门徒、无著述、无遗文佚史可传述也。孟子辟墨，故其后遂有儒墨之争，为先秦学术界一大事。至于杨与墨争，儒与杨争，其事皆难可考见。则以杨本不成学派。谓杨墨者，特孟子一时之私言。今即据《孟子》书，亦无确然可推其孰为治杨朱之学者。姑以意引其较为近似者，或即孟子所谓归于杨朱"为我"、"无君"之类者耶？

(六) 与淳于髡辨礼

先生据《离娄上》说：《史记》："淳于髡，齐人也。博闻强记，学无所主，其陈说慕晏婴之为人也。然而承意观色为务。客有见髡于梁惠王，惠王屏左右，独坐而再见之，终无言也。惠王怪之，以让客曰：'子之称淳于先生，管晏不及。及见寡人，未有得也。岂寡人不足为言邪？何故哉？'客以谓髡，髡曰：'固也。吾前见王，王志在驱逐；后复见王，王志在音声；吾是以默然。'客具以报王，王大骇曰：'嗟乎！淳于先生诚圣人也。前淳于先生之来，人有献善马者，寡人未及视，会先生至；后先生之来，人有献讴者，未及试，亦会先生来。寡人虽屏人，然私心在彼，有之。'后淳于髡见，一语连三日三夜，无倦。惠王欲以卿相位待之，髡因谢去。于是送以安车驾驷，束帛加璧，黄金百镒，终身不仕。"然则淳于髡盖如田骈之俦，皆以不仕为名高者也。顾虽不仕为名高，而其心不能忘富贵，故不免于承意观色。其见惠王，初值献马者，后又值献讴者。讴人之与善马，或出髡之隐谋，预嘱其到时而献，若阳货之瞰孔子亡而馈孔子以蒸豚也。此小人之伎俩，而惠王惊叹以为圣人，乃至一语三日三夜无倦，而欲以卿相位之；此异乎孟子"何必曰利"，与惠王"愿安承教"之意矣。否则殆出后人妄谭。淳于髡虽善察颜色，不能精明一至此也。嫂溺之辩，盖孟子与髡相值于梁朝。孟子倡言救天下，与髡滑稽不同。髡乃讥之，谓君既求救天下，则曷弗出仕？髡之意，非真知重孟子之学，诚意劝孟子仕也；乃实深不喜于孟子救天下之高论，而为此讥难也。髡既以滑稽成名，浮沉世主以猎富贵，而其意若曰：天下非吾侪责，礼法非吾辈事；则殆孟子所斥杨朱"为我"、"无君"之一流也。学者观夫二人人格之高下，即可判其言论之是非矣。后淳于髡又与孟子辩于齐。

(七) 与淳于髡辨仁

先生据《告子下》分析道：此为淳于髡与孟子第二番辩论，乃在孟子仕齐而去之际。淳于髡讥之，先谓既有志救天下，则曷勿速仕？今则未见救天下之实效，则乌可以即去？要之非望孟子之久于其位，乃深讥其不当高论救世也。髡谓"先名实者为人，后名实者自为"，髡盖自居于"自为"，而谓孟子之高唱救世，实未见有"为人"之实也。故曰："儒者无益于人之国。"髡以滑稽自居,以不仕鸣高,本无为人淑世,求益人国之志。而孟子曰以救世益国为道者。髡则讥之曰:君既言之如此,即不应行之若彼也。《齐策》载:"齐人见田骈者,曰:'闻先生高义,设为不宦,而愿为役。'田骈曰:'子何闻之?'对曰:'臣闻之邻人之女。'田骈曰:'何谓也?'对曰:'臣邻人之女,设为不嫁,行年三十,而有七子。不嫁则不嫁,然嫁过毕矣。今先生设为不宦,资养千钟,徒百人。不宦则然矣,而富过毕也。'田子辞。"今淳于髡深不悦于孟子之进退,而自以不仕为高,亦邻女之不嫁者尔。至孟子进之难而退之速,高言救世,而又洁身自守,外本乎礼,内本其仁,宜乎髡之不识矣。以髡讥评救世之士而自溺富贵,故以为乃杨朱"为我"、"无君"之一流人也。

（八）答任人问礼

先生据《告子》而论道：任人未详其姓氏。以食色为重,而致疑于礼,则殆恣情性,放嗜欲,趣于自乐,亦孟子所谓"杨氏为我"之徒也。盖其时墨子一派专以自苦为极,救世为务,而反之者则主纵欲自乐。所谓"贤者过之,不肖者不及",而皆反对儒家之所谓礼。而其所以反礼者亦不同。墨者之非礼,如许引、陈仲之徒,大抵以礼为奢侈之本源,贵族之护符；故言自苦兼爱,则不得非礼。至于淳于髡及任人等,则认礼为生活之械杻,为情欲之障碍；故主为我自乐,亦不得不非礼。而孟子则两辨之。盖儒家之所谓礼,凡人群之组织,生活之范畴,行为之规矩,情性之准则,皆礼也；则宜孟子之重视夫礼矣。观夫杨墨两造对于礼之意见,则知儒家之为得其中道也。

（九）与告子辨性

先生据《告子上》论道：告子又见于《墨子》书,盖曾见墨子,于孟子为前辈也。此以杞柳喻性,杯棬喻义,盖疑性善为矫揉,以礼为非性情；推其极,亦将恣情性,放嗜欲,一趣于自乐,为杨氏重己之类也。焦循云："以己之心通乎人之心,则仁也；知有不宜,变而之乎宜,则义也。仁义由于能变通,人能变通故性善。杞柳为杯棬,在形体,不在性,性不可变也。人为仁义,在性,不在形体,性能变也。以人力转戾杞柳为杯棬,杞柳不知也；以教化顺人心为仁义,仍其人自知之,自悟之,非他人力所能转戾也。"今按：以杞柳为杯棬,则杞柳之生机绝矣；以人性为仁义，人性之生机非徒不绝，且益畅遂焉；此其所以异也。今告子以义为杯棬，则将破义以全性，故孟子谓其贼义也。

告子以杞柳杯棬喻人性与义，是以人之善由戕贼而成，是不顺也。孟子则为顺其性为善。告子又以水无分于东西，喻人性无分于善不善，是以人性善不善皆由决而成，皆顺也。孟子则谓不顺其性，乃为不善。两章可以互相发明。要之告子始终不信义之本于性耳。

告子曰："生之谓性。"离义于性而言也。犬牛有生，而不知义。生之谓性。则义非性也。孟子曰："人之性善。"离犬牛之性于人之性而言之也。犬牛之性不能善，故不知义；人性以能有仁义而称善也。故告子谓"生之谓性"本不误，惟不能谓犬牛之性犹人之性，则不能必谓义之非性。俞樾云："性与生古字通用。生之谓性，犹之性之谓性。其意若曰：性止是性而已。其善不善，皆非性中所有，不必论也。"此解亦通。要之告子志在外义于性也。

先生又就《告子上》："告子曰：食色性也。仁内也，非外也；义外也，非内也。"一段话和孟子的析辨而论道：

此告子分别言之，谓仁固属内而义则外也。首章告子云："性犹杞柳，义犹杯棬。"单提义字，知告子深不信义之由内发也。故曰爱之由我，长之由外。孟子之辨，则谓爱之长之，皆是由我。秦人之弟，非吾弟，以其亲不同，故不同爱。楚人之长，非吾长，以其长同，故同敬。秦人之炙，非吾炙，以其美同，故同嗜。知吾所以嗜之者，由心辨其美；则知吾所以长之者，由心识其长。若谓义之同长为外，则食之同美亦可谓之外乎？告子既知甘食为性，故孟子以嗜炙明之也。今按：告子论仁内义外，《墨经》中亦有辨诘。曰："仁，爱也；义，利也。爱利，此也；所爱利，彼也。爱利不相为内外，所爱利亦不相为内外。其谓仁内也。义外也，举爱与所利也，是狂举也。若左目出，右目入。"是墨家亦反对仁内义外之说也。又《墨子·公孟篇》云："二三子复于子墨子曰：'告子曰：墨子言义而行甚恶。请弃之！'子墨子曰：'不可。称我言而毁我行，愈于无。'"然则告子固与墨子持反对之态度者也。又孟子之称告子曰："告子先我不动心。"又曰："告子曰：'不得于言，勿求于心；不得于心，勿求于气。'"是告子之为人，盖一任其内心之自然，而不认有外部之理义法度者也。故余谓告子亦孟子所谓"杨氏为我"之徒也。

（十）答孟季子问义内

《告子上》："孟季子问公都子曰：何以谓义内也？曰：行吾敬，故谓之内也。乡人长于伯兄一岁，则谁敬？曰：敬兄。酌则谁先？曰：先酌乡人。所敬在此，所长在彼，果在外，非由内也。公都子不能答，以告孟子。孟子曰：敬叔父乎？敬弟乎？彼将曰敬叔父。曰弟为尸则谁敬！彼将曰敬弟。子曰恶在其敬叔父也？彼将曰在位故也，子亦曰在位故也。庸敬在兄，斯须之敬在乡人。季子闻之曰：敬叔父则敬，敬弟则敬，果在外，非由内也。公都子曰：冬日则饮汤，夏日则饮水，然则饮食亦在外也？"

季子无考。其人亦以为义外，而孟子辨之。焦循云："汤水之异，犹叔父与弟之异。冬则饮其温，夏则饮其寒，是饮食从人所欲，非人随饮食为转移也。故饮汤、饮水，外也；酌其时宜而饮者，中心也。敬叔父、敬弟，外也；酌其所在而敬者、中心也。孟子言位，公都子言时。义之变通，时与位而已矣。孟子学孔子之时，而阐发乎通变神化之道，全以随在转移为用，所谓集义也。而告子造义外之说，不随人为转移，故以勿求于气、勿求于心为不动心，与孟子之道适相反。义外之说破、则通变神化之用明。"

以上所举，殆即孟子辟杨之说。大抵墨之徒尚功利而骛外，故孟子矫之以内心之本源；杨之徒恣情欲而私己，故孟子正之以外部之规范。为杨墨之说者，亦各有其一偏之理由，与其一偏之精神，足以震荡世俗而汲引人心，故孟子遂比之于洪水猛兽也。惟自今日平心论之，则谓墨徒者，如宋牼、许行、陈仲之类，不徒其树义甚高，其制行亦甚卓；虽或流于偏激，要为豪杰之士；似非淳于髡、告子之徒所可及。故即观于《孟子》之书，亦知墨家兼爱，实为儒学劲敌。至如杨氏为己一派，虽颇合世俗之意，实不足以入学术之林。考诸先秦子籍，亦惟是儒墨之争，而无有所谓杨者。故余以谓杨墨并列，乃孟子之私言，非当时之情实也。同时南方有庄周，盛倡其汪洋自恣之言，颇有似于杨氏为我之意；然其陈义已深，其立行亦甚高，真能脱屣世俗而逍遥自得，以自证其所学；有异于溺食色，没富贵，而妄言性情者。故其意气亦足以转移一世视听，而遂有所谓道家之称。吾不知杨朱其人果何似？要之《孟子》书中，则杨墨不能相颉颃，明甚。然孟子辟杨墨，虽比之洪水猛兽，持以喻其学说风气之可畏耳，非有所深恶痛绝于其人也。故：

孟子曰："逃墨必归于杨，逃杨必归于儒，归斯受之而已矣。今之与杨墨辩者，如追放豚，既入其苙，又从而招之。"（《尽心下》）

此孟子不深绝杨墨之说也。赵佑云："逃墨之人始既归杨，及逃杨，势不可复归墨而归儒；假令逃杨之人始而归墨，及逃墨，亦义不可复归杨而归儒可知也。亦有逃杨不必归墨而即归儒，逃墨不必杨而即归儒者。非以两'必'字例定一例如是逃、如是归，且以断两家之优劣也。杨之言，似近儒之为己爱身；而实止知有己，不知有人，视天下皆莫不关情，至成刻薄寡恩之恶。墨之言，似近儒之仁民爱物；而徒一概尚同，不知辨异。视此身皆一无顾惜，至成从井救人之愚。其为不情则一。孟子之拒杨墨，盖未必有追咎太甚之事。孟子白明我今所以与杨墨辩者，有如追放豚然，惟恐其不归。其来归者既乐受之使入其苙，未归者又从而招之，言望人之觉迷反正无已时也。"据此，知孟子于当时之学风，虽加以严厉之抨击，而于此一辈之学者，则仍处以深厚之热情也。后人见孟子洪水猛兽之论，不明其"归斯受之"之意，于是而门户之争益烈，亦学术之一厄也。

附：孟子对于当时从事政治活动者之批评

先生再集《滕文公下》、《告子下》与《离娄上》诸章，就孟子对于当时从事政治活动者之批评而论道：

《滕文公下》："景春曰：公孙衍、张仪，岂不诚大丈夫哉！一怒而诸侯惧，安居而天下熄。孟子曰：是焉得为大丈夫乎！子未学礼乎？丈夫之冠也，父命之。女子之嫁也，母命之。往送之门，戒之曰：往之女家，必敬必戒，无违夫子！以顺为正者，妾妇之道也。居天下之广居，立天下之正位，行天下之大道；得志，与民由之，不得志，独行其道；富贵不能淫，贫贱不能移，威武不能屈，此之谓大丈夫。"

公孙衍、张仪，为六国策士之首，其时方更迭见信于魏。故景春有是问。而孟子答之如是，可以见孟子对当时一般得志用事者之态度矣。此从其内部人格而施以批评也。以下则就其外部之效果而批评焉。

《告子下》："鲁欲使慎子为将军，孟子曰：不教民而用之，谓之殃民；殃民者，不容于尧舜之世。……君子之事君也，务引其君以当道，志于仁而已。"

此孟子对于当时一般武臣为国征伐者之态度也。

《告子下》："孟子曰：今之事君者皆曰：'我能为君辟土地，充府库。'今之所谓良臣，古之所谓民贼也。君不乡道，不志于仁，而求富之，是富桀也。'我能为君约与国，战必克。'今之所谓良臣，古之所谓民贼也。君不乡道，不志于仁，而求为之强战，是辅桀也。由今之道，无变今之俗，虽与之天下，不能一朝居也。"

此孟子对于当时一般言富强、讲外交者之总批评也。

《离娄上》："孟子曰：求也，为季氏宰，无能改于其德，而赋粟倍他日。孔子曰：求，非我徒也。小子鸣鼓而攻之可也！由此观之，君不行仁政而富之，皆弃于孔子者也，况于为之强战？争地以战，杀人盈野；争城以战，杀人盈城。此所谓率土地而食人肉，罪不容于死。故善战者服上刑，连诸侯者次之，辟草莱，任土地者次之。"

持论与上同。

《告子下》："白圭曰：丹之治水也，愈于禹。"孟子曰："子过矣！禹之治水，水之道也。是故禹以四海为壑。今吾子以邻国为壑。水逆行，谓之洚水；洚水者，洪水也。仁人之所恶也。吾子过矣。"

此见孟子持论，皆以全体人民之利害为本，而不拘拘于一国之得失；故于当时功利之臣，皆抱反对之态度也。（以上见同上书，页二〇七~二三八。）

第四章　孟子与门弟子对于士生活之讨论

先生在此章开头说，孟子对于同时学者及政客之评论，其大要具如上述。顾当时虽孟子弟子，亦都不明其师之意；故其师弟子之间，亦多有问难。类而次之，亦足与前章相发明。

说："彭更，孟子弟子，以其师传食诸侯为'泰'（泰，同汰，奢也），谓士不可'无事而食'，是亦感受当时墨者之议论，慕许行、陈仲之义者也。孟子之辨，亦与其批评许、陈者一意。"（事见《滕文公下》）

公孙丑"不耕而食"之语，亦同于彭更之谓"无事而食"也。（事见《尽心上》）

孟子仕齐久，此王子垫，盖齐王之子也。亦致疑于士之无事而食，故为此问。顾亭林曰："古之谓士者，大抵皆有职之士；春秋以后，游士日多，而先王之法遂坏。彭更之言，王子垫之问，犹为近古之意。"（《日知录》）今按：孟子虽言尚志，又言食功。后之为士者，外托尚志之义，内无通功之实；是皆游士，非职士也。此惟许行、陈仲之论足以矫其弊，学者可互观焉。（事见《尽心上》）

《万章下》论"不见诸侯"之义最详悉。

先生又指出，《万章下》："万章曰：士之不托诸侯，何也？孟子曰：不敢也。诸侯失国，而后托于诸侯，礼也；士之托于诸侯，非礼也。……故曰王公之尊贤者也。"一段文字，此论"不托于诸侯"，较"不见诸侯"进一层，谓受其供养也。

先生对《告子下》，自陈子曰："古之君子，何如则仕？"至周之，亦可受也。免死而已矣。与《万章下》，孟子曰："仕非为贫也……"一段话说此皆孟子之论仕礼。盖贵族阶级之制度，至战国之世，已破坏不完，而平民遂多有为政治活动者，于是乃有士人阶级之兴起。盖在春秋之世，社会惟有世袭官禄之贵族，与躬操劳作之平民耳，未尝有"士"之一级也。自有所谓"士"者出，进可以觊官禄，退乃不甘操劳役。故如苏张纵横之徒，一切惟以猎取富贵为目的，而国之利病，民之祸福，有非所问。孟子恶之，而倡仕礼，盖深不欲士之轻于出仕，而流为妾妇之顺也。然当时之为士者，则又非仕无以为生，非如后世之士，可以拥田地，号素封，或坐皋比而称为儒。盖其时土田犹管于贵族，而平民阶级之教育未兴；故为士者，其势乃不得不仰养于政治。其激而为陈仲、许行，织屦编席，又孟子之所不愿。于是乃有"周之可受，免死而已"之论也。凡此皆必明于孟子时代社会组织之变动，与夫一般生活之情况，而后可以晓然于其立言之意。答以今日之观念论之，则国民之出而为政治活动者，乃以为国耳，固非所论于当局者之礼貌。其退政而休也，亦自有其应营之职业，更何得云免死而受周哉？故考论孟子书中辞受出处之辨者，贵能明其时代之背景也。

《公孙丑下》孟子去齐之事而论道，可见孟子之进退，一本其平日所持之议论。其高自位置，与仪、衍之"以顺为正"者迥异矣。（以上见联经《全集》二，页二三九~二五〇。）

第五章　孟子之性善论

先生说，孟子对于当时政治社会之主张，具如上所论。今当进而推求其学说之本源，则不可不明孟子言性善之旨。性善者，孟子学说精神之所在。不明性善，即为不知孟子。故凡研究孟子者，于其性善之说，不可不深注意也。

先生对《滕文公上》"滕文公为世子，将之楚，过宋而见孟子。孟子道性善，言必称尧舜"至《书》曰"若药不瞑眩，厥疾不瘳"的一段话而论道：

朱子云："孟子见人，即道性善，称尧舜，此是第一义。若于此看得透，信得及，直下便是圣贤，便无一毫人欲之私做得病痛。若信不及，又引成覸、颜渊、公明仪三段说话，教人如此发愤，勇猛向前，此外更无别法。"（《答梁文叔书》）今按：朱子此说，发明孟子性善之旨，最为简尽。盖孟子道性善，其实不外二义；启迪吾人向上之自信，一也。鞭促吾人向上之努力，二也。故凡无向上之自信与向上之努力者，皆不足以与知孟子性善论之真意，若从别一端论之，则孟子性善论，为人类最高之平等义，亦人类最高之自由义也。人人同有此向善之性，此为平等义。人人能到达此善之标的，此为自由义。凡不主人类性善之论者，此皆不主人类有真平等与真自由者。爰特揭此二义于先，以为考论孟子性善论之大纲焉。

其次，对《告子上》"公都子曰：告子曰：'性无善无不善也。'至'故有物必有则，民之秉彝也，故好是懿德'"一章，先生说，此章公都子列举论性诸说，而孟子总答之，实可谓孟子道性善之总论。陈澧云："孟子所谓性善者，谓人人之性皆有善，非谓人人之性皆纯乎善也。其言曰：'恻隐之心，人皆有之；羞恶之心，人皆有之；恭敬之心，人皆有之；是非之心，人皆有之。非独贤者有是心也，人皆有之。今人乍见孺子将入于井，皆有怵惕恻隐之心。人皆有不忍人之心。人皆有所不忍，人皆有所不为。'孟子言人性皆有善，明白如此。又曰：'虽存乎人者，岂无仁义之心哉？无恻隐之心，非人也；无羞恶之心，非人也；无辞让之心，非人也；无是非之心，非人也。'其言人性无无善者，又明白如此。公都子曰：'或曰：有性不善，以尧为君而有象。'孟子答之曰：'乃若其情，则可以为善矣，乃所谓善也。'此因有性不善之说而解其惑，谓彼有性虽不善而仍有善。何以见之？以其情可以为善，可知其性仍有善，是乃我所谓性善也。如象之性诚恶矣，乃若见舜而忸怩，则其情可以为善，可见象之性仍有善。是乃孟子所谓性善也。若论尧之性，岂得但云'可以为善'而已乎？盖圣人之性纯乎善，常人之性皆有善，恶人之性仍有善，而不纯乎恶；所谓性善者如此，所谓'人无有不善'者如此。后儒疑孟子者，未明孟子之说耳。"（《东塾读书记》）今按：陈氏之说，甚为明晰。孟子之意，仅主人间之善皆由人性来，非谓人之天性一切尽是善。吾所谓启迪吾上向上之自信，与鞭策吾人向上之努力者，必自深信人性皆有善与人皆可以为善始。否则自暴自弃，不相敬而相贼，而人类乌有向上之望哉？

伪孙《疏》云："情、性、才三者，合而言之，则一物耳；分而言之，则有三名。盖人之性本善，而欲为善者，非性也，以其情然也。情之能为善者，非情然也，以其才也。是则性之动则为情，而才者乃性之用也。"今按：孟子本情、才以验性，即就其已发而推论其可能，使人人有以自证，人人有以自信，而牖启其向上之志；此孟子道性善之意也。今再分条列举孟子主张性善之论证如次：

《公孙丑上》："孟子曰：人皆有不忍人之心。先王有不忍人之心，斯有不忍人之政矣。以不忍人之心，行不忍人之政，治天下可运之掌上。所以谓人皆有不忍人之心者，今人乍见孺子将入于井，皆有怵惕恻隐之心，非所以内交于孺子之父母也；非所以要誉于乡党朋友也；非恶其声而然也。由是观之，无恻隐之心，非人也；无羞恶之心，非人也；无辞让之心，非人也；无是非之心，非人也。恻隐之心，仁之端也；羞恶之心，义之端也；辞让之心，礼之端也；是非之心，智之端也。人之有是四端也，犹其有四体也。有是四端而自谓不能者，自贼者也；谓其君不能者，贼其君者也。凡有四端于我，知皆扩而充之矣，为火之始然，泉之始达。苟能充之，足以保四海；苟不充之，不足以事父母。"

先生说，恻隐、羞恶、辞让、是非之心，人类心理高尚之表现也。孟子指即人类高尚之心的表现，以明示人人有超人高尚之可能也。此即暂推久以证明性善之说也。故孟子论性善，在于举一人以推之于人人，指一时以推之于时时；实为吾人立一最高之标的，而鼓励吾人尽力以趋赴之者也。

又说，曹交问："人皆可以为尧舜，有诸？"（《告子下》）而孟子答以"亦为之而已矣"。吃紧在一"为"字，即吾所谓向上之努力，非此则不足以尽其才也。

先生又以举《尽心下》孟子曰"人皆有所不忍，达之于其所忍，仁也；……"一段话说，孟子言"为"，又言"充"。充者，即为之之方也。孟子明举尧舜以为人类最高标准，使吾人有所企向，而尽力以为之；而为之之方，则反而求之于己。又明举恻隐、羞恶之心，人人之所具有者，即本此推广，以为所以达其标准之道。故"为"者，为此人人之所可能；"充"者，充此人人之所固有也。凡欲明孟子性善之真义者，亦在乎"有为"与"能充"而已，此外则无他道也。孟子之所谓性善者，既系乎其人之有为与能充：则反而言之，苟其人不能有为与不能充其善端者，终必流为不善之归，此又至明之理也。

此外，先生又举了数个孟子之说加以论证，今在此省略。

先生在此章之末一段说，人能善择最高之标准，而孜孜焉勉以为之；又能反求诸己，而知此标准为吾心之所固有、所可能，而慎思焉，以即吾心而充之；则孟子性善之旨也。读者求明孟子性善之说，当努力于此二者，以求自证自悟焉。若以空论反复，则终不足以明孟子性善之说也。（以上见同上书，页二五一～二六六。）

第六章　孟子之修养论

先生说，孟子主张性善之精神，既在提高吾人向往之标准，而促起吾人之努力；则其论吾人之修养者，当以无越此旨。以其发扬蹈厉，足资警策，故复再为钞撮，以备学者之时诵而熟玩焉。

《尽心上》："孟子曰：孔子登东山而小鲁，登泰山而小天下。故观于海者难为水，游于圣人之门者难为言。观水有术，必观其澜。日月有明，容光必照焉。流水之为物也，不盈科不行；君子之志于道也，不成章不达。"

先生指出，所览大则意大，观小则志大，孟子教人当游于大观而存大志。陆象山所谓"要当轩昂奋发，莫恁地沉埋在卑陋凡下处"，此最修养之要端也。

先生接着据《尽心》、《告子上》、《离娄下、上》、《公孙丑上》诸章，分别加以分析说明，最后在本章末尾总论道："上述孟子论修养，凡分四事：一曰志道自得，二曰知耻寡欲，三曰明善诚身，四曰尽性知命，皆与其性善之论相关。学者所当熟诵深思，身体而力行之，乃可以得其精意之所在也。"（以上见同上书，页二六七～二八〇。）

第七章　孟子尚论古先圣哲乃自道为学要领

先生说，孟子论性善，既主建树一最高之标准，而既扩充吾心之所固有以为证合。则其自身为学之所向往者，固何在乎？此即就其书对于古先圣哲之所评骘高下趋舍从违，而可以得之。盖其书中凡所抗论古人，称述先民，娓娓乎言之，屡道而不厌者，皆足以征其平日精神志趣之所归，而可以见其为学用力之大端也。学者求识孟子学说之渊源，则于此亦不可潜心焉。兹再类记其说如次：

《万章下》："孟子谓万章曰：一乡之善士，斯友一乡之善士；一国之善士，斯友一国之善士；天下之善士，斯友天下之善士。以友天下之善士为未足，又尚论古之人。颂其诗，读其书，不知其人可乎？是以论其世也，是尚友也。"

先生引焦循云："古人各生一时，则其言各有所当。惟论其世，乃能不执泥其言，亦不鄙弃其言。斯为能上友古人。孟子学孔子之时，得尧舜通变神化之用，故示人以论古之法也。"今按：孟子所以友古人者，乃在于友善也。非尽友天下之善，斯不足以竭吾心之善，故犹以当世为未足，而进取于古之人。其所以友之者，则亦不外乎吾心固有之善端。此所谓心性之共鸣，自与执泥而学步者不同也。

《尽心下》：孟子曰："尧舜，性者也。汤武，反之也。动容周旋中礼，盛德之至也。哭死而哀，非为生者也。经德不回，非以干禄也；言语必信，非以正行也。君子行法以俟命而已矣。"

又引焦循云："人性本善。尧舜生知，率性而行，自己为善者也；汤武以善自反其身，己身已安于善，然后加善于人。尧舜率性，固无所为而为；汤武反身而后及人，亦非为以善加人而始为善。此非尚论尧舜汤武也，为托于尧舜汤武者示之也。"今按：尧舜，上古之圣人也。汤武，中古之圣人也。中古之圣人，已有上古之圣人者立之标准，反其身而诚焉，故曰"反之"也。至于上古之圣人，其先更无为之立至善之标准者，则其修为以达于至善之境，胥出于其性分之所流露扩充而不能自已，为其良知良能之表现而自臻于圆满之地，而非在外之标准以为之模范，故曰"性之"也。孟子特举上古、中古之两时代，而以尧舜汤武为之代表，以发明性善之旨。非谓尧舜之圣，必过于汤武。又非谓尧舜之性，可以不假修为，而自然至善；汤武则先亡其至善之性，乃假修为以复之也。今再举例以明之。孟子曰："上世有不葬其亲者，其亲死，举而委之于壑。他日过之，狐狸食之，蝇蚋咕嘬之。其颡有泚，睨而不视，归反虆梩而掩之。"此即所谓"性之"也。又曰："古者棺椁无度，中古棺七寸，椁称之。自天子达于庶人，非直为观美，然后尽于人心。"此即所谓"反之"也。又如孩提之童，生而知爱其亲，敬其兄，则"性之"也；长而知亲亲以为仁，敬长之为义，则"反之"矣。故性之于反，乃人类善性开展自有之顺序，乃在于内外交互之间。"自诚明"则性也，"自明诚"则反也。一往一复，而吾心之善，乃益滋长发皇不可已。是皆出于吾人之修为，不得以不假修为为率性也。以尧舜为性之，汤武为反之者，此即孟子知人论世之所在也。

《尽心上》："孟子曰：舜之居深山之中，与木石居，与鹿豕游，其所以异于深山之野人者几希？及其闻一善言，见一善行，若决江河，沛然莫之能御也。"

先生说，舜为上古之圣人，当其时，无教育，无礼义，无圣法，而舜能自脱于野人，自启发其善心，以为后世至善之标准者，此孟子所谓"性之"也。然则舜之时，虽非先有圣人成法，以为至善之标准，而并时非无善也；深山之野人，亦自有其善言焉、善行焉，然而"行之而不着，习焉而不察，终身由之而不知其道者，众也"。(《尽心上》)舜则一有感触,即能激发其善心,而无所不通,而遂至于至善焉,而因以为后世为善者之标准焉。则舜之"性之"者,其实亦未尝不可谓非"反之"也。故自尧舜汤武言之,则尧舜为性之,汤武为反之;自尧舜与深山之野人言之,则尧舜为反之,而深山之野人则性之也。上世不葬其亲,有蘽梩而掩之者,此即野人之善行也;至于圣人闻之,而后有棺椁之制焉,而后爱亲之善心,遂沛然如泉源之达而为江河,莫之能御矣。此孟子寓诸舜而发明其性善之理也。

《公孙丑上》:孟子曰:"子路,人告之以有过则喜;禹闻善言则拜。大舜有大焉,善与人同,舍己从人,乐取于人以为善;自耕稼陶渔以至为帝,无非取于人者。取诸人以为善,是与人为善也。故君子莫大乎与人为善。"

先生引朱子曰:"善与人同,公天下之善而不为私也。己未善,则无所系吝而舍以从人;人有善,则不待勉强而取之于己;此善与人同之目也。与,助也。取彼之善而为之于我,则彼益劝于为善矣,是我助其为善也。能使天下之人皆劝于为善,君子之善,孰大于此?"今按:此章所谓舜之取于人以为善者,即前引"闻一善言,见一善行,若决江河,沛然莫之能御"之说也。原舜之所以能如此者,在见人之善,反身而诚,因此明我之善而已。《中庸》云:"舜其大知也欤!舜好问而好察迩言,隐恶而扬善,执其两端,用其中于民。"此云两端者,一端为夫妇之愚,可以与知能行者也;其又一端,则虽圣人有所不知不能者也。即所谓善也。如爱亲敬长,不虑而知,不学而能,此即善之一端也;孝悌之道,极乎其至,可以尽性命,通鬼神,此又其一端也。今舜之"好问好察迩言",即孟子所谓"取于人以为善",取其夫妇知能之一端也;及其若决江河,沛然莫之能御,而因以为大知、为大孝,则达之于彼端矣。而舜之教人,仍自其夫妇之所与知能行者以为教焉;仍自其爱亲敬长之不虑不学者以为教焉。使天下之人,循此以入乎孝悌之境,而因以明夫吾心之善。此即舜之"用其中于民",亦即其"与人为善"也。孟子曰:"恻隐之心,人皆有之。"此言其此一端也;又曰:"人皆可以为尧舜。"此言其彼一端也。孟子特取尧舜以为至善标准之代词耳，非谓尧舜已跻乎善之极端，而不容更有超乎其上者。盖自心地而言，则上古野人蘽梩而掩其亲，亦至善也；自事业而言，则后世圣人棺椁七寸，犹未可以为至善；此两端之说也。明乎两端，则可以识其中；识其中，则可以取诸人以为善，而与人为善矣。孟子亦寓诸舜以明其理也。

《万章下》：孟子曰："伯夷目不视恶色，耳不听恶声。非其君不事，非其民不使；治则进，乱则退。横政之所出，横民之所止，不忍居也。思与乡人处，如以朝衣朝冠坐于涂炭也。当纣之时，居北海之滨以待天下之清也。故闻伯夷之风者，顽夫廉，懦夫有立志。伊尹曰：'何事非君？何使非民？'治亦进，乱亦进。曰：'天之生斯民也，使先知觉后知，使先觉觉后觉。予，天民之先觉者也，予将以此道觉此民也。'思天下之民，匹夫匹妇，有不与被尧舜之泽者，若己推而内之沟中。其自任以天下之重也。柳下惠不羞污君，不辞小官；进不隐贤，必以其道；遗佚而不怨，厄穷而不悯。与乡人处，由由然不忍去也。'尔为尔，我为我，虽袒裼裸裎于我侧，尔焉能浼我哉？'故闻柳下惠之风者，鄙夫宽，薄夫敦。孔子之去齐，接淅而行。去鲁，曰：'迟迟吾行也。'去父母国之道也。可以速而速，可以久而久，可以处而处，可以仕而仕，孔子也。"孟子曰："伯夷，圣之清者也；伊尹，圣之任者也；柳下惠，圣之和者也；孔子，圣之时者也。孔子之谓集大成。集大成也者，金声而玉振之也。金声也者，始条理也；玉振之也者，终条理也。始条理者，智之事也；终条理者，圣之事也。智，譬则巧也；圣，譬则力也。由射于百步之外也，其至，尔力也；其中，非尔力也。"

先生又引朱子曰："此言孔子集三圣之事，而为一大圣之事；犹作乐者，集众音之小成，而为一大成也。盖孔子巧力俱全，圣智兼备，三子则力有余而巧不足；故三子之行，各极其一偏，而孔子兼全于众理。所以偏者，由其蔽于始，是以缺于终；所以全者，由其知之至，是以行之尽。三子，犹春夏秋冬之各一其时，孔子则大和元气之流行于四时也。"

今按：孟子尚论古人，于先莫如舜，于后莫如孔子。其称舜也常以善，而称孔子则以时。盖能推竭我心之善，使其发而时中焉，此圣之极则也。

先生说，《公孙丑上》：自公孙丑问曰："夫子加齐之卿相，得行道焉，虽由此霸王不异矣。如此，则动心否乎？"孟子曰："否，我四十不动心。"至"圣人之于民，亦类也。出于其类，拔乎其萃，自生民以来，未有盛于孔子也。"是孟子自道生平向慕，愿学孔子，而自述工夫得力在知言与养气也。（以上见同上书，页二八一～三〇一。）

复智按：孟子以性善养气知言为倡，性善为己所固有，不须外求；养气为行仁政拒诈伪之资助；以知言辨邪正是非，而心向古圣先贤之嘉言懿行，登民于衽席之指引。以上所摘为《孟子要略》大要，先生此书，贵在能发明孟子精义，作有系统的条理分析，使读者对孟子之思想有深入的认识，而增加智慧，对为人、处世与从政治等能产生力量。

一九二七年　丁卯　三十三岁

一　国内大事

北伐军攻克南京及上海。

国民政府定都南京。国民党实行清党，宁汉分裂。

日本出兵侵略山东。

王国维在六月二日自沉于北京颐和园内昆明湖，终年五十一。

六月十八日，张作霖在北京组织军政府，就任大元帅。

国民政府颁行大学区制。

二　事略

续在无锡江苏省立第三师范任教。秋后改就苏州中学教职。

是年春，国民革命军继续北伐，学校停课，先生避居乡间，获得两月闲暇，遂从容整理《先秦诸子系年》积稿，续为增修，日就月将，卷帙已完成。

在三师时，又相识两人，风范渊如，使他终身难忘。一为常州孟宪成，毕业南洋大学，赴美留学，归国后任教光华大学，与钱基博子泉共事。钱子泉偕其来三师，介绍先生与孟氏相见。时孟宪成方将转北平清华大学，任中文系主任。孟宪成说，出国前国学根底未深。此去当一意通体细读《十三经注疏》。先生闻言深为感动。因《十三经注疏》虽常置在他的案头，未尝动念欲一通体细读之故！从此以后先生治学，每念孟宪成之言，心终不能释。

又一为唐文治蔚芝，唐氏硕学鸿儒，为先生推为生平交游中年事最高者。其长南洋大学时，孟宪成即出其门下。后来在无锡创办国学专修馆，与三师对宇，仅一水之隔，旁临孔庙，学风炽盛。先生离开三师前，曾一度晋谒于其私邸，二人晤谈甚欢，先生自言受益良多。临别时，唐氏乃赠其全部著作两大包。其讲《小戴礼·祭义篇》，描写人子临丧，哀痛之情，字字生动，语语入微，感人肺腑。唐氏告诉先生，他双目失明，乃在前清戊戌政变时，哭其友袁爽秋，流泪过多，自后遂不复能治。视力日退，以至于失明。此后先生又数度请益。抗战结束，唐氏病卒于沪。先生说："其气度风范，则常留余心目中。所谓虽无老成人，犹有典型。若蔚老真为余生平所遇一近代中国之典型人物。"

秋季转入苏州省立中学，任为全校国文课主任教席。又任最高班老师兼班主任。校长汪懋祖典存，苏州人，留学美国归来，曾一度为北平师范大学校长，转来苏中。三师旧同事沈颖若、胡达人等皆被聘，先生即由胡达人所推荐。

先生说，苏州自吴王阖庐夫差以来，两千五六百年，为中国历史上最悠久一城市。城内外远近名山胜迹，园林古刹，美不胜收，到处皆是。余常游历探访，饱览无遗。苏州中学乃前清紫阳书院的旧址，学校中藏书甚丰。校园也有山林之趣，出校门就是三元坊，向南右转为孔子庙。从前是南园等遗址。课余之暇，常流连徜徉其田野间。较之在梅村泰伯庙外散步，尤胜百倍。城中有小书摊及其他旧书肆。余时往购书。他们每言昔有王国维，今又见君。盖王国维亦曾在紫阳书院教读也。（以上见兰台版《八十忆双亲师友杂忆合刊》，页一二八～一三二。）

一九二八年 戊辰 三十四岁

一 国内大事

五月三日，日本侵占山东济南，大量屠杀国人，发生"五三惨案"。
国民革命军北伐攻克北京、天津，北伐完成。

张作霖退出北京，在皇姑屯被日人炸死。东三省易帜，中国复归统一。

国民政府改组，采用立法、司法、行政、考试、监察"五院制"。

大学院中央研究院，改称国立中央研究院，由蔡元培任院长。各研究所开始成立。

中央研究院历史语言研究所成立，蒋中正就任国府主席。傅斯年应聘任所长，并从事殷墟第一次发掘。

二 事略

续在苏州中学任教职。

夏秋之交，先生元配及新生一婴儿相继死亡。长兄自无锡返家料理丧事，以伤劳过度，旧胃疾骤发，不幸亦溘然长逝。两月之间，连遭三丧，先生自言椎心碎骨，几无人趣。（以上见同上书页二五、一三二～一三四。）

三 著述

春，撰成《国学概论》。此书系前在无锡江苏省立第三师范任教时，所编教材讲义，仅成七章，转来苏中后，续成后三章。一九三一年由商务印书馆出版。

夏，应苏州青年会学术研讲之邀，讲《易经研究》一题。此稿后来收入《中国学术思想论丛》（一），见联经《全集》第十八册，二〇〇一年素书楼文教基金会·兰台出版社整理新版印行。

八月，《孔子略史及其学说之地位》，原载《苏中校刊》十一期，收入联经《全集》第四册《孔子与论语》，二〇〇〇年，又收入素书楼文教基金会·兰台出版社《孔子与论语》，页一~七。其大要如下：

（一）……但是周朝的十月，是夏历的八月。现在所用的阴历，就是夏历。今天是阴历八月二十七日，所以今天是孔子的生日。鲁襄公二十二年，距今二千四百七十五年，所以今天是孔子第二千四百七十六年的生日。我们并且可以知道孔子之生，后释迦六年。

（二）除《论语》外，记载孔子事实的，最古有一部《孔子家语》。可惜这部书已失传。现行本，是三国时魏之王肃所伪托，所以有许多不可凭信。比较可靠的，就是《史记》上的《孔子世家》。此外还有清朝崔述所编的《洙泗考信录》一部书，比较起来，要算最详实了。再有我编的前二年级的《论语讲义》第二章，亦可供参考。……

（三）别派的人多欢喜走到极端，孔子却是一个调和派。现在把他分析讲在下面：1、知识和情感的调和。……孔子是提倡"温良恭俭让"的人，所以能够把知识和情感调和，把宗教和学问调和。2、调和现在与未来的两个世界。……所以宗教是要把人类脱离了现在的世界，带到未来世界去。孔子是要把未来世界，表现在现在的社会里。这是孔子的第二种调和。3、社会主义与个人主义之调和。……孔子教人忠、恕、孝、弟，乃是"为人"的社会主义。但忠、恕、孝、弟只是我们自己本有的情感。我只是行我所安，行我所好，绝不是由外面的义务和强迫；这不是"为我"的个人主义了么？孔子只讲忠、恕、孝、弟，便见个人和社会绝无冲突。……孔子就不同了。孔子的学说，只是为父的止于"慈"，为子的止于"孝"，为兄的止于"爱"，为弟的止于"敬"。孔子只讲人与人的关系。他把全社会的伦理组织起来，而一以人类本有之情感为主便不需要一个上帝，个人和社会也没有裂痕。这是孔子的学说。上面三种极大的问题，孔子都能调和，这种思想，何等的伟大啊！

（四）孔子自生以后，到今天已经有了二千四百七十六年的历史。看看似乎很简单，然而仔细去研究，实在有无穷的价值。近来中国人以为孔子学说是陈腐的，没有大的用处。大家要研究时髦的西洋哲学。哪里知道外国人倒也要研究孔子。现在德国人研究中国学术，有孔、老两派。信仰孔子的一派人，是社会青年团。他们遇到开会的时候，每先读《论语》数章，敬如《圣经》。他们信仰有如此热诚，我国自己反而轻慢他，这岂不是不仁不智么？所以我们应当崇拜孔子，使他的学说发扬光大。这是我所希望于大家的。

一九二八年 戊辰 三十四岁

一九二九年　己巳　三十五岁

一　国内大事

中东铁路事件发生，苏俄出兵袭击我东北。

孙中山先生安葬南京紫金山，奉安大典完成。

梁启超任公病逝（一八七三～一九二九年）。

冬，中央研究院历史语言研究所迁入北平北海公园静心斋。

二　事略

续任教于苏州中学。

时吴江金松岑天翮，应安徽省政府聘，为安徽省修《通志》，侨居苏州，先生因缘得识。松岑以诗名，亦擅古文，有《天放楼集》行世。亦为《孽海花》一书最先起草人，后由他人续成。（编者按：《孽海花》著者为曾朴，即名报人曾虚白先人。）兀傲自高，不落落预闻世俗事。苏州城中学人多著籍称弟子，独识先生为忘年交，关怀备至。先生自言历经厦门集美、无锡三师、苏州中学等三校，校内敬事者有钱子泉，校外敬事者有金松岑，皆前辈典型人也。

此际欧阳竟无在南京支那内学院讲佛学，远近闻名。四川蒙文通亦远道来听。特至苏州访先生，初次见面，惺惺相惜，两人同游灵岩山。缘前先生在无锡三师时，曾演讲"先秦诸家论礼与法"，讲辞由校刊发布。蒋锡昌时在重庆某校任教，得此演讲全文，转示同事蒙文通。文通师廖平季平，时为蜀中大师，治诸子经学颇知名，昔康有为闻其绪论，乃主今文经学。而季平则屡自变其说。蒙文通见先生讲辞，颇与其师最近持义可相通，即手书一长函，工楷盈万字，邮寄先生。故虽初次见面，实已心许之也。同游数日，至太湖邓尉，田野村落，群梅四散，弥望皆是，俯仰湖天，畅谈古今。文通并携先生《先秦诸子系年》手稿，轿中披览，因语先生曰："君书体大思精，惟当于三百年前顾亭林诸老辈中求其伦比。乾嘉以来，少其匹矣。"惟是稿中有关墨家诸篇，为蒙氏一友人，于一九三〇年最先发表于南京《史学杂志》。

又常熟陈天一执教苏州东吴大学，与先生相识，颇为敬爱，惟不常往来。时胡适已名满天下，应苏州女子师范请作专题演讲，翌日转来苏州中学赓续，先生迄未识荆，故亦早至会场前排坐定。待校长汪典存偕胡适进场，见先生即招之台上三人共坐。胡氏出一柬相示，盖即天一名刺，柬云：君来苏州不可忘两事，一为当购长洲江湜弢叔《伏敔堂集》一书。因胡提倡白话诗，江湜乃咸丰同治间人，遭洪杨之乱，避居乡邑，工诗，造语遣词颇近昌黎，多写实，可为作白话诗取镜。此集惟苏州有售。二则莫忘一见苏州中学之钱某。胡适本亦不认识先生，询之校长汪懋祖典存，故典存招先生上台同坐。时先生正撰《先秦诸子系年》，有两书皆讨论《史记·六国年表》者，遍觅遍询不得。骤遇名家，不觉即出口相询，胡适无以对。演讲毕，先生陪宴，并游拙政园，同行者甚伙，约一时有顷，未及深谈，胡氏遂匆匆返沪。事后先生颇有所悔。数十年后，先生在所著《师友杂忆》中，尚有追述："余与适之初次识面，正式与余语者仅此。自念余固失礼，初见面不当以僻书相询，事近刁难。然积疑积闷已久，骤见一天下名学人，不禁出口，亦书生不习世故者所可有。适之是否为此戒不与余语。倘以此行匆匆不克长谈，可于返沪后来一函，告以无缘得尽意。余之得此，感动于心者，当何似。颜斶见齐王，王曰斶前，斶曰王前，终不前。此后余亦终不与适之相通问。余意适之既不似中国往古之大师硕望，亦不似西方近代之学者专家。世俗之名既大，世俗之事亦扰困之无穷，不愿增其困扰者，则亦惟远避为是。"这是先生与胡适初识时的印象。此后先生赴北平，任教燕大与北大，亦曾于学术上数度与胡适有所诘难，事详后。

一日，苏州顾颉刚，辞去广州中山大学教职，转赴北平燕京大学任教，路过苏州，留家小息。陈天一亦偕之来访，此为钱、顾两人相交之始。顾见先生《先秦诸子系年》稿，遂携回详读。不数日，天一谓顾行期在即，欲邀先生答访，因同至顾家。顾氏即谓《系年》稿虽匆匆翻阅，大有创见，似不宜长在中学教国文，宜去大学中教历史。并云离开中山

一九二九年 己巳 三十五岁

大学时，副校长朱家骅嘱代为物色新人，今拟荐君前去。又告诉先生，他在中山大学任课时，以讲授康有为《今文经学》为中心。此去燕大，当仍授此课，且兼任《燕京学报》之编辑任务，嘱先生得暇为《学报》撰稿。

秋季一日，先生忽然收到广州中山大学的来电，聘请他前往任教。先生便持电，面呈苏州中学汪典存校长。汪氏说："君往大学任教，乃迟早事，我明年亦当离去，君能再留一年与我同进退否？"先生乃去函辞掉中大之聘，仍然留在苏中。

方壮猷自上海来苏州相访。方君曾毕业清华大学研究所，并为胡适之、章实斋年谱作补编，顷正为商务印书馆编《万有文库》，告知先生尚有两书，一《墨子》，一《王守仁》，迄未约定编撰者。先生告以此两书可由他一手任之。方氏谓出版在即，需限时交稿，不能延误。先生允尽速完成，期一周完成一书。方君欣然，遂定约。先生在是年秋先完成《墨子》，《王守仁》则写于次年春。今两书皆印入《万有文库》。后《王守仁》一书又略加改定，交台北正中书局印行。（以上见同上书，页一三二～一三七。）

一九三〇年　庚午　三十六岁

一　国内大事

考试院成立。

是岁，中共红军已建立有十二军。

国语注音字母改称注音符号。

中国关税自主。

国民政府下令取缔"左联"，通缉鲁迅等"左联"成员。

二　事略

续任教于苏中，秋季赴北平任燕京大学教职。

春，再婚，夫人为张一贯女士。

年前顾颉刚推荐先生至广州中山大学任教，因故不果。即嘱为《燕京学报》撰文。先生前读康有为《新学伪经考》，心有所疑，遂撰《刘向歆父子年谱》一文与之，辨康说之非。刊于是年六月《燕京学报》第六期。惟此时顾颉刚正在燕大主讲康有为，此文不啻与顾诤议。然顾氏绝不介意。既刊此文，又推荐到燕大任教。此种胸怀与雅量，实难能可贵。故先生每提及此事，总叹服顾氏之胸襟，对于学术研究，不因言废人，所谓今之古人是也。

秋，由顾颉刚先生推荐先生到北平燕京大学任教，于接获聘书后，便北上赴任，为先生任教大学之始。

到校后，任大一、大二国文。居朗润园，位故圆明园废址左侧，由燕大正门北向越一桥，不百步即至。单身教授率居此。环境清幽，每星期四日有课，得三日暇，为有生以来所未有。课余，就《诸子系年》成稿，遇燕大藏书有未见者，续为增修。并特制《通表》四卷，半年始毕。后由商务印书馆印行。此书考论博洽精审，使战国旧史诸多改观，深为学林推服。

年假返苏。新年中撰《周官著作时代考》一文。年后返校，又在朗润园撰成《周初地理考》一文。此均为先生考论古史地名之费力之作。两文皆刊载于《燕京学报》。

任教燕大期间，某次，监督司徒雷登招宴新同事。询及对学校印象如何。先生素率真，常视校事如家事，有问辄直吐胸臆，不稍隐避。即谓：初闻燕大乃中国教会大学中之最中国化者，心窃慕之。及来，乃感大不然。入校门即见"M"楼"S"楼，未悉何意？此谓中国化者又何在。此宜与以中国名称始是。一座默然。后燕大特为此开校务会议。遂改"M"楼为"穆"楼，改"S"楼为"适"楼，"贝公"楼为"办公"楼。其他建筑一律赋予中国名称。园中有一湖，景色绝胜，竞相提名，皆不适，乃名之曰"未名湖"。先生之发此端，实为燕大校史平添一段佳话。

某日，游城中公园，偶遇冯友兰芝生，互通姓名，始知彼此身分。时冯研究哲学，先生长于文史，两人学术领域有别。惟言中国学术，先秦诸子实占重要地位。故冯首曰：从来讲孔子思想，绝少提及其"直"字。君所著《论语要略》，特提此字，极新鲜又有理。我为《哲学史》，已特加采录。可见此前先生所著《论语》、《孟子》要略，已引起学术界之注意也。

先生另有一文《关于老子成书年代之一种考察》，亦刊于《燕京学报》。为胡适所注意。故胡与顾颉刚函中讨论老子年代问题时，特举此文以备一说。颉刚持胡函访先生，谓：君与适之相识，此来已逾半年，闻尚未谋面，礼当拜访。今星期日，盼能同进城一晤。是日三人相聚，专谈老子问题。胡曾谓天下蠢人恐无出冯芝生右者。后胡亦为文专论老子年代先后，举冯、顾与先生三人之说。惟与冯、顾则详，于先生则略。因冯、顾皆主老子在庄子前，先生独主《老子》书出庄子后。冯、顾之说既不成立，则先生之说自无可辩。然先生认为已说既与二人相异，似亦不当存而不论。且梁任公曾驳胡之老子在孔子前之主张。按当时情形，学术界似认为老子出孔子之后已成定论。胡仍坚持己说，是否于梁任公意犹未释？此虽学术公案，然成见已固，却之甚难。时冯友兰《哲学史》

已编为《清华丛书》，颉刚先生颇热心，意欲介绍先生《诸子系年》列入，持原稿去推荐，结果审查未获通过。而审查人之一即为冯友兰，主张该书当改变体裁便人阅读。另一为陈寅恪，私下语人曰："自王静安后未见此等著作矣。"闻者乃以告诉先生。第三人，不详。后来先生将此稿送至商务印书馆。

大学规模宏大，自与中等学校有异。先生任教燕大，开始意识到职业与私人生活大不相同。当于职业外，自求生活。念在大学任教，惟当一意努力学业，传之诸生，不宜过问他事，遂决意此后不担负任何行政责任，庶能使生活与职业不相冲突。但终觉教会学校环境，不易适应，故一年即辞职。（以上参见《八十忆双亲师友杂忆合刊》，页一四〇～一四九。）

三 著述

三月，撰有《刘向歆父子年谱自序》，刊于南京《史学椎》二卷一期。收入及摘要均见六月该论文内。

六月，《刘向歆父子年谱》，刊于《燕京学报》七期。收入联经《全集》第八册。《两汉经学今古文平议》，又收入二〇〇一年北京商务印书馆《两汉经学今古文平议》。其大要如下：

刘向歆父子年谱自序

主今文经学者，率谓《六经》传自孔氏，历秦火而不残，西汉十四博士皆有师传，道一风同，得圣人之旨。此三者，皆无以自坚其说。然治经学者犹必信今文，疑古文，则以古文争立自刘歆，推行自王莽，莽、歆为人贱厌，谓歆伪诸经以媚莽助篡，人易取信，不复察也。南海康氏《新学伪经考》，持其说最备，余详按之皆虚。要而述之，其不可通者二十有八端。

刘向卒在成帝绥和元年（公元前八年），刘歆复领《五经》在二年

（公元前七年），争立古文经博士在哀帝建平元年（公元前六年），去向卒不逾二年，去其领校《五经》才数月。谓歆遍伪诸经，在向未死前乎？将向既卒后乎？向未死前，歆已遍伪诸经，向何弗知？不可通一也。

向死未二年，歆领校《五经》未数月，即能遍伪诸经，不可通二也。

谓歆遍伪诸经，非一时事，建平以下，迄于为莽国师，逐有所伪，随伪随布，以欺天下，天下何易欺？不可通三也。

然则歆之遍伪诸经，果何时耶？且歆遍伪诸经，将一手伪之乎！将借群手伪之乎？一手伪之，古者竹简繁重，杀青非易，不能不假手于人也。群手伪之，何忠于伪者之多，绝不一泄其诈耶？不可通四也。

莽尝征天下通逸经、古记、小学诸生数千人记说廷中，谓此诸人尽歆预布以待征，则此数千人者遍于国中四方，何无一人泄其诈？自此不二十年，光武中兴，此数千人不能无一及于后，何当时未闻言歆之诈者？不可通五也。

与歆同校书者非一人。尹咸名父子，歆从受学，与歆父向先已同受校书之命，名位皆出歆上，何不能发歆之伪，班斿校书，亦与刘向同时，汉廷赐以秘书之副。歆为中秘，不能并班家书而伪之也。苏竟与歆同校书，至东汉尚在，其人正士，无一言及歆伪，且深推敬。不可通六也。

扬雄校书天禄阁，即歆校书处，歆于诸经、史恣意妄窜，岂能尽灭故简，遍为更写？伪迹之昭，雄何不见？不可通七也。

东汉诸儒，班固、崔骃、张衡、蔡邕之伦，并校书东观，入睹中秘，目验伪迹，转滋深信。不可通八也。

桓谭、杜林与歆同时，皆通博洽闻之士，湛静自守，无所希于世。下逮东汉，显名朝廷，何所忌惮，于歆之遍伪诸经绝不一言，又相尊守？不可通九也。

稍前如师丹、公孙禄，稍后如范升，皆深抑古文诸经，皆与歆同世，然皆不言歆伪，特谓非先帝所立而已。何以舍其重而论其轻？不可通十也。

然则歆之遍伪诸经，当时知之者谁耶？而言之者又谁耶？且歆亦何为而遍伪诸经哉？歆之争立古文诸经，王莽方退职，绝无篡汉之象，谓歆伪诸经，将以助莽篡乎？不可通十一也。

谓歆伪经媚莽，特指《周官》为说。然《周官》后出，方争立诸经时，《周官》不与。不可通十二也。

且莽据《周官》以立政，非歆据莽政造《周官》。谓歆以《周官》误莽犹可，不得谓以《周官》媚莽也。不可通十三也。

考《周官》之见于汉廷政制，最先在平帝元始元年（公元元年），前一年哀帝崩，莽拜大司马，自歆为右曹太中大夫，相距不数月。其前两人皆退居，不相闻。谓歆逆知哀帝之不寿，莽之且复用，而方退职不得志之时，私伪此书以误莽欤？谓歆于争立古文诸经前，已先伪此书，而故自秘惜，不之及欤？抑歆为太中大夫后乃伪之欤？不可通十四也。

夫媚莽以助篡者，符命为首。符命源自灾异，善言灾异者，皆今文师也。次则周公居摄称王，本诸《尚书》，亦今文说耳。歆欲媚莽助篡，不造符命，不言灾异，不说今文尚书，顾伪为《周官》。《周官》乃莽得志后据以改制，非可借以助篡，则歆之伪《周官》，何为者耶？其果将以误莽耶？不可通十五也。

若歆自有专政改制之心，知莽好古，因伪为《周官》以肆其意，则井田见于《孟子》，分州见于《尚书》，爵位之等详于《王制》、《公羊》，其他如郊祀大地、改易钱布之类，莽朝政制，元、成、哀、平以下，多已有言之者。此皆有本，何歆之不惮烦，必别伪一书以启天下之疑耶？不可通十六也。

谓歆之伪《周官》，将以媚莽助篡，未见其然也。且歆伪《周官》以前，已先伪《左氏传》、《毛诗》、《古文尚书》、《逸礼》诸经。《周官》所以媚莽，《左氏传》诸经又何为哉？谓将以篡圣统，则歆既得意，为国师公，莽加尊信，而莽朝《六经》祭酒，讲学大夫多出今文诸儒，此又何说？不可通十七也。

谓歆伪诸经以媚莽，其说既绌，乃谓将以篡圣统；因又谓古文、今文如冰炭之不相并。然莽朝立制，《王制》、《周礼》兼举；歆之议礼，亦折衷于今文。此不可通十八也。

师丹、公孙禄，下及东汉范升，谏立《左氏》诸经，并不为今古分家，又不言古文出歆伪。自西汉之季，以逮夫东汉之初，求所谓今古文鸿沟之限，不可得也。是不可通十九也。

谓歆之伪诸经，将以篡圣统，又未见其然也。然则歆之遍伪诸经，果何为者耶？且《左氏》既出歆伪，何以有陈钦为莽《左氏》师，别自名学，与歆各异，岂亦歆私自命之以掩世耳目者耶？不可通二十也。

《左氏》传授远有渊源，歆师翟方进；翟子义，为莽朝反虏逆贼；方进发冢，戮及尸骨。歆苟伪托，何为而托于此？不可通二十一也。

歆以前，其父向及他诸儒，奏记述造，引《左氏》者多矣。《左氏》自传于世，谓尽歆伪，不可通二十二也。

至《周官》果出何代？《左氏》、《国语》为一为二？此皆非一言可决，而何以遽知其皆为歆伪？不可通二十三也。

且当时媚莽助篡者众矣，不独一歆；歆又非其魁率。甄丰为莽校文书，六管之议，蔽罪鲁匡，此尤彰著，何以谓伪经者之必歆？不可通二十四也。

盖古文诸经，多有征验。谓《左氏》、《周官》伪，不得不谓他经尽伪。谓诸经皆伪，不得不谓伪经者乃歆。何者？歆在中秘，领校《五经》，非歆不得遍伪诸经也。则歆亦不幸焉尔！然《史》、《汉》所载，可为古文征验者犹多，因谓《史记》多歆伪窜，《汉书》亦出歆手，轻据葛洪伪说，汉代史实，一切改观。不可通二十五也。

且歆遍诸经，当有实例。谓今文五帝无少皞，歆古文有之；今文五帝前无三皇，歆古文有之；今文惟九州，无十二州，歆古文有之。如此类，所以为圣统者仅矣；歆何为必篡焉？不可通二十六也。

况五帝有少皞，与夫三皇、十二州之说，又断断不始于歆。因谓先秦旧籍及此者，尽歆所伪。此又不可通二十七也。

必以今文一说为真，异于今文者皆歆说，皆伪；然今文自有十四博士，已自相异。此益不可通二十八也。

如此而必谓歆伪诸经，果何说耶？

此姑举其可略论者，其他牵引既广，不能尽辨。余读康氏书，深疾其抵牾，欲为疏通证明，因先编《刘向歆父子年谱》，著其实事。实事既列，虚说自消。元、成、哀、平、新莽之际，学术风尚之趋变，政治法度之因革，其迹可以观。凡近世经生纷纷为今古文分家，又伸今文，抑古文，甚斥歆、莽，遍疑史实，皆可以返。循是而上溯之晚周、先秦，知今古分家之不实，十四博士之无根，《六籍》之不尽传于孔门而多残于秦火，庶乎可以脱经学之樊笼，发古人之真能矣；而此书其嚆矢也。至于整统旧史，归之条贯，读者自得之。

刘向歆父子年谱

昭帝元凤二年，壬寅。（公元前七九年）

刘向生。元平元年，丁未。（公元前七四年）

昭帝崩。昌邑王以淫乱废，皇太后遣宗正刘德（向父）迎立宣帝。夏侯胜迁长信少府。

按：《路温舒传》："温舒受《春秋》通大义，宣帝初即位，上书言宜尚德缓刑。其辞曰：'齐有无知之祸，而桓公以兴；晋有骊姬之难，而文公用霸。'"均本《左氏》。又引"山薮藏疾，川泽纳污"四句，乃《左氏》载晋大夫伯宗辞。是温舒曾治《左氏》也。

地节三年，甲寅。（公元前六七年）

六月，魏相相。霍禹为大司马。

《张敞传》：云："敞本治《春秋》，以经术自辅。"

按：《儒林传》："汉兴，北平侯张苍，及梁太傅贾谊，京兆尹张敞，皆修《春秋左氏传》。"季友、赵衰、田完受封事，《公》、《谷》皆不著，敞治《春秋》，及见《左氏》审矣。敞又名能识古文字，《左氏》多古字，与其学合。讥世卿乃《公羊》义，敞引为说，当时通学本不分今古也。

神爵元年，庚申。（公元前六一年）三月，改元。

> 康氏《伪经考》云："刘歆既伪《毛诗》、《周官》，思以证成其说，故伪造《尔雅》，欲以训诂代正统。考《尔雅》训诂，以释《毛诗》、《周官》为主。……盖歆既遍伪群经，又欲以训诂证之，而作《尔雅》，心思巧密，城垒坚严，此其所以欺绐百世欤？"

按：《尔雅》有出孝武后者，昔人已论之。然据《郊祀志》，五岳明见宣帝前，时《周礼》、《毛诗》皆未出，歆尚未生，必如康说，非汉书亦出歆伪，不足自圆。

又刘向《说苑辨物》有五岳，康氏谓亦窜入，刘向《九叹》复有言五岳者，是亦歆之伪为而窜入者耶？

《伪经考》：当时识古文者惟有歆。歆古文二字大体从此撰出；其以《左传》附于张敞亦以此。然恐张敞识古文字亦歆所杜撰。

按：康氏无可坚持其说，故曰"大体"，曰"恐"，轻轻作规避也。
神爵二年，辛酉。（公元前六〇年）
九月，司隶校尉盖宽饶自刭北阙下。

《宽饶传》：宽饶奏封事，引《韩氏易传》言："五帝官天下，三王家天下，家以传子，官以传贤。若四时之运，功成者去。不得其人，则不居其位。"书奏……，遂下吏。

按：先是有王生与宽饶书，谓："君不务尽职而已，乃欲以太古久远之事，匡拂天子，数进不用难听之语，摩切左右，非所以扬令名，全寿命者也。"而宽饶不能改。自元凤三年，眭弘以论禅让诛，至是不二十年，当时学者敢于依古以违时政如是。又深信阴阳之运，五德转移，本不抱后世帝王万世一姓之见。莽之代汉，硕学通儒多颂功德劝进，虽云觊宠竞媚，亦一时学风趋向，不独一刘歆，歆何为不惮劳，必遍伪群经，篡今文圣统，乃得助莽为逆耶？
神爵三年，壬戌。（公元前五九年）三月，魏相卒。

《相传》：相明《易经》，有师法，数表采《易阴阳》及《明堂月令》奏之。……东方之神太昊，……南方之神炎帝，……西方之神少昊，……北方之神颛顼，……中央之神黄帝，……兹五帝所司，各有时也。……高皇帝所述书，《天子所服第八》，……令群臣议天子所服，以安治天下。……

按：《伪经考》以《明堂》、《月令》及五帝有少昊之说，皆刘歆伪撰，以与今文家为难。……今按：魏相此奏，明引少昊五帝，其引高帝《天子所服》，亦明以月令配服色，不属三正。如康（有为）、崔（适）之论，此亦歆所伪撰矣。循此论之，凡莽、歆以前一切传记，苟与莽、歆有关，无论其层见迭出，要之为歆所伪窜，而后康、崔之谳，洵不可摇，其持论之悍有如此。又相奏主复古羲和官，亦新政先声。

元帝初元元年，癸酉。（公元前四八年）

（刘）向年三十二，擢为散骑宗正，给事中。王吉卒。以贡禹为谏大夫，罢诸宫馆希幸者。张敞卒。

按：……《杜邺传》："邺母敞女……邺子林，清静好古，其正文字过于邺、竦。故世言小学者由杜公。"《伪经考》谓：杜林为歆传法，则所谓父邺及外祖张敞，皆歆门附会之辞。惟歆所以遍伪群经，不惜自诬其父者，特以佐莽篡。林既博洽多闻，又见称卓行，被固无所希于莽世，何以亦为歆欺，又不惜自诬其父并及其外家，以与歆同串此骗局？此则康氏所无以为说者。

又按：其时古文别自名学，与经说家派无关，后人乃专以文字古今流变为当时经说分野，亦误也。

建昭二年，甲申。（公元前三七年）

京房弃市。年四十一。（《汉纪》作"三十一"）

按：《淮阳宪王传》：京房妻父张博兄弟三人，与房同弃市。博与淮阳宪王书，言"齐有驷先生，善为《司马兵法》，大将之材"。《伪经考》谓："《司马法》言车乘与今学不同，与《周官》合，亦歆伪书……若非歆所自出，则歆所窜入者也……"若康氏说，凡同《周礼》，尽出歆伪，《汉书》亦成于歆手。则张博诸书，亦歆伪造以欺后世，伪中有伪，可谓无微不至。试问歆固何为出此？天下亦有此情理否？

成帝建始元年，己丑。（公元前三二年）

《刘向传》：向三子，皆好学。长子伋，以《易》教授，官至郡守。中子赐，九卿丞，早卒。少子歆，最知名。

《刘歆传》：歆字子骏，少以通《诗》、《书》能属文，召见成帝，待诏宦者署，为黄门郎。

按：歆生年无考。成帝初即位，歆盖弱冠，其年当较王莽稍长。又扬雄生年，刘向二十七岁，距成帝即位二十一年。雄、歆年盖相若，子云犹或稍长。然其来京师已年四十余。《伪经考》以子云著书多及古文，遂谓"扬雄乃从歆学"，实无据。

建始三年，辛卯。（公元前三〇年）

十二月，朔，日食，夜地震，诏举直言极谏之士，谷永以待诏对策。

按：永策有云："四辅既备，成王靡有过事。"又曰："尧遭洪水，天下分绝为十二州。"方望溪疑莽朝四辅，康有为疑莽朝十二州，皆前无所承，为刘歆所创伪说，皆非也。辨见后。

河平三年，乙未。（公元前二六年）刘向年五十四岁，校中秘书。

又按：《伪经考》谓向时无古文，此言"成帝观古文"是歆伪窜。不知西汉人言"古文"，每与《诗》、《书》并举，故凡《六艺》，《诗》、《书》皆"古文"也。《史记》所称"古文"诸条，均如此。康、崔不识，以"古文"为指刘歆争立诸经之专名，因疑尽歆伪窜矣。

阳朔二年，戊戌。（公元前二三年）

刘向年五十七岁，上《论王氏封事》。

又按：疏云："内有管、蔡之萌，外假周公之论。"时王氏专政，已假周公为说。谷永、杜钦之徒，言事涉王氏，亦屡及周公。《伪经考》谓歆作伪经，移孔子为周公。岂今文经生乃不知周公耶？是时歆伪经未出，何以有假周公之论者？

永始三年，丁未。（公元前一四年）

《儒林传》："世所传《尚书百两篇》，出东莱张霸，分析合二十九篇以为数十，又采《左氏传》、《书序》为作首尾，凡百二篇，篇或数简，文意浅陋。成帝时，求其古文者，霸以能为《百两》征。以中书校之，非是……"《论衡·佚文篇》："孝成皇帝读百篇《尚书》，博士郎吏莫能晓知，征天下能为《尚书》者。东莱张霸通《左氏春秋》，案百篇序，以《左氏》训诂造作《百二篇》，具成，奏上。成帝出秘《尚书》以考校之，无一字相应者。下霸于吏。成帝奇霸才，赦其辜，亦不灭其经，故《百二尚书》传在民间。"

按：张霸献《百两》伪书，其事的在何年不可考。《公卿表》，平当以永始二年自长信少府为大鸿胪，其为太中大夫给事中，尚在为长信少府前，推其身，当在陈农求遗书后十年间。可证是时确有《左氏》及《书序》，故霸资以为伪。《伪经考》谓："霸采《左氏传》、《书序》为作首尾者，实则歆采霸伪书而作《书序》，并窜入《左氏》耳。"张霸伪书，时人尽知，歆虽愚，其遍伪群经，固已无微不至，何至重借霸伪以自襮已伪？康氏不如谓张霸《百两篇》亦歆伪造，见歆前已有窃《左氏传》、《书序》为伪者，使人信其所伪《左氏传》、《书序》之真，如此为说，犹胜康氏今说之显为曲强也。又《儒林传》："贾谊为《左氏传》训故。"观《论衡》云云，则谊有训诂之书亦信。

绥和元年，癸丑。（公元前八年）
二月，封孔吉为殷绍嘉侯。三月，进爵为公，及周承休侯皆为公。

《成帝纪》：诏曰："盖闻王者必存二王之后，所以通三统也。"
《补注》注钱大昕曰："王者存二王之后，并当代为三。汉承周，周承殷，故以殷、周为二王后，并汉为三代也。"

按：此皆汉儒自元、成以下追古礼、薄秦制之征。其议发于匡衡、梅福。衡事见前。《福传》，成帝时，福上书议封孔子子孙为殷后，至是，推迹古文，以《左氏》、《谷梁》、《世本》、《礼记》相明，遂下诏封孔子后世为殷绍嘉公。汉廷据《左氏》立制，事始此。梅福讥切王氏，至元始中，王莽颛政，福一朝弃妻子去九江。然亦引《左氏》建议，明《左氏》非刘歆伪撰，亦不为新莽专造矣。且通三统，本《公羊》家说，而推迹及于《左氏》、《谷梁》，则所谓今古文界限者，又安在哉？

十一月，卫尉淳于长有罪下狱死。
按：《翟方进传》：淳于长阴事发，下狱，方进奏劾红阳侯王立，并及其党友，奏中有云："昔季孙行父有言曰：'见有善于君者，爱之若孝子之养父母也。见不善者，诛之若鹰鹯之逐鸟爵也。'"师古曰："事见《左氏传》。"《补注》，周寿昌曰："案西汉文中无引《左氏》者，独方进奏中引此数句，缘方进好为《左氏》学。《韦贤传》中始见刘歆等引《左氏传》，此尚在前也。"今按：路温舒、张敞等引《左氏》尤在前，而方进之传《左氏》，则有明证矣。必如康说，《汉书》全成歆手，则此亦歆所伪造以欺后世耶？

绥和二年，甲寅。（公元前七年）

二月，翟方进卒。

《方进传》：绥和二年春，荧惑守心，李寻奏记言……上乃召见方进，还归，未及引决，上遂赐册曰："惟君登位……十年，灾害并臻，……其咎安在？使尚书令赐君上尊酒十石，养牛一，君审处焉。"方进即日自杀。……

按：汉儒言灾异，流弊所及至如是。天子杀大臣以应星变，学者亦能预言其祸以为先见奇中，而无有知其非者。……方进好天文星历，厚李寻，卒亦死于灾异。灾异进而为符命，莽遂以篡汉。此自汉儒学风如此，岂亦刘歆一人所伪？

又《方进传》：方进虽受《谷梁》，然好《左氏传》、天文星历。其《左氏》则国师刘歆，星历则长安令田终术师也。厚李寻，以为议曹。

按：康氏谓翟方进传《左氏》，皆出刘歆伪托。然方进子翟义，反莽见诛，莽发其父方进及先祖冢，夷灭三族，诛及种嗣。歆既伪经媚莽，假托传授，何以托之当时所谓反虏逆贼耶？

三月，成帝崩。四月，哀帝即位。

莽举歆为侍中，迁光禄大夫，复领《五经》。

《王嘉传》：嘉以日食上封事，云："诏书罢苑，而以赐贤二千余顷，均田之制从此堕坏。"

按：《莽传》：始建国元年下诏禁买卖田宅奴隶，有云："予前在大麓，始令天下公田口井。"事在元始二年。莽之创制立法，亦皆远有端绪，当自元、成以下汉廷诸儒议论意态推迹之，不得谓由歆伪诸经，乃有新莽一朝之制度也。《补注》，何焯曰："哀帝行限田之制，本善。王莽之行公田，盖务以祈胜而致不便于民也。"此则所谓以成败好恶论人，皆不得史实之真相者。

七月，丞相孔光、大司空何武奏议宗庙迭毁之次。

《韦玄成传》：哀帝即位，丞相孔光、大司空何武奏言……于是光禄勋彭宣……皆以为"……孝武皇帝虽有功烈，亲尽宜毁"。太仆王舜、中垒校尉刘歆议曰："孝武皇帝……中兴之功，未有高焉者也。……《礼记·王制》及《春秋谷梁传》，天子七庙，……《春秋左氏传》曰：'名位不同，礼亦异数。'……以七庙言之，孝武皇帝未宜毁；以所宗言之，则不可谓无功德。……臣愚以为孝武皇帝功烈如彼，孝宣皇帝崇立之如此，不宜毁。"……

按：歆、舜此奏，已引《左氏》；然据《礼记·王制》及《谷梁》而言七庙，引周公《毋逸》举殷三宗，亦用今文说，乌见所谓欲夺今文而篡孔子之统者？后人必谓今古文各自分家，不相混淆，然歆争立古文诸经，而奏书议礼乃复杂引今文。刘向治《谷梁》，与《公羊》家廷辩，其奏书、封事亦屡引《公羊》为说。哀帝所谓"欲广道术"，本非有今古分家之见也。廖平以来，康、崔纷纷，尽属无据。

哀帝建平元年，乙卯。（公元前六年）

歆请建立《左氏春秋》，及《毛诗》、《逸礼》、《古文尚书》，移书让太常博士。

《伪经考》：歆古文之学发端自左氏，左氏书藏秘府，人间不易见。自非史迁、刘向之伦，不可得而读也。汉世重《六经》，以《春秋》为孔子笔削，尤尊之。于时《公羊》盛行，《谷梁》亦赖宣帝得立。歆思借以立异，校书时发得左氏《国语》，乃引传解经，自为《春秋》之一家。刘歆校书，为王莽所举。尹咸校数术，殆党附于莽、歆者。房凤则王根所荐，王龚则外戚，非经师也。是四人者共校书，凤、龚所校不知何书，尹咸校数术，其经术不如歆可知。歆又挟权宠，故房凤、王龚、尹咸咸附之也。

按：莽荐歆为侍中，后歆自得领校秘书，何以知歆之校书为莽所举？时莽以失职，汉廷亦绝无倾覆之象，岂莽、歆已预谋篡汉，乃举歆校书，遍伪群经以预为莽篡地耶？……歆在当时，宠或有之，权则微矣；举朝怨讪，尹咸之徒又何为而必附焉？康说逞臆无据，率如此。

《伪经考》又云：刘歆伪撰古经，由于总校书之任，故得托名中书，恣其窜乱。

按：歆窥中秘，其父犹在，古人竹简繁重，岂有积年作伪而其父不知之理？若谓在其父卒后，则歆之领校《五经》未逾数月，何得遍伪群经？若其分系《左氏》以解《春秋》，歆固自其父在时以之与父争矣，歆不以自匿，向不以为罪，所见有是非，不在伪不伪之间。

《伪经考》又云：歆以承父向校经、传、诸子、诗、赋，故尤得恣其改乱，颠倒《五经》。

按：此明谓歆之伪撰群经在向卒后矣。数月之间，欲伪撰《左氏传》、《毛诗》、《古文尚书》、《逸礼》诸经，固不可能。

《伪经考》又云：刘歆挟名父之传，当新莽之变，前典校书之任，后总国师之权，加汉世书籍皆在竹帛，事体繁重，学者不从大师，无所受读。不如后世刻本流行，挟巨金而之市，则捆载万卷，群书咸备也。若中秘之藏，自非马迁之为太史，则班嗣之有赐书，扬雄之能借读，庶或见之。自余学者，无由窃见。故歆总其事，得以恣其私意，处处窜入。当时诸儒虽不答，师丹、公孙禄虽奏劾，然天下后世则皆为所丰蔀而无由见日矣。

按：歆承父典校书不逾一年，无从遍伪诸经。至为莽国师时，扬雄校书天禄阁，必谓歆恣私妄窜，雄何得勿知？雄著书多用古文，则雄亦亲见中秘古籍矣。且当时与歆同校书者有苏竟，其人正士，亦通儒，出仕光武朝，歆苟有伪，竟何绝不知？何忌何嫌，而绝不言？且歆之作伪，欲欺当时耶？欲欺后世耶？欲欺当时，一手之伪，岂能掩天下之目？欲欺后世，莽、歆皆未克尽其天年，事业及身而败。汉之中兴，西汉晚世学者及是尚存者不少，仕于朝而显名后世者亦多矣。歆既不能欺当世，歆卒之后，骗局且暴露无遗，然伪古文诸经转益见信，又何说耶？……与公孙禄所谓"颠倒《五经》"，其意皆指朝廷政制，不谓书乃刘歆所伪。若当时诸儒必谓歆所主古经皆系伪物，则何不一请校验，事可立决。歆亦自言之，曰："古文诸经，皆今上所考视。"则明非不可验矣。恣意妄窜，伪迹易白。何以其后如扬子云及东汉诸儒，凡校书中秘者，率信古经不疑，疑者转在外朝之博士，未睹中秘之藏者耶？……

又按：歆移书云："及鲁恭王坏孔子宅，欲以为宫，而得古文于坏壁之中，《逸礼》有三十九，《书》十六篇。天汉之后，孔安国献之，遭巫蛊仓猝之难，未及施行。及《左氏春秋》，丘明所修，皆古文旧书，多者二十余通。藏于秘府，伏而未发。"此谓"古文"，犹云旧书也。歆又云："其为古文旧书，皆有征验。"歆方欲争立三书，故言其均为古文旧书，明与朝廷博士诸书为类。非谓此皆古文，与朝廷博士今文不同也。其时尚无今文、古文之别，歆所云云，正欲显其同，非以别其异。《史记》常云"《诗》《书》古文"。其时谓"《诗》《书》"皆"古文"也。《刘向传》："上方精于《诗》《书》，观古文。""《诗》《书》"、"古文"同指《六艺》，皆谓战国以前旧书，以别于诸子、传记。刘歆屡云"古文旧书"，"古文"即"旧书"也。汉武帝立《五经》博士，罢黜百家，正以《五经》皆前代王官旧书，而百家则起晚世民间故耳。康、崔辈妄以后世"今文"、"古文"之见说之，故谓刘歆争立古文经，欲以篡今文圣统，又疑《史记》凡言古文，皆歆伪羼矣。

元寿二年，庚申。（公元前一年）

六月，哀帝崩。莽拜大司马，迎立平帝。时莽年四十五。

按：莽专汉自此始。亦会哀帝不寿，无子，丁、傅二后皆先卒，王太后乃得重握朝柄。当其前，虽智者不能逆知莽之必出，何论于篡？此数载中，莽、歆亦尚疏，谓二人先已同谋，预布伪局以欺后世，乃踞中秘遍伪群经，夫谁信之？

平帝元始元年，辛酉。（公元元年）

正月，王莽为安汉公，时莽年四十六。

按：自前年六月哀帝崩，至是仅半岁，汉廷群臣已颂莽比周公，岂必俟刘歆之伪群经，先篡孔子之圣统哉？此半年中，歆亦万不及遍伪群经。若谓歆先已伪之，则既历历辨如前。若谓歆自后乃伪，当知即以今文圣统之学，已足资以为篡，心劳日拙，何苦为此？

元始五年，乙丑。（公元五年）

莽年五十，五月，莽加九锡。

《伪经考》云："元始中，征天下通小学者以百数，各令记字于廷中，时王莽秉国，尊信刘歆，此百数人被征者，必皆歆之私人，奉歆伪古文奇字之学者也。……"

按：歆在当时，名位尚非甚显。同时在朝出歆右者多矣，谓莽尊信歆，推行其伪学，若其时惟歆与莽沆瀣一气，同谋篡业，此非史实。……

扬雄作《训纂》，时年五十七。

按：《雄传》："刘歆子刘棻尝从雄学作奇字。"《伪经考》谓所征通小学者皆歆伪遣，又谓雄从歆学，则奇字亦出歆手，棻何忘其家丘而转学从雄？岂歆既伪造奇字欺子云，又伪令其子棻往从子云以欺天下后世者耶？歆之作伪，曲折深心如此，然雄亦何愚？棻亦何顺？而康氏只眼，独发神奸奇秘于千载之下，亦何明智乃尔哉？

又按：扬雄又有《方言》，或亦当时作。卷三引"筚路"二语，明标

《左氏》。《雄传》谓雄以"箴莫善于《虞箴》",此雄见《左氏》之证。又《宗正卿箴》引"有仍二女",《太常箴》引"夔子不祀",《博士箴》引"原伯鲁",均出《左氏》。岂雄之《左氏》亦从歆学耶?

又按:《方言》前有刘歆与雄索取《方言》书,又有扬雄答书,云"为郎成帝时,至今二十七岁",若自元延二年计之,当下迄天凤间,时雄、歆皆老,刘棻已投四裔,雄投阁幸不死,何歆忽雅兴索取此书?而雄云"列于汉籍,诚雄心所想",岂不大谬?雄、歆往返二书,殆赝物也。

初始元年,戊辰。(公元八年)

莽年五十三。

《伪经考》:凡莽措施,皆出于歆之伪《周礼》,莽盖为歆所欺者。"发得《周礼》,以明因监",为《周礼》大行之始,故特著焉。

按:谓歆伪造古文以佐莽篡,而以《周礼》为主,此康氏之说也。然莽所欲借辞者,在周公居摄践阼一事,此诸子、今文均有之,不俟歆遍伪群经也。至于周礼,莽虽依以发政,于篡业非所借口,康氏亦知之,乃又谓莽亦为歆所欺,流遁强说,则歆之伪《周礼》,将特以欺莽者耶?

《伪经考》:《周官》六篇,自西汉前未之见,其说与《公》、《谷》、《孟子》、《王制》今文博士皆相反。《莽传》所谓"发得《周礼》,以明因监",故与莽所更法立制略同。盖刘歆所伪撰也。歆欲附成莽业而为此书,其伪群经乃以证《周官》。故歆之伪学,此书为首。

按:康氏既谓歆欲附成莽业而此书,何又谓莽受歆欺?且歆移书太常,争立《左氏春秋》、《毛诗》、《古文尚书》、《逸礼》,尚未及《周官》;谓歆遍伪群经乃以证《周官》,不合一矣。歆争立四博士时,莽已去职,岂逆知其后之篡而预为之?谓歆欲附成莽业而伪此书,又伪群经以证之,不合二矣。《伪经考》又云:"歆之精神全在《周官》,其伪作

《古文尚书》、《毛诗》、《逸礼》、《尔雅》，咸以辅翼之。"是必《周官》之成，远在《古文尚书》、《毛诗》、《逸礼》诸伪书前。诸书已不得一日遍伪；《周官》尤详密，非可急就。以年推之，必向尚未死，莽尚未贵，歆学尚未成，已先遍伪群经，则一切不合矣。

《伪经考》又云：王莽以伪行篡汉国，刘歆以伪经篡孔学。然歆之伪《左氏》，在成、哀之世。伪《逸礼》、伪《毛诗》，次第为之，时莽未有篡之隙也。则歆之蓄志篡孔学久矣。遭逢莽篡，因点窜其伪经以迎媚之。歆既奖成莽之篡汉，莽推行歆学，又征召为歆学者千余人诣公车，立诸伪经于学官，莽又奖成歆之篡孔矣。

按：康氏亦知刘歆争立古文诸经时，王莽尚未有篡汉之兆，则谓歆造伪经，预为莽者非矣。乃转辞自遁，谓歆蓄志篡孔学，又点窜伪经以媚莽，是歆一伪再伪也。然《周礼》不似媚书，因又谓莽受歆欺，则进退失据矣。且歆又能预布为其学者千余人以待莽征，白日行诈，天下绝无知，宁不可怪？康说前后横决，无一而可。彼固徒肆臆测，全无实证。然即就其臆测者论之，亦未能条贯，更不需再责实证也。

《伪经考》：莽之居摄名义亦由于歆。即此一言，歆之伪作《左氏春秋》书法以证成莽篡，彰彰明矣。《左氏》之为伪经，复有何疑？

按：《礼记·文王世子》："周公摄政践阼而治。"《说苑·尊贤》："周公摄天子位七年。"居摄之名，何必始于歆？歆请立《左氏》，尚在哀帝建平元年，岂预知十年后莽有居摄之局而先伪经文以为之地？否则歆之伪群经，可以随意随易，惟意所之，而天下终受其欺耶？甘忠可、夏贺良皆言汉运中衰，当再受命，故莽乐引以为说，然刘歆先曾以非经义折之，乌得谓凡莽称说尽出歆？且莽之即真，亦逐步推移而至，莽在当时，亦非所逆料也。

王莽始建国元年，己巳。（公元九年）

莽年五十四。正月，封孺子婴为安定公。

《伪经考》：……凡《祭法》、《左传》、《周官》皆歆所伪。莽用其说，故云"建郊宫、定祧庙"也。

按："定祧庙"、"建郊宫"……二者自贡禹、韦玄成、匡衡以来争之久矣，非歆始创。《周官》、《左氏》非歆伪，已辨详前。

以汉高庙为文祖庙。

《莽传》：莽曰："予之皇始祖考虞帝受禅于唐。汉氏初祖唐帝，世有传国之象。予复亲受金策于汉高皇帝之灵。惟思褒厚前代，何有忘时？"

按：莽之好为附会如此。然"汉家尧后，有传国之运"，董仲舒、眭孟早言之，刘向亦言之，宁得谓《尚书》《尧典》亦刘歆伪撰以佐莽篡耶？

始建国二年，庚午。（公元一〇年）

初设六管之令。

按：……六筦之政，大体武帝时已先行。惟武帝意在增国库，王莽确为抑兼并，后世以成败论事，故若莽政一无足取耳。又莽政必一一推本古训，此乃援据《周礼》与《乐语》，较之汉武时，益为振振有辞矣。若谓《周礼》乃刘歆本莽政伪造，是倒置也。且伪一《周礼》已足，何为又别伪一《乐语》乎？

按：康氏举列莽政本《周官》，不足即证《周官》由歆伪造。《周官》非周公书，而莽、歆误信为利民之道在是。且莽此诸政，汉武时均已有之。……新莽之政，亦主抑兼并，……特以羞法汉武，遂专据《周官》。今谓刘歆凭空伪造《周官》以欺莽，而莽亦凭空信《周官》以召亡，此皆不明史实之言也。

又按：辨《周官》为刘歆伪造以媚新莽者，其说起于宋，恶王荆公依《周官》行新法而云然。不谓清儒自姚，方以迄康氏，遂大肆其焰也。

扬雄校书天禄阁，畏罪自投阁下，几死，诏勿问。雄时年六十四。

按：扬雄（子云）校书天禄阁，未知已几年。……歆果遍伪诸经，增窜群籍，子云不宜无知。今子云诸书多言古文，康氏谓乃受学于歆，为歆所欺，皆强为之说也。

又按：《后汉书·苏竟传》：竟，字伯况。平帝世，以明《易》为博士讲《书》祭酒。善图纬，能通百家之言。王莽时，与刘歆等共典校书。光武时，竟与歆兄子龚书，劝其降汉，谓："昔以磨研编削之才，与国师公从事出入，校定秘书"云云，其人正士，年七十，卒于家，作《纪诲篇》及文章传世。时光武已中兴，可无忌讳，然竟绝无一言及歆伪造群经事。其修书劝龚，极论天文十二次诸说，亦无一语斥为歆伪托也。

又《孔僖传》："自安国以下，世传《古文尚书》、《毛诗》。……"此治古文学而不愿仕莽者。

又《艺文志》记王莽讲学大夫与此颇异，兹为列表如左：（此略）

按：上表，新朝经师多今文传法。刘歆争立古文诸经，为广道术，非纂圣统，彰灼可见矣。

天凤二年，乙亥。（公元一五年）

陈钦自杀。

按：《后汉书·陈元传》："元父钦，习《左氏春秋》，事黎阳贾护，与刘歆同时而别自名家。王莽从钦受《左氏》学，以钦为厌难将军。元少传父业，为之训诂；以父任为郎。建武初，元与桓谭、杜林、郑兴俱为学者所宗。"曾与范升争立《左氏》。升曾为莽大司空王邑议曹史。钦与刘歆同时，而其《左氏》别自名家，此又《左氏》非出歆伪一证。（许慎《五经异义》有奉德侯陈钦《春秋说》。）

天凤六年，己卯。（公元一九年）

大司空议曹史范升奏记王邑。（《通鉴》）

按：《后汉书·范升传》……今按：升仕新朝，亲与刘歆同世。歆果遍伪群经，岂能一手掩天下目？升何无知？观其疏争《左》、《费（氏易）》二家不可立，绝无一辞半语及于歆伪，又并不分今古派别，惟谓其学无本师，先帝所未立，恐后多援例争立者，非急务而已。安有如晚近诸儒言今古文之张皇者耶？论史者不征当世之实迹，而顾信千载后之臆测，何哉？《伪经考》云："此等说出，刘歆之徒乃得以党同妒真借口，而人主亦渐疑之。盖不得歆作伪之根原，故并迁怒《史记》，亦其短也。"是康氏亦知之，蔽于成见，遂悍而不返耳。

地皇四年，癸未。（公元二三年）

二月，新市、平林诸将共立更始将军刘玄为皇帝。王寻、王邑兵败于昆阳，寻见杀。七月，刘歆自杀。

《莽传》：莽忧不知所出，崔发言："《周礼》及《春秋左氏》，国有大灾，则哭以厌之。……宜告天以求救。"莽自知败，乃率群臣至南郊，陈其符命本末，仰天……大哭，气尽，伏而叩头。……

按：此固迂愚可笑，岂刘歆之徒伪造《周礼》、《左氏》以欺天下而媚莽，至是又转以自欺耶！隗嚣起陇西。

按：嚣檄列举莽罪，至详尽。嚣素有名，好经书，亲事国师刘歆，若歆遍伪群经，嚣亦宜知，岂于歆别怀厚德，不忍暴著其隐耶？否则伪作符书，明已言之，而仅云"援引史传"，不斥其伪，何耶？（以上见联经《全集》第八册《两汉经学今古文平议》《刘向歆父子年谱》，页一~一七八。）

当代学者对《刘向歆父子年谱》的评价

严耕望先生在《国史拟传》第五辑《钱穆传》中说：

《刘向歆父子年谱》刊于民国十九年（一九三〇年）《燕京学报》第七卷。清末康有为承袭刘逢禄之论旨，作《新学伪经考》，谓《左传》等书为刘歆伪作。康书自颜曰考，其实全属臆说，毫无考证气息，本不足道。而当时学人震于康之盛名，群相附从，几若定论，今文学派亦极盛一时。穆撰此文，列二十八事，以明康说之妄，证确理壮，学林推服。故胡适谓"钱谱为一大著作"。自此康说顿息。

汪学群氏在其《钱穆学术思想评传》第三章中说：

经学中的今古文问题是钱穆经学研究的重点，可以说他对经学研究的贡献在此。他追溯了今古文之争的由来及特点，运用史料证明刘歆绝无伪造古文经之说，以史学立场破除今古文经之间的门户之见。

钱穆以客观史实来解决今古文之争，摧陷廓清道、咸以来常州学派今文经学家散布的某些学术迷雾。《刘向歆父子年谱》撰写的动机在于洗清刘歆伪造《左传》、《毛诗》、《古文尚书》、《逸礼》诸经的不白之冤，平息经学家的门户之见，这对结束晚清以来经学上的今古之争有一定的积极作用。……钱穆处理晚清学术史上的刘歆伪造古文经一案，其根据是一部《汉书》。《汉书》人人都能读，未必都会读。囿于今古之争的门户之见的学者跳不出经学的框子，很难从史学出发，把经学上的问题还原于史学问题。钱穆则是史学家，他认为，经学上的问题，也即是史学上的问题。《刘向歆父子年谱》依据《汉书》谈《周官》、《左传》，就是这一观点的实际应用。

单周尧、许子滨二氏在《钱宾四先生〈刘向歆父子年谱〉与〈左传〉真伪问题研究》一文之摘要中说：

"清代的今文学者刘逢禄和康有为，认为《左传》为汉代刘歆所伪作。一九三〇年，钱宾四先生发表《刘向歆父子年谱》，列举二十八条问题，质疑康有为的说法；又"以年谱的形式，排列了刘向、刘歆、王莽的生平活动……证明刘歆造伪助莽在时间上是不可能的，在情理上是说不通的"。钱先生这篇文章，对中国学术作了巨大的贡献，广受学者推崇。（见台大中文系编印《纪念钱穆先生逝世十周年国际学术研讨会论文集》，二〇〇一年一月，页八一。）

秋，先生撰成《先秦诸子系年》，一九三五年冬始由上海商务印书馆初版印行。一九九七年收入联经《全集》第五册，二〇〇一年又由北京商务印书馆出版。

复智按：本书为先生传世之作，积十余年之力成书，续为增补修订，以期完善，然后付梓。全书分四卷，共为一六三篇。据《史记·十二诸侯年表》、《六国年表》及诸《世家》，并参以汲冢《竹书纪年》订正《史记·年表》等之误。上溯孔子生年，下逮李斯卒岁与尉缭辨，前后三百余年，凡先秦诸子，无不一一详考，熔于一炉；以诸子之书，还考诸子之事，参伍错综，曲畅旁达，而后诸子生平出处，师友渊源，以及学术流变之迹，粲然条贯，秩然就绪。此书之问世，自清代乾嘉以来考据之学为之黯然失色。兹将全书大要摘录于下：

(一) 自序

……盖昔人考论诸子年世，率不免于三病。各治一家，未能通贯，一也。详其著显，略其晦沉，二也。依据史籍，不加细勘，三也。惟其各治一家，未能通贯，故治《墨》者不能通于《孟》，治《孟》者不能通于《荀》。自为起讫，差若可据，比而观之，乖戾自见。余之此书，上溯孔子生年。下逮李斯卒岁，前后三百年，排比联络，一以贯之。以诸子之年证成一子，一子有错，诸子皆摇。用力较勤，所得较实，此差胜于昔人者一也。惟其详于著显，略于晦沉，故于孔墨孟荀则考论不厌其密，于其他诸子则推求每嫌其疏。不悟疏者不实，则实者皆虚。余之此书，一反其弊。凡先秦学人，无不一一详考。若魏文之诸贤，稷下之学士，一时风会之所聚，与夫隐沦假托，其名姓在若存若亡之间者，无不为之缉逸证坠，辨伪发覆。参伍错综，曲畅旁达，而后其生平出处师友渊源学术流变之迹，无不粲然条贯，秩然就绪。着眼较广，用智较真。此差胜于昔人者二也。而其精力所注，尤在最后一事。前人为诸子论年，每多依据《史记·六国表》，而即以诸子年世事实系之。如据《魏世家》《六国表》魏文称侯之年推子夏年寿，据《宋世家》及《六国表》宋偃称王之年定孟子游宋，是也。然《史记》实多错误，未可尽据。余之此书，于先秦列国世系，多所考核。别为《通表》，明其先后。前史之误，颇有纠正。而后诸子年世，亦若网在纲、条贯秩如矣。寻源探本，自无踵误袭谬之弊。此差胜于昔人者三也。

……晋太康时，汲县人发古冢，得竹书七十五车，中有《纪年》十三篇。自杜预诸儒，皆定其为魏襄王时魏国之史记。然今世所行，复非原书之真。而唐司马贞为《史记索隐》，时采其文以著异同，可资比准。因亦未能悉心参校，以救《史记》之失，良可惜也。原昔人多不信《纪年》者亦有故。一则魏冢原书，久逸于两宋之际。今本为后人搜辑，多有改乱，舛误缺略，面目全非。学者不深辨，遂谓汲冢《纪年》不可信，一也。再则其书言三代事，多与相传儒家旧说违异。如益为启诛、太甲杀伊尹之类。儒者斥其荒诞，遂不依引，二也。又谓其书记春秋时事，如鲁隐公及邾庄公盟于姑蔑，晋献公会虞师伐虢，灭下阳，周襄王会诸侯于河阳，明系春秋后人，约《左传》之文、仿往例而为之，与身为国史承告据实书者不同。因遂忽视，三也。夫《纪年》乃战国魏史，其于春秋前事，容采他书以成。至言战国事，则端可信据。至益为启诛，太甲杀伊尹，则战国杂说，其与儒家异者多矣，《纪年》亦本当时传说书之，孰信孰否，今且未能遽断，要足为考古者备一说，不当姝姝于一先生之言而深斥之也。

《史记》载春秋后事最疏失者，在三家分晋，田氏篡齐之际。其记诸国世系错误最甚者，为田齐、魏、宋三国。庄子曰："田成子弑齐君，而十二世有齐国。"《鬼谷子》亦云然。今《史记》自成子至王建之灭祇十代。《纪年》则多悼子及侯剡两世，凡十二代，与《庄子》《鬼谷》说合。又齐伐燕，据《孟子》及《国策》为宣王，非愍王。而《史记》于齐系前缺两世、威宣之年误移而上，遂以伐燕为愍王，与《孟子》《国策》皆背。昔人谱孟子者，于宣愍年世，争不能决，若依《纪年》增悼子及侯剡，排比而下，威宣之年，均当移后，乃与《孟子》《国策》冥符。此《纪年》胜《史记》，明证一也。《史记》梁惠王三十六年卒，子襄王立，十六年卒，并惠襄为五十二年。魏齐会徐州相王，在襄王元年。是惠王在世未称王，《孟子》书何乃预称惠王为王？又《史记》梁予秦河西地，在襄王五年，尽入上郡于秦，在襄王七年，楚败魏襄陵，在襄王十二年，皆惠王身后事。而惠王告孟子，乃云"西丧地于秦七百里，南辱于楚"，何能预知而预言之？若依《纪年》，惠王三十六年改元，后元十六年而卒，则魏齐会徐州相王，正惠王改元称王之年也。然后《孟子》

书皆可通。又与《吕览》诸书所载尽合。此《纪年》胜《史记》，明证二也。《史记》魏文侯三十八年，魏武侯十六年，而《纪年》文侯五十年，武侯二十六年，相错二十二年。昔人疑子夏为文侯师，已逾百岁。今依《纪年》，则文侯元当移前二十二年，子夏之年初无可疑。而李克、吴起之徒，其年辈行事，皆可确指。此《纪年》胜《史记》，明证三也。《史记》魏惠王三十一年，徙都大梁，而《纪年》在惠成王九年。阎若璩本此论《纪年》不可信。然细核之，惠王十八年，魏围邯郸，齐师救赵，直走大梁，三十年魏伐韩，齐田忌救韩，亦直走大梁。又秦孝公十年，即魏惠王十九年，卫鞅围魏安邑降之。此皆魏都自惠王九年已自安邑徙大梁之证。据《纪年》则《史记》之说皆可通。专据《史记》，则自相乖违，不得其解。此《纪年》胜《史记》，明证四也。三家分晋，田氏篡齐，为春秋至战国一大变。其后魏齐会徐州相王，秦亦称王，宋亦称王，赵、燕、中山、韩、魏五国又相约称王，为战国中局一大变。《史记》于此，年事多误，未能条贯。今据《纪年》，证以先秦他书，为之发明，而当时情实，犹可推见。此《纪年》胜《史记》，明证五也。要之《纪年》乃魏史，魏在战国初年，为东方霸主，握中国枢纽，其载秦孝公前东方史实，自当远胜《史记·六国表》。徒以存十一于千百，不明不备，不为学者所重。霾塞千年，未睹豁辟之期。余粗为比论，而积古疑晦，颇资发蒙，则其书之非不信可知也。

《史记》之误不一端，而有可以类比件附，以例说之者，如一、误以一王改元之年为后王之元年。二、有一王两谥，而误分以为两人者。三、有一君之年，误移而之于他君者。四、亦有一君之事，误移而之于他君者。五、有误于一君之年，而未误其并世之时者。六、有其事本不误，以误于彼而遂若其误于此者。七、亦有似有据而实无据者。八、有《史》本有据，而轻率致误者。九、亦有《史》本无据，而勉强为说以致误者。十、亦有史公博采，所据异本，未能论定以归一是者。十一、亦有《史》本不误，由后人率改妄窜以致误者。十二、复有《史》本非误，由后人误读妄说以致误者。而要之凡《史》之误，必有其所以误。寻其所以误者，而后其为误之证益显。而其所以误之故，亦每每有例可括。粗举数端，不能尽备。读吾书者，循此意而求之，可自得也。

且不仅于《史记》之多误也。今所资以相比勘而知《史记》之误者，有《索隐》诸家所引《纪年》，而诸家之文正亦多误。读《史》者爱其文，往往忽其事，《史》虽多误而莫辨。注文朴率，尤懒循省。遂有传钞失真而致误者。（中略）《纪年》魏史，惟魏君著年数，他国仅记君立，《索隐》循其立年数之，则与《史记》以改元计者相差一岁。后人不明此例，比论亦遂多歧。至其君卒岁，若以改元计，与始立计，亦每有一岁之差。此均由未得其例而致误者。亦有《索隐》本无其例，而后人为之曲说，如王氏《古本竹书辑校》谓《索隐》引《纪年》皆改夏正为周正，而细核实无之。此又致误之一端也。

《史》文既多误，首有赖于诸家之注，而注文复多误，其事又可举一例以为说者。史公记六国时事，多本《秦纪》。固已苦其不载日月，文略不具矣。然其于秦事，固宜信也。

……或曰：古人之年，运而往矣，九原不可作，则凡所以考古人之生卒行事者，将惟书册是征。而先秦古籍，传者亦尠矣。记事莫备于《史记》，《史记》既多误，而所载尤以诸子为略，名姓不一见者多有之，详者惟孔老孟荀，然而《孔子世家》之缠绕而迭缪，与夫老子之儵怳而难凭，孟荀之阔略而不备，则既尽人疑之矣。则何藉以考于古？又何术以信于后耶？曰：此难矣，而实非难也。无方术以处之则难，有方术以处之则易。

夫人之用心，患其思虑之不精，又患其考证之不广。先秦遗文，六国之际，于今可考者，可以缕指而计之，程年以尽之。考证之不广，非难也。然后谨记其异同，推排其得失，次其先后，定其从违，必有当者，可以确指，则用心之不精，又非患也。然而自古迄今，六国之年既多误，诸子事迹尤不备。尘晦而不彰，霾翳而莫明，犹有待于今日之推寻者，则何欤？曰：此非古人之知不及此，亦其时则不至此也。古人不知考年之可重，则亦无怪于其用心之不精，求证之不广矣。夫《史记》之误易见，舍《史记》而求是则难寻。《纪年》之佚文，散见于《集解索隐》诸家之注，以及《水经注》诸书者，其与《史记》异同，一一可按。夫判两家之异同，贵乎参伍以为验。求定《纪年史记》之得失，不得不参伍以验之于诸子。而昔人治史，往往不信诸子，掩目捕雀，宜其无得。

是用心之不精，考证之不广，所以为论年之难，而其端在夫不知论年考世之重。此乃时缘之未至，非聪明智力之不逮也。

且有非考年之事，而为考年之所待以成者二端焉：曰捃逸，曰辨伪。何言乎为诸子捃逸也？《史记》惟孔子有世家，孔子弟子及老、庄、申、韩、孙、吴、孟、荀有列传，其他则阙。然而其旁见于他书者，虽片鳞一爪，可以推寻而得其大体者至多也。昔人治史，率不信诸子。夫诸子托古，其言黄帝、羲、农，则信可疑矣。至于管仲、晏婴相问答，庄周、鲁哀相惟诺，寓言无实，亦有然者。至其述当世之事，记近古之变，目所睹，身所历，无意于托古，无取于寓言。率口而出，随心而道，片言只语，转多可珍。故吴起有泾水之战，此韩非、刘向之文也，而《史记》无其事。余舍其坠，以定吴起仕魏之年。公孙龙有空雒之对，此不韦《春秋》之说也，而战国无其地。余订其讹，以证公孙来赵之岁。荀卿之见燕哙，韩非言之。儿说之事宋王，《吕览》记之。余循之为推，可以说名家之传，可以次孟荀之世。考《庄》《列》魏牟、公孙龙，发中山之秘史。据《荀》《韩》楚庄王、庄蹻，定巴滇之逸乘。其他如以《吕览》许犯证《孟子》许行之师承，采《韩非》田仲补《孟子》陈仲之论议。推季梁以定杨朱之生卒，传匡章以阐孟轲之游踪，本《吕览》白圭、惠施应对，定两人在梁之先后，据《盐铁论·论儒》，证稷下诸贤之聚散。即以诸子之书，还考诸子之事。为之罗往迹，推年岁，参伍以求，错综以观，万缕千绪，丝丝入扣，朗若列眉，斠可寻指。夫而后滞者决而散者综，纷者理而阐者睹。先秦学人往事，犹可考见，无病乎史文之逸失也。

何言乎为诸子辨伪也？夫诸子往迹之事，虽散见于诸子之书，然而多有其误者焉，又多有其伪者焉。伪误之不辨，而捃摭诸子之遗闻佚记以骋博而驰说，是治乱丝而益棼也。盖尝论之：有伪其人者，有伪其世者，有伪其年者，有伪其事者，有伪其地者，有伪其书者，有伪其说者，有伪之于多方者。伪之途不一端，非一一而辨之，则不足以考其年。将一一而辨之，则辨伪之事无竟，而考年之书不可作。此固考年之事之所以待以成也。何言乎伪其人？吴有孙武子，伪其人也。何言乎伪其世？尉缭见梁惠王，伪其世也。何言乎伪其年？孟子游梁，当惠王之三十五年，此伪其年也。何言乎伪其事？孔子与南宫敬叔适周问礼于老子，此伪其事也。何言乎伪其地？孔子畏匡，公孙龙对空雒，此伪其地也。何言乎伪其书？列御寇有《列子》，子思有《中庸》，此伪其书也。何言乎伪其说？孔子老而系《易》，孔门《六经》有传统，此伪其说也。何言乎伪之于多方？凡伪其人者，必伪其事焉，伪其时焉，伪其书焉，伪其说焉，而后可以掩其人之伪。伪其事，伪其时，伪其书，伪其说者，亦然。非伪之于多方，则其伪不立。诸子之伪不胜辨，其不能尽著于篇者，将别为书以发之，此不能备也。

夫言有定于此而后可以见于彼者，亦有定于彼，而后可以见于此者，此相与为功，有待而成之说也。为诸子考年者，有待于捃逸，为诸捃逸者，又有待于辨伪。然而辨伪捃逸之功，亦有待于考年焉。夫必《易系》决非孔子作，而后孔子无系《易》之年之辨可定。夫必孔子无系《易》之年，而后无商瞿传《易》之人之辨可定。夫必无商瞿传《易》之人，而后孔门无《六经》传统之说之辨可定。反而言之，以《六经》传统之可疑，而疑及于商瞿之传《易》。以商瞿传《易》之可疑，而疑及于孔子之系《易》焉。其事如循环之无端也。夫孔子系《易》之年，与夫商瞿之年，以及夫经师先后授受之年，则信可疑矣。然则商瞿、梁鳣年长无子之逸记可以灭，《系辞》《十传》之为伪书可以定。此又考年之功之有裨于捃逸辨伪者也。

且捃逸辨伪考年之相待以有成，其事有不尽于此者。盖事有非逸，而无异于已逸。语有不伪，而有甚于本伪。则以考年之未精，遂相率以俱讹。及其既讹，遂转以为考年之障者有之矣。请据《孟子》以为说。夫《孟子》七篇，尽人所诵，历二千年，至精至熟也。其事则非逸也。其语亦非伪也。考孟子之年者，非不之及也。然而为孟子考年者，类以《史记》绳《孟子》，而不知史年之有误。即有本《孟子》疑史年者，亦不能定史年之真是也。然后孟书之非逸者，无异于逸。孟书之不伪者，转致于伪。人异其说，而皆无当于是焉。余以《纪年》校《史记》，知齐、梁世系之误，重定齐威、宣、梁惠、襄之先后。而后知孟子初游齐，当齐威王时，游梁，见惠王、襄王，返齐，见宣王。以此求之，则匡章不孝，孟子与游之事，情节复显。余又以《史记·鲁世家》与《六国表》

互核，知鲁《表》之误，而《世家》之可信，重定鲁平之元。以此求之，然后乐克进辞，臧仓沮见之事，理势乃符。凡此皆学人之所研虑，先儒之所极论，纵横反复，纷纭莫定，一朝发难，云破天朗。其事则同，而所以说其事者不同。此非掯逸者，而有似于掯逸。非辨伪也，而有类乎辨伪。盖亦与考年之功相待以有成者也。

且夫后世之积讹袭非，有足为考年系世之障者，又岂仅于时君世系之错乱，诸子往迹之晦沉而已耶？盖自刘班著录，判为九流，平章学术，分别渊源，其说相沿，亦几二千载于兹矣。习非成是，积信为主，则亦莫之疑而难以辨也。曰百家原于道，则老聃之年无以破。曰申、韩本于老，则吴起、李克之统无以立。不知农之原于墨，则我许行即许犯之说不足信。不知法之导于儒，则我商鞅本魏学，李、韩乃荀术之论不能成。非破碎陈说，融会以求，则我魏文西河、齐威、宣、稷下诸贤之考皆无以通其意。吾尝沉沉以思，昧昧以求，潜精于诸子之故籍，游神于百家之散记，而深疑夫旧说之有误，而习见之不可以为定也。积疑有年，一朝开豁，而后知先秦学术，惟儒墨两派。墨启于儒，儒原于故史。其他诸家，皆从儒墨生。要而言之，法原于儒，而道启于墨。农家为墨道作介，阴阳为儒道通囿。名家乃墨之支裔，小说又名之别派。而诸家之学，交互融洽，又莫不有其旁通，有其曲达。分家而寻，不如别世而观。寻宗为说，不如分区为论。反复颠倒，纵横杂出，皆有以通其源流，得其旨趣，万变纷纭而不失其宗。然后反以求之先秦之史实，并世学者师友交游之渊源，与夫帝王贤豪号召罗致之盛衰兴替，而风会之变，潮流之趋，如合符节，如对契印。证之实者有以融之虚，丈而量者重以寸而比，乃然后自信吾说而确乎其不自惑也。夫为辨有破有立，破人有余，立己不足，此非能破之胜也。夫为学有积有统，积说多端，整统未建，此非能积之优也。余之此书，定列国之世系，考诸子之生卒，事有甚碎，辨有甚僻，盖考据之幽微，为学者之畏途，有使人读而生厌，不终卷而废者。然而陈说未破，则己旨不立，积绪无多，则整统不富，彷徨瞻顾，虽曰未能，窃有志于是焉。

尝试论之，晚周先秦之际，三家分晋，田氏篡齐，为一变。徐州相王，五国继之，为再变。齐秦分帝，逮乎一统，为三变。此言夫其世局也。学术之盛衰,不能不归于时君世主之提抑。魏文西河为一起,转而之于齐威、宣稷下为再起,散而之于秦赵,平原养贤,不韦招客为三起。此言夫其学风也。书分四卷,首卷尽于孔门,相宰之禄,悬为士志,故史之记,流为儒业,则先秦学术之萌苞期也。次卷当三家分晋,田氏篡齐,起墨子,终吴起。儒墨已分,九流未判,养士之风初开,游谈之习日起,魏文一朝主其枢纽,此先秦学术之酝酿期也。三卷起商君入秦,迄屈子沉湘。大梁之霸焰方熄,海滨之文运踵起。学者盛于齐魏,禄势握于游仕。于是有白圭、惠施之相业,有淳于、田骈之优游,有孟轲、宋钘之历驾,有张仪、犀首之纵横,有许、陈之抗节,有庄周之高隐,风发云涌,得时而驾,乃先秦学术之磅礴也。四卷始春申、平原,迄不韦、韩、李。稷下既散,公子养客,时君之禄,入于卿相之手,中原之化,遍于远裔之邦。赵秦崛起,楚燕扶翼。然而烂漫之余,渐归老谢,纷披已甚,主于斩伐。荀卿为之倡,韩非为之应。在野有老聃之书,在朝有李斯之政。而邹衍之颉颃,吕韦之收揽,皆有汗漫兼容之势,森罗并蓄之象,然犹不敌夫老、荀、非、斯之严毅而肃杀。此亦时运之为之,则先秦学术之归宿期也。四卷之书,因事名题,因题成篇,自为起讫,各明一意。遂若破人多,而立己少,积绪繁,而统综绌。此则体势所限,有不获已。至于发挥引伸,极论学术,将有俟于《通论》,非此之得详矣。

且著书成学,不徒有其外缘,而又不能不自止于限极焉。吾书之成,其为之缘者则既论之矣。至于其限极,亦有可得而略陈者。盖首卷考订孔子行事,前贤论者已详,折衷取舍,择善而后,其为己说者最尠。至于次卷,墨子、吴起之世,史文荒失。于此不理,则荆棘未斩;取途无从。而欲加辟治,又徒手空指,利斧难觅。筚路蓝缕,艰苦惟倍。凡所论列,虽已疏阔,而史料既灭,文献不足,则亦无以为增。至于三卷,如理乱丝,异说纷呈,诸端并列,条贯则难,寻证则富。四卷诸篇,以当时诸子著书,往迹颇详,亲历转略。秦廷焚坑,学术中绝。而《汲冢纪年》亦尽于魏襄王,以下惟有《史记》,无可互勘。如春申、不韦之死,荀卿之老,邹衍之游,皆有可疑,无以详说。其他亦幽晦。较之墨翟、吴起之世则显,较之惠施、孟轲之世则略。此亦史料所限,无可为力者也。若夫见闻之未周，四虑之未详，智慧之所不至，功力之所未尽，进而教之，期乎方闻君子。

（二）卷一

1、孔子生年考

孔子生年，聚讼二千年矣。《春秋》公羊、谷梁二传，皆谓鲁襄公二十一年孔子生，司马迁《史记》，谓襄公二十二年孔子生。余兹姑取后说，至于详考确论，不徒不可能，抑且无所用。今谓孔子生前一年或后一年，此仅属孔子私人之年寿，与世运之升降，史迹之转换，人物之进退，学术之流变，无足重轻如毫发。而后人于此，月之日之，考论不厌其详。而他学者，如老、庄，如杨、墨，则人之有无，世之先后，年之夭寿，茫不加察，晦沦终古，是乌足当知人论世之实哉？今所考论，一以确有援据而有关大体者为断。至于细节，则略勿致辨，以避劳而且拙之讥。

2、孔子为委吏乘田考

孟子曰："孔子尝为委吏矣，曰会计当而已矣；尝为乘田矣，曰牛羊茁壮长而已矣。"《史记·孔子世家》作："尝为季氏史，料量平，尝为司职吏，畜息蕃。"崔述《洙泗考信录》云："《阙里·志年谱》云：二十岁为委吏，二十一岁为乘田吏，殊无明据。大抵在郯子来鲁之先，否则不能自通于国君也。"今按：旧说定孔子始仕年二十者，由《索隐》引《家语》孔子年十九娶于宋之亓官氏，一岁而生伯鱼。伯鱼之生，鲁昭公以鲤鱼赐。始仕通贽，君赐及之，故疑在是年。若以非此则不能自通于国君为说，而赐鱼之说非虚，则崔意与旧说，其可信之程度正相类耳。《左传》昭公十七年郯子来，时孔子年二十七。孔子仕定在此前，则似可信。

3、孟懿子南宫敬叔学礼孔子考（附　南宫敬叔南容非一人辨）

《世家》："孔子年十七，孟厘子卒，懿子及南宫敬叔往学礼焉。"崔述云："《春秋传》此文在昭公七年（按今《史记》鲁楚两世家及年表，并误在昭公八年），由襄公二十二年递推之，则孔子至是当年十七。然孟僖子之卒，实在昭公二十四年。《传》但因七年孟僖子至自楚，病不能相礼，而终言其事。《世家》以为本年之事，误矣。懿子、敬叔生于昭公之十一年（杜《注》云：似双生），当七年时，二子固犹未生，安得有学礼之事？《阙里志·年谱》亦载此事于十七岁，则作《年谱》者，但采《史记》诸子之文，缀辑成书，而初非有所传也明矣。学者乃以《年谱》为据，何其不思之甚也？"梁玉绳《史记志疑》亦云："此是史公疏处。《索隐》《古史》并纠其误。"今按：是年孔子实三十四岁也。又考《左传》昭公二十年，"卫齐豹杀孟絷，宗鲁死之。琴张将往吊，仲尼曰：齐豹之盗，而孟絷之贼，女何吊焉？"时孔子年三十，琴张盖已从游。孔子自称三十而立，其收徒设教，或者亦始于是时耶？

又按王世懋曰："《史记·孔子弟子传》。"南宫适字子容，而述《论语》两条以实之，初未言孟僖子之子，孟懿子之兄也。而《索隐》注遽云：是孟僖子之子仲孙阅，《论语》注遽云：谥敬叔，孟懿子之兄。适见《家语》，一名绦，已有二名，《左传》必属说与何忌于夫子，《索隐》又云仲孙阅，是又二名，岂有一人而四名者乎？孔子在鲁，族姓颇微，敬叔公族元士，从孔子时定已娶矣，孔子岂得以兄子妻之。《礼记》，敬叔载宝而朝，孔子曰：丧不如速贫之为愈也。若而人，岂能抑权力而伸有德，谨言语而不废于有道之邦耶？"阎百诗曰："南容名适，一名绦，与敬叔名说，载宝而朝者，当是二人。"

4、孔子与南宫敬叔适周问礼老子辨（摘要见一九三二年《老子辨》书中）

5、孔子适齐考

《左传》昭公二十五年，公伐季氏，不克，奔齐，鲁乱。《世家》系孔子适齐于是年乱后，是也。时孔子年三十五。《世家》又称孔子适齐，为高昭子家臣，欲以通乎景公。梁玉绳《史记志疑》引景吏部曰："欲通齐景，不耻家臣，孔子而如是乎？"今按：孔子先见景公，自不必为家臣以求通，史说矛盾固矣。然孔子弟子为家臣者多矣，孔子不之禁，则孔子不耻为家臣也。且委吏乘田，独非家臣乎？此等俱难详考，不得辄以"孔子而如是乎"之说为定。

附　晏婴卒年考

《史记·齐世家》景公四十八年，晏子卒。今按：《左传》记晏子言行，止于鲁昭公二十六年，即齐景之三十二年也。《晏子春秋》外篇第八,晏子没十有七年,景公饮诸大夫酒,其文又见于刘向之《说苑》。其说若可信,景公五十八年薨,晏子没,至迟当在景公四十二年前。今传《晏子春秋》有明袭《左氏》者,亦有袭取之《孟子》者。其书晚出,多不可据。如谓仲尼之齐,见景公而不见晏子,子贡曰云云,不知子贡是时尚未及孔门。又有晏子使鲁,仲尼使子贡往观,不知子贡之从孔子,晏子则已卒矣。又谓仲尼相鲁,景公患之,晏子对以勿忧,则孔子相夹谷,晏子已先卒矣。若谓晏子即以是年卒,何以《左传》于鲁昭二十六年以后,历十六年之久,更不载晏子一言一事乎?证以《晏子春秋》没十七年之明文,其为不可信明矣。至后人谓《晏子春秋》出于墨家,观其多载孔门事,知亦非是矣。

6、孔子自齐返鲁考

孔子居齐年数,《世家》不详。后人或谓七年,或谓一年。一年之说,江永《乡党图考》主之,曰:"昭二十七年,吴季札聘上国,反于齐,子死嬴博间,而夫子往观葬,盖自鲁往观,嬴博间近鲁境也。然则在齐不过一年耳。"林春溥《孔门师弟年表后说》亦云:"孔子于齐,接淅遂行,岂迟至八年之久?"此一年之说也。然考之《世家》云:"齐大夫欲害孔子,景公曰:吾老矣,弗能用也,孔子遂行,反乎鲁。"则孔子之去齐,并不以定公立而欲归鲁也。且其时孔子未仕于鲁,亦不必定公立而后可归。今既他无可考,姑依江氏说。

7、孙武辨

《史记·孙吴列传》有孙武为吴将兵。《汉书·艺文志》有《吴孙子兵法》八十二篇,而本传则称十三篇。然其人与书,盖皆出后人伪托。叶水心《习学记言》辨之。全谢山《鲒埼亭集》又申其说云:"《左氏内外传》纪吴事颇详,绝不及孙武。即《越绝》诸书,出于汉世,亦不甚及孙子。水心疑吴原未尝有此人,而其事其书,皆纵横家之所伪为者,可以补《七略》之遗,破千古之惑。至若十三篇之言,自然出于知兵者之手。姚姬传《惜抱轩集·读孙子》亦有发明,云:"春秋大国用兵,不过数百乘,未有兴师十万者也。况在阖庐乎?是书所言,皆战国事耳。"章实斋《与孙渊如·观察论学十规》,亦谓:"《孙子书》言兴师十万,出征千里,日费千金,不得操事者七十万家。春秋用兵,未有至十万者,且阖庐用兵，前后得失，亦与孙武书大相刺谬。"

余读《孙子·五校》，首之以道，而后天地，此必自庄周后乃知有此。其曰："斗众如斗寡，形名是也，"形名之语，亦起战国中晚。则《孙子》十三篇，洵非春秋时书。其人则自齐之孙膑而误，详《考辨》第八十五。

8、阳虎名字考

《论语》："阳货欲见孔子，"《注》："阳货，阳虎也，季氏家臣。"邢《疏》："盖名虎字货。"《孟子·滕文公篇》："阳货曰：为富不仁矣，为仁不富矣。"赵《注》："阳虎，鲁季氏家臣也。"又曰："阳货，鲁大夫也，孔子士也。"宋翔凤《论语说义》云："按赵意似以阳虎、阳货为两人。注但望文生义，未必以为两人也。"今按：赵《注》"阳货鲁大夫也，孔子士也，"专明礼大夫有赐于士云云之意，故不称季氏家臣，而变文曰大夫，并不以为两人。至家臣称大夫，亦多其证。

宋氏又以阳虎谓即杨朱，其说尤怪。乃谓："子居合言为朱。《虞书》化居，化通货，疑子居为阳货字。其为虎，或为货，或为朱，盖变姓名如范蠡。"比附虽巧，弥缝虽密，要不足与议学术流变之大体矣。其解《述而》一节，强附于老子，殆亦阳虎、杨朱之类。要之不识学术之大体，而徒比附考论于小节，则尟有不失。宋氏特其显者也。

9、孔子五十学《易》辨

《论语》"子曰：加我数年，五十以学《易》，可以无大过矣。"此条解者，从来不一。《世家》云："孔子晚而喜《易》，序《彖》，系《象》，《说卦》，《文言》。"或云："古五字如七，孔子晚而好《易》，故有是语"，是谓孔子以七十之年学《易》也。俞樾《续论语骈枝》云："此当以加我数年为一句，五十为一句，以学《易》为一句。五十二字，承加我数年而言，言或五或十也。"是亦取《世家》晚而喜《易》之说，而略变之也。今按：惠栋《论语古义》云："《鲁论》易为亦，君子爱日以学，及时而成。五十而学，斯为晚矣。然秉烛之明，尚可寡过，此圣人之谦辞也。"通观诸说，《鲁论》为是。又《正义》曰："此章孔子言其学《易》年也。加我数年，方至五十，谓四十七时也。"今按：孔子以五十一出宰中都，其前皆不仕。《正义》四十七时语，盖为近是。惟古者无六经之目，《易》不与《诗》、《书》、《礼》、《乐》同科，孔子实未尝传《易》，今《十传》皆不出孔子。《世家》亦但言孔子四十七不仕而修《诗》、《书》、《礼》、《乐》，并不及《易》。而《正义》谓言其学《易》之年，明为误矣。《世家》又谓："孔子晚而喜《易》，序《易传》。"盖皆不足信。

10、公山弗扰以费畔召孔子考

《论语》"公山弗扰以费畔召，子欲往"，此事疑者众。赵翼《陔余丛考》、崔述《洙泗考信录》辨之尤力。大意谓："公山弗扰即《左传》公山不狃，据《左传》，不狃以费畔，在定公十二年。是时孔子方为司寇，主堕费之议。弗扰不肯堕，至率费人以袭鲁，岂有弗扰欲召孔子而孔子欲赴之理？"此据《左传》谓弗扰以费畔在定公十二年也。然《伪孔注论语》谓："弗扰为季氏宰，与阳虎共执季桓子而召孔子。"阳虎执季桓公在定公五年，此以弗扰召孔子亦在定公五年也。《世家》云："定公九年，阳虎不胜，奔于齐。是时孔子年五十（按定公九年，孔子已年五十一，此误），公山不狃以费畔季氏，使人召孔子。"是谓其事在定公之九年也。狄子奇《孔子编年》引郑氏环曰："不狃之召，当在定八年冬阳虎入欢阳关以叛之时。"则又谓其事在八年也。

夫《论语》谓以费畔召者，此著其实耳。在当时不狃之召孔子，决不以叛乱为辞也。特以孔子有名德，为世所重，欲借以收人心。是时不狃虽有不臣之实，而未著变叛之形，故孔子欲往而复止。要之不狃可以召孔子，而孔子实未往，其事当在定公八、九年之间，则斯足矣。

11、邓析考

《吕氏春秋·离谓篇》："郑国多相县以书者，子产令无县书，邓析致之。子产令无致书，邓析倚之。令无穷，则邓析应之亦无穷。"又曰："子产治郑，邓析务难之。与民之有狱者约，大狱一衣，小狱襦袴，民之献衣襦袴而学讼者不可胜数。以非为是，以是为非，是非无度，而可与不可日变。所欲胜，因胜。所欲罪，因罪。郑国大乱，民口欢哗。子产患之，于是杀邓析而戮之。民心乃服，是非乃定，法律乃行。"《列子·力命篇》亦云："邓析操两可之说，设无穷之辞。当子产执政，作《竹刑》，郑国用之，数难子产之治。子产执而戮之，俄而诛之。"皆谓子产杀邓析。据《左传》昭公二十年，子产卒，定公九年，驷歂杀邓析而用其《竹刑》。前后相去二十一年，是邓析及与子产同时，而非子产所杀。今按：《左传》子产铸《刑书》，叔向谏曰："民知争端矣。锥刀之末，将尽争之。乱狱滋丰，贿赂并行。终子之世，郑其败乎！"今邓析之所为，即是叔向之所料。是驷歂之诛邓析，正为其教讼乱制。然必子产《刑书》疏阔，故邓析得变易是非，操两可，设无穷，以取胜。亦必其《竹刑》较子产《刑书》为密，故驷歂虽诛其人，又不得不舍旧制而用其书也。仲尼曰："鼎在民矣，何以尊贵！"盖自刑之有律，而后贱民之赏罚，得不全视夫贵族之喜怒，而有所征以争。邓析之《竹刑》，殆即其所以教民为争之具，而当时之贵者，乃不得不转窃其所以为争者以为治也。此亦当时世变之一大关键也。其后不百年，魏文侯用李克，著《法经》，下传吴起、商鞅，然后贵族庶民一统于法。今邓析，其为人贤否不可知，其《竹刑》之详亦不可考。要之与鞅、起异行同趣，亦当时贵族平民势力消长中一才士也。

12、孔子仕鲁考

《世家》："昭公以孔子为中都宰，一年，四方皆则之，由中都宰而司空，由司空为大司寇。"梁氏《志疑》释之曰："孔子官爵，《春秋传》、《孟子》皆称司寇，《世家》之所谓大司寇，不当以古制论。然则鲁司寇在古制为下大夫，而在当时则固为上大夫，同为卿也。《春秋》书卿之例，最著者莫如书卒，《续经》哀十六年夏四月己丑孔某卒，则哀公于孔子既卒之后，犹以卿礼待之。哀十一年《传》曰：子为国老，待子而行。哀公诔孔子亦曰：不慭遗一老。若下大夫致仕，安得称国老一老乎？鲁司寇为卿而非下大夫可知。"今按：《檀弓》有夫子制于中都之语，是孔子为中都宰之证。其为司空，他书无征，盖不久即升为司寇也。崔述云："《世家》有为中都宰及司空事，皆在定公九年后。《年谱》则云：四十七岁定公以为中都宰，四十八岁迁司空。按：《年谱》所云四十七岁者，为定公之五年。是年自六月以前，权在平子，六月以后，权在阳虎，定公安能自用孔子？孔子安能自行其意？《春秋》阳虎以八年战败，孔子以十年相定公会于夹谷，为司寇当在虎败之后，夹谷之前。"江永亦云："定五年丙申，季平子卒，桓子立。阳虎将以璠玙敛平子，仲梁怀弗与，见《左传》。而《家语》云：孔子初为中都宰，闻之，历阶而救焉。《年谱》遂叙宰中都于孔子四十七岁。是时阳货方张，岂夫子仕时？且阳货途中之语，又何谓耶？"因定宰中都在定公九年。其说殆是。

13、孔子相夹谷堕三都考

孔子为鲁司寇，其政绩之大者，凡二。对外为相夹谷，对内为堕三都。夹谷之会，在定公十年。全祖望《经史问答》论之曰：夹谷之相，正孔子为卿之证。鲁之卿非公族不得任。而是时以阳虎诸人之乱，孔子遂由庶姓当国，夹谷之会，三家拱手以听，孔子俨然得充其使，是破格而用之者也。崔氏《考信录》辨此事尤详密，要不外据《左氏》以驳《谷梁》、《史记》，以见传说之递衍而递失其真也。盖自阳货败，鲁始用孔子，齐人知之，遂求与我平而归其侵地。《公羊》曰：孔子行乎季孙，三月不违，齐人为是来归郓、讙、龟阴之田，此言为近实。凡《左氏》、《谷梁》所载，皆不足据。

堕都之事，在定公十二年，《世家》误在十三年。孔子之堕三都，《左氏》言之，《公羊》又言之，《史记》又言之，三家之言，如出一辙。其为信史也，有实证矣。

今详考事实，孔子堕都之议，实自郈、费之叛而发。八年，阳虎作乱，费宰公山不狃隐赞之。九年，伐阳关，阳虎出奔齐，季氏犹未显讨不狃也。十年，侯犯以郈叛，乱既定，孔子乃唱堕都之议。且《论语》亦言："陪臣执国命，三世希不失。"此自是孔子平昔君君臣臣正名复礼之主张。孔子既以相夹谷见信，乘此时而言之于季孙。季孙惩于阳虎之叛，憾于不狃之诈，而听之。叔孙亦自鉴于侯犯之事而先堕郈，季孙遂继之堕费。而不狃自馁于往日之助阳虎，乃先叛以逃罪。独成宰公敛处父能臣也，始终忠于孟孙，于阳虎之乱有力焉，故孟氏信之。而惭于孔子复礼之论，又二子皆先堕，乃伪不知而隐抗命。此皆事理之甚著，情势之极显者。故谓孔子鉴于鲁之内乱而相机进言，可也。谓季孙、叔孙亦鉴于私门之变，而遂信孔子之言以自堕其都，亦可也。考古论世者，就事论事，不以己意抑扬乎其间，庶乎得古人情实矣。

14、孔子行摄相事诛鲁大夫乱政者少正卯辨

《世家》："孔子行摄相事，诛鲁大夫乱政者少正卯。"摄相者，江永

云:"摄相乃是相礼,如夹谷相会,《论语》趋进翼如,宾退复命是也。若鲁相自是三卿,执政自是季氏。孔子是时但言之而从,《公羊》所谓行乎季孙三月不违者耳,未尝摄鲁相也。"余观《荀子·宥坐》云:"孔子为鲁摄相。"《晏子春秋》云:"孔子圣相。"则战国晚世,已有误以孔子为鲁相者。《史记》特承其误。崔氏《考信录》、梁氏《志疑》皆有辨。

诛少正卯,语本《荀子》,崔、梁亦辨之。余谓《国策》赵威后问齐使,"于陵仲子尚存乎,何为至今不杀乎",此为始有诛士之意。齐负郭之民有狐咺者正议,闵王斫之檀衢(《吕览·贵直篇》作狐援,《古今人表》作狐爰),乃有诛士之行。下至荀卿,乃益盛唱诛士之论。

又荀子称:"少正卯鲁之闻人,聚徒成群,小人之杰雄。"殆犹仅为一在野之学士。至《史记》始以为大夫乱政者。崔述曰:"春秋之时,诛一大夫非易事,况以大夫而诛大夫乎?孔子得君不及子产远甚,子产犹不能诛公孙黑,况孔子耶。"专据《史记》为辨,亦未是。(至首辨其事者,当为朱子,其言曰:"少正卯之事,《论语》所不载,子思、孟子所不言,虽以左氏亦不道也。独荀况言之,是必齐鲁诸儒,愤圣人失职,故为此说,以夸其权耳。")

又按《左传》驷歂杀邓析而用其《竹刑》,正值鲁定公九年,孔子为司寇之岁。岂少正卯乃由邓析误传欤?

15、孔子去鲁适卫考

孔子去鲁,《世家》在定公十四年,《鲁世家》在十二年,《卫世家》在灵公三十八年,则当鲁定公十三年。江永《乡党图考》谓去鲁实在十三年春,鲁郊常在春,故经不书,当以《卫世家》为正。

今考《世家》又谓孔子去鲁,凡十四年而反乎鲁,孔子反鲁在哀公十一年,则去鲁正定公之十三年也。又《世家》载齐人归女乐,崔述疑之,谓:"《孟子》但言不用,从而祭,膰肉不至,未尝言归女乐。且其事不书于《春秋》经,又不见于《传》,惟《论语·微子篇》有之,疑出战国策士伪撰。"

余谓孔子去鲁,亦不载于《春秋》,何论于归女乐?且《韩非》书亦载其事,其与《史记》所叙,虽诚有类战国策士口吻者,然孔子在当时,主复古礼以折私家之奢僭,故内则权臣抗其政,外则敌国忌其事,逸间交作,决非一端,女乐之事,何必无之耶?

16、蘧瑗史鳅考

襄公十四年卫献公之出,蘧伯玉始见于《左传》,时必名德已重,故孙、宁思引以共事。最少亦当三十。后八年孔子生。《世家》哀公二年,孔子至卫,主蘧伯玉家,上距孙、宁逐君,六十有七年,伯玉当在九龄外。全祖望《经史问答》本此,疑近关再出非伯玉事。崔述《洙泗考信录》则力辨孔子再至卫主伯玉家之说为妄。谓:"伯玉已先卒,《论语》使人寡过之答,当在鲁昭世。"今按二说皆无据,殊未有以见其必然者。考《吕氏春秋·召类篇》:赵简子将袭卫,使史默往觇焉,曰:蘧伯玉为相,史鳅佐焉,孔子为客,子贡使令于君前,甚听。简子按兵而不动。《淮南·主术训》亦云:"蘧伯玉为相,子贡往观之,曰:何以治国?曰:以弗治治之。"此两事皆当在定、哀世。毛奇龄《论语稽求篇》引蔡邕《释诲》云:"蘧瑗保生",则伯玉固长年。若及灵公卒岁,伯玉仅亦望百之龄,岂遽不可信?其人既老寿,又以弗治治国,盖道家之先声也。

史鱼,孔子称其直,其事迹屡见于诸子之传记。据《左传》定公十三年,公叔文子与史鳅语,则二人乃同僚。襄公二十九年,季札至卫,已与蘧瑗、史鳅、公叔发相交。时孔子仅八岁,史鳅当已在强仕之年矣。其后四十八年,孔子至卫,得交蘧瑗、史鳅,则鳅亦寿者也。要之两人皆及春秋之晚世,而史鳅之名,尤盛于伯玉。战国学者,好为托古,有托之远者,有托之近者,而春秋晚世诸贤为尤盛,史鱼亦其一矣。年往事湮,信否莫辨。亦惟以考古之当慎,与阙疑之不可免,而置之可也。

17、孔子畏匡乃过蒲一事之误传与阳虎无涉辨

《世家》:"孔子适卫。居顷之,或谮孔子,孔子恐获罪焉,居十月,去卫,过匡。匡人拘孔子。孔子去匡,即过蒲。月余,反乎卫。"又曰:"孔子去陈过蒲,会公叔氏以蒲畔,蒲人止孔子。弟子有公良孺者,以私车五乘从,斗甚疾。蒲人惧,出孔子东门。孔子遂适卫。"今按:《世家》文字,前后多错。如两叙过蒲,实为一事,非有去陈复过蒲也。考之《左传》,定公十四年春,卫侯逐公叔戍与其党,故赵阳奔宋,戍来奔。《世家》公叔氏畔,殆指此。《集解》徐广曰:"长垣县有匡城,蒲乡。"是匡、蒲近在一处。去匡过蒲,稽其地位,亦复相接。然何以于同时同

地，连罹两厄，而《论语》惟及匡事，绝不言蒲难？以余考之，匡、蒲之难，盖本一事。今《世家》所载孔子畏匡事，盖出后世误传，不足信也。

《世家》之言曰："孔子过匡，颜刻为仆，以其策指之曰：昔吾入此，由彼缺也。匡人闻之，以为鲁之阳虎。阳虎尝暴匡人，匡人于是遂止孔子。孔子状类阳虎，拘焉。五日，使从者为宁武子臣于卫，然后得去。"崔述辨之曰："孔子在鲁为司寇，居卫见礼于其君。其去也，道路之人，当悉知之。不得因刻一言，而遂误以为虎。况拘之五日，亦当出一言以相诘，乃竟不知其非阳虎，岂人情耶？匡人欲杀孔子，斯杀之矣。如不欲杀，斯释之矣。拘之五日，欲奚为者？而宁武子之卒，至是已百余年。宁氏之亡，亦数十年。从者将欲为谁臣乎？此其为说至陋，皆必无之事，而世咸信之，其亦异矣！"

且《论语》记匡事凡有两章。一则曰："子畏于匡，曰：文王既没，文不在兹乎？天之将丧斯文也，后死者不得与于斯文也。天之未丧斯文也，匡人其如予何？"推其文义，与《史记》所载畏匡事绝不类。夫使匡人误以孔子为阳虎而拘之，则一言而解耳，亦非可以为匡人罪也，孔子何以言之如此？其又一章曰："子畏于匡，颜渊后，子曰：吾以女为死矣！曰：子在，回何敢死！"此亦与《史记》载畏匡事不类。又《史记·仲尼弟子列传》无颜刻，但有颜高。王应麟《困学纪闻》六谓即颜刻。然《左传》高毙阳州，在定公八年，何以十四年尚能御孔子过匡？则知《史记》叙孔子畏匡事，不必为信史也。善乎王鏊之言曰："匡人遭阳虎之暴，识虎必真，不应以貌似而误围夫子。夫子亦必明言非虎，不应托言斯文以自免。其曰子畏，恐有他说。"

则《论语》之所谓子畏于匡者其事果何如乎？曰：以今考之，殆即《世家》过蒲之事也。《春秋事大事表》亦云："宁殖以蒲出献公，宁氏诛，继受蒲者为公叔氏。"余疑孔子过蒲，公叔氏方畔，止孔子，不可，强盟而出之。后以误以公叔氏为宁氏，盖以其同为蒲邑之主也。于是孔子以要盟于公叔氏而得脱者，遂谓其使从者为宁武子家臣也。然则以宁武子一人之误传，不益足以证明畏匡过蒲之为一事耶？

18、越句践元年考

《国语·越语下》："越王句践即位三年，而欲伐吴。"韦昭《注》："句践三年，鲁哀公之元年。"杜预《春秋世族谱》："越王元年，鲁定公之十四年也。"今按：《史记·越世家》："句践元年，吴王阖庐闻允常死，乃兴师伐越。"《索隐》曰："事在《左传》定公十四年。"然则允常即以是年卒，句践即以是年立，韦《注》即以句践立年为元年也。

19、孔子去卫适陈在鲁哀公二年卫灵公卒岁非鲁定公卒岁辨

《世家》记孔子去卫适最凌杂，崔述辨之甚详，虽云："孔子去卫之年，虽无可考，然卫灵以哀二年夏卒，则孔子去，非定之末即哀之初，所谓鲁定公卒之年去卫者近是。"则立说犹疏，未见所以为去取之故。以余考之，孔子去卫，当在卫灵卒岁，请举十证以明之。

《年表》宋景公二十五年，孔子过宋，桓魋恶之，《宋世家》亦同。孔子以前岁去卫，今年过宋，前后适合。若于鲁定公卒岁已去卫，何缘至是始过宋乎？此证一也。《左传》："哀公三年夏五月辛卯，司铎火。火逾公宫，桓、僖灾。孔子在陈闻火，曰：其桓、僖乎。"是孔子哀公三年夏在陈。盖以是年过宋而至陈，年亦适合，二也。其后孔子以鲁哀六年自陈避兵适蔡，即自蔡返卫，在陈不出三年。若自鲁定公卒岁去卫，则至鲁哀六年返卫，在陈将逾五年。则孔子之在陈、蔡，不比其在鲁、卫，何以留滞如此之久。此不可信，三也。孔子至卫，卫灵公禄之如鲁，其敬事孔子至矣，孔子又称卫之多贤。若以定公卒岁即去，则去卫何其速，留陈何其久。不可信，四也。且《世家》云："孔子去卫适曹，是岁鲁定公卒，孔子去曹适宋。"去卫适曹，去曹适宋，文本一贯，何以中间横插是岁鲁定公卒一语？此不似《史记》原文。可疑，五也。又《世家》云："孔子遂行，复如陈。夏，卫灵公卒。是岁，鲁哀公三年，而孔子年六十矣。"余谓上文孔子去卫适曹，去曹适宋，遂至陈，主司城贞子家一节，正当在此。以后人妄疑孔子于鲁定卒岁先已去卫适陈，移之于前，又妄为增窜，遂使今《世家》文理繵沓，先后僻舛，不可依据，六也。《世家》云："孔子居陈三岁，会晋楚争强，更伐陈，及吴侵陈，陈常被寇，于是孔子去陈。"自鲁哀三年孔子至陈，居三岁为哀公之六年，吴侵陈而孔子去，避兵适蔡，见叶公，年数正合。后人不知适蔡即适楚见叶公，

又误谓孔子去陈至蔡，去蔡至叶，遂因孔子居陈三年，而误演为孔子居蔡三年。因误谓孔子自陈避兵，在鲁哀公元年之役，遂移《年表》孔子来陈于愍公之六年。以其年至鲁哀元年吴伐陈，前后亦适及三年也。然与《世家》居三岁之文已不符。明出后人移易，痕迹凿凿，七也。陈世家："愍公六年，孔子适陈，吴王夫差伐陈，取三邑而去。十三年，吴复来伐陈，时孔子在陈。"按吴伐陈，一在愍公八年，一在十三年，有《年表》可证。何尝有六年伐陈取三邑之事？此后人妄据《年表》改《世家》，谓孔子来陈，应在愍公六年，而八年吴伐陈之事，亦因误在六年也。是同有后人改易之迹，八也。《世家》："孔子自楚反乎卫，是岁，孔子年六十三，而鲁哀公六年也。"今《年表》孔子自陈来卫在卫出公八年，当鲁哀公十年，与《世家》相差四年。然则孔子来陈，今《年表》已移前四年，而孔子返卫，今《年表》又移后四年，故《索隐》疑孔子在陈凡经八年，何其久。而据《年表》，则孔子在陈乃有十二年。此决非《史记》本来之误，而其妄为移易以致误者，又决非出于一人之手，又可得而微论者，九也。《蔡世家》云："蔡昭侯二十六年，孔子如蔡，楚昭王伐蔡，蔡恐，告急于吴，吴因迁蔡于州来。"是孔子适蔡，尚在蔡未迁州来之前。然则其居蔡三年，又将随蔡而迁乎？其谬抑又甚矣！此又《史记》所载孔子行迹，多经后人妄窜，其谬误之尤易见者，十也。

余读《史记·孔子世家》最芜杂无条理。其他若《年表》，若鲁、卫、陈、蔡诸《世家》，凡及孔子，几于无事不抵牾，无语不舛违。诚如崔氏之讥，所谓自为说而自改之者。史迁虽疏，不当灭裂乃尔。盖出后人之移易增窜者多矣。余故详为辨正，而孔子南游行迹，乃如天日之朗。盖发其阴翳于二千载之下，而与人以共见。苟有精思明辨之士，必晓然有见于吾说之非诬，而弗怪以为凿空之妄说也。

20、孔子去卫适陈在卫灵公卒后非卒前辨

余既考定孔子去卫在灵公之卒岁，而犹有说者，余疑孔子之去，未必在灵公卒前，而应在灵公之卒后也。何以言之？凡言孔子去卫在灵公卒前者，以《论语》"卫灵公问陈，孔子明日遂行"为据。然此事与《左传》答孔文子语大相类，而彼尤详备。崔述曰："此本一事而传闻者异也。以理度之，灵公问陈之失小，孔文子问攻太叔之失大。彼可勿行，而此则当去，彼可因所问而导之以礼，此则但当以不对拒之。窃疑《左传》为得其实。"是《论语》此章，固已不可信。孟子曰："孔子于卫灵公，际可之仕也。"孔子至卫，已当灵公三十八年，至灵公卒，先后五年。卫多贤臣，灵公亦好贤，于孔子未必遽失礼。故余疑孔子之去，乃在灵公之卒后也。

《年表》卫灵公卒后一岁，孔子过宋，是年夏，即至陈。灵公卒在前年夏，若孔子在夏前行，何以淹滞卫、曹之境，有一年之久？谓孔子以灵公卒后去，则时日适合。又《论语》有冉有、子贡问《为卫君乎》一章，崔述曰："《论语·为卫君章》，冉有、子贡问答之辞皆似在卫之时，有所讳而不敢深言者。"余则谓此章在孔子去卫之前也。《春秋》哀二年夏，卫灵公卒，六月乙酉，晋赵鞅纳卫太子于戚，子父相抵之形已成。时孔子犹未去卫，二子之问如此，最切情事。则孔子之去卫，当在此年六月后也。

21、孔子过宋考

《世家》："孔子去卫，过曹，适宋，又适郑，遂至陈。"臧庸《拜经日记》云："二适字，皆过字之误，宜据《年表》校正。"今按：过曹事他无所见。过宋之事，《论》《孟》皆有之。而崔述疑之，谓畏匡过宋实似一事。然子畏之匡在蒲，邻于晋远于宋，与桓魋无涉。且畏匡据《世家》在鲁定公十四年，过宋据《年表》及《宋世家》在鲁哀二年，亦不得谓一时事。今定孔子畏匡过蒲为一事两传，而桓魋之难，则别为一事，庶于《论》、《孟》、《史记》均可通。而孔子以貌似阳虎而见拘之说，要为不足信，此则崔氏疑之而得者也。

《世家》又谓孔子过宋之后适郑，则复不足信。崔述云："郑在宋西，陈在宋南，自宋适陈，必不由郑。"是也。《郑世家》又云："声公五年，子产卒。孔子尝过郑，与子产如兄弟云。及闻子产死，孔子为泣曰：古之遗爱也。兄事子产。"臧庸《拜经日记》云："子产卒在声公五年，则鲁定公十四年也。孔子过郑在声公七年（若据《世家》，应在九年，臧为改易，未是），则鲁哀公元年也。安得有过郑与子产如兄弟事？且《左传》昭公二十年，郑子产有疾，谓子太叔曰：我死，子必为政，唯有德者能以宽服民，其次莫如猛。疾数月而卒。然则子产之卒，实在鲁昭二十年，郑定公之八年，去孔子过郑二十九年，时孔子年甫过三十，是过郑而交子产，实史公之抵牾也，宜据《左氏传》正之。"

余谓《史记》及孔子事，多后人妄羼之笔。如此文理灭裂，显非史迁本真。盖后人自据《世家》及《左传》妄造耳。故《郑世家》因《孔子世家》而误，《年表》又因《郑世家》而误。然可以因其误而证孔子畏匡实在至卫十月之后，与微服过宋非一事，又可知孔子过郑之不可信。故孔子自卫至陈，过宋则有据，过郑则无实。

22、孔子在陈绝粮考

《论语》："在陈绝粮。"从者病莫能兴。孟子亦曰："君子之厄于陈、蔡之间，无上下之交也。"今按厄于陈、蔡之间，即在陈绝粮也。何以言之？孔《注绝粮章》，"孔子去卫如曹，曹不容，又之宋，遭匡人之难。又之陈，会吴伐陈，陈乱，故乏食。"此言孔子之厄于陈，以被兵乱而乏食也。《世家》此亦言孔子之厄在吴伐陈之岁。而谓绝粮乃由受兵围，则不足信。自朱子已辨之。全祖望《经史问答》申论尤析，其言曰："当时楚正与陈睦，而蔡则已全属吴，迁于州来，与陈远。是所谓如蔡者，非新迁之蔡，乃故蔡。孔子欲如楚，故入其地也。蔡已非国，安得有大夫乎？且陈事楚，蔡事吴，则仇国矣。安得二国之大夫合谋乎？且哀公六年，吴志在灭陈，楚昭至誓死以救之，陈之仗楚何如，而敢围其所用之人乎？乃陈、蔡大夫兵围之说，乃《史记》之妄也。总之当厄应在六年，《史记》之时之可信者也。绝粮则以陈之被兵，孔《注》之事之可信者也。"全氏此论极明核。盖言厄于陈、蔡之间者，为其时之自陈如蔡也。言在陈绝粮者，为其行之犹未出境也。

23、孔子至蔡乃负函之蔡非州来之蔡考

《世家》记孔子自陈迁蔡，又自蔡如叶。崔述辨之曰："《左传》哀公二年，蔡迁于州来（今安徽寿州）。四年，叶公诸梁致蔡于负函（今河南信阳）。十六年，楚白公作乱。叶公自蔡入楚，攻白公，白公死，叶公兼摄令尹司马。国宁，乃老于叶。则是孔子在陈之时，叶公在蔡，不在叶也。蔡既迁于州来，去陈益远，来往当由楚境，孔子未必远涉其地。而《论语》、《孟子》、《春秋传》中，亦无孔子与蔡之君大夫相与周旋问答之事。则是孔子所谓从我于陈蔡者，乃负函之蔡，非州来之蔡也。叶公本楚卿贰,与闻国政,不当居外。以新得蔡地,故使镇之。而孔子适在陈蔡之间,因得相与周旋。及其请老,乃归于叶。《史记》但见《论语》、《孟子》中有孔子在蔡之文,遂误以为州来之蔡。又因叶公有问政,问孔子于子路之语,遂别出自蔡如叶之文以合之。而不知其误以一事为两事也。"惟依《年谱》谓孔子至蔡为哀公四年事,并谓绝粮即在其时,则误。沈维城《论语古注集笺》辨之,谓"不如《史记》叙此于吴伐陈,楚救陈,军于城父之后",说良是。

附 楚昭王兴师迎孔子辨

《世家》楚昭王兴师迎孔子,前人历辨其诬,金履祥曰:"孔子至叶,即是至楚。"《朱子语录》云:"昭王之招,无此事,邹鲁间陋儒尊孔子之意如此。"崔述又论之云:"蔡,楚境也。之蔡即至楚也。既相传有至楚之事,故疑以为昭王之聘之。既聘之而卒于不用,故又疑以为子西之沮之。吾恶知其非因臆度之故,遂附会而为之说乎?"今按:崔氏此论极是。

24、孔子自楚反卫考

《世家》:"孔子自楚反卫,是岁孔子年六十三,而鲁哀公六年也。"《年表》,孔子自陈来卫,在哀公十年。《卫世家》孔子自陈入卫在出公八年。二说相同,而与《世家》哀公六年之说异。且孔子自定公十三年春去鲁,至哀公十一年而归,前后十四年,而所仕惟卫、陈两国,所过惟曹、宋、郑、蔡。自非如《史记》四去卫再适陈之说,终不免于一地有三年之淹矣。然则孟子之所谓"未尝有所终三年淹"者,特如孔席不暇暖,与干七十二君之类,未可据以为信史也。

25、孔子自卫反鲁考

《世家》:"冉有为季氏将师,与齐战于郎,克之。季康子乃币迎孔子,孔子归鲁,凡十四岁而反乎鲁。"《集解》徐广曰:"此哀公十一年也。"《索隐》云:"前文孔子以定公十四年去鲁,计至此十三年。"今按:孔子去鲁,在定公十三年。(详《考辨》第十五)则去鲁实十四年也。

26、孔鲤颜回卒年考

《世家》:"伯鱼年五十,先孔子死。"《家语》:"孔子二十岁生伯鱼。"《家语》未必可信，姑据以为说，则伯鱼之卒，孔子年当六十九也。史不书颜子卒年，今《家语》作三十一。《索隐》及《文选辨命论注》引《家语》并作三十二。《家语》又谓回少孔子三十岁。《四书释地又续》谓回少孔子三十七岁，卒于哀公十二年，方合三十二之数。《志疑》依之。《论语稽求篇》以《家语》作三十一回死为是，少三十是四十之误，回死与子路同时。《经史问答》从之。李锴《尚史》云："颜子少孔子三十岁，享年四十有一。"《四史发伏乡党图考》、《四书考异》等同之。今按：毛氏云："考颜渊之死，《公羊传》及《史记·世家》所载年月，则实在哀公十四年春狩获麟之际。夫子是时已泣麟矣，而颜渊、子路同时俱死，因连呼丧予祝予，而有道穷之叹。则颜渊之死，在夫子七十一岁，非六十一岁。在哀公十四年，非四年。少孔子三十岁，原是四十之误。"其辨最析。可证颜子卒年，断在子路卒前一年。而三四字误，尤为屡见不鲜之例。惟少三十可以为少四十之误，则寿三十一又何弗可为寿四十一之误耶？而似以少三十为尤近情理。

附 项橐考

《秦策》甘罗曰："项橐七岁为孔子师。"《淮南子·修务训》、刘向《新序》、王充《论衡·实知篇》皆同。《颜氏家训》以项橐与颜回同为短折，《弘明集》亦云："颜、项夙夭。"董仲舒《对策》："臣闻良玉不琢，资质润美，不待刻琢，此亡异于达巷党人，不学而自知也。"颜师古《注》孟康曰："人，项橐也。"《史记·甘罗传》引《国策》："夫项橐，生七岁而为孔子师。"《索隐》本夫作大。谓："尊其道德，故曰大项橐。"刘师培《左庵外集》，《达巷党人考》云："汉儒以项橐释达巷党人者，以大项即达巷转音，据杜氏所引，是《史记》故本作大不作夫。盖橐为其名，达巷则以地为氏，言有转歧，则为大项。"今按《论语·子罕篇》："达巷党人曰：'大哉孔子，博学而无所成名。'"《史记·孔子世家》引此作达巷党人童子，皇甫谧《高士传》亦云："达巷党人，姓项名橐。"是汉儒相传，殆均以达巷党人即项橐也。殆古人实有项橐，即达巷橐，又大项橐，其人聪慧不寿如颜回，或年辈亦与颜回相上下，而未及于孔子之门，而孔子必有所称赏之，于是后人遂有项橐七岁为孔子师之说。

27、宰我死齐考

《史记·仲尼弟子列传》："宰予与田常作乱，以夷其族，孔子耻之。"《索隐》曰："《左传》阚止字子我，为陈恒所杀，字与宰予相涉，因误。"两苏氏《志林》，《古史》，孔平仲《谈苑》，洪容斋《随笔》，王氏《困学纪闻》十一引杨龟山说，孙奕《示儿编》诸书，均依《索隐》。及清儒阎若璩《四书释地又续》、赵翼《陔余丛考》，亦不信宰予死难事。全祖望《经史问答》云："宰我为简公死，非为陈恒死，不过才未足以定乱。"以及梁玉绳《史记志疑》、宋于庭《过庭录》等，此则信宰予死难事者。

余每疑宰我、子贡同列言语之科，而宰我居先，孟子称其智足以知圣人，其在孔门，明为高第弟子矣。而《论语》载子我多不美之辞，如《昼寝》及《三年之丧》两章尤甚。诸弟子中，独写宰我最无情采。《论语》本成于齐鲁诸儒，其书出于战国时，田氏已得志，而鲁亦为田齐弱。岂田氏之于宰我，固有深恨。而朝政之威，足以变白黑。则魏之何晏、唐之王叔文，固自不免为小人之杰。而宰我之于孔门，乃亦负此重冤。则甚矣知人论世之非易，而良史之不多得也！《史记》谓孔子耻之，岂不宜哉？

28、孔子卒年考

《春秋》："哀公十六年夏四月己丑，孔丘卒。"《传》文亦同，《史记·世家》亦同，自来无异说。杜预注《左传》，始谓："四月十八乙丑，无己丑。己丑五月十二日。日月必有误。"至吴程以大衍历推定四月己丑乃十一日，杜氏谓是月无己丑实误。江永、成蓉镜诸人，递衍其说，以相证明。至孔广牧《先圣生卒年月日考》依之，而其说乃定。自鲁襄公二十二年至此，孔子年七十三也。若孔子生于鲁襄公二十一年，则至是当得七十四。

29、孔子弟子通考

《世家》云："孔子以《诗》、《书》、《礼》、《乐》教，弟子盖三千焉，身通六艺者七十有二人。"《弟子列传》："受业身通者七十有七人。"今按：孟子云"七十子"，《吕氏春秋·遇合篇》"达徒七十人"，《韩非·五蠹》"服役者七十人"，《大戴礼·卫将军文子》"受教者七十有余人"，《淮南要略》"孔子述周公之训，以教七十子"，《汉书·艺文志序》、《楚元王传》,"七十子丧而大义乖"。则孔子门人,固仅有七十之数。乌得三千哉?七十言其成数,七二七七,则自可无辨。

《世家》又云:"孔子不仕,退而修《诗》、《书》、《礼》、《乐》,弟子弥众,至自远方,莫不受业。"今按崔述云:"孔子弟子,鲁人为多,其次则卫、齐、宋,皆邻国也。"则至自远方之说,亦不如后人所想象,今分别举其著者列之如次。

颜回,鲁人。(见《列传》)说略。闵损,鲁人。(《集解》引郑玄曰,弟子《目录》云。)冉耕,鲁人。(《集解》引郑玄)冉求,鲁人。(《集解》引郑玄)仲由,卞人。(《列传》)宰予,鲁人。(《集解》引郑玄)端木赐,卫人。(《列传》)说略。言偃,吴人。(《列传》)或说鲁人。(《索隐》引《家语》)说略。卜商,温国人。(《集解》引郑玄)或说卫人,(《集解》引《家语》)或说魏人。(孔颖达《檀弓疏》)说略。颛孙师,陈人。(《列传》,《集解》引郑玄云阳城人。)说略。曾参,南武城人。(《列传》)说略。澹台灭明,武城人。(《列传》)宓不齐,鲁人。(《集解》引孔安国)原宪,鲁人。(《集解》引郑玄)公冶长,齐人。(《列传》)或说鲁人。(《索隐》引《家语》)说略。南宫括,鲁人。(《集解》引孔安国)公晳哀,齐人。(《集解》引《家语》)说略。曾蒇,曾子父。颜无繇,颜子父。商瞿,鲁人。(《列传》)高柴,卫人,(《集解》引郑玄)或说齐人。(《正义》引《家语》)说略。漆雕开,鲁人。(《集解》引郑玄)或说蔡人。(《正义》引《家语》)司马耕,宋人。(《集解》引孔安国)樊须,齐人。(《集解》引郑玄)或说鲁人。(《正义》引《家语》。)说略。有若,鲁人。(《集解》引郑玄。《正义》引《家语》。)公西华,鲁人。(《集解》引郑玄)巫马施,鲁人。(《集解》引郑玄。《家语》作陈人。据《墨子·耕柱》,巫马子谓子墨子曰:我爱鲁人于邹人,则巫马氏当鲁人矣。)

以上略举《弟子列传》中有行迹可考信者,详其国邑,知崔说之不可易。盖孔子辙迹,仅及鲁、齐、卫、宋、陈、蔡,而云适天下,干七十二君。则谓弟子来自远方,亦正其类。

《列传》记诸弟子年岁者,二十余人,其文当有所本。虽或有误,大要亦不甚远。今重为考列如次。

颜回少孔子三十岁，年二十九发尽白，早死。(《列传》)说略。闵损少孔子十五岁。(《列传》)说略。仲弓，少孔子二十九岁。(《索隐》引《家语》)说略。伯牛。按：圣门志、阙里广志称伯牛少孔子七岁。若伯牛诚是仲弓父，则年亦相当。盖如颜路、曾点而尤早死，故言行少见于《论语》。而伯牛之为孔门前辈弟子，则自可信也。冉求，少孔子二十九岁。(《列传》)说略。仲由，少孔子九岁。(《列传》)说略。端木赐，少孔子三十一岁。(《列传》)说略。言偃，少孔子四十五岁。(《列传》)说略。卜商，少孔子四十四岁。(《列传》)说略。颛孙师，少孔子四十八岁。(《列传》)说略。曾参，少孔子四十六岁。(《列传》)说略。曾蒧。檀弓："季武子卒，曾点倚其门而歌。"阎若璩《四书释地又续》辨之云："春秋昭公七年，季孙宿卒，孔子年十七。曾点少孔子若干岁，未可知。然《论语》叙其坐次，后于子路，则必少九岁以上也可知。孔子年十七时，子路甫八岁，点实不过六岁七岁孩童身，乌得有倚国相之门，临丧而歌之事？檀弓多诬，莫此为甚。"澹台灭明，少孔子三十九岁。(《列传》)说略。宓不齐，少孔子四十九岁。(《列传》)或说少三十岁。(《索隐》引《家语》)说略。颜无繇，少孔子六岁。(《索隐》引《家语》)商瞿，少孔子二十九岁。(《列传》)说略。高柴，少孔子三十岁。(《列传》)说略。樊须，少孔子三十六岁。(《列传》)说略。有若，少孔子十三岁。(《列传》)或说少三十三岁。(《正义》引《家语》。又《论语》邢疏引《史记》作少四十三岁。)说略。公西赤，少孔子四十二岁。(《列传》)说略。原宪，少孔子三十六岁。(《索隐》引《家语》)说略。漆雕开，少孔子十一岁。(《正义》引《家语》)说略。

崔述云："《春秋传》多载子路、冉有、子贡之事，而子贡尤多，曾子、游、夏皆无闻焉。《戴记》则多记孔子没后曾子、游、夏、子张之言，而冉有、子贡罕所论著。盖圣门中子路最长，闵子、仲弓、冉有、子贡则其年若相班者。孔子在时，既为日月之明所掩，孔子没后，为时亦未必甚久。而子贡当孔子世，已显名于诸侯，仕宦之日既多，讲学之日必少，是以不为后学所宗耳。若游、夏、子张、曾子，则视诸子为后起，事孔子之日短。教学之日长，是以名言绪论，多见于孔子没后也。"今按：崔说甚是。余考孔门弟子，盖有前后辈之别。前辈者，问学于孔子去鲁之先，后辈则从游于孔子返鲁之后。如子路、冉有、宰我、子贡、颜渊、闵子骞、冉伯牛、仲弓、原宪、子羔、公西华，则孔门之前辈也。游、夏、子张、曾子、有若、樊迟、漆雕开、澹台灭明，则孔门之后辈也。虽同列孔子之门，而前后风尚，已有不同。由、求、予、赐志在从政，游、夏、有、曾乃攻文学，前辈则致力于事功，后辈则研精于礼乐。此其不同一也。故子路之言曰："有民人焉，有社稷焉，何必读书，然后为学？"冉有则曰："如其礼乐，以俟君子。"（冉子又曰："非不悦子之道，力不足也。"道即指礼乐文章。）宰予自哀公六年即从阳生仕齐，历八年之久。子贡务货殖，鬻财曹、鲁间。二人同列言语之科，应对使命，皆不专事于学。至子游为武城宰，乃有弦歌声。故子曰："先进于礼乐，野人也，后进于礼乐，君子也。"刘逢禄《论语述何》云："此章类记弟子之言行，夫子所裁正者，先进谓先及门，如子路诸人，志于拨乱世，后进谓子游、公西华诸人，志于致太平。"此以先进后进为及门之先后是也。惟以公西华为后进，则误。子华愿为小相，亦先进之志于事功者。故孔子曰："三年学，不志于谷，不易得也。"又曰："冉求之艺，文之以礼乐。"此为先进言之也。曰："如用之，则吾从先进。"此为后进言之也。所谓言各有当，非一端也。孔门四科，德行颜、闵、冉伯牛、仲弓，言语宰我、子贡，政事冉有、季路，文学子游、子夏。此惟文学一科属后进，余则皆先进。顾先进弟子，亦未必皆汲汲仕进。如颜子陋巷，孔子最所称许。季氏使闵子为费宰，则曰善为我辞，雍也可使南面，虽为季氏宰，无所表现，殆亦勇退者流。冉伯牛少可称述，而居德行之科。后进则风气又异。漆雕开立议不辱，澹台子羽设取予去就。子张堂堂，故为难能。樊迟小人，乃问稼圃。大抵先进浑厚，后进则有棱角。先进朴实，后进则务声华。先进极之为具体而微，后进则别立宗派。先进之淡于仕进者，蕴而为德行。后进之不博文学者，矫而为玮奇。此又孔门弟子前后辈之不同，而可以观世风之转变，学术之迁移者也。

孔子弟子，多起微贱。颜子居陋巷，死有棺无椁。曾子耕瓜，其母亲织。闵子骞着芦衣，为父推车。仲弓父贱人。子贡货殖。子路食藜藿，负米，冠雄鸡，佩猪豚。有子为卒。原思居穷阎，敝衣冠。樊迟请学稼圃。公冶长在缧绁。子张，鲁之鄙家。虽不尽信，要之可见。其以贵族来学者，鲁惟南宫敬叔，宋惟司马牛，他无闻焉。孔子亦曰："吾少也贱"，其后亲为鲁司寇，弟子多为家臣，邑大夫。晚世如曾子、子夏，为诸侯师，声名显天下。故平民以学术进身而预贵族之位，自儒而始盛也。

30、孔门传经辨

《弟子列传》有商瞿，记传《易》系统。余考孔子以前，无所谓六经也。孔子之门，既无六经之学，诸弟子亦无分经相传之事。自汉博士专经授受，而推以言先秦，于是曾、思、孟、荀退处于百家，而孔子之学乃在六艺，而别有其传统。而孔门之与儒学，遂划为两途。兹姑就其传统诸说辨之。亦孔门一重公案也。

汉儒传经之说，有可信，有不可信。《史记》、《儒林传》记汉儒传经，言《诗》于鲁则申培公，于齐则辕固生，于燕则韩太傅。言《尚书》自济南伏生。言《礼》自鲁高堂生。言《易》自菑川田生。言《春秋》，于齐鲁自母生，于赵自董仲舒。此可信者也。盖自秦人焚书，又经陈项之乱，书籍散亡，学者亦稀。汉兴，乃有一二大师，出为教授，始有传统可言。史公本所见闻，记其源流，自可信据。至推而上之，谓某经自孔子若干传至某师云云者，大率妄造假托，不可信也。

言孔门传经系统，莫详于《易》。史迁云："自鲁商瞿受《易》孔子，孔子卒，商瞿传《易》六世，至齐人田何。"此有可疑者：《易纬·乾凿度》曰："仲尼生不知《易》本，偶筮其命，得《旅》，请益于商瞿氏。"则谓商瞿乃孔子前辈，孔子向之请益，决非少孔子二十九岁之弟子。二说乖僻，同为无根，可疑一也。孔子晚年治《易》，既所重视，（其实此说亦不足信）传之商瞿，则瞿亦孔门高足。其年事长于回、赐，于游、夏为前辈，何以姓名独不一见于《论语》？孔子没后，诸弟子论学，亦绝不及商瞿，可疑二也。崔适《史记探源》云："瞿少孔子二十九岁，是生于鲁昭公十九年。至汉高九年，徙齐田氏关中，计三百二十六年。而商瞿至田何止六传。是师弟子之年，皆相去五十四五。师必年逾七十而传经，弟子皆十余岁而受业，乃能几及。其可信耶？"

《易》统之说既兴，其后乃有《诗》统。今考《史记》无《毛诗》。班氏《艺文志》，《儒林传》但言毛公，无名。郑康成《诗谱》有大小毛公。陆玑《毛诗草木鸟兽虫鱼疏》有毛亨、毛长，其后又为毛苌。递相增益，已增疑难。必远溯《毛传》迄于子夏，实为渺茫。

其他传统不可信，有《春秋三传》。徐彦《公羊疏》引戴宏，谓："子夏传公羊高，高传其子平，平传子地，地传子敢，敢传子寿。至汉景诗，寿乃与齐人胡母子都著于竹帛。"何休之注亦同。则子夏以后，公羊乃传于一家，又五传而已至汉景时也。公羊传统之不可信，明矣。应劭《风俗通》谓："子夏传谷梁赤，一传而为荀卿，荀卿传申公。"是子夏三传而至汉也。谷梁传统之不可信，又明矣。《论语》孔子称左丘明，其人盖隐君子，而为孔子之前辈。故记者以之与夷、齐、微生高诸人并列，犹其前之以孔文子、子产、晏平仲、臧文仲、令尹子文、陈文子、季文子、宁武子诸人并列也。明非孔门弟子。杜氏《集解》谓左丘明受经于孔子，可谓无根之谈。

《书》之传统见于《孔丛子》，然《孔丛》书不可信，其言尤不足辨。《礼》、《乐》、《论语》无传统。

大抵史迁言汉初传经本师，其可信者也。诸师或出荀子之门，则有可信，有不可信。荀子在汉时为近古大儒，其弟子李斯，当秦政，荀学独得势。谓汉人多传荀子学，可也。谓由荀子传孔门之经艺于汉，则非也。汉儒亦未必传荀子之学，特口说心测，而引荀子为门面耳。故《小戴记》多载荀说，而亦主性善。董仲舒作书美荀子，而其治《公羊》，则讲灾异。刘向《别录》称张苍亲为荀子弟子，传《左氏春秋》，然其言五德之运，可谓传邹衍，不传荀卿也。向《别录》又谓苍传洛阳贾谊，然《史》称苍绌贾生、公孙臣等言正朔服色事。则张、贾之传受亦虚。要之荀子斥禨祥，而汉儒信纬谶，即为西汉经术不尽传自荀子之确证。推而上之，谓孔子时已有六经，皆传自子夏，各有系统，尤非情实。韩非仅云儒分为八，未闻分六经之传统也。儒家六经之说，至汉初刘安、董仲舒、司马迁之徒始言之。然《史记》亦仅言汉儒传经，无孔门传经。孔门传经系统见于《史》者惟《易》，而《易》之与孔门，其关系亦最疏，其伪最易辨。其他诸经传统之说，犹远出史迁后，略一推寻，伪迹昭然矣。

（三）卷二

31、墨子生卒考

墨子生年，自马迁已不详，仅附著于《孟荀列传》，云："或曰并孔子时，或曰在其后。"二说相较，后者为是。余考墨子止楚攻宋，在楚惠王四十四年后，五十年前。时墨子年三十余，下逮周安王十年，墨子当死于其时，年寿盖逾八十。上推墨子生年，当在周敬王之末年，或犹及孔子之未死也。近人梁启超《墨子年代考》颇精密，然谓墨子生于周定王初年，约当孔子卒后十年余，卒于周安王中叶，约当孟子生前十余年，则犹微有误。余考墨子之生，至迟在元王之世，不出孔子卒后十年。其卒当在安王十年左右，不出孟子生前十年。较梁《考》移前十许年。以止楚攻宋一事为主眼，似粗得墨子年世之真。梁《考》又谓墨子之卒，最早不能早于郑繻公被杀之后三年。因谓是周安王十二年，亦非是。郑繻被弑后三年，亦仅为周安王之九年。梁氏以安王十二年起算，盖一时之误。

《淮南·要略》称："墨子学儒者之业，受孔子之术，以为其礼烦扰而不说，原葬靡财而贫民，久服伤生而害事，故背周道而用夏政。"盖墨子初年，正值孔门盛时，故得闻其教论，受其术业，非谓墨子亲受业于孔子也。《墨子·耕柱篇》："叶公子高问政于仲尼，仲尼对曰云云，子墨子闻之，曰：叶公未得其问，仲尼亦未得所以对。"今按：墨子幼年，正当孔子晚节，或竟不及与孔子并世。孔子游蔡，遇叶公，墨子尚未生。《耕柱篇》又载子夏之徒问斗于子墨子。孙诒让《墨子闲诂》曰："《史记索隐》引《别录》云：按《墨子》书有文子，文子即子夏之弟子，问于墨子，如此则墨子在七十子之后。"此亦误。《论语》子夏之门人问交于子张，岂得谓子张在子夏后？谓墨子年事较晚于子夏则可，谓墨子在七十子后则非也。

32、墨翟非姓墨墨为刑徒之称考

江瑔《读子卮言》论墨翟非姓墨，其言甚辨，顾孟子已言"杨氏为我，墨氏兼爱"，若墨子氏墨，确已有证。然《孟子》书又言墨者夷之。孔子之徒，不称孔者，儒墨命名，必有由来，不得以墨子氏墨为解。

盖墨者，古刑名。《白虎通》五刑："墨者，墨其额也。"墨为黥罪，刻其面额，谓之以墨。墨家之墨，即取义于斯。因墨尚劳作，近于刑徒。古者身婴重罪，并籍家族为奴。又有无力赎罪，则身没为奴婢。故舆僚台仆，咸为婴罪之人，而童仆奴隶，咸由罪人得名。而墨家乃以奴隶之道唱于一世。以与儒术相抗行也。《说文》："儒，术士之称。"《礼记·乡饮酒义注》："术犹艺也。"则术士犹艺士也。称艺士者，由其娴习六艺。《周官》地官司徒，保氏养国子以道，教之六艺六仪。六艺者：五礼，六乐，五射，五御，六书，九数。此六者，厥为当时贵族之学，亦儒士进身于贵族之学也。习礼乐，所以为相。习射御，所以为将。习书数，所以为宰。故曰："三年学，不志于谷，不易得。"又曰："学也禄在其中矣。"盖其先儒士习六艺，皆以进身于贵族，而得谷禄也。其后乃移以称经籍。昔之儒者身习礼、乐、射、御、书、数之六艺，至汉既不传，乃以儒者所传古经籍足其数，以附会于六艺焉。

然孔子之戒子夏，曰："女为君子儒，毋为小人儒。"《论语》言儒者惟此。则儒固先孔子而有，而孔子犹未尝自承为儒也。目孔子之徒为儒者当出于墨。墨子初亦习儒者之业，受孔子之术，继以为其礼烦扰，厚葬靡财，久服伤生，乃始背业，自倡新义。而有《非儒》。惟儒者所习皆当时贵族相沿传守遵行之成法，而墨子乃非礼乐，尚功用，而大俭约。其衣食操作，一以刑人苦力之生活为准。儒者有讥之，曰：此非吾先王文、武、周公所传之道也。墨之徒则曰：此古者大禹之道矣。故墨子称道曰："昔者禹之湮洪水，禹亲自操橐耜而九杂天下之川，腓无胈，胫无毛，沐甚雨，栉疾风，置万国。使后世之墨者，多以裘褐为衣，以跂蹻为服，日夜不休，以自苦为极。曰不能如此，非禹之道也，不足谓墨。"盖墨子之所倡，在其时，则刑徒之所为。至于贵族，固不亲操劳作。然墨子虽自称以为禹道，而当时非笑之者，则仍曰此刑徒之所为，黥墨之所务也，而遂呼之曰墨。

然则名墨翟者，犹后世有黥布。黥布不姓黥，人知之。墨翟非姓墨，则不知也。墨为刑名，人知之。而墨者之称，犹谓黥徒，则不知也。故当时所谓儒墨，易言之则士与民之分也。君子与刑徒之等也。谓余不信，请熟翻之于先秦诸子之古籍。凡所记儒者之衣服、饮食、起居、动作、言论，岂不俨然一所谓士君子者之衣服、饮食、起居、动作、言论乎？至于墨则不然。其衣服，奴隶之衣服也，饮食，奴隶之饮食也，起居、动作、言论，奴隶之起居、动作、言论也。要之一派为模拟上层之贵族，一派为代表下层之庶民。彼自为士君子，人亦从而士君子之。彼自为刑徒奴民，人亦从而刑徒奴民之。儒墨之称，由此生也。

吾尝未儒墨之辨，由其主有礼之与无礼。荀子曰："礼者，分也。"故儒墨之辨，即在其主有分之与无分也。儒者务分，故力求自异于庶民。墨者非礼，而主兼爱，故力求自侪于庶民焉。要之墨家称墨，乃本道术，不由姓氏，则断断然者。否则墨子之氏墨，殆亦如屠牛坦、屠羊说之流，彼固躬自亲于役夫刑徒之操作矣。孔子之道，有教无类，墨子先贱人，自习于儒，乃苦其礼而倡墨道，墨子其固古之伟人哉！

附　孟子墨子摩顶放踵利天下为之解

《孟子》曰："墨子兼爱，摩顶放踵，利天下为之。"赵岐《注》："摩突其顶，下至于踵。"今按摩顶盖如刑徒之秃。摩顶与拔一毛对举，明是自髡其顶。《汉书》："当黥者髡钳为城旦舂。"盖髡钳较黥为轻，而其为刑奴则一。而墨子以自苦为极，亲操劳作，因亦秃鬓摩顶，不暇治缨冠礼容。至于儒者，束发正冠，正其大事。子路之于卫，结缨而死。乡邻有斗，披发缨冠而救之，孟子以为惑。则儒者之重视其冠戴之容也。夫披发缨冠而救乡邻之斗，孟子已谓之惑。而况乎摩顶秃鬓，以求利天下者乎？此孟子所以为讥也。

放踵者，《庄子·天下篇》称："墨者以跂蹻为服。"《释文》："李云：麻曰屩，木曰屐，屐与跂同，屩与蹻同。一云鞋类也。"《〈汉书·卜式传〉注》："蹻即今之鞋也。"鞋无底，履有底。鞋轻便利远行，而非法服。盖贫士步行乏车乘者服之。野行无车乘，晴则躐蹻，雨则着屐。其异于法服之履者，正君子野人之别也。墨子之至楚，裂裳裹足，其不履不乘，以屐屩为服也可知。《礼记·内则》："偪屦着綦。"《释名》："偪所以自偪束，今谓之行縢。"《注》："綦，屦系也。"此可见古人所以饰足之礼，责于偪束拘戒。今墨徒重劳作，尚便事，乃不遵偪綦之制，放为野人跂蹻之服，不自拘戒，故曰放踵。放者，犹谓纵肆，与偪束正相反。然则孟子言摩顶放踵，实为两事，而同讥失礼。墨徒既自顶至踵，靡不违礼矣，而曰将以救世。故孟子曰："摩顶放踵利天下为之"也。

附　庄子儒缓墨翟释义

《庄子·列御寇篇》："郑人缓，呻吟裘氏之地，三年而为儒，使其弟墨。儒墨相与争，其父助翟，十年而缓自杀。"此寓言。墨子初亦治儒术，继而背弃，则墨固从儒中来。而儒反受其抵排。缓者指凡儒言，翟者指凡墨言。顾儒何以名缓，墨何以名翟？此虽寓言，当有命意。

余谓此皆本当时之服饰言也。何以明之？《庄子·田子方篇》记儒服云："儒者冠圜冠者知天时，履句屦者知地形，缓佩玦者事至而断。"缓者，儒服大带。云居裘氏之地者，《释文》崔云："裘，儒服也。"以裘为儒服，知缓亦儒服矣。翟者，《说文》："山雉尾长者。"古之野人，以翟羽为冠饰。知者，《史记·仲尼弟子列传》："子路性鄙，好勇力，志伉直，冠雄鸡，佩豭豚，陵暴孔子。孔子设礼稍诱子路，子路后儒服委质。"则冠鸡羽为鄙人，非儒服可知。翟羽亦鸡羽之类尔。然则儒者何冠？曰冠鹬。《庄子·天地篇》所谓"皮弁鹬冠，搢笏绅修，以约其外"也。墨者又何以冠翟？翟冠本野人之服，墨者自比刑徒，亲操劳作，摩顶放踵，不尚礼文，故或冠雉羽，不脱鄙野也。《左》僖二十四年《传》："郑子臧好聚鹬冠，郑伯闻而恶之，使盗诱杀子臧。君子曰：服之不衷，身之灾也。"则其时鹬冠尚为新奇，非法服，为人指目。其后乃为儒冠，亦犹翟冠初见鄙野，其后乃成时好也。

33、赵简子卒年考

《赵世家》："晋出公十七年，简子卒。"《年表》："周定王十二年，襄子元年。"梁氏《志疑》辨之云："《左传》鲁哀公二十年，越围吴，赵襄子降于丧食。时居简子丧，故遣楚隆问吴王于军中，称先主先臣，则简子先一年卒，明矣。自鲁昭公二十五年黄父之会，赵鞅始见于经，至卒凡四十二年。先定公卒一年。表列简子至六十年，世家亦云晋出公十七年简子卒，岂非大误？"《志疑》又云："《世家》赵襄子元年，越围吴云云，事在晋定三十七年，襄子初嗣为晋卿，固不误。何以书简子卒于出公十七年，自相抵牾，深所不解。岂史公又以围吴为出公十八年事乎？"今按：《史》云："赵襄子元年，越围吴。"自据《左传》，而其误亦由据《左传》。何以言之？《左氏》哀二十七年《传》有云："悼之四年，晋荀瑶帅师围郑，将门，知伯谓赵孟入之，对曰：主在此。知伯曰：恶而无勇，何以为子？赵襄子由是慭知伯。"杜《注》："简子废嫡而立襄子，故知伯言其丑且无勇，何以立为子。"余疑史公误读此文，以为知伯讥其何以为子，当在简子未卒前，故《赵世家》又云："晋出公十一年，知伯伐郑，赵简子疾，使太子毋恤将。"晋出公十一年，即悼公四年，同记一事，而《史》特增简子疾使太子将云云，以弥缝《左传》何以为子之语。其后又增知伯归，因赵简子使发毋恤，简子不听，此亦非《左氏》所有。《左氏》称赵孟，称赵襄子，固不以为简子犹在，而《史》自误会之也。

"定公三十七年而简子卒，除三年之丧，期而已。"本记赵简子卒，除三年之丧，与晋定不涉也。而史公此条，又本之《吕览·长攻篇》："赵简子病，召太子而告之曰：我死，已葬，服衰而上夏屋之山以望。太子敬诺。"高诱云："服衰，谓期年，勿复三年也。"是高诱亦谓赵简子之卒，告其子除三年之丧，期而已也。《春秋》鲁历，哀公二十一年冬十一月，赵用晋历，已为翌年之正月，礼固得称元。要之简子卒在晋定公三十七年，此则据《吕览》校《史记》而可定者。

34、《计然》乃范蠡著书篇名非人名辨

《史记·货殖列传》："句践困于会稽之上，乃用范蠡《计然》。范蠡既雪会稽之耻，乃喟然而叹曰：《计然》之策七，越用其五而得意。既已施于国，吾欲用之家。乃乘扁舟浮于江湖。"蔡谟曰："《计然》者，范蠡所著书篇名耳，非人也。谓之计然者，所计而然也。群书所称句践之贤佐，种、蠡为首，岂复闻有姓计名然者乎？若有此人，越但用其半策，便以致霸，是功重于范蠡，而书籍不见其名，史迁不述其传乎？"

今按：蔡说是也。余尝熟读《史记·货殖传》文，而知蔡氏《计然》乃书名，非人名，其说确不可易。《汉志》兵权谋家有《范蠡》二篇，盖《计然》在其内。自班氏《古今人表》计然列第四等，后人乃始以计然为人名，非书名矣。今再就《货殖传所》引《计然》语论之，大抵言农事，言财币贸易，此乃中原自李悝、白圭以后人语耳。范蠡当春秋世，又居越，何由作此论？则《汉志》、《范蠡》二篇，殆亦出后假托也。

附　鸱夷子皮及陶朱公非范蠡化名辨

又按范蠡事亦多异说。沈钦韩《汉书疏证》云："《吕览·悔过》范蠡流乎江。又《离谓》范蠡、子胥以此流。《货殖传》称其适齐为鸱夷子皮。《淮南·泛论》齐简公释其国家之柄，专任大臣，故使田常、鸱夷子皮得成其难。田恒之乱，在鲁哀公十六年。越灭吴在鲁哀公二十二年。

信有鸱夷子皮，当齐简公时，非范蠡矣。"

今按：伍员既被谗，赐之鸱夷而浮之江，范蠡蹈五湖，遂亦有鸱夷之号。或者子皮浮海去齐，因亦称鸱夷子皮，史公不深考，遂误谓即范蠡之化名耳。又按《蔡泽传》，泽之说应侯曰："范蠡知之，超然辟世，长为陶朱公。"其辞固未必即当时之口语，殆出策士虚构。然知史公前固已有此传说。史公好奇博采，后世爱其文，传诵弗衰，遂若为信史耳。

35、曾子居武城有越寇考

《孟子·离娄下》："曾子居武城，有越寇，曾子去之，寇退而返。"焦氏《正义》引周柄中《辨正》云："或云：越寇季氏，非寇鲁，此并无所据。"今按：谓越寇季氏，非寇鲁，实有确据，非臆度也。《说苑》云："鲁人攻鄫，曾子辞于鄫。鲁师罢，鄫君复修曾子舍而复迎之。"此即《孟子》越寇事，鄫君者，季孙也。《鲁世家》："哀公如陉氏，三桓攻公，公奔于卫，去如邹，遂如越，国人迎哀公复归，卒于有山氏。"窃疑哀公归国而卒于有山氏，正为有山氏所弑，有山氏殆当鲁越通道，而党于季孙。鲁人劾捕之，正为其弑君。定、哀之际多微辞，即传文亦不明显耳。曾子于此时前后，皆居武城。

附　越徙琅邪考

越都徙琅琊，事见《越绝书》及《吴越春秋》。《今本纪年》，于越徙都琅琊，在晋出公七年，当鲁哀公之二十七年，是岁，越使后庸来正邾鲁之界，公与盟平阳，盖即越北徙时矣，然则武城被寇时，越都已在琅琊。今考琅琊地望，古有三说。《汉志》东莱郡琅邪，越王句践尝治此，起台馆。《括地志》云："密州诸城县东南百七十里有琅邪台，越王句践观台也。"《水经·潍水注》："琅邪山名，越之故国。"此皆指越徙琅琊，在今山东之诸城也。按《续汉·郡国志》："东海国赣榆，本属琅邪。"而余疑句践琅邪，实应在赣榆，不在诸城。何也？按《水经·淮水注》又云："游水东北径赣榆县北，又东北径纪鄣故城南，东北入海。"越为海国，其北徙琅邪，以争中原，宜当在此。然证以秦始皇琅邪碑石，则越都琅邪，当定在赣榆、日照一带滨海之地，为尤惬也。

36、晋出公以下世系年数考

《史记》载晋出公以下世系年数，《世家》、《年表》互歧，细核多误，颇不足信。余考《晋世家索隐》引《纪年》，文字虽略，实可依据，以订《史记》之失。如韩、赵、魏杀知伯，乃出公二十二年事。而《史记·晋世家》及晋《表》均谓在晋哀公四年，此与《纪年》说迥异。考出公十七年，据《世家》乃知伯与三家共分范中行地。《世家》乃即以是年为出公出奔之年。《年表》因于明年书襄子元，而晋哀之元则又误后一年也。

出公二十三年奔楚，乃立敬公。《世家》为哀公骄。《年表》作哀公忌，后又有懿公骄。今定晋哀懿公名骄，而《竹书》又称为敬公者，如韩威侯即宣惠王，亦一君三谥也。

敬公六年，当魏文侯元年。敬公十八年卒，当《世家》哀公之年数。子幽公立。幽公十八年卒，《纪年》、《史记》全同。子烈公立。烈公之立也，晋乱，幽公见杀。故烈公即以幽公见杀之年称元年，不逾年而改元。晋烈公三年，当越朱勾三十五年。烈公十一年，当齐宣公五十年。烈公二十七年卒，《纪年》、《史记》全同。子桓公立，《史记》作孝公。桓公十九年，当魏武侯二十六年。明年，桓公二十年，赵成侯、韩共侯迁桓公于屯留。以后无晋事。《年表》孝公十五年，《世家》十七年，其下有静公，与《纪年》不同。今若依《索隐》所引《纪年》年数推之，则前后排比悉符。余既考晋桓公、悼公事，犹憾不得其年数。今姑依《纪年》，齐威王元在梁惠成王之十四年。若是年晋静公立，则桓公（即孝公）实得三十二年，而静公（即悼公）有九年。

37、魏文侯为魏桓子之子非孙其元年为周贞定王二十三年非周威烈王二年辨

《史记》："魏桓子与韩康子、赵襄子共伐灭智伯，分其地。桓子之孙曰文侯都。"《索隐》："《系本》桓子生文侯斯。"是《史记》误斯为都，误子为孙也。考《年表》，魏桓子与韩康子、赵襄子灭知伯，在周定王十六年，下去魏文侯元二十九年，其间不著桓子之子名字，及始立年岁，盖桓子之子即文侯斯，《史记》误移文侯之年于后，疑其相差过远，因谓文侯乃桓子孙，然竟亦不能确指其子为何名也。余考文侯元年，实在周定王二十三年，去桓子灭知伯祇七年，明其为父子矣。余本《索隐》所引《纪年》，合之当时情事，参伍钩稽，而知《纪年》之可信，《史记》之多疏。虽史实不详，而年世差明矣。

38、子夏居西河教授为魏文侯师考（摘要见前三月）

39、子夏居西河在东方河济之间不在西土龙门汾州辨（摘要同前）

40、魏文侯礼贤考

魏文礼贤，其可考见者，其间有二端，深足以见世局之变者，一为礼之变，一为法之兴。何言乎礼之变？当孔子时，力倡正名复礼之说，为鲁司寇，主堕三都，陈成子弑君，沐浴而请讨之。今魏文以大夫僭国，子夏既亲受业于孔子，田子方、段干木亦孔门再传弟子，曾不能有所矫挽，徒以逾垣不礼，受贵族之尊养，遂开君卿养士之风。人君以尊贤下士为贵，贫士以立节不屈为高。自古贵族间互相维系之礼，一变而为贵族平民相对抗之礼，此世变之一端也。何言乎法之兴？子产铸刑书，叔向讥之。晋铸刑鼎，孔子非之。然郑诛邓析而用其《竹刑》，刑法之用既益亟。至魏文时，而李克著《法经》，吴起偾表徙车辕以立信，皆以儒家而尚法。盖礼坏则法立，亦世变之一端也。要以言之，则由于贵族阶级之颓废，而平民阶级之崛兴。

41、公输般自鲁游楚考

《墨子·鲁问篇》："公输般自鲁南游楚，焉始为舟战之器，作为钩强之备。楚之兵节，越之兵不节，楚人因此亟败越人。"据此，则越自灭吴，与楚接壤，沿江舟战，已非一日。初屡越利，逮公输至楚，而楚乃得胜算也。公输与楚惠王同时，孙氏《闲诂》谓："《史记·楚世家》惠王时无与越战事，盖《史》失之。"今考：《楚世家》云："惠王十六年，越灭吴。四十二年，楚灭蔡。四十四年，楚灭杞。是时越已灭吴而不能正江淮北，楚东侵广地至泗上。"此即惠王时与越战争，岂得谓《史》失之？然则公输之游楚，宜在惠王四十四年前矣。

汪中《墨子序》云："《檀弓下》，季康子之母死，公输般请以机封，此事不得其年。季康子之卒，在哀公二十七年。楚惠王以哀公七年即位，般固逮事惠王。"今假定公输生于鲁哀元年，康子母死，公输年当二十许。至楚惠王四十四年，公输年当五十，至迟不逾六十也。楚既得志江淮之北，般以有功见用，遂献攻城之器而图宋，则为惠王四十五年以后事矣。

42、墨子止楚攻宋考

墨子止楚攻宋，本书不云在何时。余考攻宋之谋，自公输之制云梯。

而公输来楚,在惠王四十四年前,其献云梯,则在四十四年东侵得志之后,何者?楚既广地至泗上,遂北向而窥宋,此自地理言之而可信也。且证之《墨子》书。《公输篇》云:"公输般为楚造云梯之械成,将以攻宋,子墨子闻之,起于齐,(毕云:"《吕氏春秋·爱类篇》云,自鲁往,是。")行十日十夜而至于郢,见公输般。"则墨子来楚,与公输初相见,正楚方图宋之时也。故余定楚谋攻宋在惠王四十五年后也。

又按:《楚·曾侯钟》文:"惟王五十有六祀,徙自西阳。楚王能章作曾侯乙宗彝,置之于西阳,其永时用享。"西阳《汉志》属江夏郡,今按:昭王自郢迁都,其后并无还郢事,《汉志》误也。窃疑《曾侯钟》之西阳,不当以《汉志》西阳为说。《水经·沔水注》:沔水过宜城县东,故城鄢郢之旧都,沔水又经鄀县故城南,古鄀子之国也。楚昭王为吴所迫,自纪郢徙都之,即所谓鄢、鄀、卢、罗之地也。宜城有西山,楚先王冢墓所在,此西阳殆即指宜城西山之阳而言。或楚都屡徙,而要不出此鄢、鄀、卢、罗之区,则可断言也。则墨子十日十夜自鲁至郢,亦宜城之郢耳,固未深历江汉奥区,达于江陵之郢也。

43、三晋始侯考

《史记·楚世家》:"简王八年,魏义侯、韩武子、赵桓子始列为诸侯。"而《年表》无之。《年表》:"楚声王五年,魏、韩、赵始列为诸侯。"而《世家》无之。《周本纪》云:"威烈王二十三年,命韩、魏、赵为诸侯。"皆与《年表》楚声王五年之说合。故后人多信是岁为三晋始侯之岁,而不取简王八年之说。然余考魏文年代,《史表》皆误移在后,今《史记》误以称侯更元之年为魏文元年,遂误遗其前之二十二年。今即本《史记》为说,以证《史记》致误之由,而后《纪年》与《六国表》之得失,可以为定论。然则楚简王八年,特为魏文称侯之元年,而《史》误以为魏文侯、赵桓子、韩武子始列为诸侯者,犹如徐州之会,仅齐、魏相王,而《魏世家》误以为诸侯之相王也。《史》既误以魏文称侯之元为始立之元,误后二十二年,遂以文侯为桓子之孙,又下割武侯十年为魏文之年。凡此皆本《楚世家》一语痕迹,而可推寻为证者。

然则三晋之侯,魏最先,赵次之,韩又次之。周威烈二十三年,特赵人始侯年。其前二十二年,魏已称侯。其后十六年,韩始称侯。此三晋称侯之始末也。

44、宋信子罕之计而囚墨翟考

《史记·邹阳传》云："宋信子罕之计而囚墨翟。"(《汉书·邹阳传》作子冉，误。)考子罕有二人。一在春秋鲁襄公时，其事迹详《左传》。一在战国初年，言其劫君而擅政者也。子罕劫君当为昭公。宋前后亦有二昭公。《韩诗外传》六、《贾子·先醒篇》并有昭公出亡反国事，皆指后昭公言。据此则墨翟当与宋后昭公同时。《史记·孟荀列传》："墨翟为宋大夫。"孙诒让则断为正在昭公时。《年表》昭公薨在周威烈王二十二年。孙氏《墨子年表》云："疑昭公实被放弑，墨子之囚，殆其末年事。"余考昭公末年在周威烈四年，去墨子止楚攻宋已逾二十年。墨子若仕宋，应即在止楚攻宋后。子罕劫君擅政，并不在昭公之晚节，则宋囚墨翟，乌见其必在昭公之末年乎？大体在昭公三十一年以后，则颇可定也。

45、宋昭公末年在周威烈王四年非二十二年辨

《宋世家》景公六十四年卒，《年表》作六十六。据《左传》宋景卒在鲁哀二十六年，是四十八年卒也。其明年，为周定王元年，昭公之元当在此年。《年表》书于齐宣公六年。周定王之十九年，误后十八年。昭公在位四十七年，《年表》、《世家》并同。则卒年当在威烈王四年。《年表》在威烈二十二年，亦误后十八年。孙氏《墨子年表》昭公已移前至周定王元年，而仍旧于威烈王二十二年书昭公薨，则昭公在位六十五年矣，是又误多十八年也。此属孙《表》疏忽，今依《志疑》驳正。

韩非《外储说右》谓："子罕杀宋君而夺政。"则昭公之被弑信矣。而《韩诗外传》、贾子《新书》皆曰："宋昭公出亡，革心易行，书学道而夕讲之，二年，美闻于宋，宋人迎而复位，卒为贤君，谥为昭公。"则又若昭公非被弑者。就其在位之久，或先被逐，而又得反国，而终见弑，如鲁哀公之见逐于季孙氏，虽反国而终不得其善终也。战国以来，宋以弱小，史料残缺，盖不可得而详定矣。

46、魏文侯二十五年乃子击生非子罃生魏徙大梁乃惠成王九年非三十一年辨

阎若璩著《孟子生卒年月考》，论《纪年》不足信，举两事。一曰："《纪年》云：惠成王六年，徙都大梁，不知是年秦孝公甫立，公孙鞅未

相，公子卬未虏，地不割，秦不逼，魏何遽迁都以避之？"又曰："《六国表·魏世家》并云子罃生于文侯二十五年辛巳，三十八年文侯卒，武侯立，凡十六年而后惠王立，是年已三十。若如纪年，文侯五十年卒，武侯二十六年卒，以生辛巳计之，惠王元年，已五十三。立三十六年卒，已八十八。更以襄王十六年为改元后之年，不一百四岁乎？《纪年》不可信如此。"今按：《纪年》与《史》抵牾，阎氏以《史》说绳《纪年》，宜其不可通也。余考魏灭中山，在文侯四十一年（详《考辨》第五十四），其时子击尚年少，故文侯见中山使者赵仓唐，而曰中山君长短若何也。（《韩诗外传》《说苑》）疑《史》书二十五年子击生子罃者，是年实子击生。史公既博采杂说，误谓伐中山在十七年，而子击之生转在其后，显属舛乖，故乃谓子击又生子罃也。其实击生于文侯之二十五年，至四十一年灭中山，击年十七，始守中山。后三年，仓唐为使，则击年二十左右。其少子挚（《韩诗外传》作䜣，此从《说苑》），当十五六以下，正舐犊爱厚时矣。是年召子击，改封子挚，即中山武公也（详《考辨》第四三又五四）。据此则武侯年二十六始立，立二十六年，五十二岁而卒。至惠王年岁无可考。惟武侯之卒，犹未立嫡，惠王与公中缓争立，在位又五十二年，则其即位在壮岁可知。此不得谓《纪年》之误。

其前一事，细按知亦《史》误。惠王十八年，魏围赵邯郸，齐救赵。孙膑教田忌曰："君不若引兵疾走大梁，据其街路，冲其方虚，彼必释赵而自救。"（《魏志·王昶传》，高贵乡公三年三月，王昶增邑迁官诏："昔孙膑佐赵，直凑大梁。"）则其时魏已都大梁也。《世家》魏徙大梁在三十一年，而三十年魏伐韩，齐田忌救韩，亦直走大梁。庞涓、太子申去韩还救，涓死申虏。（语均详《孙吴初传》）此又情势之至显者。使大梁非魏都，何以大将太子倾国奔救，若此之惶促耶？故知《史记》三十一年徙都大梁之说必误，不得据以疑《纪年》也。

盖《纪年》于战国事多可信据。春秋以上，容多传闻异说，不可信者。正由战国时事，乃出当时史官据实而书，其前则由杂采他书传说而成故也。

余既辨《史记·魏世家》梁惠王徙都在三十一年之误，其后得读朱右曾《竹书纪年·存真》，则已先辨之，惟《水经·渠水注》、《汉书·高帝纪注》引《纪年》，皆作"六年四月甲寅，徙都于大梁"，而《史记集解》、《孟子疏引》，皆作九年，两说相歧。朱氏据《水经注》编入六年，余则依《索隐》定在九年。

余又考魏源《古微堂外集·孟子年表》亦辨此事，谓："《史记·魏世家》惠王九年，与秦战少梁，虏我将公孙痤，而《年表》则曰虏我太子，盖误以是年虏公孙痤之事为世家三十一年秦虏公子卬之事，因又误以是年徙都大梁之事移于三十一年。"皆主梁于九年迁都也。则迁梁之年，固当以九年为定。

47、鲁缪公元为周威烈王十一年非十九年亦非十七年辨

《史记·鲁世家》载鲁哀公以下列君年数，与《年表》多异。而曰："平公立时，六国皆称王。平公十二年，秦惠王卒。文公七年，楚怀王死于秦。顷公二年，秦拔楚之郢。"皆据秦事为说，其语或本之《秦记》。余为之考其异同得失，而知《世家》之可信，《年表》之不可依也。惟《世家》于悼公称三十七年，今自秦惠王卒年上推，悼公当得三十一年，乃符。今定悼公元甲戌，三十一年终甲辰。元公元乙巳，二十一年终乙丑。翌年丙寅，为鲁缪公元，则威烈王之十一年也。较今《年表》移前八年。

史载子思年六十二，而缪公元年，距孔子卒已七十五年。然子思之卒，至晚亦在缪公六年八年间耳。缪公初元，子思年已逾七十矣，又缪公、子思同世既不久，何以为后人称述如此？今若移前缪公元八年，则诸疑可释。

48、鲁缪公礼贤考

缪公礼贤，屡见于孟子之称述。然舍此则无考。兹姑据《孟子》书，列其梗概如次：

曾申

陆德明《经典释文》："曾申字子西，曾参之子。"《礼记·檀弓》："穆公之母卒，使人问于曾子。对曰：申也闻诸申之父。"是穆公时曾参已死。吴起仕鲁，正在穆公初年。《史记·吴起传》："起事曾子，母死不归，曾子薄之。"刘向《别录》记《左传》源流云："左丘明授曾申，申授吴起。"则起师申，非师参也。

据《檀弓》，子夏设教西河而丧明，曾子尚在。曾子卒当魏文侯十二年，下距吴起仕鲁尚二十年外，起不及事曾子，亦可于此而断。

子思

孟子曰："缪公亟见于子思，曰：古千乘之国以友士，何如？子思不悦，曰：古之人有言曰，事之云乎，岂曰友之云乎。"则缪公之敬子思，与子思之高自位置，俱可见。

公仪休

相缪公。淳于髡曰："鲁缪公之时，公仪子为政，《史记·循吏传》："公仪休者，鲁博士也，以高第为鲁相。"博士始见此，其制或亦缪公创之？《说苑·政理篇》："公仪休相鲁，鲁君死，左右请闭门。公仪休曰"云云，似公仪休卒穆公后。

泄柳

孟子曰："段干木逾垣而避之，泄柳闭门而不内。"鲁缪公元年，当魏文侯三十二年。二人年世正相值，而辈序亦相当也。《盐铁论·相刺章》作："公仪为相，子柳、子原为之卿。"卢文弨《群书拾补》云："子原，《说苑·杂言篇》作子庚，乃泄柳字。"今按：《说苑》作子思、子庚，子庚为泄柳字，疑或近是。

申详

子张子。（见《檀弓》注）宋翔凤《孟子赵注补述》云："子张姓颛孙，合言为申也。"余又考申详字子莫，孟子谓之执中无权者，详《考辨》第八十一。

墨子

《墨子·鲁问篇》："鲁君谓子墨子曰：吾恐齐之攻我也，可救乎？墨子曰：可。"孙诒让曰："以时代考之，此鲁君疑即缪公。"今按：孙说是也。其事当在缪公初年。（详《考辨》第五十七）墨子年德已高，誉闻亦大，故缪公咨以国事。

南宫边

《吕览·长利篇》有辛宽、南宫括论于鲁缪公前。《说苑·至公》作辛栎、南宫边子。《人表》有南宫边，正与子思、公仪休、泄柳、申详、鲁穆公同时，又缪公时有县子，屡见称述，亦贤者。

49、越灭郯乃晋烈公三年非四年六年辨

附 灭滕考

《史记·越世家索隐》引《纪年》："晋出公十年十一月，于粤子句践卒，次鹿郢立。六年卒，不寿立。十年见杀，朱勾立。三十四年灭滕（《路史》国名纪注引作朱句三十年，未能详定），三十五年灭郯，三十七年朱勾卒。"据此，越朱勾灭郯，去句践卒五十一年。（鹿郢六，不寿十，朱句三十五、合五十一。）自晋出公十一年后，五十一年，当晋烈公之三年也。（出公二十三年卒，敬公、幽公均十八年。出公十二，敬公十八，幽公十八，列公三，亦合五十一。）而《水经·沂水注》引《纪年》云："烈公四年，越灭郯。"此四乃三字之误。而《今本·伪纪年》为烈公六年，盖由《今本纪年》误以敬公为二十二年，幽公为十年故也。

张宗泰《孟子七篇·诸国年表》，论《纪年》于越灭滕事云：《竹书纪年》于越灭滕在朱勾三十四年。朱勾立于周贞定王二十一年，孟子无由得与滕君言，是滕非灭于越也。今考宋为齐灭，滕为宋灭，义得相通，《世本》较《纪年》为有据矣。余谓楚灵灭陈蔡，魏文灭中山，后皆复封。滕灭复见，疑示此例。则《纪年》之说，亦不为不可信。

若依张氏说，则滕殆再灭于宋，而继分于齐、楚两国者耶？国小史略，无可详核矣。

50、吴起仕鲁考

《史记·吴起传》："起，卫人也。好用兵，尝学于曾子，事鲁君。齐人攻鲁，鲁卒以为将，攻齐，大破之。"今考《年表》："齐宣公四十四年，伐鲁莒及安阳（《田齐世家》作葛及安陵。《志疑》云：'安陵、安阳皆非鲁地，疑有误，而葛乃莒字之误。'洪颐煊《读书丛录》云：'《项羽本纪》行至安阳，《索隐》后《魏书·地形志》己氏有安阳城。今宋州楚丘西北四十里有安阳故城是也，其地与鲁莒相近。'），四十五年，伐鲁取都。"（《世家》云："取一城"。）齐宣公四十四年，当鲁缪公之四年。则起之将鲁破齐，正在鲁缪四年也。其去鲁，至晚在鲁缪五年六年间。

51、田庄子卒年考

《史记·田齐世家》："田庄子相齐宣公，宣公四十三年伐晋，毁黄城，围阳狐。明年，伐鲁葛及安陵。明年，取鲁之一城。庄子卒，子太

公和立。"《索隐》引《纪年》："齐宣公十五年，田庄子卒。"今按：据《史记》，田庄子卒在齐宣公四十五年。故知《索隐》所引宣公十五年田庄子卒者，本亦为四十五年，而误脱一四字也。考诸他籍，亦有可证。《吕氏春秋·顺民篇》："齐庄子请攻越，问于和子。和子曰：先君有遗令曰：无攻越，越猛虎也。"林春溥《战国纪年》云："田庄子之时，越王死者惟朱勾。而朱勾灭滕灭郯，故有猛虎之喻。"今按朱勾卒在齐宣公四十四年，此越朱勾卒而田庄子尚在之证一。余故知《索隐》所引《纪年》，本亦为四十五年无疑也。

52、田齐为十二世非十世辨

《庄子·胠箧篇》："田成子弑齐君，十二世有齐国。"《史记》自成子至王建之灭祇十世。《田齐世家索隐》引《纪年》："田庄子卒，立田悼子。悼子卒，乃次立田和。"又云："齐康公二十二年，田侯剡立。后十年，齐田午弑其君。"则尚有悼子及侯剡，适得十二世，与庄子合。盖《史记》误也。《胠箧》为战国晚世作品，殆已无疑，庄子亦下逮齐宣、湣，何勿之及？

53、吴起为魏将拔秦五城考

《史记·吴起传》："起去鲁之魏，魏文侯以为将，击秦，拔五城。"按诸《史记·魏世家》："魏文侯十六年，伐秦，筑临晋、元里。十七年，西攻秦，至郑而还，筑雒阴、合阳。"《水经·河水注》："河水又经郃阳城东，周威烈之十七年，魏文侯伐秦至郑，还筑汾阴、郃阳（汾阴乃洛阴字讹），即此城也。"据此则事在周威烈王十七年，而《史》误以为魏文之十七年也。其时正当吴起去鲁后。《括地志》云："郃阳故城在同州河西县南三里，雒阴在同州西也。"《起传》所谓拔秦五城者，殆即其事。

54、魏文灭中山考

魏文灭中山，《年表》在十七年，实周威烈王十八年。据《纪年》，是年乃魏文侯三十九年。魏文二十二年始称侯。（以下略）

附　中山武公初立考（略）

55、56 皆略

57、墨子游齐考

《墨子·鲁问篇》载墨子见齐大王，孙诒让《闲诂》云："安王十六年，田和始立为诸侯，墨子见大王，疑当在田和为诸侯之后。"今按：安王十六年，墨子已卒。（《考辨》第三十一）且和立为侯，初非称王。考和立在齐宣公五十一年（《考辨》第五十六），当周威烈王二十一年。明年为齐康公元年，在墨子卒前十三四年。知墨子见田和，必在和之早岁。

孙云："穆公二年，齐伐鲁，取郲（实缪公八年），墨子来齐，则取郲以后三四年，值和子当国时也。"

58、子思生卒考（附　颜般　王慎　长息）

《孔子世家》云："伯鱼年五十，先孔子卒。伯鱼生伋，字子思，子思生年无考。伯鱼之卒，在周敬王三十七年。（《考辨》第二六）或谓遗腹生子思，则子思生，至迟亦在周敬王三十七八年也。"《檀弓》："子思之哭嫂也为位，妇人倡踊。"是子思有嫂也。子思既有嫂，则知其有兄矣。伯鱼早卒，而子思有兄，则子思之生，不能甚前。或谓其亲受业于孔子，决不然矣，大抵子思先曾事卫，归老于鲁，乃当缪公世也。卒年亦难定。若以寿八十二计，则最晚不出缪公十四年，乃在周威王末年，其年世与墨子正相当。

又按：《孟子》："费惠公曰：吾于子思则师之矣，吾于颜般则友之矣，王顺、长息则事我者也。"《人表》费惠公、颜般、王慎、长息同列四等。般形近而误。慎顺字通。费惠公即鲁季氏之僭。（《困学纪闻》八，参读《考辨》第三五、四八。）《颜氏世系》云："无繇生回，回生般。"则谓般乃颜子之子。又谓般与王顺同师子思，则颜子之子，其年不下于孔子之孙，何乃师子思乎？其信否无可考。长息，公明高弟子，见赵岐《注》。

59、列御寇考（附　南郭子綦）

《庄子·让王篇》："子列子穷，客言之郑子阳，子阳令官遗之粟，列子辞。其卒，民果作难，杀子阳。"子阳之事，又见《淮南·泛论》。云："子阳好严，舍人有过而折弓者，畏罪恐诛，则因猘狗之惊，而弑子阳。"高《注》均云："子阳，郑君也。一曰郑相。"而《史记·郑世家》则云："郑繻公二十五年，郑君杀其相子阳。二十七年，子阳之党共弑繻公。"与《吕览·淮南》异。据《史记》则列子乃周安王时人也。然考《韩策》："史疾为韩使楚，楚王问曰：客何方所循？曰：治列子圉寇之言。曰：何贵？曰：贵正。"《汉志》道家《列子》八篇，晋有张湛《注》，后人多辨其伪。然时亦有先秦遗言，要在择慎而取耳。

窃意列御寇，仍当列战国为允。

又按《庄子·齐物论》称南郭子綦，其人盖亦道家先宗也。徐无鬼：南伯子綦隐几而坐，仰天而嘘，南伯子綦即南郭子綦也。则子綦乃齐人而当田太公时。子綦正与列御寇略同时。《庄》书三称子綦，皆涉忘我之学，固知亦有所受，非虚矣。

60、魏武侯元年乃周安王六年非十六年辨

《史记·魏世家索隐》引《纪年》："魏文侯五十年，魏武侯二十六年。"则武侯元年，应在周安王六年。《年表》误后十年，已详《考辨》第三十七。吴起先仕武侯，有西河之对，武侯善之，守西河甚有声名。大抵吴起仕魏，于文侯朝为晚进，而在武侯世则颇久。《魏世家》记魏武侯九年，使吴起伐齐至灵丘。考《索隐》引《纪年》云："魏武侯元年，当赵烈侯之十四年。"而列侯元在威烈王十八年，魏灭中山之岁。然则魏武侯使吴起伐齐，实有其事。依《纪年》武侯九年，乃周安王十四年，又七年而楚悼王始卒，则魏武九年时，吴起尚在魏。史公殆亦误其世而未误其年者耳。

61、墨子游楚鲁阳考

《墨子·鲁问篇》载鲁阳文君与墨子论攻郑曰："郑人三世弑其父。"黄式三《周季编略》又据本篇，以鲁阳文君攻郑在周安王八年，即郑繻公被弑后三年。孙氏则谓："二说俱可疑。据贾逵《国语注》（《文选》注引）、高诱《淮南子注》皆云：鲁阳文君即司马子期之子公孙宽。"梁启超《墨子年代考》因谓："鲁阳为宽封邑，固无可疑，然文子未必即宽。安知其不为宽之子？"今按梁说亦疏。然疑文子未必即宽，则为有见。《淮南·览冥训》："鲁阳公与韩构难。"高诱《注》："鲁阳，楚之县公。《国语》所称鲁阳文子也。"高氏此《注》，以鲁阳公即鲁阳文子，是也，知《鲁问》所记，确系安王八九年事。墨子其时尚存。若生于孔子卒岁，至是已八十七年也。今综述墨子生平，南至楚，见惠王，在四十前。遂仕宋昭公，见逐，当不出五十。其后殆常居鲁。其至齐，见田和，已逾七十。重游楚，见鲁阳文君，则八十外老人。（齐康元至郑康

三，凡十一年。）墨子殆终于鲁阳也。

62、墨子弟子通考

儒墨同为先秦显学。《吕氏·尊师篇》谓："孔、墨徒属弥众，弟子弥丰，充满天下。"今考孔子弟子七十人，《公输篇》记墨子说楚王，谓："臣之弟子禽滑厘等三百人在宋城上。"是墨徒之盛，犹逾洙、泗。此非孔、墨有优劣，盖时益晚而学益昌，亦可以觇世变也。近世孙诒让始为《墨学传授考》，缀拾遗文，网罗坠绪。传记所载，编次略尽。今特申其未备，纠其疏失。大体则详原书，不具引也。

禽滑厘

《吕氏·当染篇》："田子方学于子贡，段干木学于子夏，吴起学于曾子，禽滑黎学于墨子。"

《史记·儒林传》云："田子方、段干木、吴起、禽滑厘之属，皆受业于子夏之伦，为王者师。"此盖承袭《吕》书，云子夏之伦者，以子夏概子贡、曾子、墨子而言也。

楚惠王将攻宋，墨子使禽子诸弟子三百人持守圉器，在宋城上，待楚寇。其时禽子年当近三十，先吴起约三十年。时当吴起生年，或幼时也。

高石子

墨子使管黔傲游高石子于卫，卫君致禄甚厚，设之于卿，而言无行。高石子去之。墨子悦，曰："倍禄乡义，于高石子见之。"

公尚过

墨子游公尚过于越，越王悦之，使迎墨子，墨子辞。

耕柱子

墨子游耕柱子于楚。

今按：墨子弟子事迹，少可考见。见者皆仕诸侯，又皆由墨子之游扬。今墨子虽非礼乐，力斥贵族生活。其为学立说，虽若务为平民化，力与儒异趣。而顾汲汲游扬其弟子，为之谋禄仕。即此亦足以觇世变。此可见来学者率志于仕禄也。故孔子曰："三年学，不志于谷，不易得。"此孔、墨之门人一也。门徒之相望以仕进者，又儒、墨之所同也。故觊仕为心理之同，游仕为世风之变，虽大师无如何。

魏越

墨子使之游越。

曹公子

墨子仕曹公子于宋，三年而反，睹墨子，曰："始吾游于子之门，短褐之衣，藜藿之羹，朝得之则夕弗得。今以夫子之故，家厚于始。"而墨子乃以役夫刑徒之道倡。虑其一时门徒相从，盖多贫贱之士。故食之三升则同门怨，遗之十金则夫子悦。墨子之汲汲游仕其弟子者，此亦其一端欤。

胜绰

墨子使事齐项子牛。

随巢子

《艺文志》有书六篇，班氏云："墨子弟子。"

胡非子

《艺文志》有书三篇，班氏云："墨子弟子。"

今按：随巢、胡非，名字不见《墨子》书，其著书亦不传，疑当时墨子门徒，并不自著书。随巢、胡非，殆出后世假托。

孙氏集墨子弟子，凡十五人，除上所称引，余皆仅见姓名，无补稽考，兹不赘。

63、孟子生年考

世传《孟氏谱》，孟子以周定王三十七年四月二日生，赧王二十六年正月十五日卒，寿八十四岁。此谱未详来历。周定王无三十七年。又谓孟子生当孔子后三十五年，则为贞定王二十五年。然孟子生年，决不如此之早。或谓定乃安字之讹。安王在位二十六年，下至赧王二十六年，凡八十八年。《谱》谓孟子寿八十四，逆推之当生于烈王四年。后人多信其说。惟《谱》记生平既不足信，则其记卒年及寿数，未必尽可信。今舍其生年，据其卒年与其寿数，而更推其生年，其未必信明矣。《孟子·离娄》："予未得为孔子徒也，予私淑诸人也。"朱子《集注》："然则孟子之生，去孔子未百年也。"顾孟子游梁，去孔子之卒，实已百六十年。（详《考辨》第一五一）朱子亦复误。则其推论孟子之生，去孔子未百年者，亦未必可信也。今既于齐、梁、宋、滕诸国世系年代，一一重为厘定，而孟子游仕先后，亦详加审核。参伍错综，斟酌情事，而定孟子生年，最早当在安王之十三年，最晚当在安王二十年。乃与朱子、周氏之所推定，亦若相符。且尤有进者，知人论世，贵能求其并世之事业，不务详其生卒之年寿。今谓孟子生于烈王四年，或谓生于安王十七年，前后相去不越十五年，此不过孟子一人享寿之高下，与并世大局无关也。余兹所陈，固非以为定论，而推廓旧说，开陈新义，亦足以见考古之意。

64、田和始立为侯考

《史记·田齐世家》："康公贷立十四年，太公迁康公于海上。明年，鲁败齐平陆。三年，太公与魏文侯会浊泽，求为诸侯。"《索隐》云："贷立十四年，又云明年会平陵，又三年会浊泽，是十八年。"今按：据下文"魏文侯乃使使言周天子及诸侯，请立齐相田和为诸侯，周天子许之。康公之十九年，田和立为齐侯，列于周室，纪元年。和立二年而卒。"则《索隐》十八年之说是也。盖十八年会浊泽。其时为魏武侯十年，今称魏文侯者误。

65、齐康公二十一年乃田侯剡立非桓公午立辨

《史记·年表》："齐康公二十年，田和卒。二十一年，田和子桓公午立。"按：《田齐世家索隐》引《纪年》："齐康公五年，田侯午生。二十二年，田侯剡立。后十年，田午弑其君及孺子喜而为公。"《年表》漏去剡一世，并前漏去田悼子一世，自田常以下，田齐祇得十世，与《庄子》十二世有齐国之语不符。当依《纪年》。知《史记》于此乃误其世系而未误其年也。

66、吴起去魏相楚考

《史记·吴起传》："田文既死，公叔为相，害吴起，起惧得罪，遂去之楚。"今按：《魏策》："公叔痤为魏将，与韩、赵战浍北，禽乐祚。魏王赏田百万，痤以让吴起之后。"其事《年表》在惠王九年，吴起已死十九年矣。《吕氏·观表》、《执一》诸篇，言谗起者乃王错。《史记》吴起奔楚之由，盖误。又起为魏武侯伐齐至灵丘，在武侯九年（《考辨》第六十），则去魏当在十年以后。推迹以求，起之在楚，盖不出三四年也。

67、吴起传左氏春秋考（附 铎椒考）

《汉书·艺文志》六艺《春秋》类，有《左氏传》三十卷。自刘向、

刘歆、桓谭、班固皆以《左传》出左丘明。左丘明受经孔子，而传《春秋》。魏晋以来儒者无异议。至唐赵匡啖助，始谓左氏非丘明。宋后诸儒，相继并起。其著者如王荆公、叶石林、郑渔仲、朱晦庵，皆疑《左氏》非孔子时书。姚鼐则谓："《左氏》书非出一人，累有埘益，而由吴起之徒为之者盖尤多。诸家之说，愈辨愈精，而尤若以姚氏为最得。此《左氏传》出吴起不出左丘明之说也。"余考诸《韩非》书："吴起，卫左氏中人也。"然则所谓《左氏春秋》者，岂即以吴起为左氏人故称，而后人因误以为左姓者耶？

《史记·十二诸侯年表》："铎椒为楚威王传，为王不能尽观《春秋》，采取成败，卒四十章，为《铎氏微》。"《汉志》有《铎氏微》三篇。王应麟《考证》引《别录》云："左丘明授曾申，申授吴起，起授其子期，期授楚人铎椒，作《抄撮》八卷，授虞卿。"今考吴起卒在楚悼王末年，下至威王元尚四十二年。谓铎椒得吴起子期之传，差尚可信。而谓其授虞卿，则年世不相及。

68、孟胜考（附 徐弱 田襄子 腹䵍）

《吕氏·上德篇》："孟胜为墨者巨子，善荆之阳城君。阳城君令守于国。荆王薨，阳城君以与攻吴起得罪，收国。孟胜属巨子于宋之田襄子而死之。弟子徐弱之徒死者百八十三人。"巨子者，《庄子·天下篇》说墨云："以巨子为圣人，皆愿为之尸，冀得为其后世"者也。近人胡适谓非墨子死后三四十年，不能有巨子。梁启超则谓墨子死后一二年，巨子便可发生。余谓巨子之传，或可墨子生前所定，岂必死后一二年始有？

69、宋辟公乃桓侯辟兵其元年当周安王二十二年非周烈王四年在位四十一年非三年辨

《年表》载宋昭公卒，误后十八年（详《考辨》第四十五），以下纪宋年均依次误。《宋世家索隐》引《纪年》，悼公有十八年，而《史》只得八年。今据《纪年》，辟公之元，则在周安王之二十二年也。又按：《世家》"辟公三年而卒"，洪颐煊《读书丛录》云："辟公既名辟兵，不得谥为辟公，当从《纪年》作桓公，辟字即涉其名而讹。"今按：洪说是也。雷氏《义证》亦云然。又《魏世家索隐》云："惠成王十四年，鲁恭侯、宋桓侯、卫成侯、郑厘侯来朝。"则梁惠王十四年，宋桓侯尚在，

是岁当为桓侯二十四年，知《世家》三年而卒之说，亦有误。

70、田桓公在位十八年非六年其弑君自立在魏武侯二十一年非二十二年辨

《史记·田齐世家》："桓公立六年卒，子威王立。"《索隐》引《纪年》云："梁惠王之十三年，当齐桓公十八年，后威王始见，则桓公立十九年卒。"《索隐》既云齐桓公十八年，威王始见，则桓公即以十八年卒也。而又云立十九年而卒者，人君于即位之翌年称元，故一称十八，一称十九也。《史记》作六年者，六乃十八二字并合之误。今自梁惠王十三年，逆溯十九年而上，为魏武侯二十一年，即田午弑君自立之年。

雷氏考订，定其事在魏武侯之二十二年，较余说后一年。今定桓公弑君自立，在武侯二十一年，二十二年纪元，则桓公十八年，当梁惠王十三年，及桓公十九年卒，两说俱通矣。

71、韩哀侯懿侯昭侯三世名谥年数考

《史记·韩世家索隐》引《纪年》："魏武侯二十一年，韩灭郑，哀侯入于郑。二十二年，晋桓公邑哀侯于郑。韩山坚贼其君哀侯而立韩若山。"曰："若山即懿侯也。"是懿侯名若，《索隐》所引，涉上韩山坚而衍一山字。懿侯自哀侯被弑之翌年纪元，至惠成王八年，凡十二年而卒。是年昭侯立。明年，梁惠成王九年，为昭侯元年也。考诸《赵世家》："成侯十三年，与韩昭侯遇上党。"是年正惠成王九年。余考昭侯在位实三十年，《史》盖误增哀侯之年，遂削昭侯以为偿。

72、老子杂辨（摘要见前一九三二年《老子辨》书中）

（四）卷三

73、商鞅考（附　甘龙　杜挚）

商鞅，卫人，与吴起同邦土，其仕魏，事公叔痤，而痤又甚贤起。起之为治，大仿李克。鞅入秦相孝公，考其行事，则李克、吴起之遗教为多。鞅之为政，宗室贵戚怨之，不获其死，亦类吴起。人尽夸道鞅政，顾不知皆受之于李、吴。人尽谓法家原于道德，顾不知实渊源于儒者。其守法奉公，即孔子正名复礼之精神，随时势而一转移耳。道家乃从其后而加之诽议，岂得谓其同条贯者耶？又《本传》称商君相秦十年，然《本纪》《列传》《年表》记鞅在秦爵位升迁甚备，独无为相事。《年表》

孝公二十二年封大良造商鞅。则商君至封列侯，仍为大良造，非别有为相一级也。至惠文王十年，张仪相，秦官始有相称。以后例前，故称商鞅为秦相耳。今姑定商君入秦年三十，则其生年应与孟子相先后。其寿殆过五十，而未及六十也。

74、齐威王在位三十八年非三十六年辨

《纪年》："梁惠王后元十五年，齐威王薨。"其年为周慎靓王元年。（林氏《战国纪年》，雷氏《竹书考订》，据此谓威王卒于周显王四十八年，误也。）自梁惠王十四年，即威王元年，至是，则威王之三十八年也。《史记·年表》威王凡三十六年，今考《史记》所以误者，《滑稽列传》载淳于髡说威王以隐，曰："乃奋兵而出，诸侯振惊，还齐侵地，威行三十六年。"《史记》此文，当出战国杂说，史公采之，遂误认威王在位三十六年也。不知此文所云三十六年，乃指其威行天下之年，不得以诸侯并伐之年并入计算。

75、稷下通考

扶植战国学术，使臻昌隆盛遂之境者，初推魏文，既则齐之稷下。稷下者，《史记·田齐世家集解》引刘向《别录》云："齐有稷门，城门也。谈说之士，期会于稷下也。"《新序》："驺忌既为齐相，稷下先生淳于髡之属七十二人，皆轻驺忌，相与往见。"是威王时已有稷下先生之称也。《田齐世家》："宣王喜文学游说之士，齐稷下学士复盛，且数百千人。"是至宣王时而稷下大兴也。《盐铁论》："及愍王奋二世之余烈，矜功不休，百姓不堪，诸儒分散。慎到、接子亡去，田骈如薛，而孙卿适楚。"是稷下先生散于愍王之末世也。《孟荀列传》："田骈之属皆已死，齐襄王时，而荀卿最为老师。齐尚修列大夫之缺，而荀卿三为祭酒。"是至襄王时而稷下复兴也。盖齐之稷下，始自桓公，历威、宣、愍、襄，前后五世，垂及王建，终齐之亡，逾百年外，可谓盛矣。

76、孟子不列稷下考

孟子游齐，历威、宣二世（参读《考辨》第九八），正当稷下盛时，而孟子则似不伍于稷下。《盐铁论·论儒篇》："齐宣王褒儒尊学，孟轲、淳于髡之徒，受上大夫之禄，不任职而论国事。盖齐稷下先生千有余人。"是以孟轲、淳于髡同为稷下俦偶也。余考其说似颇误。《史记·孟荀传》云："自如淳于髡以下，皆命曰列大夫，不数孟子。"《田齐世家》亦云："宣王喜文学游说之士，列举稷下闲人，独无孟子，淳于为稷下先生，不治而议论。"孟子则曰："士不托于诸侯，抱关击柝者，皆有常职，以食于上。无常职而赐于上者，为不恭。"而所恶则曰"处士横议"，所愿学则在孔子，至若稷下诸先生，不治而议论，此孟子所谓处士之横议，庶人不为臣，无常职，而托于诸侯，皆孟子所深斥也。故孟子在齐为卿，有官爵，明不与稷下为类。宣王欲中国而授孟子室，养弟子以万钟，欲以稷下之礼敬孟子。孟子曰：是贱丈夫登垄断罔利者。凡以见其出处行谊之不同。惟孟子独高谈士礼，自谓本之孔子。然孔子之礼，重在君君臣臣父父子子，而孟子欲以齐王，又自称诸侯之礼吾未之学。而孟子所谓孔子之仕止久速，当孔子时亦未尝以此为礼，而明以告其弟子也。此亦世风之一变，余故以论稷下学士而并及焉。

77、申不害考

《史记·申不害传》："申不害故郑之贱臣，学术以干韩昭侯，为相十五年，国治兵强，无侵韩者。"今按《史记·韩世家》，申不害相在昭侯八年，至二十二年而死。然《史记》于昭侯元实误后四年（详《考辨》第七十一），则昭侯八年乃梁惠王十六年也。至申不害卒，余疑实当韩昭侯二十六年（详《考辨》第七十一）。则申子相韩前后当得十九年。《史》谓相韩十五年，亦误。姑以韩灭郑申子年近三十计之，则其生年当在周威烈之末，安王之初，年寿在六十、七十之间。若韩非之言，申子所以为治，与商君绝异。后世顾以申、商齐称，则误也。《韩非》书言昭侯、申子遗事者尚多，要其归在于用术以驭下，与往者商鞅、吴起变法图强之事绝不类。其所以然者，殆由游仕既渐盛，争以投上所好，而渔权钓势。在上者乃不得不明术以相应。而吴起、商鞅以忠贞殉主之节已不可见。故自鞅、起之变而为申子，又自申子变而为仪、衍，亦战国时代升降一大节目也。太史公谓："申子卑卑，施之于名实。"其言是矣。

78、魏围邯郸考

梁自惠王十四年，鲁、宋、卫、郑来朝，霸业已形，十七年，挟宋、韩以伐赵，围邯郸，齐、楚并起而救，秦亦乘机攫利，此梁惠霸业成败一大关键也。顾自胡（梅磵）、顾（亭林）、梁（曜北）诸人均疑焉。今按此事甚信，无可疑者。

《宋策》："梁王伐邯郸而征师于宋。"此魏伐邯郸之证一也。（时宋胁于梁威，举兵围赵境一城，而不肯深入。及齐救至，宋遂折而入于齐。）

《韩策》云："魏之围邯郸，申不害始合于韩王，未知王之所欲，恐言而未必中。"

《齐策》五："昔者魏王拥土千里，带甲三十六万，其强而（而字疑北字误）拔邯郸。"

《秦策》："魏伐邯郸，因退为逢泽之遇。"

邯郸之围，其见于《史记》者：

（1）《赵世家》。

（2）《魏世家》。

（3）《田齐世家》。

（4）《孙膑传》。

据此诸说，则魏之围邯郸，断在惠王之十七年。齐兴师救赵时，邯郸犹未拔。逮齐围襄陵不利（《水经注》引《纪年》："魏以韩师败诸侯师于襄陵"是也），而魏亦拔邯郸，则在十八年。魏遂分兵反斗，齐亦济师迎击，为桂陵之役。梁军虽破。邯郸犹在其手。直至惠王二十年，魏既力竭，乃归邯郸，与赵言和。此事记述昭昭，绝不容疑。

79、季梁考（附 季真）

《列子·力命篇》言："杨朱之友季梁病。"《仲尼篇》言"季梁死，杨朱望其门而歌。"则季梁先杨朱卒。梁之与朱，殆如惠施之于庄周矣。《魏策》云："魏王欲攻邯郸，季梁闻之，中道而反，是惠王围邯郸之岁，梁尚在也。"今按《魏策》：公孙衍为魏将，与其相田需不善，季子为衍谓梁王云云。田需之相，在惠施去相后，当魏襄王之世。则季子、惠子、庄子同时。

80、杨朱考

自《孟子》书言杨、墨，曰："杨墨之言盈天下。"又曰："今天下不之杨，则之墨，能言距杨墨者，圣人之徒。"后世尽人读《孟子》书，因莫勿知有杨、墨。墨为先秦显学，顾无论矣，至于杨朱，其事少可考见。先秦诸子无其徒，后世六家九流之说无其宗，《汉志》无其书，《人表》无其名。（梁氏人表考，梁者疑五等离朱乃杨朱字讹。谓等次时代皆相近。其实杨朱与梁惠王同时，今人表离朱在公输般下，尚出墨子前，与吴王夫差相次，决非杨、朱字讹可知。）则又乌见其为盈天下者？惟刘向《说苑》称杨朱见梁王而论治（《政理篇》），《列子》书言杨朱友季梁，季梁先杨朱死。而季梁之死，在梁围邯郸后（详《考辨》第七九）。则杨朱辈行较孟轲、惠施略同时而稍前。果使其言盈天下，则当时文运已兴，又胜孔、墨之世，其文字言说，何至放失而无存，不又可疑之甚耶？余故知儒墨之为显学，先秦之公言也。杨墨之相抗衡，则孟子一人之言，非当时之情实也。孟子又曰："杨氏为我，是无君也。墨氏兼爱，是无父也。则杨墨之并称，非孟子之尊杨，乃其所以轻墨也。"则孟子所谓杨墨之言盈天下者，亦其充类至极之义，非当时之学术分野之真相也。

81、子莫考

孟子称杨墨，因及子莫，曰："子莫执中，执中无权，犹执一也。"赵岐《注》："子莫，鲁之贤人也。"黄鹤《四书异同商》辨之云："《荀子》载公孟子高见颛孙子莫而问礼，岂子莫姓颛孙耶？"近人罗根泽又辨之，谓："子莫乃《说苑·修文篇》所谓颛孙子莫者。"其文曰：公益子高见颛孙子莫，曰：敢问君子之礼何如？罗氏以颛孙子莫当之，与黄鹤氏之说合。年世既符，其人又儒者，殆或是也。又按公孟子高即公明高，今公明高问于子莫，而曾子大其言，则子莫辈行，盖在曾子、公明高之间。核其年世，疑即子张之子申详其人也。莫者疑辞（《庄子·人间世》："妄则其信之也莫。"注："莫然疑之。"），详者审察之辞（《诗·墙有茨》："不可详也。"《传》："详审也。"《书·吕刑》："度作详刑，以诘四方。"郑《注》："审，审察之也。"），详字子莫，正符古人名字相反为训之例。据此则子莫年世，当鲁缪公时，与子思相当，犹前于杨朱矣。

82、白圭考（附 赵武灵胡服考）

梁玉绳《汉书古今人表考》："战国时前后有两白圭。"《史·货殖传》，白圭当魏文侯时。此周人白圭也，《魏策》载白圭二事，在魏昭王时，此魏人白圭也，丹名，圭字。今按：白圭非有两人也。又考《吕览·不屈篇》："惠施游梁，见白圭，说之以强。"据此似惠施初游梁，白圭已先达。《史记·六国表》："梁惠王二十七年，丹封名会。"丹，魏大臣也。余谓丹殆即白圭名。是年即与齐战马陵而败。后惠施游梁，渐见信重，故《吕览·应言篇》有白圭短惠子于梁王之事。至孟子之来，白圭虽不用事，犹以故相大臣见尊崇。吴师道曰："又按《燕策》，白圭逃于秦，则尝仕秦。《新序》孟尝君问白圭，恐亦此时。"今按：《秦纪》，田文入相秦，在昭王八年，其时为齐愍王二年。白圭仕秦，当在其时。统观诸书所载，见白圭不为两人。前人不详考，而轻为之说，因谓前后有两白圭耳。

又按《年表》，赵武灵王初胡服在十九年，攻中山在二十五年。《世家》载使周袑胡服傅王子何。（《赵策》亦记其事）赵人胡服，本非一时遍及全国也。又《赵策》："王破原阳以为骑邑。"然原阳属云中（高诱《注》），乃武灵王二十五六年，灭中山，攘地始得。非胡服骑射先于此邑，明矣。今据《纪年》《赵策》原阳条，及《史·世家》周袑事，则赵之胡服骑射，其大行乃在武灵晚年。

83、逢泽之会乃梁惠王非秦孝公在梁惠王二十七年非周显王二十七年辨

《秦策》："魏伐邯郸，因退为逢泽之遇。乘夏车，称夏王，朝天子。天下皆从。"《齐策》亦云："昔者魏王拔邯郸，西围定阳，又从十二诸侯朝天子以西谋秦。"今按，皆谓梁惠王称王会诸侯而朝天子，而其语皆有误。吴师道曰："伐邯郸乃魏惠十八年事。逢泽之遇，秦为之，非魏也。是谓会诸侯于逢泽者，乃秦孝公，非梁惠王也。"徐文靖《竹书统笺》则云："秦孝公会诸侯于逢泽，即《秦策》魏拔邯郸而退为逢泽之遇之地。"是谓秦、魏先后均会诸侯于逢泽也。余尝参稽以考，而知逢泽之遇，实在马陵战前，与伐赵邯郸战桂陵无涉。又会逢泽者，乃梁惠成王，与秦孝公无涉。其事在梁惠王二十七年，今《史·表》误系之周显王之二十七年，而又误属之秦孝公耳。史公仅见《秦纪》，未能详考，遂谓秦自会诸侯而朝天子焉。

84、齐魏战马陵在梁惠王二十八年非周显王二十八年辨

《史记·孙吴列传》："魏、齐战于桂陵，大破梁军。后十五年，魏、齐战马陵。"考《史记·年表》梁惠王十八年败桂陵，至三十年败马陵，

窃疑齐伐魏，在惠成王二十七年之冬，而魏败则在二十八年。今《史记》误在惠王三十年者，盖是年为周显王之二十八年，史公误以梁惠王为周显王耳。

《秦本纪》："孝公二十年，秦使公子少官率师会诸侯逢泽，朝天子。二十一年，齐败魏马陵。余考会逢泽在梁惠王二十七年（见《考辨》第八十三），明年，败于马陵，则为二十八年。以《秦本纪》推之，亦可证马陵之败，实在惠成王二十八年矣。"

附　毛氏本索隐异文校（略）

85、田忌邹忌孙膑考（附　司马穰苴）

《史记·田齐世家》："威王三十五年，田忌出奔楚。"今据《纪年》，马陵之战本在威王十五年。（见前考。）则田忌奔楚，虽在马陵战后，无害为威王时。史公既误前威王之年，疑其过早不合，乃移后二十年，为威王三十五年也。其后宣王伐燕，据《齐策》亦田忌之谋。（按美国飞勒德飞亚大学博物馆藏战国铜器陈口壶，文曰："佳王五年，口口陈旻再立事岁。"陈梦家考释：陈旻即陈臭，即田忌，是田忌再召即在宣王五年伐燕之岁也。又详《考辨》第一二〇。）盖田忌自以威王时出奔，至宣王时复召。

又《世家》："宣王召田忌复故位。韩氏请救于齐，宣王召大臣而谋。"邹忌曰：不如勿救。《索隐》："《纪年》，威王十四年，田肦伐梁，战马陵。"王劭云：此时邹忌已死四年。又齐威此时未称王，故《战国策》谓之田侯。今按《索隐》，其谓战马陵在威王十四年，又齐威此时未称王，故《战国策》谓之田侯，是也。然邹忌之死，决不在马陵战前，《史记》既误以马陵之战谓在宣王时，而《索隐》于《纪年》《史记》得失，未能明定，则邹忌之死，应在宣王五年前之四年，即宣王即位之元年也。

《史记·孙吴列传》："孙膑以智败庞涓于马陵，以此名显天下。世传其《兵法》。"又云："孙子膑脚，《兵法》修列。"今按《汉书·艺文志》兵家《吴孙子兵法》八十二篇，《齐孙子兵法》八十九篇。吴孙子、齐孙子分别甚明。余既辨吴孙子无其人（《考辨》第七），又疑凡吴孙子之传说，皆自齐孙子而来。《史记·本传》吴孙子本齐人，而齐孙子为其后世子孙。又孙膑之称，以其膑脚而无名，则武殆即膑名耳。孙膑从田忌胜魏马陵，遂劝忌无解兵入齐，忌不听。后忌终奔楚。孙子既断其两足，为废人，常客田忌所，疑当与忌同奔。后杜赫为邹忌说楚王封田忌于江南（见《齐策》），则孙子亦随至江南矣。及田忌复返齐，孙子同返与否不可知。据《越绝书》："吴县巫门外大冢，孙武冢也，去县十里。"则武殆先忌之返而卒于吴者欤？其著《兵法》，或即在晚年居吴时。（《战国策》孙膑曰："兵法百里而利者蹶上将，五十里者军半至。"今见孙子《军事篇》。又："攻其懈怠，出其不意。"今见《计篇》，曰："攻其无备，出其不意。"是今《孙子兵法》即膑之证也。故书中论用兵地形皆切适于中原，未见其为吴越水国之事也。）吴人炫其事，遂谓曾见阖庐而胜楚焉。后人说兵法者。递相坿益，均托之孙子。或曰吴，或曰齐。世遂莫能辨，而史公亦误分以为二人也。

（复智按：关于马陵与桂陵之二役，《银雀山汉简》所载史实与《史记·孙武吴起列传》也有不同之处。参见同上吴九龙《银雀山汉简释文·叙论》，页十七。）据吴九龙《银雀山汉简释文·叙论》说一九七二年四月间，山东省博物馆和临沂文物组在临沂银雀山发掘了一号和二号两座西汉墓葬。墓中出土了《孙子兵法》（即《汉书·艺文志》所著录的《吴孙子》）、《孙膑兵法》（即《汉书·艺文志》所著录的《齐孙子》）、《尉缭子》、《晏子》、《六韬》、《守法守令十三篇》以及汉武帝时的《元光元年历谱》等大批汉简和汉简残片，同时还出土了陶器、漆木器、铜器和钱币等随葬器物。银雀山汉简《孙子兵法》和《孙膑兵法》同墓出土，就澄清了两千多年来笼罩在孙武、孙膑问题上的迷雾。《史记·孙武吴起列传》中所载，孙武、孙膑各有其人，各有兵法传世之说得到了证实。自宋代叶适以来，诸学者所论也获得厘正。先生是篇作于一九三五年以前，当时，此种考古资料尚未出土，故不能据此而责前贤有失。（编著者）

86、梁惠王二十八年乃齐威王称王之年非齐威王卒年辨

《魏世家》："梁惠王二十八年，齐威王卒。"今按是年齐败梁马陵，非威王卒年，疑乃威王始称王之年也。《田齐世家》云："齐击魏，大败之马陵。其后三晋之王，皆因田婴朝齐王于博望。"是则齐威胜马陵而称

王之证矣。威王既以马陵胜后称王，而史公见其前称侯，后称王，疑为两人，故于是年谓威王卒，宣王立。

87、屈原生卒考

《离骚》："摄提贞于孟陬兮，惟庚寅吾以降。"此屈子自道其生辰也。陈场《屈子生卒年月考》。刘师培《古历管窥》，相继推定屈子生年在楚宣王二十七年。按之《史记》，于屈原事迹，大概符合。据《世家》：怀王十六年，张仪至楚。十七年，秦败屈丐。其时屈原已先绌（屈复《楚辞新注》谓："《史记》被疏，止是不与议国事，未尝夺其左徒之位。夺其位当在此年。"林云铭《楚辞灯》谓：在前张仪至楚之年。），计其年寿为三十二岁，则为左徒用事时，年三十左右也。（屈复定屈子为左徒在怀王十一年时，因是年楚为从约长，《惜往日》篇所谓："奉先功以照下，国富强而法立"是也。今按屈原说亦无据。惟屈原为左徒用事，则大致在此，或稍后也。）十八年张仪重至楚，屈原使从齐来，谏何不杀张仪，是岁屈原年三十三，其后十二年，怀王入秦不返。顷襄王元年，屈原若在，年当四十六。以子兰之谗而迁，遂沉汨罗以死。其年无考，要当在五十左右。（洪兴祖说悲回风，施黄棘之枉策云："怀王二十五年入秦，与昭王盟于黄棘，后为秦欺，客死于秦。顷襄七年迎妇于秦，是欲复施黄棘之枉策。"今按黄棘属怀王时事，不得牵并襄王为说。朱子《楚辞辨证》并不认黄棘为地名，则屈原之卒，是否在顷襄七年后，实无证。东方朔《七谏·怨世篇》，年既已过太半兮，是或屈子年逾五十之证。）此屈子年世之略可考者也。

88、庄周生卒考

《史记·老庄列传》："楚威王聘庄子为相，庄子却之。"《庄子·秋水篇》亦云："庄子钓于濮水，楚王使二大夫往。"释文司马曰："威王也。"事虽不必信（《黄氏日钞》云："楚聘庄周为相，史无其事。凡方外横议之士，多自夸时君聘我为相而逃之，其为寓言未可知。又时君尚攻战权术，未必有礼聘之事。虽孟子于梁、齐，亦闻其好士而往说之，非聘也。纵其聘之，何至预名为相而聘之？"余考《御览》四百七十四引《韩诗外传》："楚襄王遣使聘庄子为相。"庄子曰："独不见太庙之牺乎"云云，庄周晚岁可与楚襄相值，然此庄子或指庄辛，周辛二人事相混，可参读《考辨》第一四五、一三一。），然可以证庄子与楚威王同时。又《徐无鬼》篇："庄子送葬，过惠子之墓。"惠施卒在魏襄王九年前（参读《考辨》第一二五），若威王末年庄子年三十，则至是年四十九。若威王元年庄子年三十，则至是年六十。以此上推，庄子生年当在周显王元年十年间。若以得寿八十计，则其卒在周赧王二十六年至三十六年间也。又考《徐无鬼》，庄子送葬，述及宋元君。宋元君乃偃王太子，其为君当国，当在魏襄王二十年时（参读《考辨》第一三〇）。惠施已死十年外矣。庄子是时年在六十、七十间。其卒年尚当在此后十年、二十年间也。《史记》又云："周与梁惠王、齐宣王同时。"以余推定，周盖历齐威、宣，梁惠、襄晚年及齐愍、魏昭耳。

89、子华子考

《吕氏春秋·贵生篇》："韩魏相与争侵地，子华子见昭厘侯，《释文》司马云：子华子，魏人也。"今按：韩魏争侵地，约在何年，已无可考。《庄子·则阳篇》又称："魏罃与田侯牟约，田侯背之，犀首请伐齐，华子闻而丑之，牟乃午字之误。其时在惠王早年，犀首、惠施均未仕魏，大约子华子与韩昭侯、魏惠王同时，乃可信也。"

又按楚威王元，已值韩昭侯二十四年。其后六年，昭侯卒。又五年，威王卒。今姑定威王元，华子年四十，则其生在楚肃王之初年。相其年代，当较杨朱、季梁稍后，较惠施、庄周稍前，而皆为并世。

90、尸佼考（附 公羊女子及北宫子沈子）

《汉志》杂家《尸子》二十篇，班《注》："名佼，鲁人，秦相商君师之。鞅死，佼逃入蜀。"《集解》云："刘向《别录》，楚有尸子，疑谓其在蜀。"今按《尸子》书，晋人也，名佼，秦相卫鞅客也。商君被刑，佼恐并诛，乃亡逃入蜀。则尸子实晋人。其时晋已不国，而魏沿晋称，尸佼殆为魏人耶？《谷梁》两引其语（隐五年，桓九年），则亦治《春秋》，正名以治，为法家师，如吴起之流矣。

又按《公羊传》引子女子（闵公一），春秋时晋有女叔宽、女叔齐。魏武侯臣有女商，见《庄子·徐无鬼》，自称："所以说君者，横说之则以《诗》、《书》、《礼》、《乐》，纵说之则以《金版》、《六弢》，岂女商亦儒者耶？《公羊》所引或即其人。又《公羊》女子，其姓氏亦惟见于魏，则《三传》之学，固颇有出于晋者。"

《公羊》又称子北宫子（哀公四）。《左传》昭二十年，卫有北宫喜，孟子称北宫锜问班爵禄，《赵岐》云："卫人。"则北宫氏在卫，亦与吴起、商鞅同邦土，宜闻《三传》之绪。《公羊》之北宫子，其殆问班爵禄之锜其人耶？（沈钦韩《汉书疏证》亦云然）此皆未可确指，姑因尸佼而及之，见《三传》之学之固多流行于晋人焉。

91、宋君偃元年乃周显王三十一年非四十一年乃幼年嗣位非弑兄自立辨

余考宋桓侯元在周安王二十二年，立四十一年而见废于剔成，为周显王之二十九年。剔成即以废君自立之年称元，三年而剔成卒，为周显王三十一年。（详《考辨》第六十九）是年宋君偃嗣立。《世家》云："君偃十一年自立为王。"则为周显王四十一年。《年表》于是年载宋君偃元年。盖宋偃亦如梁惠成、秦惠文之例，于称王之翌年更元，而《史》遂误以称王之元为始立之元也。王偃在位既久，又死于逃亡，非其天年，计初立不能甚长。《世家》："剔成四十一年，弟偃攻袭剔成而自立。"偃之立时尚少，故乃太后大尹主政，岂为弑兄自立之主哉？

92、齐魏会徐州相王乃魏惠王后元元年非魏襄王元年乃齐威王二十四年非齐宣王九年辨

今按齐魏会徐州，相约僭称王，因称王而改元，故不称三十七年而改称元年。惠王与孟子言："西丧地于秦七百里，南辱于楚。"考惠王后五年予秦河西地，后七年尽入上郡于秦，后十二年楚败魏襄陵。惠王之言指此。倘以为在襄王之世，乌容出自惠王之口哉？此事为史家一争案。今既剖别《纪年》《史记》得失，凡二十余事，自魏文侯、田庄子以下齐、魏两家世系年代，逐一辨订纠正，又旁推之于《史记》、《国策》以及先秦诸子书。合之大势而通，比之小节而符。首尾条贯，竟体朗然。庶可以解千古之纷矣。此齐、魏徐州相王为魏惠王后元元年，非魏襄王元年之说也。

余又谓是岁乃齐威王二十四年，非齐宣王元年者，齐之称王始于威王，不始于宣王，人尽知之。而威王之称王，则肇始于马陵之胜（见《考辨》第八十六），而大定于与魏会徐州之岁。其后十五年威王薨，宣

王始立。《史记》以徐州相王为宣王之九年者亦非也。盖威王初即位，不治政，诸侯并伐（据《世家》。参读《考辨》第七十四），其时固犹称侯。故《齐策》邯郸之难称田侯。及败魏马陵，魏用惠施策，折节朝齐，乃会徐州而相王。《国策》称韩、魏之君北面朝齐，亦在战马陵后。而《世家》误以威王称王在桂陵之后者，由其误以徐州之会为宣王故也。盖齐、魏相王一事，当是魏故屈下尊齐为王（观《魏策》及《吕氏春秋·爱类》），而齐亦未敢独承，乃亦尊魏为王，实开当时未有之新局。梁惠王二十七年从诸侯朝周天子，其时梁始称王，而齐威王举兵伐梁。其后八年，魏、齐始相王，而楚威王举兵伐齐。然其后又六年而宋亦称王，又三年而秦亦称王，韩亦称王，又二年而燕中山亦称王。然至是而各国称王之局卒大定。观于当时相王之不易，益可证其前二十余年，不容有齐威独王之事。观以后齐、秦称帝之难，又可证齐之称王乃为与魏俱，故徐州一会，实当时诸侯称王之初步，战国惊人一大事。若威王先已称王于二十余年前，则此一段史实全无情味矣。以《纪年》推之，则徐州之会乃在齐威之二十四年。《秦本纪》："惠文王四年，齐、魏为王。"《索隐》云："齐威王、魏惠王。"斯得之矣。

93、惠施仕魏考

《魏策》："齐、魏战于马陵，齐大胜魏，杀太子申。魏王召惠施而告之曰：夫齐，寡人之雠也，怨之至死不忘。吾常欲悉起兵而攻之，如何？惠子教以变服折节而朝齐。楚王大怒，自将伐齐，大败齐于徐州。"今按马陵之役，在惠王二十八年（《考辨》第八四）。后九年，齐魏会徐州相王。又后一年，楚伐齐徐州。其时惠施已用事。魏、齐相王，惠施主其谋。惠子为相，年事当逾三十。下至周报王元年，齐破燕，惠子为魏使赵，凡四十年，惠子之寿，方跻八十，惠子见逐，在惠王后元十三年（详《考辨》第一〇七）。其至魏当在惠王二十七八年马陵败后，或即在徐州会前一二年，前后约得十五六年，较为近情。

94、匡章考（附 周最 此略）

《齐策》："秦假道韩、魏以攻齐，齐威王使章子将而应之，齐兵大胜。秦王拜西藩之臣而谢于齐。"据《齐策》所记，知匡章信用于齐，自此役始。其后遂为宣王将而伐燕。其后犹为齐宣王之八年，又其后乃有与韩、魏共攻楚而杀唐眜之役。《吕氏春秋·处方篇》亦记其事，云："齐令章子将，与韩、魏攻荆，荆令唐蔑将而应之，夹沘水而军。章子夜奄荆人，杀唐蔑。"是岁为齐宣王之十九年。宣王即以是年卒，胜楚盖属愍王事。此后章子事亦无考，盖已高年，不复用于世矣。至章子与孟子游，远在威王世将兵胜秦之前。孟子之称章子，亦曰："世俗所谓不孝者五，惰其四支，博弈好饮酒，好货财，私妻子，从耳目之欲，好勇斗狠，章子无一于是。"此虽不足以尽章子，亦可以知章子之律身，盖亦闻墨学之绪论而有志焉者也。徐州之役，齐、魏相王，章子责惠施曰："公之学去尊，今又王齐，何也？"（见《吕氏春秋·爱类》）其事在齐威王三十三年，下距齐宣王卒岁，章子杀楚唐昧，三十四年。姑定齐、魏徐州相王之岁，章子年二十五以上，三十以下，差可得其世寿矣。

95、苏秦考

太史公为《苏秦传》，称："苏秦兄弟三人，皆游说诸侯以显名，其术长于权变，而苏秦被反间以死，天下共笑之，讳学其术。然世言苏秦多异，异时事有类之者皆附之苏秦，夫苏秦起闾阎，连六国从亲，此其智有过人者。吾故列其行事，次其时序，毋令独蒙恶声焉。"是史公之传苏秦，至慎至谨也。然余考苏秦之年代，而疑及其行事，史公所谓连六国从亲，其智有过人者，以当时列强大势论之，盖非情实，亦后世以异时事附之也。

其有关于战国史实之大，而不可不辨者，莫逾于苏秦连六国从亲一事。盖其事亦起苏秦死后而附会之也。余请得纵辨以明之。

《史记·秦传》载秦说七国辞，皆本《国策》，其辞皆出后人饰托，非实况。如其说秦云："西有巴蜀、汉中之利，南有巫山、黔中之限，东有函、崤之固。"诸地入秦皆远在后，苏秦岂得先及？其说韩魏云："称东藩，筑帝宫，受冠带，祠春秋。"时秦尚未称王，何遽筑帝宫？

且苏秦合纵，始起议在燕，主盟者为赵。秦之与赵，当其时壤地不相接，与燕则东海西海，风马牛不相及也。燕固无事乎摈秦，亦未得越赵、魏、韩、三晋而事秦。而苏秦说赵，乃谓："当今之时，山东建国，莫强于赵。"赵之强，乃在武灵王后。苏秦、张仪皆已死。

《楚世家》谓："秦与齐争长，秦欲伐齐而楚与齐从亲。秦患之，乃使张仪至楚。"张仪至楚之明年，秦助魏攻燕，是殆为秦兵及燕之始。而是年秦又败楚，取汉中。明年，张仪复至楚，秦楚复和，而翌年，仪即去秦，复至魏，而卒焉。终仪之世，亦绝无六国相率事秦之痕迹也。则所谓苏秦、张仪一纵一横，其说皆子虚，由后之好事者附会为之也。

且张仪在当时，其声名绩业，盖远出苏秦上。秦本不得与仪伍。自后世有苏、张分主从衡之说，而两人遂俨若比偶。又谓秦身佩六国相印，资仪入秦，其地位名业，遂若转出仪右焉。

今苏秦事可考者，惟仕燕惧罪避之齐，为反间见杀。而代、厉之事有甚后者。疑秦之卒其年必轻，最寿不能过四十，或可未逮三十也。

今要而论之，秦自孝公用商鞅变法，而东方齐、梁争霸，秦以其间乘机侵地，东至河。及惠王用张仪，魏已日衰，遂有齐、秦争长之势。而张仪间齐、楚，秦南广地取汉中。然其时，犹齐为长而秦为亚。及昭襄王初年，秦、楚屡战屡和，而赵武灵崛起，以其间灭中山，为大国。及秦将白起亟败韩、魏，而齐湣、秦昭称东西帝。其时则秦为长而齐为亚。乐毅起于燕，连赵破齐，湣王死，东方之霸国遂绝。惟秦独强，破郢残楚，及范睢相，而有秦、赵交斗之局。至于长平之战，邯郸之围，而后秦之气焰披靡，达于燕、齐东海之裔。夫而后东方策士，乃有合从连衡之纷纶。而造说者乃以上附之苏、张。考其辞说，皆燕昭、赵惠文后事。而后世言战国事者莫之察，谓从衡之议果起于苏、张。遂若孝公用商鞅而国势已震烁一世。东方诸国，当齐威、梁惠时，已搅扰于纵横之说。则战国史实，为之大晦。当时列强兴衰转移之迹全泯。其失匪细，不可不详辨也。

附　苏代苏厉考

今再约述代、厉事迹如次：

苏秦之死，厉在齐而代在燕。量其年事，当值少壮，不能达三十。秦死不久，代亦使齐。子之之乱，由于代，其后代留齐而厉之楚。厉仕楚怀王，而与秦甚密，又常往来韩、魏间，盖颇主亲秦，似为怀王谋不忠。秦武昭之际，苏代曾为齐使秦，路过韩，既反齐，又曾见执于魏。李兑约五国伐秦，代在齐，主坚约摈秦，事虽不成，后之言从约者常本之。其在齐，与孟尝君交颇密。及秦将吕礼亡至齐，排妒苏代、孟尝。

代既不得意于愍王，遂去至燕，事燕昭王。于是为燕使齐，复居齐五年，以间齐、赵之交，又劝齐勿与秦并称帝，而伐宋以绝齐、秦之欢，而招诸侯之忌。代之为齐谋，实皆所以为燕也。燕昭破齐时，代尚留齐。其后劝燕昭勿入秦，曲折言秦人之诈，其文骏利，尤为后之策士所乐称。故此后言摈秦者，遂群奉苏氏为宗焉。厉、代皆以寿终，盖皆逾七十云。

附　鬼谷子辨（此略）

96、楚威王与齐威王同时考

《史记·越世家》："王无疆当楚威王之时，北伐齐。齐威王使人说越王，释齐而伐楚。楚威王兴兵大败越，杀王无疆，尽取故吴地。北破齐于徐州。"而《六国表》楚威王之立，齐威王已死四年，徐州之役，去齐威王已九年，与《越世家》相背。今以《纪年》推考，知惟《越世家》得其实。楚威王元年，乃齐威王之十九年，徐州之围，在齐威王之二十五年（参读《考辨》第一三四）也。

按《水经·浙江水注》："越王无疆为楚所伐，去琅邪，止东武，人随居山下。"是其时越都犹在琅邪也。窃疑楚伐徐州凡两役（参读《考辨》第一三四），无疆与中国争强，当犹居琅邪时。楚伐败齐、越，而无疆去琅邪，其实则在楚宣王二十四年之前后。（参读《考辨》第一一八）后楚威王时，复败越，杀无疆，而尽取故吴地，则在无疆离去琅邪之后。《史》所谓越遂以此散，诸族子争立，或为君，或为王，滨于江南海上，服朝于楚者也。而史公误混说之。今粗为推校，惜史文阙佚，无可详证以著其必然矣。

97、齐因燕文王丧伐取十城乃威王非宣王辨

《燕策》："文公卒，易王立，齐宣王因燕丧攻之，取十城。"《史记》依之。今按《燕策》误也。宣王伐燕在王哙时，其时齐乃威王，非宣王。前二年，威王与魏会徐州相王，至是为威王之二十五年。宣王之立尚在其后十三年。通观余前后辨齐世系诸条，则《国策》之误自显。（《绎史年表》依《通鉴》，以齐伐燕丧之年为宣王元年，较史表移后十年，亦缘《燕策》一语而误。）《史记》以讨子之之乱为愍王，亦误。惟苏秦说齐归燕十城，则其事或可有，而所以为说者已不传。今《燕策》所存，则后之策士造为之也。余既辨苏秦合从事，因并及此以相发。并见《燕策》

之多不可信。

98、孟子在齐威王时先已游齐考

《孟子》："陈臻问曰：前日于齐，王馈兼金一百而不受。于宋，馈七十镒而受。于薛，馈五十镒而受。"玩其语气，似孟子至宋在去齐之后。阎潜丘谓："孟子去齐适宋，当周慎靓王之三年，正康王改元之岁，宋始称王。"今按康王改元，乃在周显王四十一年，《史记》误后十年。然谓孟子游宋，正值康王新王之际则是，必谓康王初王之岁，则未见其必是也。惟既在宋康新王之际，则其见梁惠王、齐宣王定在至宋之后。而其去齐适宋，则必当在齐威王之时，断无疑矣。余考《孟子》书，其初在齐，乃值威王世。（据徐干《中论》尚在桓公世，其语不可信，见《考辨》第七十六。）去而至宋、滕诸国。及至梁，见惠王、襄王，又重返齐，乃值宣王也。

齐王馈兼金一百，孟子以谓未有处而不受，此必威王之时，孟子犹未仕齐也。若至宣王世，孟子致为臣而归，而宣王馈金以赆行，则君臣之间，又何云无处而馈哉？此孟子、威王世先已游齐之证。

《离娄下》："公都子曰：匡章，通国皆称不孝，夫子与之游，又从而礼貌之，何也？孟子曰：夫章子之父，责善而不相遇也。父子责善，贼恩之大者。夫章子岂不欲有夫妻子母之属哉？为得罪于父，不得近，出妻屏子，终身不养焉。"其事又见于《齐策》。公都子之问，孟子之答，其事当尚在章子将兵胜秦之前。孟子据其前以为言，非要其终以言之也。孟子力辨章子之非不孝，孟子深谅章子之处变而不获已，未尝谓章子之非中庸。

至孟子究以何时来齐，以何时去，则书缺有间，无可详说。今据匡章事，定孟子游齐当在齐威王二十四年前。（参读《考辨》第九四）据宋偃称王，定孟子去齐当在齐威王三十年后。则孟子当威王世，留齐至少亦得十八年，此则差可推说耳。

99、宋偃称王为周显王四十一年非慎靓王三年辨

宋偃元年，在周显王三十一年，《史》云："偃立十一年而称王。"（高诱注《吕氏春秋》之《禁塞》、《顺说》篇均同。）则乃周显王之四十一年也。而《史》误以为宋偃初立之年。循是下算，至周赧王二十九年，

齐灭宋，偃凡称王四十三年。（高注《顺说》作四十五，注《禁塞》作四十七，皆误。）合前十年，为在位五十三年也。偃之称王，去魏、齐徐州相王已六年，而尚在秦、韩、燕、赵称王之先，故颇为当时所嫉视。

附　宋王偃即徐偃王说

《史记·秦本纪》："造父以善御幸于周缪王，得骥温骊骅骝騄耳之驷，西巡狩，乐而忘归。徐偃王作乱，造父为缪王御，长驱归周，一日千里以救乱。"《淮南·人间训》："徐偃王好行仁义，陆地而朝者三十二国。（陆疑应作割，下引《后汉书》同误。）"王孙厉谓楚庄王曰：王不伐徐，必反朝徐。楚王曰：善。乃举兵而伐徐，遂灭之。《史记正义》引"《古史考》云：徐偃王与楚文王同时，去周穆王远矣。且王行有周卫，岂得救乱而独长驱，日行千里乎？此事非实。"崔述《丰镐考信录》亦辨之，谓："且楚文王立于周庄王之八年，上距共和之初已一百五十余年。自穆王至是不下三百年，而安能与之共伐徐乎？此自秦人称其祖造父，欲神其技，大其功，因附会于偃王之事。"《赵世家》又载缪王使造父御，西巡狩，见西王母，此本以著异闻，非以为信史。故灭之于《周纪》，而存之于两家。史公之意，至慎至显也。余疑徐偃王即宋王偃，其见灭时，惟淮南楚庄王之说得之。宋称徐者，战国时宋都盖迁彭城。《韩世家》："文侯二年伐宋，到彭城，执宋君。"《年表》亦载此语。其时宋当休公世，盖已迁彭城，而史阙不载。盖宋都商丘，其地四望平坦，无险可守。彭城俗劲悍，又当南北之冲。自楚拔彭城以封鱼石，晋悼围之，重以畀宋，而彭城乃为形胜所必争。宋之徙都，皆就冲要以自镇。故宋亦称徐，即指新都彭城言。惟《淮南》楚庄王之时得之者，楚两庄王，一在春秋时（考之《春秋传》及《楚世家》，庄王元年伐舒蓼，十三年众舒叛，楚灭舒蓼，疆之及滑汭，盟吴越而还，如是而已。《左氏传》备载庄王事，亦不似有所谓徐偃王，割地而朝者三十二国，而见灭于楚也），一在战国时，顷襄王又称庄王（参读《考辨》第一三一）。《六国表》宋灭当楚顷襄十三年，故《淮南》以为庄王也。宋亡于齐，其后楚得其淮北徐地。当时盛毁之者，拟之桀、纣，盖出诸列国之君卿。而宋之小民，则口道仁义不能忘。凡今先秦书记宋偃之不道者，皆本列国史记。而宋以国亡无史，其仁义之设施，已不足自传于后世。惟野民小人之所称誉，谓徐偃王行仁义而亡国者，其流传失真，乃误以为春秋之徐，或乃以谓在楚文王时，或乃以为当周缪王之世。传者弗深考，乃不知其即宋王偃。古事流传，其漫迤流衍如此者多，不足怪也。

附　社亡鼎沦解（略）

附　战国时宋都彭城证（略）

100、秦始称王考

今按秦惠称王，后齐、魏相王九年。后宋偃称王三年。《秦本纪》魏君为王，**魏乃秦字之讹（详下考），**据《张仪传》："仪相秦四岁，立惠王为王。"则秦乃自王，不待魏之致王号。五国相王，秦不预其列，辨详后。

101、韩始称王考

《周纪正义》引《秦纪》云：惠王十三年，与韩、魏、赵并称王，考《韩世家索隐》引《纪年》："韩威侯七年，与邯郸围襄陵。五月，梁惠王会威侯于巫沙。"《索隐》此文，五月前误脱八年二字，威侯即宣王也。韩之称王，正在威侯八年五月会魏巫沙之后，盖是魏、韩相王。是年即秦惠文王十三年。盖秦先称王，韩亦继之。

102、韩宣惠王即韩威侯考

《史记·韩世家》：宣惠王立，《索隐》云："《纪年》，郑昭侯武薨，次威侯立。五月，梁惠王会威侯于巫沙。十月，郑宣王朝梁。"

五月梁惠王会威侯于巫沙，五月上应脱"八年"二字。

据《史记·秦本纪》，秦惠文王十三年，韩亦称王，是年为韩威侯八年。

据今《索隐》原文："五月，梁惠王会威侯于巫沙，十月，郑宣王朝梁，则威侯之即郑宣王，亦甚明显。"又按《苏秦列传索隐》引《世本》："韩宣王，昭侯之子也。"合之《纪年》，宣王之为威侯，灼然甚显。

附　韩举乃赵将非韩将辨（略）

103、荀卿年十五之齐考

《史记·孟荀列传》谓："荀卿年五十，始来游学于齐。至襄王时，而最为老师。"刘向序《荀卿》书，则曰："方齐宣王、威王之时，聚天下贤士于稷下，尊宠之。是时孙卿有秀才，年五十，始来游学。"应劭《风俗通·穷通篇》则云："齐威、宣之时，孙卿有秀才，年十五，始来游学。三说相舛，以后为是。何者？曰游学，是特来从学于稷下诸先生，曰始来游学，谓卿始来，尚年幼，为从学，而后最为老师也。据此则荀卿之齐，其为十五之年，明矣。考威王卒，在周慎靓王元年。荀卿游学，当在威王晚世。"《史记·儒林传》所谓："威、宣之际，孟子、荀卿之列，咸遵夫子之业而润色之，以学显于当世。"燕王让国子之，为慎靓王五年。去威王之卒四年。其时荀卿至少亦当二十四五岁。循是上推，则荀卿之生，当在周显王三十年前。循是下究，至春申君之死，荀卿年已一百零三岁。荀卿其时尚在人世与否不可知。《史记》谓："春申君以荀卿为兰陵令。春申君死，而荀卿终老兰陵。"其语未足据。（详《考辨》第一四〇）要之荀卿盖亦寿者也。

104、齐魏韩会平阿及齐魏会甄考

《史记·孟尝君列传》："宣王七年，田婴使于韩、魏，韩、魏服于齐。婴与韩昭侯、魏惠王会齐宣王东阿南，盟而去。明年，复与梁惠王会甄。"《索隐》云："纪年当惠王之后元十一年，作平阿。又云十三年会齐威王于甄，与此明年齐宣王与梁惠王会甄文同。然则平阿之会有韩，非虚矣。且其前一年，韩宣惠王会惠成王于巫沙而始称王，故今年魏与韩同会齐于平阿，盖以乞其认可。"

雷氏《义证》云："平阿即东阿，盖自马陵之败，魏因田婴以修好于齐，至此已十余年。阿、鄄二会，由于齐、魏相王，合从摈秦，与马陵之败无与。甄之会距马陵且二十一年矣。今按雷氏辨阿、甄二会无预于马陵，是也。"

105、五国相王考

《赵世家》："武灵王八年，五国相王，赵独否。"今按齐、魏相王，其谋发于惠施，在惠成王之后元年。五国相王，其事主于犀首，在惠成王之十二年。皆自魏发其端。其时楚本称王，齐亦称王，魏亦称王，宋与秦亦称王，韩亦称王。而宋、韩外，魏势最弱。犀首，魏臣也，约结于赵。魏、赵为主，又联韩、燕、中山，相与称王。盖魏欲以此多结与国，以与齐、秦抗衡。（梁于亲齐亲秦外，又辟此一路，要之为外强中干。）其情势固甚显。以魏为谋主，韩去中山远，又其称王亦与魏相约，故于五国中独离间燕、赵。其后燕、赵卒俱辅中山而王之，而五国相王之事遂定。

106、鲁平公元年为周显王四十七年非周赧王元年卒在赧王十二年非十九年辨

《史记·鲁世家》："平公立，是时六国皆称王。平公十二年，秦惠王卒。"今按秦惠王卒于周赧王四年，其前十二年，则周显王四十七年也，是年当为鲁平公元年。前一年，即五国相王之岁。则《世家》所谓平公立，是时六国皆称王者，其语致确矣。

又按《世家》："平公二十二年卒，子文公立。文公七年而楚怀王死于秦。"今以楚怀王死年上溯，平公应止二十年，无二十二年。《汉书·律历志》引刘歆《历谱》，工作二十年，据此推之，平公卒应在周赧王十二年。旧说据《鲁世家》列君年数，谓鲁平公元在周慎靓王五年，卒在周赧王十八年，较《年表》移前两年，亦未是。

107、惠施去魏考

《吕氏春秋·不屈篇》："惠王布冠而拘于鄄，齐威王几勿受。惠子易衣变冠乘舆而走，几不出乎魏境。"是谓惠施去魏，去鄄会之后也。然考《楚策》："张仪逐惠施于魏，惠子之楚。"则惠子实见逐于张仪。考《史记》，张仪以惠成王后元十二年与齐、楚、魏三国相会于啮桑（《张仪传》："仪相秦四岁，立惠王为王。居一岁，为秦将取陕。其后二年，使与齐、楚之相会啮桑，东迁而免相，相魏。"《志疑》云："据案纪表及魏与《田完世家》，啮桑之会在取陕之明年，此云后二年，误。又《秦纪》与表及《仪传》皆缺书魏。《楚世家》云：张仪与楚、齐、魏相盟，是也。"），明年，为惠成王后元十三年，仪相魏。施与仪不合，遂去之楚。《魏策》："张仪欲以魏合于秦、韩而攻齐、楚，惠施欲以魏合于齐、楚以按兵。惠施素主亲齐，啮桑之会，或者施尚身预其列。今定惠施去魏在惠成王后元十三年，张仪为相之岁，后鄄会一年，《吕览》盖得其时而失其事。"

附　张仪初入秦考（略）

108、惠施自楚至宋考

《楚策》："张仪逐惠施于魏，惠子之楚，楚王受之。冯郝谓楚王曰：

逐惠子者，张仪也，而王亲与约，是欺仪也。宋王之贤惠子，天下莫不闻，王不如纳之于宋。楚王乃奉惠子而纳之宋。"施之去魏，在惠成王后元十三年，当宋王偃十七年。其后三年，惠成王卒，施复在梁，则留宋不逾三年。施本宋人，而讲兼爱寝兵，宋康行仁义，宜其贤施。

109、靖郭君相齐威宣王与愍王不同时辨

《史记·年表》："齐愍王三年，封田婴于薛。"今按田婴号靖郭君，事齐威宣王，不与愍王同时。《齐策》又云："齐将封田婴于薛，楚王闻之大怒，将伐齐。"楚王乃楚怀王。薛南近楚，齐以封婴而居之，故滕人闻之而惧，楚人闻之而怒。魏、齐之交，在魏主之者为惠施，而在齐则为田婴。楚既不欲齐、魏之相亲，故既胜魏，乃欲攻齐逐婴矣。《齐策》又曰："威王薨，宣王立，靖郭君之交，大不善于宣王，辞而之薛。"是靖郭君封薛，明在威王时。阎若璩云："齐貌辨见齐宣王曰：靖郭君曰：薛受之于先王，且先王之庙在薛，先王即威王也。薛公欲知王之所欲立。高诱《注》：齐威王子宣王也。"今按阎说是也。余又考齐、魏会鄄应在梁惠王后元十二年。（参读《考辨》第一○四）田婴封薛，盖以鄄会后封。

110、孟子至宋过薛过邹考

《公孙丑下》："陈臻问曰：前日于齐，王馈兼金一百而不受，于宋，馈七十镒而受，于薛，馈五十镒而受。"今按孟子在宋似不久。今姑定孟子游宋在宋王偃之十三四年间，即宋偃称王之第四五年也。孟子云："将有远行。"则殆欲之梁，而先以其间返鲁。

孟子自宋返鲁而过薛。既过薛，又过邹。《风俗通》："孟子绝粮于邹、薛，困殆甚。"即其时事。今孟子则自薛返鲁而过邹也。与邹穆公问答，殆亦在是时。应劭谓其绝粮邹、薛者，岂在邹以语不相契，遂不见礼而致困乎？此亦无可深论矣。

111、孟子游滕考

《滕文公上》："滕文公为世子，将之楚，过宋而见孟子。自楚反，复见孟子。是孟子游滕在宋后也。宋都之迁彭城为新都。世子往楚，乃自滕南行过宋而入楚境，往如是，反如是，特为见孟子。"

本篇又云："滕定公薨。世子使然友之邹，问于孟子。"赵《注》：

"孟子归在邹也。"是孟子去宋之后，至滕之先，曾归邹也。孟子自彭城归邹而过薛也。其后孟子乃之滕，而孟子至滕，即在滕定公卒岁。明年，孟子尚在滕，则为滕文公元年。而孟子游梁，则在惠王后元十五年。（参读《考辨》第一一五）是孟子在滕，先后有三年之久。方其去宋，固已有远行之志，而在滕淹留有如是之久者，亦滕文之贤有以使之然矣。

112、鲁平公欲见孟子考

鲁平公欲见孟子，旧说皆与孟子自齐归葬并说。任兆麟《孟子时事略》谓："慎靓王三年，孟子母卒，归葬于鲁。"盖旧说鲁平元在周慎靓王五年，逆计孟子终三年之丧，故以母卒归葬属之慎靓之三年也。其别无确据，勉为推排之迹，既已甚显。余则谓此事尚有辨者。观臧仓之言曰："何哉，君所为轻身以先于匹夫者？"直称孟子为匹夫，决不似孟子为齐宣王卿反鲁葬母时语。孟子曰："吾之不遇鲁侯，天也，臧氏之子，焉能使予不遇。"此亦孟子未达时语。若其为齐卿，一朝当路，管、晏不足比。反而葬母，非浩然有归志时也。亦非必见鲁君，期用事于鲁也。何以有不遇天也之叹？窃疑鲁平公欲见孟子，盖尚在齐威王时，孟子犹未大显。余疑孟子丧母归葬，当在齐威王时，而其时鲁平公尚未立。其去齐适宋，当在宋偃称王后四五年间，乃过薛过邹而返鲁。鲁平公元当齐威王之三十六年。乐正子言于平公而欲见孟子，必在平公初即位之年，或初称元年之年也。而其时孟子犹未达，故臧仓有匹夫之讥。而其前居母丧，充虞亦有棺木已美之疑。其必欲平公往见者，则孟子所倡士不见诸侯之义也。孟子既不得志于鲁，未久遂至滕，淹留三年而至梁。自此后车数十乘，从者数百人，传食诸侯，异乎往日之为匹夫矣。（乐正子谓前以士后以大夫，前以三鼎后以五鼎者，或孟子在齐、宋曾仕而未显，或乐正虚设以问所谓逾者之义，而非实指孟子之前丧以三鼎后丧以五鼎。今不可确指，而孟子之誉闻日显，而为生日富，则可知。）此一段往来琐琐，杀费推排。如此说之，或差为近于情实也。

113、许行考（附　索卢参　此略）

《吕氏春秋·当染篇》云："禽滑黧学于墨子，许犯学于禽滑黧，田系学于许犯，显荣于天下。"禽滑黧，梁氏《人表考》谓即禽滑厘，而许犯、田系无闻焉。今按：许犯即许行也。春秋时晋有狐突，字伯行（《晋语注》),齐有陈逆,字子行(哀十一年《左传》)。《晋语》韦昭《注》:"犯,逆也。"《小尔雅·广言》:"犯,突也。"古人名突、逆字行,知许行盖名犯字行矣。许行之至滕,曰:"愿受一廛而为氓","其徒数十人,皆衣褐,捆屦织席以为食",此墨子度身而衣,量腹而食,比于宾萌,未敢求仕之遗教也。许行之言曰:"滕有仓廪府库,是厉民而以自养也。"此墨子非礼毁乐之绪论也。并耕之说,盖自兼爱蜕变而来。则许行之为墨徒,信矣。墨学盛于南方,许行楚人,亦南方之墨之健者耶?要之许犯即许行,为墨徒,则似可无疑耳。

114、田鸠考(附 腹䵍 唐姑果 谢子)

《汉书·艺文志》墨家有田俅子,《韩非子》、《吕氏春秋》、《淮南子》有田鸠。今按田俅子殆即田系,齐人,学于许行,墨子之三传弟子也。以古人名字相应之例推之,俅,《说文》:"冠饰貌。"《尔雅释言》:"俅,戴也。"《诗》曰:"弁服俅俅","载弁俅俅",俅盖指其结饰而言。"系者,系也。"(《易系辞·释文》)"以下缀上,以末连本之解。"(《左氏春秋·序》疏)故名系字俅,鸠者,俅之声近而通借也。《吕氏》、《淮南》称田鸠见秦惠王。秦惠王与梁惠王同时而后死,田鸠为许行弟子,其时亦相当。又按秦惠王时,秦有墨者腹䵍(见《吕览·去私》)、唐姑果(《淮南·修务》作唐果梁),又有东方墨者谢子,亦至秦。(见《吕览·去宥》。又见《淮南·修务》,高注:"谢姓,关东人也。"《说苑·杂言篇》作祁射子。梁玉绳云:"古谢射通。祁乃地名,属太原,政是关东也。")其时墨徒乃颇盛于秦矣。或者有田鸠预其间。鸠之游秦,或当惠王晚节。而腹䵍较前辈。至谢子游秦,则亦在惠王晚世。《吕览·去宥》云:"东方之墨者谢子,将西见秦惠王,惠王问秦之墨者唐姑果。唐姑果恐王之亲谢子贤于己也,而毁之。此谢子入秦在惠王晚世之证也。秦之墨者唐姑果,其殆腹䵍之学徒乎?今姑定惠王末年两人皆四十上下,则秦惠王时墨者,言其年序世次,腹䵍最前,田鸠次之,唐、谢又次之。"

115、孟子游梁考

江永《群经补义》则曰:"孟子见梁惠王,当在周慎靓王元年辛丑,是为惠王后元之十五年。至次年,壬寅,惠王卒,襄王立,孟子一见即去梁矣。"尝疑孟子在梁与惠施已不相值。梁惠王后元十三年，张仪相魏，惠施避之楚。公孙衍与张仪不善，令人说韩公叔以图秦弃仪收韩相衍，公叔从之。衍相魏，仪复去相秦。至魏襄王元年（《表》作哀王），五国约击秦，公孙衍实与其谋。（详《史记·张仪传》）景春问孟子"公孙衍、张仪岂不诚大丈夫哉"，正当其时。依江说，定孟子至梁在慎靓王元年也。

116、惠施返魏考

惠施至宋不久而返魏。《史记·魏世家》："襄王卒，子哀王立，张仪复归秦。哀王元年，五国共攻秦。"惠施重至魏，当在惠王卒年，张仪去后。其明年，惠施使楚。《楚策》云："五国伐秦、魏欲和，使惠施之楚。"是也。后四年，又使赵。《赵策》云："齐破燕，赵欲存之，令淖滑、惠施之赵，请伐齐而存燕。"是也。此后惠施事无考，盖不久而卒矣。

附　南方倚人黄缭考（略）

117、孟子自梁返齐考

孟子在威王世先已游齐，其后至宋过薛归邹至滕而游梁。惠王卒，襄王新立，孟子见襄王，谓其不似人君，乃遂自梁返齐。则威王已死，正宣王之初立也。

《尽心上》云："孟子自范之齐，望见齐王之子，喟然叹曰：居移气，养移体，今按王子，宣王也。范为自梁至齐所经。宋翔凤《过庭录》亦以范为自梁至齐要道。然则称齐王之子者，时威王新死未葬，宣王初立，故变文称子也。此又孟子至齐在威王卒岁之证也。"

118、淳于髡考

《史记·滑稽列传》：齐威王时，淳于髡说之以隐，云："有鸟三年不飞不鸣。"此髡在威王初年既已知名于齐也。后去而之梁，见梁惠王。惠王欲以卿相位待髡，髡因谢去，终身不仕，盖髡亦如田骈之流，皆以不仕为名高者。故与孟子辨出处，深讥孟子之进退无义。盖孟子固主孔子所谓不仕无义者也。髡最为稷下前辈，当威王初年已显名。威王在位三十八年，至宣王八年，孟子去齐，其时髡当尚在。若谓威王初年髡年近三十，则其寿殆逾七十矣。

附　辨《越绝书》《吴越春秋》记越年

又考《越绝书》：（卷八，《外传记地传》第十）"句践称王，徙琅邪，子与夷，子翁，子不扬，子无疆。楚威王灭无疆，子之侯，子尊，子亲。亲以上至句践，凡八君，都琅邪二百二十四岁。"《吴越春秋》卷十亦云然。而《越世家索隐》引《纪年》："王翳三十三年迁吴。"上距句践都琅邪凡九十年，无所谓二百二十四岁也。然自句践徙琅邪下推一百二十四年，则适值楚围徐州后一年，而世次亦适得八代。《水经·浙江水注》云："越王无疆为楚所伐，去琅邪。"则越都琅邪，实至王无疆时始离去。则《越绝书》、《吴越春秋》两书所载，固有依据，非尽凿空向壁之谈。其谓二百二十四年者，特为一百二十四年之子讹。其谓八世，并不误，大抵越人自王翳徙吴，而淮、泗地犹未全失。其后或居吴，或居琅邪，南北不常厥都。自无疆去琅邪，淮、泗之地，始不为越有。故《越绝书》、《吴越春秋》皆谓句践以下八世居琅邪，凡一百二十四年也。

附　淳于髡为人家奴考（略）

119、魏襄王魏哀王乃襄哀王一君两谥考

《史记》："梁惠王三十六年卒，子襄王立。十六年卒，子哀王立。"杜预《左传后序》谓："《史记》误分惠成之世以为后王之年。哀王二十三年乃卒，故特不称谥，谓之今王。"黄式三辨之曰："韩宣惠王之子谥襄哀王，见《留侯传》。魏惠成王之子意亦谥襄哀王，二君薨同年，亦同谥欤？《史》止称襄者，正如魏惠成王之称惠王，韩襄哀王之称襄王也。（按《秦本纪》厉共公，年表仅称厉公。又秦灵公，《始皇本纪》称肃灵公。秦武王，《始皇本纪》称悼武王。昭襄王，《始皇本纪》作昭王。赵武灵王，古书或称武王，或称灵王。皆其证。）《史记》既分惠王之一世为二世，因分襄哀之一谥为二谥矣。"今按三晋之君，自梁惠成以下，率多一君二谥，且有三、四谥者，黄以韩有襄哀证魏襄哀为一君，说最可信。

120、齐伐燕乃宣王六年非愍王十年辨

《齐策》二载田臣思劝齐王乘秦韩之战而攻燕，高诱亦谓是宣王。按诸《索隐》所引《纪年》，是乃宣王六年也。吴师道辨之云："田臣思即田忌，与邹忌、段干朋皆仕威、宣，何于桓公时已预大政？"吴氏因谓：

"《史》乃误以《国策》宣王伐燕章附之桓公。"其说甚是。盖桓、宣字相近，史公既以伐燕为愍王事，乃以意移此于桓公耳。意当时史公所据本文当有宣王五年之说，而史公乃移以为桓公之五年也。然则齐伐燕起宣王五年，而取燕则在六年，决非愍王之十年矣。

附　燕昭王乃公子职非太子平辨（略）

121、屈原于怀王十六年前被谗见绌十八年使齐非即放逐辨

《史记·屈原传》："上官大夫欲夺屈平宪令稿，屈平不与。因谗之，王怒而疏屈平。屈平既绌，其后秦欲伐齐，乃令张仪事楚。及楚败蓝田之明年，张仪复如楚。怀王听郑袖释张仪。是时屈平既疏，不复在位，使于齐，顾反谏怀王曰：何不杀张仪？怀王悔，追张仪，不及。"据此，则屈原见绌，在怀王十六年。张仪去秦事楚之前。其使齐在怀王十八年也。所谓疏屈平，屈平既绌不在位者，屈原初为左徒，入则与王图议国事以出号令，出则接遇宾客，应对诸侯，王甚任之。其后稍疏，绌在闲位，即如使齐，亦其绌后事，然犹未至放流迁逐也。而后人遂谓怀王十六年乃屈原被放之期，误矣。昔汉武拜汲黯为淮阳太守，黯既辞，过李息，曰："黯弃逐居郡，不得与朝廷议矣。"屈原之疏而见绌，不在位，使齐，与其忧愁幽思而作《离骚》者，亦犹是耳。余故详论之如此。

122、孟子去齐考

孟子去齐，当在周赧王三年，齐宣王八年，燕人畔齐之后，此前人已多为是说者。

宋翔凤《过庭录》谓："以赧王三年孟子七十余岁，知生于安王二十年前后。自安王二十年至赧王三年，恰得七十一年。前尚可言，后则非矣。若更核以梁惠王称孟子为叟之事，知孟子年不应再后。故余谓孟子之生，最晚在周安王二十年者，以此。"

又按孟子去齐，居于休。阎若璩《释地》谓："故休城在今兖州府滕县北一十五里，距孟子家约百里。"此差近是。从此孟子归隐不复出矣。

123、宋钘考

《汉志》小说家《宋子》十八篇，班固云："孙卿道宋子，其言黄老意。"今按《荀子》书以墨翟、宋钘并称，则钘乃墨徒也。余尝谓黄老起于晚周，兴于齐，又谓道原于墨。若宋子，宗墨氏之风，设教稷下，其

殆黄老道德之开先耶？《孟子》书有秦、楚将构兵，孟子遇宋牼于石丘一节。《孟子疏》：石丘宋地。（樊云："《一统志》石丘在卫辉齐胙城县东，《疏》以为宋地，是也。"复智按：据河洛图书出版社《孟子译注》，12.4 注②石丘——伪孙奭《疏》以为宋国地名，《一统志》以为在今河南旧卫辉府，未必有据。）则孟子去齐之宋而遇牼也。焦氏《正义》则谓："牼盖年长于孟子，故孟子以先生称之，而自称名。"今按其时孟子年已逾七十，而牼欲历说秦、楚，意气犹健，年未能长于孟子。先生自是稷下学士先辈之通称。孟子亦深敬其人，故遂自称名为谦耳。又荀卿《正论篇》屡及子宋子，足征荀卿著书，宋钘犹在，同居稷下，故其辞气如是。余考荀卿年十五，始游学来齐，至宣王末年，荀卿年近四十。成学著书，当始其时。宋钘之没，或值愍王之世，今姑定宋子遇孟轲于石丘年近五十，则其生当周显王十年前，或视庄周稍晚。若寿及七十，则与庄卒年亦相先后。庄、宋同时，故庄周著书亦时时称述及之也。

124、尹文考

《汉志·尹文子》一篇，在名家。班固云："说齐宣王，先公孙龙。"今班氏云："尹文先公孙龙。"盖班氏自据当时公孙龙书有称尹文语而言。

《庄子·天下篇》谓："宋钘、尹文见侮不辱，救民之斗，禁攻寝兵，救世之战。"则尹文实承墨氏之绪，《韩非·内储说上》载尹文与齐宣王论治国以赏罚为利器，则通于法家之囿也。兼名墨，启道法，此自是稷下学风。

125、惠施卒年考

《史记·魏世家》："哀王九年，与秦会临晋，张仪归于魏。相田需死，楚相昭鱼曰：吾恐张仪、犀首、薛公有一人相魏者也。"其言不及惠施。以施在魏地位言，犹高于三人，疑其时已先卒。然则惠施卒年，殆在魏襄王五年使赵后，魏襄九年田需卒前。自此上溯徐州相王，凡二十五年。惠施寿盖六十左右，其生当在烈王之世。

126、张仪卒乃魏哀王九年非十年辨

《六国表》魏哀王十年，张仪死。郝氏《竹书纪年校正》论之云："《史记》哀王即《纪年》襄王也。《韩世家集解》徐广亦云：魏哀王十九年，《纪年》于此亦说楚入雍氏，其时张仪已死十年矣。是张仪之卒，在魏襄王九年。"今按：郝说是也。

计其自秦至楚，复返秦而至魏以卒，前后最多不出十七月，且仪之去楚，怀王已悔之，使人追仪勿及。时齐尤恶张仪，仪决不敢幸脱楚祸，复说齐、赵。且张仪去秦，乃见逐于武王，又何为为之说六国，令相率事秦哉？余观仪生平足迹所到，仅为魏、秦、楚三国。燕、齐非所及。

127、屈原居汉北为三闾大夫考

本篇所论节录于一九三四年《楚辞地名考》文中。

附　战国时洞庭在江北不在江南辨（略）

附　屈原沉湘在江北不在江南辨（略）

附　楚虽三户亡秦必楚解（略）

（五）卷四

128、齐愍王在位十八年非四十年其元年为周赧王十五年非周显王四十六年辨

《六国年表》齐愍王元年，为周显王四十六年，今按其时威王犹未死，后四年而威王卒，子宣王立。十九年卒，为周赧王之十四年。翌年愍王称元，则赧王之十五年也。《纪年》于今王二十年称齐王，以宣干亦未卒，尚无谥，故《纪年》惟有威王，无宣王。可证宣王卒在魏襄二十年后，亦证威、宣非一王两谥矣。今据余定齐威、宣、愍三世年代推之，孟尝君入秦，在愍王二年，赵灭中山，在愍王六年。（此姑据《史·表》为说）为东帝在十三年，灭宋在十五年。其走莒在十七年，而终也。《史记》谓愍王在位四十年者非。今考败楚重丘，正愍王初立之岁。又三年，与魏、韩共击秦。又十年，为东帝。其后三年，燕伐齐，愍王走莒，在位前后十八年。

129、魏襄王十九年会薛侯于釜丘考（附　冯欢　此略）

《水经·济水注》引《纪年》："魏襄王十九年，薛侯来会王于釜丘。"是年为齐愍王元年，即愍王立后一年也。《史记·孟尝君列传》："齐襄王立而孟尝君中立于诸侯，无所属。"今《竹书》称薛侯，即中立于诸侯时矣。然则齐襄王立者，乃齐愍王立之误。愍王立于魏襄王十八年，即孟尝离齐称侯之岁也。孟尝君称薛公者，《孟尝传索隐》："尝邑名，在薛之旁。"《集解》："《诗》云：居常与许。郑玄曰：常或作尝，

在薛之南，孟尝邑于薛城。"方其封邑，避古侯称而不居，故曰孟尝君。及其自拟于诸侯，故曰薛侯也。《史记》谓："齐王惑于秦、楚之毁，以为孟尝君名高其主，而擅齐国之权，遂废孟尝君。"《齐策》亦谓："齐王谓孟尝君曰：寡人不敢以先王之臣为臣，而孟尝君就国于薛。"今据《水经注》引《纪年》，魏襄王十九年，釜丘之会，适当愍王元年（即愍王立后之一年）。孟尝本为魏相，则其见逐于齐愍，使欢先容，而与魏为会，情事恰符。魏昭王十三年，秦取魏安城。孟尝君为魏求救于赵、燕。是年，乃齐襄王元年，孟尝君尚在魏。以后孟尝事无闻，盖已年老，不久而卒。

　　附　孟尝去齐相魏考（略）

130、宋元王儿说考

　　《韩非子·外储说左上》："儿说，宋人善辨者也。持白马非马也，服齐稷下之辨也。"《吕览·君守篇》："鲁鄙人遗宋元王闭，元王号令于国，莫之能解。儿说之弟子请往解之。"《淮南·人间训》高诱《注》："儿说，宋大夫也。"《庄子·外物篇》有宋元君得神龟事，《释文》："宋元君，李云：元公也。"案元公名佐，平公之子，在春秋世。而《史记·龟策传》元君作元王，且云问博士卫平。春秋固无博士，名家白马之论，亦战国后起之说。是宋于战国时别有元王，亦称元君，不得谓即春秋时之元公也。然宋自王偃称王，及身而灭，诸书俱以偃谥康王，《荀子·王霸篇》则称献王，不见称元王。考《赵策》李兑之谓齐王曰："宋置太子以为王，下亲其上而守坚，今太子走，诸善太子者皆有死心。"是王偃时曾置太子为王，窃疑宋元君即其人，乃王偃所置太子为王者，故称元君，亦称元王也。

　　儿说弟子为宋元王解闭，则儿说亦与元王同时，而年不后于元王可知。是时惠施卒逾十年，下距公孙龙说燕尚十五年，儿说年辈，盖在施、龙两人间。上承惠施，下接公孙龙。公孙龙白马非马之论，殆自儿说启之。余既为宋康王辨诬，又考元王儿说，聊为言故宋文献者钩沉焉。

　　附　唐鞅田不礼考（略）

131、楚顷襄王又称庄王考

　　余考楚顷襄王又称庄王。《楚策》："庄辛谓楚襄王。"高诱注《荀子》，作："庄辛谓楚庄王。"《韩非·喻老》："楚庄王欲伐越，杜子谏曰：王之兵自败于秦、晋，丧地数百里，此兵之弱也。庄蹻为盗于境内，而吏不能禁，此政之乱也。"又见《荀子·议兵篇》，云："楚兵殆于垂沙，唐蔑死。（金氏《国策补释》云："垂沙乃重丘之讹，唐蔑即唐昧也。"）庄蹻起，楚分而为三四。"垂沙之败在怀王时，鄢郢之举在襄王时，庄蹻为盗，据《韩非》书在庄王时。然怀、襄之间别无庄王，则庄王即襄王之证也。《韩非·奸劫弑篇》又云："楚庄王之弟春申君。"夫春申君侍顷襄太子质秦，则韩非所指庄王，上不能为怀王，下不能为考烈王，其即谓襄王明矣。此又庄王即襄王之证也。

132、春申君乃顷襄王弟不以游士致显辨

余考《史记》载春申事，不足信者颇有之。《韩非》书以春申为楚庄王弟（庄王即襄王，见前考），与《史记》绝不同。韩非亲与春申同时，其言当可信。如屈原以楚宗姓，为怀王左徒之例，春申以游学博闻事顷襄王，为左徒，盖不以游士跻要职。且七国自秦外多用宗戚主政。四君并称，如信陵、平原、孟尝皆贵戚，知春申正亦以王弟当朝。

133、平原君为相考

《六国表》："赵惠文王元年，以公子胜为相，封平原君。"今按《魏公子传》云："赵惠文王弟平原君。"《赵策》："谅毅曰：平原君，亲寡君之母弟。"则平原君为惠文王同母弟也。又考《赵世家》，武灵王纳惠后在十六年，惠文王、平原君皆惠后子。《年表》于孝成王元年又书平原君相，余疑平原君相殆始是时。《列传》谓其相惠文及孝成，三去相，三复位，恐未可信。

134、王氏《古本竹书纪年辑校》补正（略）

135、宋康王灭滕考

《宋策》："康王灭滕伐薛，取淮北之地。"今按滕先灭于越，后又复立，其详已不可考。孟子至滕，当梁惠王后元十三年，为宋王偃之十六年。滕文公好贤，行仁政。孟子游梁返齐为卿，而文公卒。（参读《考辨》第九八，及《考辨》第一一一。）计其在位先后不逾八年。其后，滕事复无考。《春秋经传集解后序》谓《竹书》今王终二十年，今王者魏襄王。魏襄王二十年，正赵武灵王传国少子何，自称主父之岁。明年为赵

惠文王元年。知宋康灭滕在魏襄王二十年后，然则滕灭于宋，正在赵惠文王元年，至三年间，其后逾十年而宋亦为齐灭矣。

136、荀卿自齐适楚考

桓宽《盐铁论·论儒篇》云："及齐愍王奋二世之余烈，南举楚淮北，并巨宋，矜功不休百姓，诸儒谏不从，各分散。"慎到、接子亡去，田骈如薛，而孙卿适楚。今按愍王灭宋在十五年，齐愍王之十七年，而乐毅以秦、魏、韩、赵之师入齐至临淄。愍王走莒。是荀卿诸人之去，当在愍王十五、十六年间也。是时荀卿年当五十五六。殆自游燕以后，重复至齐，亦为稷下列大夫，而慎到、田骈之属为老师，至是而相率散亡也。

汪中《荀子年表》谓："《荀》书《彊国篇》荀子说齐相国曰：'此齐相为薛公田文，故曰相国上则得专主，下则得专国。'"今按田文相齐愍，其去位在齐愍之七年。（详《考辨》第一二九）若汪氏言可信，则荀卿之说，乃在愍王七年前。自是迄于愍王之败尚十年，则荀卿在齐殊久。若以燕子之之乱即来齐，则前后可得二十许年矣。

137、慎到考

《汉志》法家者流，有《慎子》四十二篇，注："名到，先申、韩，申、韩称之。"夫到与孟子同时，而按《盐铁论》，慎子以愍王末年亡去，则慎子辈行犹较孟子稍后，岂得先申子？《庄子·天下篇》称彭蒙、田骈、慎到。田骈学于彭蒙而与慎到同时，是慎到后于彭蒙也。

今按孟子以齐威王晚年（三十六年）曾返鲁。（详《考辨》第一一二）后于宣王八年去齐至宋，其后或仍返老于鲁。慎子亦居稷下，至愍王末而去。疑其居鲁或当以威王晚节为近是。姑以是时慎子年三十计，则愍王之末，慎子年垂七十矣。

今据《史记·孟荀列传》，慎到赵人，为齐稷下先生，与田骈齐名，至愍王时而去，则慎子事之可信者。

138、接子考

《庄子·则阳篇》："季真之莫为，接子之或使，今按季真事迹多在梁，其一时交游亦以梁为盛。"接子又见《史记·田完世家》、《孟荀列传》，与淳于髡、田骈、慎到并称。接子年世，盖与慎到相先后，较孟轲、淳于髡略晚，亦与惠施、季真同时。季、惠或先接子而亡也。

139、田骈考（附　彭蒙　王𬺈）

《史记·孟荀列传》："田骈齐人，学黄老道德之术。"《汉志》道家有《田子》二十五篇（《吕览》高诱《注》云："道书十有五篇。"），班固曰："名骈（《庄子释文》引慎子云："田骈名广。"），齐人，游稷下，号天口骈。"《吕览·不二篇》："陈骈贵齐。"高诱《注》："齐生死，等古今也。"田子之齐生死，盖与庄生略似，皆承杨朱重生贵己之说而微变之者。

又《庄子·天下篇》称："田骈学于彭蒙，得不教焉。"又曰："彭蒙、田骈、慎到不知道。"则彭蒙为田骈师，故序列居最先。余考齐威王、梁惠王前，学者如列御寇、南郭子綦、杨朱、彭蒙之伦，其学皆主重生贵己，全性葆真，为后来道家滥觞。盖孔主杀身成仁，墨主贵义轻生。如吴起、孟胜之徒，皆不惜舍身殉节。列、南、杨、彭承其后，而倡重生贵己，亦有激而然也。

140、春申君封荀卿为兰陵令辨

后也言荀卿事，悉本马迁、刘向。然向言最难凭。既曰孙卿后孟子百余年，又谓其与孙膑议兵于赵孝成王前，其无稽如此。《史记》于卿事亦疏略不备。余既别为考定，而于春申君封荀卿为兰陵令一事，则不能无疑。今考荀卿去齐适楚，乃当愍王末世。（详《考辨》第一三六）下距黄歇为春申君尚二十余年，则《史》说非也。又谓："春申君为楚相八年，以荀卿为兰陵令。"（《春申君列传》）考荀卿是时年逾八十。（昔人疑荀卿年者多矣。唐仲友谓："春申君死而卿年已百三十七。"晁公武谓："荀卿去楚时近百岁。"皆考核未精。）又曰："春申君死而荀卿废。"是卿以八十老人为一县令，至十八年之久，至于春申之死，荀卿年已百龄，失所凭依，乃不得已而见黜。卿纵贪禄好仕，一何老不知退，为驽马之恋豆，至于若是其甚耶？且余观荀卿书，如说齐相，应秦昭王应侯问，议兵于赵孝成王前，凡其行迹所至，皆有记载。其论列时事亦详，然至于邯郸之解围则止。其之楚在为齐襄王时稷下老师之前，非在襄王后也。其至赵在自齐至秦之后，非为令兰陵而后之赵也。其退老而著书，所论止于邯郸之役，正卿八十之年，非其后尚为县令二十年，然后乃废退而家居也。《史记》所传，失情实者多矣。荀卿适楚在愍王末年，当顷襄王之十五年。是年取齐淮北、兰陵或以其时归楚，而荀卿为之令，非不可有之事。又春申既顷襄弟，其时或已用事，用进言荀卿于楚王。《史》自误为春申为相之后也。要之，《史》说之误，自有可得而辨者，因为之辨如此。

141、公孙龙说燕昭王偃兵考

《吕氏春秋·应言篇》："公孙龙说燕昭王以偃兵，昭王曰：甚善。"燕昭以二十八年破齐，至三十三年卒。龙之说燕昭在二十八年后，是为龙事迹最先可考之年。又下至平原君卒，凡三十三年。此下无公孙龙事。龙卒盖亦在是时。则其生当在燕哙、齐宣时，惠施已老。施之死在魏襄王九年前，龙盖未能逾十龄也。龙寿当在六十、七十间。《史记·孟荀传》："龙为赵人。"则龙之说燕，盖自赵而往，为初出也。

142、公孙龙说赵惠文王偃兵考

《吕氏春秋·审应览》："赵惠文王谓公孙龙曰：寡人事偃兵十余年矣，而不成，兵不可偃乎？龙对曰：偃兵之意，兼爱天下忘也。不可以虚名为，必有其实。今蔺、离石入秦，而王缟素布总。东攻齐得城，而王加膳置酒。是非兼爱之心也。此偃兵之所以不成。"《史记·赵世家：》"惠文十七年，秦拔我两城。十八年，秦拔我石城。十九年，秦败我二城。（《志疑》云："败当作取。"）赵奢将攻麦丘，取之。二十年，廉颇将攻齐。"龙言盖指是时事。今以《吕览》公孙龙之言参之，知《赵世家》所记固不误。然则公孙龙对惠文王之言，乃在惠文二十年后审矣。考燕昭王以惠文二十年卒，公孙龙盖即以燕昭卒后去燕适赵。此云事偃兵十余年，语亦适合。龙之说燕昭、赵惠文两君，皆以偃兵兼爱，盖亦治墨学之遗绪，而文以妙辨，故乃与惠施齐名也。今按《年表》，赵惠文二十年，与秦会渑池，蔺相如从。公孙龙正以会渑池之年来赵。龙盖自始即客平原君家。自此至邯郸解围凡二十年，公孙龙常在赵。平原君之厚待公孙龙，可见也。

143、荀卿齐襄王时为稷下祭酒考

《史记·孟荀列传》："荀卿年五十，始来游学于齐。"齐襄王时，而荀卿最为老师。齐尚修列大夫之缺，而荀卿三为祭酒焉。此文谓荀卿初来，稷下尚盛，及后诸儒零落，而荀卿独在，最为老师也。至年五十，乃十五误倒。荀卿自十五游学来齐，其后曾至燕，见燕王哙。后重适齐，则为稷下列大夫。至愍王灭宋骄矜，稷下先生慎到、田骈之徒皆散，其时荀卿则适楚。此云齐尚修列大夫之缺者，以稷下之制坏于愍王末年，至襄王而重修也。今考襄王五年，田单杀骑劫。重修列大夫之缺，当在此后。是时荀卿年逾六十，自楚复返齐。而往者田骈之属同时散亡者，皆已死，故荀卿最为老师也。及襄王死，荀卿乃游秦，盖《史记》述荀子行迹，仅及齐、楚两国，不知其有之秦适赵之事。又谓其为兰陵令而终老于楚，故以适楚移之三为祭酒而去齐之后。今自襄王六年至襄王十九年，前后凡十有四年，荀卿之三为祭酒，当在其时。

144、邹衍考（附　邹奭）

《史记·孟荀列传》："邹衍至梁，梁惠王郊迎。至赵，平原君侧行撇席。至燕，燕昭王拥篲先驱。"《汉志》阴阳家有《邹子》四十九篇，班《注》云："名衍，齐人，为燕昭王师，居稷下，号谈天衍。"今按：衍至赵，见平原君，在信陵破秦存赵之后，事见《平原君列传》。其时梁惠王死已七十二年，燕昭王亦死二十二年矣。张守节云："邹衍与公孙龙同时。"是也。衍已不及见燕昭、齐宣，遑论齐威、梁惠乎？据《韩非》书，则邹衍乃与剧辛同僚。去信陵破秦十五年。其自齐赴赵，当齐王建时，在平原君晚节。自赵往燕，则仕燕王喜，绝不与齐宣、燕昭相涉。史公云云，盖误于燕、齐方士之说耳。今姑定燕惠王元年，邹衍年二十五左右，则邯郸解围后，邹衍自齐使赵，年四十八九。剧辛之死，邹衍亦逾六十。其生当在齐宣之晚年也。

余考邹衍自齐使赵，已在王建八年前后，则稷下故事，疑下逮王建时，犹未全泯矣。

附　邹衍著书考（略）

145、庄子见赵惠文王论剑乃庄辛非庄周辨

《庄子·说剑篇》："昔赵文王喜剑，太子悝请庄子。"《释文》："司马云：赵文王，惠文王也。"今按：自惠文王元上推三百五十年，乃当齐桓、管仲之世，《田子方篇》："庄子见鲁哀公。"《释文》："司马云：庄子与魏惠王、齐威王同时，在哀公后百二十年。"今自周贞定王元鲁哀公

卒下数百二十年，乃为周显王二十一年，其时当梁惠王二十三年，齐威王之十年也。自此而下五十年，适当赵惠文王元年。古书多误，而于年世数字尤甚，率如此矣。昔人均断《说剑》为伪篇不足信，然未能详考其年者，余故为论定如此。

又按《楚策》："庄辛说楚襄王，不听，去而之赵。留五月（《新序·杂事二》作："不出十月。"），秦果举鄢、郢、巫、上蔡、陈之地。（《新序·杂事三》作："王果亡巫山，汉鄢郢之地。"）襄王于是使人征庄辛于赵。"秦拔巫，在顷襄王二十二年，正赵惠文王二十二年，置公子丹为太子之岁。（《周季编略》亦定楚召庄辛在此岁）然则庄辛尝留赵，推其时，与《说剑篇》所云略相当。岂传说之初，本以为庄辛而后乃误以属之庄周者耶？

146、魏牟考

《汉书·艺文志》道家有《公子牟》四篇，班固云："魏之公子也，先庄子，庄子称之。"今按《庄子·秋水篇》载公子牟称庄子之言以折公孙龙，龙既后于庄子，牟与龙同时，其年辈亦较庄后明甚。《秋水》所记，亦谓牟称庄，非庄称牟也。班说自误。高诱注《吕览》云："公子牟，魏公子也，作书四篇。魏伐中山，得之，以封公子牟，因曰中山公子牟也。"魏灭中山在文侯世。《史记·魏世家索隐》："文侯既灭中山，使子击守之，后寻复国。"则自击时，中山已俨为一国，同诸侯矣。然则中山非能复国，乃魏之别封耳。（赵襄子灭代，乃封其兄子周为代成君，与此略似。）其后更出少子挚封中山，而复太子击，则中山之君乃魏文侯少子魏挚之裔，而公子牟亦其后人。余考中山复立，盖在赵烈侯十年（详《考辨》第四三，又第五四），即魏文侯之四十八年也。《年表》梁惠王二十九年，中山君为相，正以魏与中山本属一家，犹如齐封田婴于薛，而薛公父子入为齐相。故中山公子亦或以魏氏称，而公子牟亦称魏牟。后人不察，因臆测为即魏文侯公子封中山者也。《魏策》："中山恃齐、魏以轻赵。"则中山固犹恃魏宗国，为其后援矣。《吕氏春秋·应言篇》："司马喜难墨者师于中山王前，以非攻。"可证当时中山之信墨。公子牟与公孙龙交好，而笃信其说。龙为墨徒，则牟亦墨徒，其所好皆墨徒也。

《赵策》："平原君谓平阳君曰：公子牟游于秦，且东，而辞应侯。应侯曰：公子将行矣，独无以教之乎？曰：且微君之命命之也，臣固且有效于君。此可以定公子牟之年代，又可以窥公子牟之为人。牟虽亡国之公子，其见重于当时者，有以也。考应侯封在秦昭王四十一年，明年为赵孝成王元年，上距赵武灵攻中山三十六年。其后十一年，应侯免相，又四年平原君卒。上距灭中山五十年。虑中山之灭，公子牟年不出三十。至平原之卒，牟年已逾七十。其贵幸或在平原卒后。则公子牟之卒，殆亦后于平原，年寿当近八十也。余前论庄子卒岁当在周赧王二十六年至三十六年间（《考辨》第八十八），周赧二十六年，公子牟至少亦三十二岁（以武灵攻中山，牟年二十计之），则牟自及见周矣。"

附　论詹何环渊年世（附　召滑　此略）

147、虞卿著书考

《汉志》儒家有《虞氏春秋》十五篇，《春秋》家有《虞氏微传》二篇。王应麟曰："刘向《别录》云：虞卿作《抄撮》九卷，授荀卿，荀卿授张苍。"又《释文·叙录》云："铎椒授虞卿。"考之诸人年世，似不足信。何者？齐襄王六年时，重兴稷下，荀卿为老师祭酒，其时年已逾六十，学成名尊矣。而虞卿弃赵相与魏齐逃之魏，事尚在后十许年。时虞卿初出有声，其年事当不出四十，是荀卿为前辈硕学，而虞卿乃后进游士，何从有虞卿著书以授荀卿哉？又铎椒，楚威王时太傅，其书应在威王早岁。今姑自威王卒年计之，下至赵孝成王元年，凡六十三年。铎椒死，虞卿尚未生，岂得谓铎椒以授虞卿哉？

余又考虞卿行事，邯郸解围后，曾欲为平原君谋封。此后即少见。惟魏欲合从，虞卿过平原君一事，的在何时，已难定。虞卿以游说士，蹑蹻担簦而说赵孝成王，量其年事当在四十左右。则其息影谢事，亦仅逾五十。若非早世，其耽意著述，当在五十之后。时荀卿已耄，或者《抄撮》九卷，正受之荀卿。由是而下传张苍，则世隔庶乎近是。

附　国语采及铎氏虞氏钞撮考（略）

148、孔穿与公孙龙辨于平原君所考（附　子思以下孔裔生卒年表　此略）

孔穿与公孙龙辨于平原君，其事见《吕氏淫辞》，而其事自为先秦故实，则无可疑者。《周季编略》书其事于赵孝成王元年，平原为相之始，此亦无所系而归之，非确有证验也。要之穿、龙之辨，虽不能证其的在何年，而大略则前于邹衍、公孙龙之相辨也。

149、荀卿赴秦见昭王应侯考

齐襄王十八年，当秦昭王四十一年，范睢相秦，封应侯。是荀卿在齐襄王十八年后曾赴秦也。至昭王五十二年应侯罢相，荀卿赴秦当在此十二年间。今考荀卿与应侯问答，称秦四世有胜，而曰："忧患不可胜校焉，諰諰然常恐天下之一合而轧己也。"并不及秦师失利事，则荀卿游秦尚在邯郸一役之前。《周季编略》列荀况如秦于周赧王五十一年，是年为齐王建元年，荀卿殆以襄王死而去齐，如孟子以惠王死去梁之例，黄氏之说则信。

150、陈仲考

孟子曰："仲子，齐之世家也。兄戴，盖禄万钟。以兄之禄为不义之禄，而不食也，以兄之室为不义之室，而不居也。避兄离母，处于陵。身织屦，妻辟纑，三日不食，耳无闻，目无见也。然又讥其"亡亲戚君臣上下"。今按仲子盖墨徒也。《韩非·外储说右》："齐有居士田仲者，宋人屈谷见之，曰：谷闻先生之义，不恃人而食。然亦无益人之国，亦坚瓠之类也。"凡其不恃人而食，与其亡亲戚君臣上下，皆墨子兼爱、节用之旨也。时其邦人匡章子亟称之。而仲子既名高，为当时在上位者所深嫉。赵威后问齐使："于陵仲子尚存乎？是其为人也，上不臣于王，下不治其家，中不索交诸侯，此率民而出于无用者，何为至今不杀乎？则仲子之倾动天下，而为世贵所忌者，可知矣。"今按：自宣王元至王建元，实祇五十六年，今姑定宣王元年仲子年三十左右，则至王建时亦仅八十许人。赵太后所谓"于陵仲子尚存乎，何为至今不杀乎"，正是迟之之意。其时荀子盛毁之，曰："盗名不如盗货，田仲、史䲡不如盗也。"此乃儒墨门户之争，然可以证陈仲之誉闻焉。

151、荀卿至赵见赵孝成王议兵考

余考荀卿自齐避谗适楚，乃当愍王季年。其后重返齐，为稷下祭酒，当襄王时。至王建之立，乃去齐适秦。返而归于赵。大抵荀卿留秦决不久，其去秦东归，当在长平一役之前。遂留赵而值邯郸之围。《荀子·臣

道篇》极称平原、信陵两人功,即为邯郸解围事发。其与临武君议兵赵孝成王前,亦疑在邯郸解围后。时荀卿年已八十逾外,殆终老于赵也。今详审《荀子》原书,参以诸家记载,合诸当时史实,重为考定,则情节宛符矣。

152、邹衍与公孙龙辨于平原君家考（附　綦母子　毛公　桓团）

《史记·平原君列传》:"邯郸围解,虞卿欲为平原君请封,公孙龙闻之,夜驾见平原君,劝勿受,平原君遂不听虞卿。"又云:"平原君厚待公孙龙,公孙龙善为坚白之辨,及邹衍至赵,言至道,乃绌公孙龙。"是龙之见绌,当在邯郸解围后也。此后五年而平原君卒。龙卒当亦在其时前后。《集解》引刘向《别录》云:"齐使邹衍过赵,平原君见公孙龙及其徒綦母子之属,论白马非马。"《汉志》名家有《毛公》九篇,班固云:"赵人,与公孙龙等并游平原君赵胜家。"其从信陵、平原游,在邯郸围解后也。可证公孙龙之绌,尚在毛公游平原君家后也。《庄子·天下篇》称:"桓团、公孙龙辨者之徒。"桓团,《列子·仲尼篇》作韩檀,亦谓是赵人,客游平原君家,未详何据。当时平原君之门,名家之学盖亦盛矣。

153、鲁灭在楚考烈王七年非八年非十四年辨

余考《史记》载鲁灭,凡分数说:

《鲁世家》:"顷公二十四年,楚考烈王伐灭鲁。"则鲁灭在考烈王七年也。

《春申君传》:"春申君相楚八年,为楚北伐灭鲁。"则鲁灭在考烈王八年也。

余既详为考论,又知其合于《檀弓》、《孟子》、《纪年》诸书。则《史记·鲁世家》实有古文旧史为据,非苟,可信,益显。余本《鲁世家》考定顷公二十四年为楚考烈王七年,故详为分别论定之如此。

附　武内义雄《六国年表订误》论鲁谱之误辨（略）

154、再论鲁谱歧点（略）

155、鲁仲连考

《汉志》儒家《鲁连子》十四篇,已亡不可考。今按秦围邯郸,鲁连义不帝秦,尚在信陵君夺兵救赵前,则为赵孝成王之七、八年。至孝成

王十五年，赵败杀燕将栗腹，鲁连《与聊城燕将书》，详其语气，知距栗腹败不远。故徐广以聊城事为在长平后十余年，而《通鉴·大事纪》均系之栗腹死后一年，即燕王喜五年者，盖为得之。是上距邯郸之围已十年。从来为伪书者，好事夸饰，而于年数每不仔细。

今《史记·鲁连传》载不帝秦及与聊城燕将书二事，又见于《赵策》、《齐策》。余考《赵策·不帝秦篇》，盖袭《史记》，《史》作愍王，《齐策》作闵王，而今《赵策·不帝秦篇》亦作愍王，其为采自《史记》甚显。余读其文，亦多讹。邯郸之围，愍王已死二十余年，文云："今齐愍王已益弱。"余据《纪年》考齐威王与周烈王不同时，此云："齐威王为仁义，率诸侯朝周，周烈王崩，齐威王后至。"则齐威、周烈同时，其言齐愍不可信，言齐威又可知也。

其叙与聊城燕将书一事，错误亦多。《史》云："田单围聊城。"又云："遂屠聊城。"吴师道皆辨之，谓非事实。

盖《策》因《史》误，《史》又因《策》误，其迹可见有如此。

余为此书，据《纪年》校《史记·六国表》，重定齐威、宣、愍年世，不徒合于《纪年》，亦复合于《史记》，合于诸子之书。余故详为指陈《策》文之袭《史记》，而《史记》与《国策》又各有讹误，并多经后人改窜，多可疑之迹，不足为信史。以鲁连年世考耳。

156、李斯韩非考

《史记·李斯传》："斯从荀卿学帝王之术，辞卿西入秦，会庄襄王卒，乃求为吕不韦舍人。"今按庄襄卒岁，当春申为相之十六年，其时荀卿年逾九十。则斯之入秦，荀卿果尚在世否，亦不足据此为断矣。《盐铁论·毁学篇》："李斯相秦，始皇任之，人臣无二，而荀卿为之不食。"考《始皇本纪》，二十六年初并天下，李斯为廷尉。二十八年尚为卿，三十四年始称丞相李斯。其时荀卿若在，年已百二十余，殆亦鄙斯者造为之说，与《史》文同例也。斯之诛在二世二年。（《始皇本纪》：二世三年冬案杀李斯。秦以十月为岁首，《斯传》称二年七月论斩，盖至十二月而执行。）计其去楚入秦，已四十年矣。斯初为小吏，后乃从学荀卿，入秦盖三十余岁。《荀子·议兵篇》有李斯问答，卿著是篇若在长平役后留赵之际，则斯年方二十余，正从学荀卿时也。

韩非与李斯同学于荀卿，其使秦在韩王安五年。翌年见杀，时斯在秦已十五年。若韩、李年略相当，则非寿在四十、五十之间。《四库提要》论《韩非》书，谓："疑非所著书，本各自为篇，非殁之后，其徒收拾编次，以成一帙。故在韩在秦之作，均为收录，并其私记未完之稿，亦收入书中。名为非撰，实非非所手定也。"今按：《提要》之说是矣，而未尽也。《初见秦篇》又见《秦策》，以为张仪说秦王。高诱《注》："惠王也。"然书中言乐毅破齐，荆东徙陈，魏败华下，赵破长平，皆在惠王、张仪后，明属《秦策》误收。然则《初见秦》一篇，盖昭王时策士，当长平、邯郸后进言者耳。而《秦始皇本纪》："十年，李斯说秦王，请先取韩。于是使斯下韩。韩王患之，与韩非谋弱秦。"则又误。斯之下秦，乃在非入秦之后，岂得谓斯下韩，韩王乃与非谋弱秦哉？史公之言，亦多乖矣，恨无他书可以详定。惟下流未易居，自古已然。李斯晚节不终，为世诟病，众恶皆归。所谓潜杀非者，今亦未见其必信耳。

157、庞暖剧辛考

《史记·燕世家》："剧辛故居赵，与庞暖善，已而亡走燕。燕见赵数困于秦，而廉颇去，令庞暖将也，欲因赵弊攻之。问剧辛，辛曰：庞暖，易与耳。燕使剧辛将击赵，赵使庞暖击之，取燕军二万，杀剧辛。"《李牧传索隐》："庞暖即冯暖也。"《史策》所传冯暖事，正为纵横游士者言。惟《史策》言冯暖，当在宣王末，愍王初。（详《考辨》第一二九）下至庞暖杀剧辛，已六十年。则孟尝客冯暖，决非赵将庞暖矣。又《孟荀列传》称赵有公孙龙之辨，剧子之言。剧辛与公孙龙同时，又与邹衍齐名，亦学者。则《史记》剧子殆即剧辛，《史策》谓其于燕昭王时至燕则误。

始皇十一年，拔赵邺，据《韩非》书，庞暖尚为赵将。（详下篇附考）其后据《赵世家》及《李牧传》，皆不见庞暖事，盖亦不久而卒，否亦老不任兵矣。然今《鹖冠子》有悼襄王问庞子，然武灵之卒，去庞暖杀剧辛已五十四年。若武灵卒岁，庞子年三十，是八十外犹为将也，疑不然矣。然余意庞子生年，盖与武灵卒岁相先后。《鹖冠》伪书，固不足据。

附　庞暖即临武君考（略）

158、《鹖冠子》辨

《汉志》道家《鹖冠子》一篇，班云："楚人，居深山，以鹖为冠。"

近人顾实（《汉书·艺文志疏证》）云："兵家《庞暖》三篇，汪刻本《汉书》作二篇，合此《鹖冠子》一篇，正符三篇之数。本志兵权谋家原有《鹖冠子》言兵之篇，此亦后世所以误合兵家《庞暖》为一欤。"今按《鹖冠》书《世兵篇》多同贾谊《鵩赋》，显出后人剿袭。柳宗元《辨鹖冠子》谓其："尽鄙浅言，好事者伪为其书，而用贾谊《鵩赋》文饰之。"是也。今其书所传既不足信，秦汉间又少知有鹖冠子其人，则此一卷书者，纵在，固无大观，姑置勿论可尔。

159、吕不韦著书考

今按《史记·吕传》："吕不韦乃使其宾客人人著所闻，号曰《吕氏春秋》。"其《自序篇》曰："维秦八年，岁在涒滩。"黄氏《周季编略》谓："《吕传》书作《春秋》于始皇七年前，八盖六之讹也。不韦著书，实在始皇之七年，而称维秦八岁者，乃始于癸丑。始皇元年实为甲寅，而不韦不以始皇纪元，乃统庄襄言之，其事甚怪。余疑此乃吕家宾客借此书以收揽众誉，买天下之人心。俨以一家《春秋》，托新王之法，而归诸吕氏。为之宾客舍人者，未尝不有取秦而代之意。即观其维秦八年之称，已显无始皇地位。当时秦廷与不韦之间，必有猜防冲突之情，而为史籍所未详者。始皇幸先发，因以牵连及于嫪毐之事。不韦自杀，诸宾客或诛或逐。其事遂莫肯明言，而乃妄造吕政之讥，与嫪毐自不韦荐身之说，同为当时之诬史而已。自不韦之死，李斯得志，因有焚坑之祸。先秦学脉，竟以此绝，亦可惜也。"

160、《孔丛子》载孔子顺事迹辨

《史记·孔子世家》："孔子后六世为子高穿，穿生子顺，尝为魏相。子顺生鲋，为陈涉博士，死陈下。"后世有《孔丛子》，详记穿、顺、鲋三世行事。《孔丛》伪书，本可无辨。顾《朱子语类》谓："其书盖孔氏后人集先世遗文而成。"若其记载犹有来历，故后世多据以为说。余考其书中事实，多有大谬不然者。因知朱子之说，亦不可信。姑摘论其载子顺事有关史实者以示例。如齐攻赵，围廪丘，赵使孔青击之，获尸三万，子顺聘赵，劝归齐尸。此事见《吕氏春秋》，劝归齐尸者为宁越。证之《纪年》，其事远在威烈王时。（参读《考辨》第五五）下距子顺之世尚百七十年。《孔丛》轻为剿窃，其妄如此。且子顺为魏相，既负隆誉，

《魏策》亦不应不著其名。又季节见于子顺，子顺赐之酒云云，季节乃子顺父执，子顺如何又为季节尊长？妄人者乃并此而不知。今子顺相魏事，既他无可考，如不得已而必据《孔丛》所载，以定其年，亦当以在信陵君既死，楚约五国伐秦之后，于嫪毐败死之前，约当魏景、愍王之三、四年，差为得之。既上推之于其父穿，下推之于其子鲋，年世相及，亦略当也。

161、春申君见杀考

战国晚年，有两事相似而甚奇者，则吕不韦之子为秦始皇政，而黄歇之子为楚幽王悼是也。然细考之，殆均出好事者为之，无足信者。而余考《秦策》，记不韦使秦事，有与《史》大异者。《史》谓不韦入秦当昭王时，而《秦策》吕不韦为子楚游秦，已当孝文王世，《史》谓不韦先说华阳夫人姊，而《秦策》不韦所说乃秦王后弟阳泉君，《史》谓子楚于邯郸之围脱亡赴秦军，而《秦策》乃王后请之赵，而赵自遣之，不韦纳姬事，《秦策》固无之，更何论始皇之为嬴为吕？史公载六国事，多本《国策》，此则别据他说，乃史公之好奇也。至春申之事，黄式三《周季编略》亦辨之，曰："《策史》言春申君纳李园妹，知娠而献之。据《越绝书》十四篇则云：烈王娶李园妹，十月产子男，则《策史》之说非矣。"《越绝》云："春申君与女环通未终月，女环谓春申君曰：妾闻王老无嗣，今怀君子一月矣，可见妾于王。幸产子男，君即王公也。"夫通未终月，乌得怀子已一月？此全写女环之愚春申，而欲假借以得幸于楚王，与下言十月产子，同一笔法，凡以明幽王之非春申子也。今文信、春申之事，一何若符节之合，而又同出于一时，不奇之尤奇者邪？然帏闼之事，本难全详。传者既无的据之验，疑者亦何从为稽诘之地哉？今并举而著之，亦足使读史者知此故实之不尽可信耳。

又《史记》载李园杀春申君在考烈王末年，而《越绝书》二篇，言烈王死，幽王立，封春申君于吴，三年，征为令尹，使其子为假君摄吴事。十一年，幽王征其子，与春申君并杀之。二君治吴凡十四年。后十六年，秦始皇并楚。然考《史记》，幽王仅得十年，无十四年。春申君徙封于吴亦远在考烈王十五年。不知《越绝》何以言此。《越绝》又谓："烈王死，幽王嗣立，女环使园相春申君相之。三年，然后告园，以吴封春申君,使备东边。"前言幽王立三年召春申,今乃为三年而封春申矣。此又《越绝》之自相违异也。余观其书颇荒陋,不足信,因附辨一二端以概其余。

162、《尉缭》辨

《汉志》杂家《尉缭》二十九篇,兵形势家又有《尉缭》三十一篇。据《史记·始皇本纪》,大梁人尉缭来说秦王,在始皇十年,而今传《尉缭》书有梁惠王问,年世不相及。然考《史记》,缭既见秦王,欲亡去,秦王觉,因止以为秦国尉。则所谓尉缭者,尉乃其官名,如丞相绾,廷尉斯之例,而逸其姓也。若是则秦有尉缭,岂得魏亦有尉缭,而秦之尉缭,又系魏之大梁人?以此言之,知非二人矣。且缭之说秦,与《秦策》顿弱之言同。其称秦王居约易出人下,得志亦轻食人,事类范蠡。窃疑《史记》载缭事已不足尽信,书又称梁惠王问,则出依托。(刘向《别录》:缭为商君学。商君于惠王早年入秦,今云缭为其学,亦知其非见梁惠王。)其殆秦宾客之所为,而或经后人之羼乱者耶?

163、诸子捃逸(略)

先秦诸子系年通表(略)

当代学者对《先秦诸子系年》的评论

严耕望先生在《钱穆传》中评曰:此书不但为先秦学术史之一伟著,亦为政治史之一杰作,无疑为穆前期论著中功力最深、组织最密之代表作。是以一经问世,学林推重,如陈寅恪云,此书"极精湛,心得极多,至可佩服"。(见国史馆《国史拟传》第五辑,一九九五年六月出版。)

余英时教授说:"钱穆先生的《先秦诸子系年》是近代中国史学界的一部杰出的著作。它不仅对先秦诸子的学术渊源与生卒年代有了全盘的交代,同时也把幽晦了两千年的战国史的真象发掘出来了。……我们必须了解这几点,然后始能真正认识这部书的价值所在;又必须了解钱先生在这一方面的研究所花费的惊人精力,然后才能知道此书中的每一项结论都是经过极大的困难而获致的。……一九四九年以前的中国学术界对《系年》的评价大致可以陈寅恪和杨树达的私下议论为代表。这已引在本书所收《一生为故国招魂》中（见页二三~二四）。"（见余著《犹记风吹水上鳞——钱穆与现代中国学术》，台北三民书局，一九九一年十月，页九九~一〇〇、一三六。）

余教授在《一生为故国招魂》中又说："钱先生《先秦诸子系年》一书则为诸子学与战国史开一新纪元，贡献之大与涉及方面之广尤为考证史上所仅见。根据古本《竹书纪年》改订《史记》之失更是久为学界所激赏。在这样大规模的考证中，由于资料不足和推断偶误，自然不免有可以改正之处。他自己在再版时便增订了两百多条。最近考古发现当然又提供了足以补充此书的新材料，如《孙膑兵法》的出现即是一例。但全书大体决不因此等小节而动摇。这是一部考证之作，但卷首自序的文章则写得掷地有声。序末论战国世局三变与学术四期一节更是考证、义理、辞章融化一体的极致。一九七八年我到中国大陆访问，遇见一位中年的先秦史专家，他对这一节文字居然已熟读成诵。这一点最使我惊异不已。"

汪学群氏在《钱穆学术思想评传》第二章《先秦诸子学研究》一开头说："早在二十年代，钱穆就开始研究先秦诸子学。几十年来，他发表了大量诸子学研究方面的文章与专著。他治诸子涉及的问题非常广泛，对诸子的产生、发展与流变、主要学派及其地位，以及诸子统一等问题，都进行了详细地研究，建立了一套诸子学体系。（见北京图书馆出版社，一九九八年八月第一版，页四十一。）"

汪氏在同书页三十四中说："顾颉刚评道：'《先秦诸子系年考辨》，虽名为先秦诸子的年代考辨，而其中对古本《竹书纪年》的研究，于战国史的贡献特大。'"杨树达一九三四年五月十六日日记写道："出席清华历史系研究生姚薇元口试会。散后，偕陈寅恪至其家。寅恪言钱宾四（穆）《诸子系年》极精湛。时代全据《纪年》订《史记》之误，心得极多，至可佩服。"

郑吉雄氏在《〈先秦诸子系年〉与晚清诸子学思潮》一文的结论中说：

……宾四先生在古史辨诸君子博辨先秦诸子问题时，企图以《系年》一书，一举将所有诸子的年代、事迹、文献、关系等相关问题全盘通贯地考证，冀使古史从可疑的历史变为信史。这种以一个人的力量，和整个思潮对抗的惊人气魄，已足以垂范后世。而《系年》藉由逐条考证先秦诸子，实实在在地将考证的过程中，何者当疑、何者当信的取材方法及资料判别的方法昭示出来。这些比较和分析古籍资料的方法，仍然值得今天的古史研究者重视和学习。（见台大中文系编《纪念钱穆先生逝世十周年国际学术研讨会论文集》，页四七七。）

十月，《王守仁》一书，亦由上海商务印书馆初版印行，编入该馆《万有文库》。一九五四年，先生将原书略加改定，易名为《阳明学述要》。交台北正中书局再版，再版序谓："本书成于民国十九年春，距今已二十五年。今夏来台北，国人上下，痛于流亡丧乱之祸，群思所以奋人心，作正气，以挽颓运而培国脉。总统蒋公提倡王学，朋好相知，谓予此书，可资参发，怂恿再版。十月返港，遂将旧稿略一翻读，稍有增润。回念忧患余生，困乏流徙，所可藉以为动心忍性之助者，宜不少矣，而所学未见有进；期督之加，弥滋渐疚。覆瓿之物，重灾梨枣，亦仅以见其遭乱不学之无状而已。"一九九七年，台北市联经出版公司出版《钱宾四先生全集》时，编入第十册。二〇〇一年，又经校正等后，由素书楼文教基金会·兰台出版社重新排版发行。今将全书大要摘录如下：

（一）宋学里面留下的几个问题

大凡一家学术的地位和价值，全恃其在当时学术界上，能不能提出几许有力量的问题，或者与以解答。自然，在一时代学术创始的时候，那时学者的贡献，全在能提出问题；而一时代学术到结束的时候，那时学者的责任，全在把旧传的问题与以解答。宋、明六百年理学，大体说来，宋代是创始，而明代则是结束。王守仁尤是明代学者里的重镇。到他手里，理学才达顶点，以后便渐渐地衰落了。所以评论王学的价值和地位，要看他解答问题的一面。那些问题，是从北宋时早已提出，积迭讨论，遗传下来的。现在要讲王学，先讲宋学里面留下的几个问题。

大体扼要地说来，宋代学者所热烈讨论的问题，不外两部；一部是属于本体论的，一部是属于修养论的。他们虽说是意见纷歧，不相统一；但是到底有他们全体一致的见解。他们有全体一致的见解，所以成其为一时代的学风；他们的意见纷歧，不相统一，便在共同的学风下面保存着他们各人的精神和面貌。他们对于本体论共同的见解是"万物一体"，他们对于修养论共同的见解是"变化气质"，许多问题便从这上面发生。最先提出"万物一体"的主张的，可说是周濂溪的《太极图说》，其次是张横渠的《西铭》。纷歧的意见，也便从这里引逗。

"万物一体"的问题，本来也不是宋儒特有的。从各民族的思想史上看来，提出这个问题而加以讨究，也已不知几多次数的了。他的解答，不外是三点：一是说万物都是一个天神所创造，所以是一体的；一是说万物只是一种原质所变化，所以是一体的；一是说万物只是一个心镜所照现，所以是一体的。这三种说法，便成了宗教、科学和哲学。照我意思，要说万物一体，只有三种说法，一是唯神论，一是唯物论，一是唯心论。说法不同，他们找寻的证据，也便不同。

周濂溪的《太极图说》，是从"唯物"的观点上说明"万物一体"的。（引文略——编者）

这是说人和万物最先只是水、火、木、金、土五行，五行的起先只是阴、阳二气，阴、阳的起先只是一动和一静；但是要求那一动的起先是无可推求的了，所以说是"无极而太极"。太极是推求的最先因，若由此再推求，则更无最先因可见，故说是"无极而太极"。或说万物是上帝所创造，或说万物乃吾心所照现，都是寻因于物外。现在是即物本身而言，故更无最先因可见，这便是自然主义的旧论调。

张横渠的《西铭》，便和濂溪《太极图说》不同。他只说着天地万物之与吾为一体，却没有罗列证据，说出其所以然。

到后来二程手里，他们极推尊《西铭》。程明道说："自孟子后盖未见此书。"程伊川说："《西铭》扩前圣所未发，与孟子性善、养气之论同功。"朱子也说："程门专以《西铭》开示学者。"但是濂溪的《太极图说》，则二程生平并未道及一字。这其间显见有一个道理。原来二程讲学，爱从自己心坎上说起，他们不喜欢走远路，像濂溪的《太极图说》那样，逆溯到天地未生以前，又推广到万物之无穷。他们以为要指点天地万物之一体，不必从天地万物着想，只叫人反认心体，便已见得。

讲到这里，虽说是本体上的问题，其实已关涉到修养的方法上去。

一九三〇年 庚午 三十六岁

天地万物与我一体，这是宋儒所公认的；只是怎样去认识或说明，才有异同。有些主张从吾心去体认，有些主张从万物去参究。这不徒二程与周、张有异同，即周、张自身，从他们著作上看来，已有此异样的趋向了。濂溪《太极图说》似乎近于有唯物论的倾向；但是他的《通书》，便多从心性上讲。横渠的《西铭》，虽不涉及阴阳五行之说；但是他的《正蒙》，便多讲阴阳五行了。这一个歧趋，直到南宋朱晦庵和陆象山，才明白的分裂，明白的对峙。

朱子讲格物，要"即凡天下之物，莫不因其已知之理而益穷之，以求至乎其极。一旦豁然贯通，则众物之表里精粗无不到，而吾心之全体大用无不明"。这是承着濂溪《太极图说》、横渠《正蒙》的精神。象山只说立心、说自立、说自省自觉、说心即理、说万物皆备于我，比较与二程尤其是大程为近。他们的所谓理，便是天地万物一体之理，一个要即物而格，一个要反求之心。所以朱子极推濂溪《太极图说》，而象山则疑为非周子所为，或是其学未成时所作，说他与《通书》不类。他们往复的辨难，便是这个来历。

天地万物一体之理，究竟应该格之外物呢？还是应该立之吾心？这是宋儒争论未决的一个重要问题。宋儒讲学，原是侧重在方法一面的。这个问题，虽说是本体论上的问题；而精神所注，也只是方法论一边的意味为多。宋儒有一句扼要的话，叫做"变化气质"。

现在且问，如何才叫气质变化呢？明道的语录上曾经举着一个具体的例说："人语言紧急，莫是气不定否？曰：'此亦当习，习到自然缓时，便是气质变也。'"

然则气质变化，照明道的说法，是无异于革除一个旧习惯而养成一个新习惯。宋儒意见，人生一切习惯，皆从躯体起。他们所谓"气质"，即指躯体而言。要泯化小我，还归大我，则须把天地万物与我一体的理想常存在心，令他成为心理上思想的又一新习惯。待那新习惯既成，以前旧习惯自除，小我之私，便自泯化。横渠、明道变化气质论的大意，大致是如此。

伊川也说："治怒为难，治惧亦难。克己可以治怒，明理可以治惧。"

治怒、治惧，都是变化气质的实际工夫。克己是泯其小我。明理是复归大我。宋、明儒又提出一句口号，叫做"存天理，去人欲"。也便是这个意思。要做到这一层，唯一的诀窍便是"敬"。明道说："敬胜百邪。""学者不必远求，近取诸身，只明人理，敬而已矣，便是约处。"又说："敬须和乐，只是心中没事也。""心要在腔子里。"这句话宋儒用来释"敬"字。原来"心在腔子里"，本是心无所系的意思。心无所系，便是心中没事，无潜隐，无躲闪了。

照此说来，敬字工夫，也不过要我们"去人欲，存天理"，泯化小我，还归大我，达到变化气质的理想。但是"天理"又是什么呢？怎样才算是"天理"呢？"理"的体段认不清楚，则"敬"的工夫，又如何下手呢？明道也说："识得此理，以诚敬存之。"

现在的问题是此理叫人如何识法？问："不知如何持守？"曰："且未说到持守，持守甚事？须先在致知。"可见在敬的持守以前，还须有一番"致知"的工夫。所以明道又说："学在知其所有，又在养其所有。"

可见"知"还在"养"的前面。这一层理论，到伊川手里发挥格外透澈了。伊川的语录上说：问："必有事焉当用敬否？"曰："敬只是涵养一事。必有事焉，须当集义，只知用敬，不知集义，却是都无事也。"他归结着说："涵养须用敬，进学则在致知。"

后人把它尊为程门的口诀。原来"知"才是"变化气质"上一层在先而又最重要的工夫呀！明道虽亦说到"致知"，但他说话还侧重在"敬"的一边，直要到伊川才多说了些"致知"的话，但伊川也并不曾明白撇掉"敬"字。而且伊川还说："入道莫如敬，未有能致知而不在敬者。"

如此说来，二程的言论，始终是徘徊在"敬"与"致知"的两面，似乎有一些游移不定。所以黄梨洲说："宋人成说，言心则以知觉，而与理为二。言工夫则静时存养，动时省察。故必敬、义夹持，明、诚两进，而后为学问之全功。"

所以二程所说"敬、义夹持""明、诚两进"那些话，一到南宋，便免不了形成朱、陆的分垒。朱子要人先泛观博览而后归之约，是主张先从"致知"一边下工夫的。二陆要先发明人之本心，而后使之博览，是主张先从持守方面下工夫的。故朱以陆为太简，陆以朱为支离。一个自居于"尊德性",一个自居于"道问学"。二程学说的歧趋,到底在他们两人手里破裂了。

(二)明学的一般趋向和在王学以前及同时几个有关系的学者

任何一家学说,无论他怎样地伟大,怎样地创辟,他终免不了时代的色泽,摆不脱共同潮流的趋势。在他稍前或同时的几个学者,到底要对他有一些沾染和影响。我在这一章里,预备简约地讲些明学的一般趋向,和在王学以前及同时几个有关系的学者,来做讲述王学第二番的引端。

明学的一般倾向,最显著的,是他们的"重行"而"轻知"。宋儒本来已是看重修养方法,胜过一切的智慧的了;而这一种风尚,到明代尤见极端。他们爱切实,爱单纯、他们只讲一身一心,其他宇宙之大,民物之繁,好似不大理会到。这是明学的一个最重要的趋向,随便翻哪一家的语录,便可见得。

第二是他们的"一元论"的倾向。只为他们爱切实,爱单纯,重行而不重知,所以他们讲学,也只求得一个把柄。要行为着实而有力量,只求单纯的理论,明显的目标,打归一路,勿生旁歧。所以明儒讲学,不期然而然的都爱一个一元论的到达。

第三是他们一种"折衷融会"的学风。只为他们爱单纯,爱切实,不愿做一种繁琐分析的思考,不愿引伸推论而没有可把捉的结果。他们遇到各种各样的思想和理论,只勉力地把来折衷融会到自己的把柄上去,免得再摇撼他的信心,阻滞他的行为。这一种趋向,也是极自然的。

第四是他们的"各立宗旨"、"互争门户"。他们究竟是性气不同、环境不同,智慧的深浅广狭不同,学问从入的门径不同,启悟感发的机会不同,因种种的不同,而他们各自的把柄,也便无从而同。他们各依靠着自己的把柄,便不免与他人相违争,便造成各立宗旨互争门户的风气。

以上简略地述说一些明儒的学风,下面再说几个王学的前辈,及和他同时的学侣。

1、吴康斋

吴康斋是胡敬斋、娄一斋、陈白沙的先生。白沙与阳明,是明学的两大宗。梨洲说:"有明之学,至白沙始入精微、至阳明而后大,两先生之学最为相近。"

阳明又从娄一斋问学，一斋为姚江学之发端，则康斋之与姚江，其间关系自非泛泛。

统观康斋为学，于穷理致知，似非所重，他只在实践躬行上用力。故不轻著述。阳明学风，要人摆脱文字言说，反向自身自心上来，这一点可说与康斋极近。康斋最努力的，是"变化气质"的一事。他在《日录》上记着说："心本太虚，七情不可有所放。物之相接，甘辛咸苦万有不齐，而我恶其逆我者可乎？但当于万有不齐之中，详审其理以应之，则善矣。"

可见康斋学派，确还是宋儒矩矱。有名的明道《定性书》说着："故君子之学，莫若廓然而大公，物来而顺应。与其非外而是内，何若内、外之两忘？两忘则澄然无事，无事则定，定则明，明则尚何应物之为累哉？"

康斋说的"心本太虚，七情不可有所放"，便是悟到明道这一边来了。可是康斋既知恶外物之非，而接着要从外物上详审其理以为应付，岂不是伊川"致知"、晦庵"格物穷理"的一套，又须加上？所以伊川禁不住要说："只知用敬，不知集义，却是都无事。"这便是说：人不能穷理致知，单只牢守此心，不免空空洞洞，中无一物，外面事来，仍不能因应恰当的。只因康斋不过是一位笃实践履的君子，对此难关，尚未觑破；直到陈白沙，才又重新感到这一个问题的困难。

2、陈白沙

白沙从学康斋之门，《明儒学案》上有这样的一段记载："陈白沙自广来学，晨光才辨，先生手自簸谷，白沙未起，先生大声曰：'秀才，若为懒惰，即他日何从到伊川门下，又何从到孟子门下？'"

但是白沙是一个高明一路的人物，对康斋笃实一路，究竟不能满意。所以后来白沙自叙学问所得，并不关及康斋。他说："仆年二十七，始发愤从吴聘君学。其于古圣贤垂训之书，盖无所不讲，然未知入处。比归白沙，杜门不出，专求所以用力之方。既无师友指引，惟日靠书册寻之，忘寐忘食，如是者亦累年，而卒未得焉。所谓未得，谓吾此心与此理未有凑泊吻合处也。于是舍彼之繁，求吾之约，惟在静坐。久之，然后见吾此心之体，隐然呈露，常若有物。日用间种种应酬，随吾所欲，如马之御衔勒也。体认物理，稽诸圣训，各有头绪来历，如水之有源委也。于是涣然自信曰：'作圣之功，其在兹乎？'"

这一段话里，有几点极可注意的地方。第一是他说"未知入处"，与"专求所以用力之方"，可见当时学者，用心所在，全不管外面天地民物，也不理会种种智慧思想，却一意向自身自心吃紧，这是宋、明理学一条血路，愈后愈显。第二是他说"此心此理未有凑泊，便是无所得"，这一层最是宋儒未决的难关，现在白沙是感到了。心是属于我的，理是属于外的，这二者间究竟如何凑泊合一？这实在是宋、明儒学一大问题。第三是他从静坐中认识自己心体，把来做把柄，他认为如此然后可以体物理，稽圣训，应酬日用，才有一个原委，有一个衔勒。

"此心之体"的面目是若何的呢？白沙又有一段说话讲着："是以圣贤之心，廓然若无，感而遂应，不感则不应。又不特圣贤如此，人心本来体段皆一般。只要养之以静，便自开大。"

这一番说话，还只走了明道的老路。他只讲"感而遂应"，不讲如何能应得恰当，恐怕仍逃不出伊川"只知用敬，不知集义，却是都无事"的批评。所以到他的学生湛甘泉手里，又特别侧重于"随处体认天理"的口号来。

3、湛甘泉

甘泉已和阳明同时。梨洲说："王、湛两家，各立宗旨，湛氏门人虽不及王氏之盛，然当时学于湛者或卒业于王、学于王者或卒业于湛，亦犹朱、陆之门下，递相出入也。"又云："先生与阳明分主教事，阳明宗旨致良知，先生宗旨随处体认天理，学者遂以各立门户。"

可见他和阳明俨处敌对的地位。他反对阳明格物说，谓其有四不可。大意谓阳明："训格为正，训物为念头之发、'格物'犹云'正念头'。则念头之正否，亦未可据。杨、墨之时，皆以为圣矣，岂自以为不正而安？以其无学问之功，而不知所谓正者乃邪而不自知也。其所自谓圣，乃流于禽兽也。论学之最始者，《说命》则曰：'学于古训乃有获。'《周书》则曰：'学古入官。'若徒正念头，则孔子止曰'德之不修'可矣，而又曰'学之不讲'；止曰'默而识之'可矣，而又曰'学而不讲'，又曰'信而好古敏求'者何耶？所讲、所学、所好、所求者何耶？"

他的议论，完全和伊川、晦翁格物穷理读书学古的见解一致。他又说："人心以天地万物为体，心体物而不遗，认得心体广大，则物不能外，故格物非在外也。阳明与我看心不同。吾之所谓心者，体万物而不遗者也，故无内外；阳明之所谓心者，指腔子里而为言者也，故以吾之说为外。"所以梨洲批评他说："先生以为心体万物而不遗，阳明但指腔子里以为心，故有是内而非外之诮。然天地万物之理，不外于腔子里，故见心之广大。若以天地万物之理，即吾心之理，求之天地万物以为广大，则先生仍为旧说所拘也。"

一个说天地万物之理即吾心之理，和一个说吾心之理即天地万物之理，看似一样，实有极大的歧趋，这本是朱、陆两家的老争点。而甘泉定要提出"体认天理"的话头来和王学树异，这或者也是当时学者好立宗旨争门户的习气罢？但是在甘泉学说的本身内部说来，究竟"体认天理"应该从格物穷理下手呢？还是应该从存心立志入门？这却是一个绝大的问题，这一问题是从二程、朱、陆以来所没有解决的。甘泉算是认到了此问题，但也还没有解决的方案，只想含糊地把他打并归一，只在几个字面上和几句语言上，把它们凑合了，实在也不济事。甘泉的见解，似乎还欠真切，所以他的言论，模棱鹘突，搔摸不到人的痛痒。

4、罗整庵

和湛、王同时还有一位罗整庵，他遵守着程、朱，反对陆象山、杨慈湖，对白沙也屡有批评。他说："所谓理一者，须就分殊上见得来，方是真切。陈白沙谓林缉熙曰：'斯理无一处不到，无一息不运，得此把柄入手，更有何事？'其说甚详，末乃云：'自兹以往，更有分殊处，合要理会。'夫犹未尝理会分殊，而先已得此把柄，愚恐其未免于笼统颟顸也。"又云："以良知为天理，则易简在先，工夫居后，后则可缓；白沙所谓'得此把柄入手，更有何事，自兹以往，但有分殊处，合要理会'是也。谓天理非良知，则易简居后，工夫在先，先则当急，所谓'果能此道矣，虽愚必明，虽柔必强'是也。"

他批评白沙、甘泉如此，其对于阳明的意见可知。在整庵看来，甘泉、阳明固是一路上的人物。他反对阳明的格物说，"以良知为天理"。

整庵论理、气是一元,而论心、性却仍是二元,所以他讲工夫,也还在存养、省察的两边徘徊着,仍只落了"敬、义夹持""明、诚两进"的窠臼。仍然没有解决两宋诸儒传下的那两个难决的问题。

上面约略讲了几个阳明的前辈和同时的学者,可见当时学术界所要努力的方向,及他们所遭逢的阻难,确还自北宋以来诸儒走着的老路。到阳明手里,看他如何斩伐荆榛,开辟险阻,这是下面的文字所要述说的。

(三) 阳明成学前的一番经历

先生说,王学的酝酿,已在前两节里约略点明。现在续讲阳明成学前的一番经历,可以对于王学的来历,格外明白些。

阳明是一个多方面有趣味的人,在他内心,充满着一种不可言喻的热烈的追求,一毫不放松地往前赶着。他像有一种不可抑遏的自我扩展的理想,憧憬在他的内心深处,隐隐地驱策他奋发努力。他似乎是精力过剩,而一时没有找到发泄的出路。他一方极执著,一方又极跳动,遂以形成他早年期的生活。

他幼年读书,尝问塾师:"何为第一等事?"在他嫩弱的脑筋里,已有了做世上第一等事的夸大的野心。他十二岁时,随着他父亲、祖父远宦京师,是一个诗礼家庭的宠儿。

他在十五岁那年,已慨然有经略四方之志,曾出塞逐胡儿骑射,深慕着功绩和豪杰的行径。

十七岁在江西结婚。正在婚期那天,他走近一道院,见一道士趺坐,阳明因他自己不可羁束的好奇心和浪漫的情趣,便叩问那道士养生之理,随即试着和道士对坐,又因为他那副执著认真的性情,竟至一坐忘归,直到次晨,才为他的外舅觅还。

十八岁挈着新妇回越。途中谒娄一斋,一斋告诉他宋儒格物之学,他便认为圣人必可学而至,深契其说。

二十一岁在京师,他奋发的要实做格物工夫。依照朱子《大学格物补传》的意见,来试格庭前的竹子,格了七天病了,他爽然自失地叹着,他想圣贤有分,非他所能及,他于是不想做圣贤了,遂转换兴趣来研究辞章文学。他那又执著又跳脱的性情,使他经常尝到多方面的生活。

二十六岁感于边警,留心武事,读尽了兵家秘书。

二十七岁,厌倦辞章艺能,所遇师友又不足满其想望,转求养生之道,有遗世入山之意。

二十八岁入仕途,无所发挥,极沉郁。

三十一岁,告病归越,实习导引术。在静久的环境里,把他历年壮热的感情,洗伐净尽,他只思离世远去。

三十三岁又入政界。三十四岁,和湛甘泉倡明圣道,授徒讲学,一时目为立异好名。

三十五岁谪龙场驿。他那内部郁积的活力,终于要发泄了,终于要爆裂了。他内心沸腾着豪杰的热血,鼓舞着神仙的想望,崇拜着圣贤的尊严。他自己按捺不住,触机即发。他看到朝廷阉宦柄政,直士遇祸,他从内心深处,涌出一股义愤来抗疏相救。于是下诏狱,廷杖四十,死而复苏,远谪贵州的龙场驿,当一个小小的驿丞。这一事在他的生活上,是最重要的一个转换,他渐渐地在其中,得到他以后的新活力和新生命。

三十七岁发谪至贵阳,春天到达龙场驿。龙场在贵州西北万山丛棘中,蛇虺魍魉,蛊毒瘴疠,夷人鴃舌,无可与语。此外略有些中土亡命。又无居室。阳明到了,才教他们范土架木以居。那时仇阉怀恨未已,他还要提防刺客忽然来到。他自计一切世间得失荣辱,到此境地,真是无从道起,只有逼得他一一超脱。他那种险恶的处境,正是帮助他超脱一切的大助力。可是他还有生死一念,一时未能净化。于是他做一石椁,以俟命自誓,日夜端居静默,求把他那怕死之心也一并化了,好让他自己内心得个安静。久之,他觉得胸中洒洒,渐次的空了,连怕死的一念也没有了。他在这样非人所堪的环境里,他却自己问着自己,倘使叫圣人来处此境,他还有何法呢?他在这样抑塞沉郁的当儿,忽而中夜大悟,在窹寐中好像有什么人告诉他似的,呼跃而起,时从者皆惊。他却从此发明了他的"格物致知"新学说。

这以上是阳明成学前一番经历的大概。原来王学的萌芽,他所倡良知学说的根柢,是有生命的,有活力的,是那样的执著,那样地跳脱,从多方面的兴趣,很复杂的经验中流变而来的。他所认识的"良知",决不是一件现成的东西,也不是平易简单的把戏,更不是空疏无着落的一句话。

要研究王学的人，不要忘了他成学前的那一番经历。他说"立志"，说"诚意"，说"事上磨炼"，说"知行合一"，说"易简"，说"真切"，凡他说的一切，我们要把他自己成学前的种种经历来为它下注释。若忘了他的实际生活，空来听他的说话，将永不会了解他说话的真义。若空听了他的说话，又忘了你自己当身的实际生活，那便更不会了解他说话的一番真义所在了。

(四) 王学的三变

先生谓，阳明在龙场驿，打熬着千险万苦，发明他"良知"的学说，这其间还有几次变化。黄梨洲说：

> 先生之学，始泛滥于词章，继而遍读考亭之书，循序格物；顾物理，吾心，终判为二，无所得入。于是出入佛、老者久之。及至居夷处困，动心忍性，因念圣人处此，更有何道？忽悟"格物致知"之旨，圣人之道，吾性自足，不假外求。其学凡三变而始得其门。自此以后，尽去枝叶，一意本原，以默坐澄心为学的，有未发之中，始能有发而皆中节之和，视听言动，大率以收敛为主，发散是不得已。江右以后，专提"致良知"三字，默不假坐，心不待澄，不习不虑，出之自有天则。盖良知即是"未发之中"，此知之前更无未发。良知即是"中节之和"，此知之后更无已发。此知自能收敛，不须更主于收敛。此知自能发散，不须更期于发散。收敛者，感之体，静而动也。发散者，寂之用，动而静也。知之真切笃实处即是行，行之明觉精察处即是知，无有二也。居越以后，所操益熟，所得益化，时时知是知非，时时无是无非。开口即得本心，更无假借凑泊，如赤日当空，而万象毕照。是学成之后，又有此三变也。

现在再按着《年谱》，根据梨洲所说排比如次：

三十八岁在贵阳，始论"知行合一"。

三十九岁在吉，他自龙场归途，语学者悟入之功。他说："前在贵阳，举知行合一之教，纷纷异同，罔知所入。兹来乃与诸生静坐僧寺，使自悟性体，顾恍恍若有可即。"他又在途中写给门人书说："前在寺中所云静坐事，非欲坐禅入定也；盖因吾辈平日为事物纷拿，未知为己，欲以此补小学'收放心'一段功夫耳。"

这是梨洲所说阳明学成后的第一变，他主张以收敛为主，发散是不得已。必须如此用功，才见得自己良知本体。《传习录》上有一条阳明与陆澄的问答说。

此番问答全是说的心上功夫，要荡涤扫除，要无染着，无偏倚，要此心廓然，毫无留滞；这些话，本也是北宋以来相传"变化气质"的真功夫，也可说是宋、明理学的真血脉。可见阳明只是宋学传统里一个克家的肖子，并不曾变换了祖宗的家风。若非从此功夫出头，便认不得真良知，了解不得真阳明，也配不上讲究理学的真意义。

《年谱》阳明、南畿论学，只教学者"存天理，去人欲，为省察克治实功"。这是阳明指点接引的转变处。他惩末俗卑污，要教人荡涤扫除，无染着，无留滞，教人自识性体，因此走了高明一路；但有些学者从此流入空虚脱落，故又改就笃实践履，教人做省察克治的工夫。

此《传习录》上有陆澄所记的一段看，可见"省察克治"，也只是"扫除廓清"的工夫。阳明当时，还只是讲了一个"去人欲，存天理"，还只是讲了一个"变化气质"，还只是讲了一个"静存动察"，他还只是确遵着北宋以来的大传统，确做了理学界的克家肖子；他何尝举起叛旗，打着革命的号子，来推翻前人成说呢？他只对是朱非陆的成案，稍稍有些平反的见解，一部分人便说他违反朱子，又一部分人又说他依归象山。门户之见，真是无从排解；但只要从源头上看来，便知门户争持，实在是无谓。

自四十六岁以后，阳明立了许多奇功伟绩，尤其是讨平宸濠之变的一役。不意朝廷一辈谗臣张忠、许泰等却说王守仁定要造反，因此险遭不测。这是阳明在龙场驿以后的第二番磨折，动心忍性，在他内心深处又增长无穷的契悟。

五十岁在江西，始揭"致良知"之教。《年谱》说他自经宸濠、忠、泰之变，益信良知真足以忘患难，出生死。《年谱》又说："先生自南都以来，凡示学者，皆令'存天理，去人欲'以为本。有问所谓，则令自求之，未尝指'天理'为何如也。间语友人曰：'近欲发挥此，只觉有一言发不出，津津然如含诸口，莫能相度。'久乃曰：'近觉得此学更无有，他只是这些子，了此更无余矣。'旁有健羡不已者，则又曰：'连这些子亦无放处。'今经变后，始有良知之说。"

这是梨洲所说阳明学成后的第二变，在此期间，始专提"致良知"。在第一期里，阳明说教，还只借用前人话头来证述他自己的经验，到现在，始有他自创的宗旨，自铸的话柄，卓然成一家言。宸濠、忠、泰之变，和龙场驿的贬谪，在王学的历程里，真好说是后先辉映。无怪阳明要说他的良知之说是从百死千难中得来了。

五十三岁在越，中秋宴门人于天泉桥。明日，诸生入谢，阳明有一番告诫他们的话说：

"昔者孔子在陈，思鲁之狂士。世之学者，沉溺于富贵声利之场，如拘如囚，而莫之省脱；及闻孔子之教，始知一切俗缘，皆非性体，乃豁然脱落。但见得此意，不加实践，以入于精微，则渐有轻灭世故、阔略伦物之病。虽比世之庸庸琐琐者不同，其为未得于道，一也。故孔子在陈，思归以裁之，使入于道耳。诸君讲学，但患未得此意；今幸见此，正好精诣力造，以求至于道，无以一见自足，而终止于狂也。"

这是阳明要从狂放指引到中道的说法。从此以下，便是梨洲所说阳明学成以后的第三期。大抵从狷到狂，从狂到中道，他自己工夫进境如此，他指点人的学程也是如此。

（五）王学大纲

关于王学大纲，先生就其学说精要标举七项，即1、良知。2、知行合一。3、致良知。4、诚意。5、谨独。6、立志。7、事上磨炼。然后逐条阐述。

1、良知

讲及王学，最先便联想到"良知"，"良知"到底是一件什么东西呢？《传习录》上说："知善知恶是良知。""良知是天理之照明灵觉处，故良知即是天理。"

"天理"两字，本是北宋以来理学家最认真寻讨的问题，其实天理只是分善别恶的一个总名，除却分善别恶，便无天理可见。至于善恶的标准，推极本源，只在人心的自然灵觉处。所以天理只从人心上发，除却人心，不见天理。那个为天理本源的人心，便叫"良知"。

如此说来，人心即是天理，更不烦有所谓凑泊。人心自然能明觉得此天理，也不烦再有所谓工夫了。这便是王学对宋儒传统大问题获得了一个既简易又直捷的答案之最大贡献处。

2、知行合一

讲王学除良知外，便要说到"知行合一"。《传习录》上徐爱记着一段话。先生指出，这是阳明论"知行合一"最剀切的一番话。原来知行在本体上本是合一的。知行之不合一，只为有私欲隔了。要复那不曾为私欲隔断的本体，便是朱子注《大学》所谓："尽夫天理之极，而无一毫人欲之私。"这又是阳明之所以承续宋学大传统所在。所以阳明又说："知是行的主意，行是知的功夫。知是行之始，行是知之成。若会得时，只说一个知，已自有行在；只说一个行，已自在知在。"讲王学的人，只要真认识那些隔断本体的私欲，自然能会得他所说"知行合一"的本体。

3、致良知

讲王学第三个要叫人想到的，便是"致良知"。"致良知"即是"彻根彻底不使一念不善潜伏胸中"的方法。阳明说：

> 知是心之本体，心自然会知。见父母自然知孝，见兄自然知弟，见孺子入井自然知恻隐，此便是良知，不假外求。若良知之发，更无私意障碍，即所谓充其恻隐之心而仁不可胜用矣。然在常人不能无私意障碍，所以须用致知格物之功，胜私复理，即心之良知更无障碍，得以充塞流行，便是致其知，知致则意诚。

原来"致知"只是要此心不为私欲私意所障碍，便只是"要此心纯是天理"。阳明所谓的"知行合一"，岂不是北宋传下的一个"敬"字？阳明所谓的"致良知"，岂不是北宋传下的一个"义"字？但北宋以来所谓的"敬、义夹持",本来分成两橛的;此刻到阳明手里,便浑化为一了。

4、诚意

阳明说:"'诚意'之说,自是圣门教人用功第一义。"又说:"惟天下之至诚,然后能立天下之大本。""以诚意为主,即不须添'敬'字,所以提出个诚意来说,正是学问的大头脑处。"

阳明把"致知"来代替了北宋相传的"集义"和"穷理",又把"知行合一"和"诚意"来代替北宋相传的一个"敬"字。阳明已为北宋以来理学传统上难决的问题,给了一个圆满的解答,但他实不曾树着革命的叛旗来打倒北宋以来的前辈。而后来讲程、朱的人,便要痛斥阳明,讲阳明的也要轻视程、朱,却为何来?

5、谨独

阳明讲"诚意"又讲"谨独"。《传习录》所记:"正之问:'戒惧是己所不知时工夫,慎独是己所独知时工夫,此说如何?'先生曰:'只是一个工夫,无事时固是独知,有事时亦是独知'。人若不知于此独知之地用力,只在人所共知处用功,便是作伪。此独知处便是诚的萌芽。此处不论善念恶念,更无虚假。一是百是,一错百错,正是王霸、义利、诚伪、善恶界头。于此一立立定,便是端本澄源,便是立诚。古人许多诚身的工夫,精神命脉,全体只在此处。"

6、立志

阳明讲诚意、谨独,又讲"立志"。他说:"大抵吾人为学,紧要大头脑只是立志。所谓困忘之病,亦只是志欠真切。今好色之人,未尝病于困忘,只是一真切耳。诸公在此,务要立个必为圣人之心,时时刻刻,须是一棒一条痕,一掴一掌血,方能听吾说话,句句得力。若茫茫荡荡度日,譬如一块死肉,打也不知痛痒,恐终不济事。"又说:"学问不得长进,只是未立志。良知上留得些子别念挂带,便非必为圣人之志。""只念念要存天理,即是立志。"

讲王学的人,只要先辨一个真切为善之志,专一在此,更无别念挂带,便是良知栽根处。从此戒慎恐惧,从谨其独知处下手。别人不知,只我自知处,是谓独知。若能从独知处下工夫,久久自见意诚境界。意诚了，自得认识"知行合一"的本体。识得此体，自会悟到自己的良知。这是走上王学的真路子，阳明指点本自亲切；后人好弄玄虚，索之冥漠，寻之高深，反而转入歧途了。

7、事上磨炼

北宋以来所谓"敬、义夹持"、"明、诚两进"，讲工夫上的争端，在阳明手里算是打并归一了，这已在上节约略阐述过。至论对于本体方面心与物的争端，阳明又如何来解决？据普通一般见解，阳明自是偏向象山，归入"心即理"的一面，其实阳明虽讲心理合一，教人从心上下工夫，但他的议论，到底还是折衷心、物两派。别开生面，并不和象山走着同一的路子。他曾说："目无体，以万物之色为体；耳无体，以万物之声为体；鼻无体，以万物之臭为体；口无体，以万物之味为体；心无体，以天地万物感应之是非为体。"

这样说来，既不偏在心，也不偏在物，他在心、物之间特别指点出一个"感应"来，这是王学的超过朱、陆处。

《传习录》："九川问：'静坐用功，颇觉此心收敛，遇事又断了。旋起个念头去事上省察，事过又寻旧功，还觉有内外，打不作一片。'先生曰：'此格物之说未透，心何尝有内外？……人须在事上磨炼做工夫，乃有益。'"

只须在"事上磨炼"做工夫：这是王学折衷朱、陆，打通心物内外两端的精神所在，这里才见得是阳明精一之训。阳明平素教人，只指点出天理、人欲的分别，不再主张有内心、外物的分别，这是王学的高明处。

阳明所谓的事上磨炼，也只是磨炼自己一心的喜怒哀乐。换一句话说，便是磨炼自己良知的感应。便是磨炼此知行合一之本体。原来阳明所谓"事上磨炼"，还只在一个"存天理，去人欲"，叫自己的喜怒哀乐恰到好处，不要过分。便是所谓"中和"的地位。便是阳明所谓的"心体"。试问阳明此等处，岂不显然是宋儒讲学的大传统？

我们若明白得他所谓的事上磨炼，同时也自明白得他所谓的立志、谨独、诚意，和致良知；同时也自明白得他所谓的良知，和知行原自合一的本体。我们若明白得这些，从此再回头，看北宋以来相传的所谓

一九三〇年 庚午 三十六岁

"变化气质",试问和王学到底有几许不同?如是说来,阳明又何尝打起革命的叛旗,来求推翻他前辈一般的见解和觊图呢?他晚年特别提出"事上磨炼"一句口号来,只为要在朱子格物和象山立心的两边,为他们开一通渠。后人必然要说阳明尊陆抑朱,怕也未必尽然吧?

以上七点,总算把王学大纲,约略写出了一个大概。他那主张一元论的倾向,和那折衷融会的精神,及其确切明显的宗旨,都可以代表明学的一般;而尤其是在他重"行"的一点上,不徒是他为学精神全部所贯注,即其学说理论之全部组织上,也集中在这一面。

所以朱子言格物穷理,未免偏重"知"上说,而阳明言格物穷理,则根本脱离不了一"行"字。天理在实践中,良知亦在实践中。天地万物与我一体亦在实践中。不实践,空言说,则到底无是处。

(六)阳明的晚年思想

黄梨洲说:"自姚江指点出良知,人人现在,一反观而自得,便人人有个作圣之路。故无姚江,则古来之学脉绝矣。然'致良知'一语,发自晚年,未及与学者深究其旨。后来门下各以意见搀和,说玄说妙,几同射覆,非复立言之本意。"

本来一家学说,他的成熟多在晚年,晚年的思想,自然是更足为后人所研讨;而况王学,在其晚年,还未能深切发挥,不幸没世,其后学各执一说,互生歧异,讲王学的人,自然要对其晚年思想益加注意了。

是以先生特举阳明晚年重要论说,予以研讨。即(一)五十四岁(明嘉靖四年乙酉,公元一五二五年)在越时《答顾东桥书》中《拔本塞源》之论。(二)五十六岁(嘉靖六年丁亥,公元一五二七年)时,起征思田,将发,录此书示门人之《大学问》。以及同年九月于天泉桥与门人钱绪山、王龙溪夜话,所授之《四句教》。以下是再分条的阐述。

1、《拔本塞源论》

《拔本塞源论》是王学里一番重要的贡献,固于史实未必尽当;然此实良知学者一个理想的"乌托邦"。论其远源,颇近于古代的《礼运篇》,但《礼运篇》只提出一理想,并没有如何实现此理想的步骤与计划,阳明的《拔本塞源论》,从人类的心性上出发,从教育上下手,依此逐步推进,《礼运》的理想社会始有实际几及之可能。但阳明此论,似乎朱子的

《大学章句序》已先发其端。而朱子此文，同样把古代历史描写成自己的理想国，同样侧重在教育功能上，来培植各人性分之所固有，来发扬各人职分之所当为，来达成一理想的社会。在大纲大节上，可谓和阳明《拔本塞源论》中所讲并无二致。只是没有阳明般对此理想社会描写得更详明，更完备。

现在再说到《拔本塞源论》那一篇文章的骨干，正面是天地万物一体之仁，反面是功利之私，论其大体，仍不出北宋以来理学家传统所争的天理、人欲之辨。只是内圣外王，有体有用，举凡政治、教育、道德、才能，莫不一以贯之。既理想，又具体，实足悬为将来人类社会所永远追求的一远景。我们从此来看阳明的良知学，可知其决非空疏，决非褊狭。其间有几点值得特为提出，以为讲王学者所注意：（1）讲良知之学，每易侧重在个人方面，而此篇所论则扩大及于人类之全体。（2）讲良知之学，每易侧重在内心方面，而此篇所论则扩大及于人生一切知识才能与事业。（3）讲良知之学，每易侧重在人与人之相同处，而此篇所论则同时涉及人与人之相异处。（4）讲良知之学，每易侧重在伦理问题的一部分，而此篇所论则同时涉及政治、经济、社会的一切问题上。

我在上章所举的"事上磨炼"，本亦是阳明晚年所提出的口号。我想治王学者，应该把《拔本塞源论》作为从事"事上磨炼"之主要题目。……只可惜阳明当时，对此一番理论，仅仅粗发其绪，没有详细发挥。哲人不寿，真是人世的大损失。

从良知见地，阐发人类最高可能的平等性，以及为人群分工服务的个别的自由性，实为《拔本塞源论》的骨子……至于知识才能，讲良知的人，并非加以抹杀不去理会；只要教人各就自己分量尽力，不作分外希慕，不为功利借资。把庄、老逍遥、齐物的见解，来补孔、孟尽性知命的精谊，这是千古大议论，讲究王学的人，不要轻易看过。

2、《大学问》

钱绪山德洪说："吾师接初见之士，必借《学》、《庸》首章以指示圣学之全功，使知从入之路。师征思田将发，先授《大学问》，德洪受而录之。"

钱绪山受录《大学问》时，阳明已五十六岁，翌年即辞世，可说是晚年之作了。惟钱氏又说："《大学问》者，师门之教典也。学者初及门，必先以此意授。门人有请录成书者，曰：'此须诸君口口相传，若笔之于书，使人作一文字看过，无益矣。'嘉靖丁亥八月，师起征思田，将发，门人复请，师许之。录既就，以书贻洪，曰：'《大学或问》数条，非不愿共学之士尽闻斯义，顾恐藉寇兵而赍盗粮，是以未欲轻出。'"

这篇文字，真如绪山所说，平易切实，真可作王门的教典。他开宗明义，便提及天地万物一体之仁，这是宋、明理学传统精神所在。他讲"明明德"与"亲民"，内外交融，体用一贯，而以灵昭不昧的良知为分善别恶的准绳，即为"至善"之极则。他阐发《大学》三纲，即已括尽自己讲学宗旨。可是他分述格、致、诚、正的几层工夫，虽也不离他平日讲学的真精神，而且在《文集》和《传习录》里也屡见到同样的话，但总不免使人读了，觉有牵强文义之憾。读者贵能分别而观，何者是阳明的意见，何者是阳明意见和《大学》原文本意的异同。讲王学的，只要知道阳明自己见解确是如此便得。在阳明当时，也不过借《大学》一书来发挥他自己的见解，我们也只须从他的讲述《大学》里面来认识他自己要发挥的便完了。

讲王学的人，自该注重在敦本尚实、反朴还淳的行的一边。修饰虚文，已为阳明所不取；何况拘牵文义，走入支离附会的路子呢？然而阳明讲学，自己也还不能免于拘牵文义。到底是他受朱子的影响太深了，他早年曾依朱子《格物补传》切实下过工夫的，他虽失败了，在他胸中终于洗不掉"《大学》为入德之门"的一个见解。

3、四句教

在《传习录》卷三黄省曾的一段记载中，有"无善无恶心之体，有善有恶是意之动，知善知恶是良知，为善去恶是格物。"四句话。先生说，这便是有名的"四句教"，又称"四句诀"。同样的记载，又见于《阳明年谱》、《天泉证道记》等，语颇小异，而精义则一。

"四句教"语涉玄理，在当时门人中悟解就有所不同。因此阳明即以"四无说"适于导上根（利根）人，"四有说"适于导中根（有习心）以下人，以为"权法"。《天泉证道》记："阳明夫子之学，以良知为宗；然与门人论学，提四句为教法。绪山谓此是师门定法，一毫不可更易；

先生（龙溪、王畿、汝中）谓夫子立教随时，谓之权法，未可执定。"阳明既殁，学者论及"四句教"，遂众说纷纭。

至黄梨洲作《明儒学案·师说》曾谓："愚按'四句教'法，考之阳明集中，并不经见，其说乃出龙溪，则阳明未定之见，平日间尝有是言而未敢笔之于书，以滋学者之惑。至龙溪先生始云四有之说，猥犯支离，势必进之四无而后快，既无善恶，又何有心意知物？终必进之无心、无意、无知、无物而后已。如此，则'致良知'三字，著在何处？"

先生则认为：以《年谱》、《传习录》比观，则四有、四无两说，显然并为阳明所许，决非龙溪创托。大抵后儒怀疑，多在"无善无恶心之体"一语，其实阳明明明说过："良知只是个是非之心，是非只是好恶。只好恶就尽了是非，只是非就尽了万事万变。"阳明明明从此心好恶上指点出良知，从好恶才分了是非，从是非再定了善恶。而良知的好恶则是先天的，人间的善恶是后起的。如此说来，要说心是无善无恶的，似乎也并无不可。若说良知至善无恶，那自然更恰当。

但天泉桥问答，乃钱绪山、王龙溪二人一同在场。纵谓龙溪操戈入室，离了师门宗旨；然绪山所编《年谱》和《传习录》，岂不是很明白的证据吗？而且"无善无恶是心体"一语，绪山也说是阳明教法，他的语录里也曾说过："人之心体一也，指名曰'善'可也，曰'至善无恶'亦可也。曰善、曰至善，人皆信而无疑；又为'无善无恶'者何也？至善之体，恶固非其所有，善亦不得而有也。"

据此则《四句教》自然出自阳明，决非龙溪一人之私言。在阳明只说"良知即天理"，并不是说"天理即良知"。说良知即天理，是要人反从心上求；说天理即良知，便不免走入歧途，舍却自己良知而别寻所谓天理了。

但阳明"四句教"，究竟有一个分歧点存在的。一是钱绪山所主专接中根人而同时又是彻上彻下的"四句教"，另一则是王龙溪所主专接上根的人究竟教法"四无论"。就阳明毕生讲学精神所注，显然侧重在"知行合一"的本体上。若我们认真此"知行合一"的本体，不要把行的一边忽略了，则行已落实到具体人事上，我们不能说人生一切具体行事，全是无善无恶。你未在事上磨炼时，心事同归于寂，你一经到事上磨炼，那事的善恶，也即一时明白起来。故说"无善无恶心之体"，也即是理之静。"有善有恶意之动"，也即是理之动。阳明话本很明白，为何定要说"心是无善无恶之心，意亦是无善无恶之意，知亦是无善无恶之知，物亦是无善无恶之物"呢？可见讲王学，还是该切实扣紧在实际人生上，却不必先有一番悬空的摸索与思辨。那才始是主张"知行合一"的真精神。

在这一点上，阳明、天泉桥问答以后，不幸即作古人，没有在这方面细作发挥，于是遂引生出王学后起不可弥缝的裂痕，而王学也终于渐渐走了样，这真是一件极可惋惜的事。

我上面所述阳明晚年思想，共举出了三大项目来。一是《拔本塞源论》，二是《大学问》，三是"四句教"。在我认为，此后我们要发扬王学，应该更注意《拔本塞源论》，庶乎不走失了王学真精神，而且可以实措之当身与当世。又是人人与知与能、简易明白、直捷无弊的。至于《大学问》与天泉桥问答，其中都不免易于引起文义争辨，都会在言说思辨引入歧途，必须把来扣紧在《拔本塞源论》的大题目之下，庶乎有一个确定的目标与绳尺，不至于走失了阳明讲学的原样子。

（七）王学的流传

在黄梨洲的《明儒学案》中，泰半皆王门流裔，他分列为浙中王门、江右王门、南中王门、楚中王门、北方王门、闽粤王门及泰州各派。再传而后又有止修、东林、蕺山。《阳明学述要》中，以《王学的流传》一章殿后。只取三家为代表，即浙中、江右及泰州一派，略予评述。浙中为王龙溪畿。江右为罗念庵洪先。泰州为王心斋艮。

1、王龙溪

梨洲说："姚江之学，自近而远……郡邑之以学鸣者，亦仅仅绪山、龙溪。"又说："先生（龙溪）亲承阳明末命，其微言往往而在。象山之后不能无慈湖，文成之后不能无龙溪。以为学术之盛衰因之。慈湖决象山之澜，而先生疏河导源，于文成之学，固多所发明也。"

先生谓龙溪力持"四无"之说，后儒群起疑辨，他的后学，也确多流弊。然他于阳明亲炙日久，他的四无说，也本为阳明所首肯。他论良知也实有精卓处。不得以此流弊罪一人。他说："此学全在悟，悟门不开，无以征学。然悟不可以言思期必而得。悟有顿渐，修亦有顿渐。着一渐字固是放宽，着一顿字亦是期必。放宽便近于忘，期必又近于助。要之皆在识神作用，有作有止，有任有灭，未离生死窠臼。"又说：

"此件事无气魄可凑泊，无才能可倚靠，亦无道理可商量。只从一念入微，神感神应，时时见有过可改，时时见有善可迁，便是入圣真血脉路。所谓讲之以身心，非徒口耳传述已也。""致此良知，洁洁净净，不为功利所淆扰，不为见解所凑泊，便是学圣人真功夫。""嗜欲深痼，割情极难。若非极下苦功，令本心时时作得主宰，未有不以从欲为自然者。"

诸如此类，皆可谓指点亲切，真得阳明良知薪传。后来学龙溪的人，自入魔道，却不能尽怪龙溪。（按本节所引，均见孙奇逢《理学宗传》。）

2、王心斋

梨洲说："阳明先生之学，有泰州、龙溪而风行天下，亦因泰州、龙溪而渐失其传。泰州、龙溪时时不满其师说，益启瞿昙之秘而归之师，盖跻阳明而为禅矣。然龙溪之后，力量无过于龙溪者，又得江石为之救正，故不至十分决裂。泰州之后，其人多能以赤手搏龙蛇，传至颜山农、何心隐一派，遂非复名教之所能羁络矣。"

先生以为王心斋是泰州学派的开山，他最著名的是所谓《淮南格物说》。他以"反己"为格物，以"止至善"为安身。他说："止至善者，安身也。安身者，立天下之大本也。身也者，天地万物之本，天地万物末也。物有本末。故物格而后知本，知本，知之止也。身与天下国家，一物也，惟一物而有本末之谓。格，絜度也。絜度与本末之间，而知本乱而末治者否矣，此格物也。""格物，知本也；立本，安身也。安身以安家而家齐，安身以安国而国治，安身以安天下而天下平。知得身是天下国家之本，则以天地万物依于己，不以己依于天地万物。"

心斋的格物说，大略如此。在阳明本身，专提良知，已若拘拘于此身。舍此身则心不存而知亦不显，孝悌恻隐一切道理于何发见？故良知虽说人人同有，而其实则各各私于一身；良知虽说并包众理，其实也限于一知。今说心外无理，心外无物，则无异说身外无理，身外无物。转辞言之，便成身外无事。孝悌恻隐亦皆当身事，使无此身，或此身退在局外，则良知不复当境，良知不当境便是寂了，何从见理、见事、见物？照此说来，泰州的格物说，真是姚江肖子。而且似乎泰州派是最能切实扣紧人生实际，注重到行的一边了。然而泰州一派，此后所趋，好弄光景，囿于一心之当境，限于一身之现前，也就出了弊病。

他们要以天地万物依己，不以己依天地万物，正如程子所说："不得以天下万物挠己，己立后自能了当得天下万物。"于是他们始终尽说天地万物与我一体，却始终不免把我抬得过高，把天地万物看得过轻。于是后来的泰州派，专要在吃饭、饮茶、运水、搬柴上显个神奇，求个圣迹，所以梨洲要说："跻阳明而为禅"了。其实阳明讲良知，从感应好恶上着眼，本是平易切近，人人可学；却并不要人人出为帝师，处为天下万世师，做出安国安天下的大业来。我们只细看他的《拔本塞源论》真有万物并育、小大各得其所的气象。看似卑浅，其实远为广大高明。我们此刻须把龙溪的流弊与心斋的流弊分别细看，才知王学毛病，并不止在一条路上生。如何把握得王学真精神，却不是件容易的事。这一层讲王学的人不可不深知。

3、罗念庵

梨洲说："姚江之学，惟江右为得其传。东廓、念庵、两峰、双江，其选也。再传而为塘南、思默，皆能推原阳明未尽之旨。是时越中流弊错出，挟师说以杜学者之口；而江右独能破之。阳明之道，赖以不坠。盖阳明一生精神，俱在江右，亦其感应之理宜也。"

是以先生举罗念庵一人来做江右王门的代表。念庵说："弟之取诸人者，但能于自性自命吃紧用力。不知向此用功，即在话头上拈弄；至于自性自命，既已伤损，尚不能知。阳明云：'圣人之学，只是一诚。'良知亦诚而已，岂容言说争耶？"（《答何善山》）

他把一"诚"字来释"良知"，真可说得阳明真传。又说："阳明先生良知之教，不以良知为足，而以致知为工。今也不知，但取足于知而不原其所以良，故失养其端，而惟任其所以发。遂以见存之知为事物之则，而不察理欲之混淆；以外交之物为知觉之体，而不知物我之倒置。

理欲混淆，故多认欲以为理；物我倒置，故常牵己以逐物。以一念之明为极则，以一觉之顷为实际，不已过于卤莽乎？审如是，则良知二字足，何必赘之以致？"（《答郭平川》）

这一节发挥"致良知"意思，深斥当时借着"悟得本体即是工夫，直下承当不犯手脚"的一般高调。又说："各得其本心者谓之仁，此圣人教人入德之门也。然能自识其心之所以为心，与即其资之所近以各得其本心，非徒师不能以授之弟子，与弟子不能得之于师也；即吾一人之身，自少至壮，自壮至老，亦有不得而必者。非徒一身为然也，即吾一日之间，自朝至昃，自昃至夕，亦有不可得而必者，而况于人人哉？故经尝不周，则改过不密；践履不久，则实际不纯。非忘成心，去故智，绝多歧而归一原，则吾之本心必不可复，其亦可谓艰厉矣。"（《宁国府学门记》）

此节发明阳明"事上磨炼"之意，也最为透切。所以孙夏峰说："阳明门下，尊所闻，行所知者，尽不乏人；而真实得力，万不可少其人者，则罗文恭也。"可见此后讲王学的，因于发见了王学种种流弊，遂觉得须从念庵入门，总该比较地无误了。

以上粗粗讲了浙中、江右、泰州三派，约略可见王学流传之一班。此下直至晚明，国祚沦亡，宗社颠覆，人心摇兀，信王学者日少，排王学者日多。下及清初，算只有浙东一派，还是远承阳明遗绪。梨洲著《明儒学案》，极推阳明，他在自序里说：

"盈天地皆心也。变化不测，不能不万殊。心无本体，工夫所至，即其本体。故穷理者，穷此心之万殊，非穷万物之万殊也。是以古之君子，宁凿五丁之间道，不假邯郸之野马，故其途亦不得不殊。奈何今之君子，必欲出于一途，使美厥灵根者化为焦芽绝港。夫先儒之语录，人人不同，只是叩我之心体，变动不居。若执定成局，终是受用不得。"

从此讲良知的渐渐脱离了本体而侧向工夫，脱离了大同而侧向万殊。

十二月，《关于老子成书年代之一种考察》，刊于《燕京学报》第八期。初收入一九三二年上海大华书店出版《老子辨》一书中。一九九八年收入台北联经《全集》第七册《庄老通辨》。兹摘录其大要如下：

大凡一学说之兴起，必有此一学说之若干思想中心，而此若干思想中心，决非骤然突起。盖有对其最近较前有力之思想，或为承袭而阐发，或为反抗而排击，此则必有文字上之迹象可求。《老子》一书，开宗明义，所论曰"道"与"名"，此为《老子》书中二大观念。就先秦思想史之系统，而探求此二大观念之所由来，并及其承前启后递嬗转变之线索，亦未始不足以为考察其成书年代之一助。且一思想之表达与传布，又必有所藉以表达与传布之工具。如其书中所用之主要术语，与其著书之体裁与作风，皆是也。此等亦皆不能逃脱时代背景之影响与牢笼，则亦足为考定书籍出世年代之一助也。

道

今按《老子》书中"道"字，有一主要之涵义，即道乃"万有之始"，虽天与上帝，从来认为万物之所从出者，《老子》书亦谓其由"道"所生。此乃老子学说至堪注意之一特点。如云："道冲，而用之或不盈，渊兮似万物之宗。……吾不知谁之子，象帝之先。"（四章）"容乃公，公乃王，王乃天，天乃道，道乃久。"（十六章）"有物混成，先天地生。寂兮寥兮，独立不改。周行而不殆，可以为天下母。吾不知其名，字之曰道，强为之名曰大。"（二十五章）"人法地，地法天，天法道，道法自然。"（二十五章）"道生一，一生二，二生三，三生万物。万物负阴而抱阳，冲气以为和。"（四十二章）"道生之，德畜之，物形之，势成之。"（五十一章）

上所引，正可见"道"字为《老子》书中重要一观念，为其书中心思想之所寄。今寻孔子《论语》言"道"，范围仅指人事，与老子所言道殊不相类。《墨子》书言"义"不言道。故孔、墨所言，就其思想内容言，均若浅近，而老子独深远。孔、墨思想尚若质实，而老子独玄妙。以思想史之进程言，《老子》书已断当出孔、墨之后。至庄子论道，实为孔、老中间之过渡。故谓老出庄后，其说顺；谓老居庄先，其义逆。即此以观，《老子》成书年代，其较庄尤晚出，已居然可见。

今更据上引《老子》论"道"各节，择其与"道"字相涉诸名词、如"帝"、"天"、"地"、"物"、"大"、"一"、"阴阳"、"气"、"德"、"自然"、"象"、"法"之类，一一推溯其思想上之来源与线索，以证成吾说如次：

一　帝

"帝"字见于《诗》、《书》、《左氏内外传》者，皆指上帝言。《论语》不言"帝"，而常言"天"，天即帝也。然"帝"字之确然涵有人格性，则似较"天"字为尤显。《论语》用"天"字，虽可指其亦具有人格性，而"苍苍"之义显已明白存在。故《论语》之转"帝"言"天"，显见为古代素朴的上帝观念之一种转变，亦可谓是一种进步。而《墨子》书中之"天"字，则与古人言"上帝"无殊异。仅其改用天字，可征其时代之后起。然纵谓《论语》、《墨子》对于信重天帝之观念有轻重，要为皆有古代素朴的上帝观念之传统存在，故《论语》、《墨子》绝不言"道先天地"，即孔、墨皆不知有《老子》"道为帝先"之说。

以思想史发展之进程言，则孔、墨当在前，老、庄当在后，否则老子已先发"道为帝先"之论于前，孔、墨不应重守"天命"、"天志"之说于后。而且此一思想，既有其前影，则亦必有其后果。决不能于孔、墨思想中，绝无痕迹，绝无影响。论思想史之演进线索，不当如是。否则亦将无思想史可言。

二　天

《论语》"天"字凡十余见，大体皆为一理想上有意志有人格有作为之上帝。孟子亦称"知天"、"事天"，虽曰"莫之为而为者天也，莫之致而至者命也"（《万章上》），莫之为，故归之于"天为之"；莫之致，故诿之于"天命之"。此所谓"天"，仍是旧谊。至庄子言"天"，而其义始大变。其论"天籁"，曰："夫吹万不同，而使其自己也，咸其自取，怒者其谁邪？"（《齐物论》）

曰"自己"，曰"自取"，乃始以后世自然义言"天"。"自然"者，谓非冥冥之中别有一天帝以使之然。老子言"天",亦本"自然"为说,与庄同,与孔、墨、孟异。今使老子言"自然之天"在前,孔、墨、孟重言"神道之天"在后,直待庄子,而始再言此"自然之天",则老子思想之于其后起之孔、墨、孟诸家,为落空无影响,而孔、墨、孟诸家之于先起之老子、为脱节无反应。故当谓庄、老较同时,同出孔、孟之后,始得成条贯也。

至《老子》书乃舍"天"而言"道",曰:"道生之,德畜之,物形之,势成之。是以万物莫不尊道而贵德。"(五十一章)"以道莅天下,其鬼不神。"(六十章)按:此即"道神鬼神帝"之意。可见《老子》书中"道"字之地位,实较《庄子》七篇之言"道"者为远过。故曰"天乃道",曰"天法道"、加"道"于"天"之上,乃不再见有古代素朴的天帝观念之缠缚,此与庄子之言"天"者远殊矣。即此可证《老子》书当较《庄子》七篇尤晚出也。故在庄子时,古代"神秘的天"之意义虽已变,而至老子时,古代"神秘的天"之地位乃大降,即此可以推断庄、老之先后。

三 地

《论语》、《墨子》仅言"天",不言"地"。何者?"天"即上帝,"地"乃大块之物,不得与"天"相配言也。庄子则并言"天""地"。何者?《庄子》书中之"天"字,已成为万物自然之总名,否则亦块然之一物,无复至高无上惟一独尊之意义也。故曰:"乘天地之正,御六气之辨。"(《逍遥游》)曰:"地籁天籁。"(《齐物论》)曰:"官天地,府万物。"(《德充符》)此皆以"天""地"并言,于是"天"字之意义变而地位降。《老子》亦然,曰:"天地不仁,以万物为刍狗。"(五章)"有物混成,先天地生。"(二十五章)"天地相合以降甘露。"(三十二章)"天得一以清,地得一以宁。"(三十九章)则"天""地"犹若有等级,而皆屈居于"道"与"自然"之下。然后"天"字之地位,益不可复旧观。

四 物

《论语》不言"物"。何者?孔子仅论人事,未及"心""物"对立之问题也。《墨经》始言"物",曰:(《经上》)知,接也。说知:知也者,以其知遇物而能貌之,若见。(《经下》)物之所以然,与所以知之,与所以使人知之,不必同;说在病。此言"知"而遂及于"物"也。其所讨论之重心,在知识而不在物。

至孟子倡"性善"、常言"反求之本心",而以心之陷溺放失,归罪于物欲,于是"心""物"二字,遂渐成一对立之地位,而成为学术上思想上讨论之一新问题。至庄子出,乃始进而对于"外物"观察其本质与真相,于是又为先秦思想界辟出一新境界。大率庄子论"物",有如下之四义:(1)讨论物之来源者。自来言物,均归诸天帝创造,庄周独加非难。谓物皆"无待而自然"。(2)讨论物之情状者。《齐物论》有"物化"。物既"随时而化",不居常境,故人类当前之知识,亦复"随化而不足恃"。知识不足恃,则是非无可定。(3)讨论物之法则者。物之法则,亦即此"自然之时化"而已。庄生则名之曰"道",亦曰"天"。(4)讨论对物之应付者。庄生乃谓应付物之方法,在乎"一顺其自然",而随时"与之俱化",而人之私智小慧无与焉。

凡以见庄子之言,乃前此之所未有,而特由庄子所独创,而其所以获得此创辟,则因彼乃针对当时儒、墨是非之辨而起。此乃思想史上对于某项问题之逐步转移与发展之一例。

就其思想本身言,确有其背景,又确有其动机,脉络先后,皆可指证,固非漫无因缘来历,偶尔而云然也。

继此请言《老子》。老子言"物",有与庄同,有与庄异。同者在论物之来源。老子之言曰:"无,名天地之始;有,名万物之母。"(一章)"天下万物生于有,有生于无。"(四十章)万物生于"无",明其非生于"天"也。然庄子仅言物之无待于天,固未尝确言万物之创生于"无",则庄、老虽同,而仍不同。

若其与庄异者,则在论物之形状与其应物之态度。其言曰:"致虚极,守静笃,万物并作,吾以观复。夫物芸芸,各复归其根。归根曰静,是谓复命,复命曰常,知常曰明。不知常,妄作凶。"(十六章)庄生仅言"物化",而老子又进一层言之,彼以谓物之化,常循环而反复,故虽化而实静，虽变而实常。在庄子，虽有"不与物迁而守其宗"，"死生，命也。其有夜旦之常，天也"之语，要之，仅足为《老子》书之启示，而不如《老子》之明晰也。是老子于物之自然而时化之中，已籀得一至大之公例。万物虽变，而其变有公例可寻，则变亦有常矣。万物虽动，而其动有公例可守，则动而如静矣。此等公例，在老子则称之曰"道"。"道"之于万物，为其母，为其根，为其命。

故庄子虽有《应帝王》之篇，然其意固常在退避，不若老子之超然燕处，而有"取天下"之志。故庄生之论，由其针对于墨、儒是非之辨而发，其意态常见为反抗，为《老子》书之晚出于庄也。

五　大

"大"字为一形容词，若无甚深涵义，然而不然。《论语》孔子曰："大哉尧之为君，唯天为大，唯尧则之。"（《泰伯》）此以"天"为"大"也。至《老子》书乃名"道"为"大"，此亦有所本，其本在庄子。庄子鉴于儒、墨之争辨是非，各守一先生之言，颛颛焉自以为莫吾易，故庄生喜言大，所以破己执。"己执"破，则儒、墨是非之辨可以息。故庄子言"大知"，所以通彼我，言"大道"，所以和是非。其意皆有激而然。至老子"道大"之言，则特承于周而为虚美之词矣！则岂不即就此一字而亦可以推寻诸书先后之痕迹乎？

六　一

孔子曰："吾道一以贯之。""一"非道也，老子则曰："道生一，一生二，二生三，三生万物。"（四十二章）今试问此在"道"之后"万物"之前之所谓"一""二""三"者果何物乎？欲求其解，则在《庄子》。庄子之言曰："天地与我并生，而万物与我为一。既已为一矣，且得有言乎？既已谓之一矣，且得无言乎？一与言为二，二与一为三。自此以往，巧历不能得，而况其凡乎！故自无适有，以至于三，而况自有适有乎？无适焉，因是已。"（《齐物论》）……

七　阴阳一气

八　德

九　有无

十　自然

（以上均从略）

十一　象

"象"字古书用者极少，庄子仅云"寓天骸，象耳目"（《德充符》），此乃"象"字之常谊。至《老子》书而"象"字乃始有其特别之涵义。如云："道之为物，惟恍惟惚。惚兮恍兮，其中有象。恍兮惚兮，其中有物。"（二十一章）又云："无状之状，无象之象。"（十四章）"大象无形。"（四十一章）

此诸"象"字，乃始见在哲学上有特殊神秘之涵义焉。老子谓"道"生万物，其间先经"象"之一级；在此时，已有"成象"，而尚未"成形"。有形为"物"，无形为"象"。"象"之为状，恍惚无定形，故为未成物前之一先行境界。

以上论"有""无"，论"自然"，论"象"，凡此诸语，在《庄子》书，仅是义取达意，多属临文遣辞之恒旨；至《老子》书，则显见此等字语，均已成为特铸之专名，无以形容天地万物创始之妙理，而确然成为哲学上一固定之名词，一特有之观念。《老子》书又曰："大象无形"。（四十一章）

是"大象"乃一种无形之物，在"道"与"物"、"有"与"无"之间之一阶段，一历程，此犹所谓"精"与"信"，皆在未成物之先，而已有其存在，而特不可确认，故又谓之"恍惚"也。凡此论宇宙成物之历程者，在《庄》书皆模糊，在《老》书极明晰，在《庄》书皆未臻肯定，为辜略之辞，在《老》书则皆确切分析，昭白无疑。即此相比，《庄》、《老》两书，果孰在先而孰在后，亦可以微辨而得矣。

十二　法

《论语》不言"法"，仅有"法语"一言而已。"法"字之重要，始见于《墨子》。所谓："子墨子置天志以为仪法"（《天志下》），又曰："莫若法天"（《法仪》），是也。庄子破是非之畛，故不喜言"法"。老继庄后，其思想态度，已自破坏而重趋于建立，故曰："人法地，地法天，天法道，道法自然。"（二十五章）自"天"三累而上，始为"自然"，而"自然"则有其一定之法则者。此后"法象"一观念,遂特别为阴阳家所重视。

名

次按《老子》书中"名"字。《老子》书开首即以"道""名"并言。"道"字内涵义旨,已如前述。今请论"名"字,约可分二组:

一

老子曰:"道可道,非常道;名可名,非常名。"(一章)"道常无名,朴。"(三十二章)"道隐无名。"(四十一章)

此言"道"之不可以名状也,其意承袭自庄子。盖孔子首言"正名",然此"名"之所指,不过君臣、父子、人伦间之名分,非指凡名实之"名"而言。《墨辨》论名,乃始指凡名实之名言,其涵义较孔子远异。《小取篇》云:"夫辨者,将以察名实之理。"又云:"以名举实,以词抒意,以说出故。"此皆以"名""实"对举,与孔子"正名"之名不同。故庄子亦云:"名者,实之宾也。"墨家谓"以名举实",其意重在名;庄子谓"名是实宾",其意重在"实"。庄子当名家诡辩之已盛,而儒、墨之是非相争不息,又亲与名家巨子惠施相友好过后,故其受名家尚言辨之刺激为最深。其思想所注重者,正为如何而可以打破缴绕之言辨,遂若谓一切实事实物,固无是非之可辨。于是遂有"因是已"、"谓之两行"之说。此谓各因其所是而是之,则在此时此地者,有此时此地之"是",在彼时彼地者,有彼时彼地之"是",使若能各止于其时地之所是而不复相非,则"是""非"可以并行而不相悖,其实则仅有"是"而更无"非"。此即庄生意想中之大道也。故墨家之辨"是""非",本于人而为辨,而庄生乃本于道而为辨。

然庄生之意,仅谓"是""非"各拘于地域,各限于时分,不足以推而广之,引而远之耳。故曰:"圣人和之以是非,而休乎天钧,是之谓两行。"(《齐物论》)故庄子之论虽吊诡,亦不过为儒、墨两家作调人。至老子则时过境迁,息争之事匪急,而认道之心方真。于是昔之以"名"举"实"者,乃求以"名"举"道"。而道终不可以名举也,故曰:"道隐于无名。"(四十一章)然而无名者又终不可以不名也,故曰"吾不知其名，字之曰道，强为之名曰大。"（二十五章）于是乃曰："道冲而用之或不盈。"（四章）"冲"非虚，（按：《说文》："冲，摇也。"此以形容道体之流动不居。流动不居则虚矣。自来只以"虚"训"冲"，失之。）"不盈"非实也。又曰："道常无名，朴。"（三十二章）"朴"者，非实非虚，而为实之本质。实可名，实之本质不可名，故曰"无名之朴。"又曰："道可道，非常道；名可名，非常名。"然则"道"者非无实，而又不可名，故曰："无状之状，无物之象，是谓惚恍。"（十四章）道朴可以生物实，其中间之过渡则曰"象"，曰"大象无形"（四十一章）。"象"之与"形"，一犹"朴"之与"实"，其间有微辨。于是后之辨实事实物之是非者，乃不求之于"名"，而转求之于"象"，此又中国古代学术思想史中一转变之大关捩也。

二

老子曰："道常无名，朴。虽小，天下莫敢臣也。侯王若能守之，万物将自宾。天地相合以降甘露，民莫之令而自均。始制有名，名亦既有，夫亦将知止，知止可以不殆。"（三十二章）"道常无为而无不为，侯王若能守之，万物将自化。化而欲作，吾将镇之以无名之朴。无名之朴，夫亦将无欲。不欲以静，天下将自定。"（三十七章）

前举以"无名"言道，此则以"无名"言治也。以无名治，即是以道治。老子之意，谓天下之乱，由于民之多欲；多欲则外逐物而内丧真，违于自然之道。而欲之兴，则由于名。故老子斥"仁""义"而重"道""德"，其意亦本诸庄。不过庄子以之言学术，而老子书则转移其重心而言政治，此为异耳。庄子用"道"以止息儒、墨之争者，老子乃进一步而建此"道"字以为理想政治之准则。此又庄、老学说不同之一点也。

以上历举《老子》书中所用重要各名词，一一指陈分析其涵义，与其问题产生之背景，又推论其在思想史上展衍递进之层次与线索，而《老子》书之晚出，显然可见矣。乃知《老子》一书包罗之广，彻见之深，则其为古之博大真人，卓绝无俦，夫复何疑？若谓从来思想界，无可有此奇迹，则何如摆脱旧说之缠缚，只将《老子》成书年代移后，置之于庄子、公孙龙与荀卿、韩非之间，则自孔、墨以下，战国两百年思想展衍，有一条贯，可以董整，而亦并无损于《老子》一书在古代思想史上所应有之地位。则此篇之所欲辨，亦意在求真，固非好标新异。虽推翻两千年之积案，其论必历久而后能定，然有好学深思之士，固不难目击而首肯而心许之尔。